北京大学考古学丛书

文物保護技術

周双林 著

理论、教学与实践

上海古籍出版社

序　言

2022 年,北京大学考古文博学院迎来 100 周年院庆,这是一个历史性的时刻,而北京大学的文物保护专业也经历了 30 年的发展历程,从无到有,发展成了基本完整的教学体系。

自 20 世纪 90 年代以来,国家的文物事业开始蓬勃发展,相应地对文物保护人才的需求就非常迫切。当时国家文物局与北京大学、复旦大学、南开大学等高校合作,开始进行文博人才和文物保护技术人才的在职研究生培训。北京大学考古系 1992 年建立文物保护实验室;1993 年开始招收硕士研究生,同时招收大专班;1997 年开始招收文物保护方向博士研究生;1998 年在国家文物局的支持下成立文物保护专业,并开始招收文物保护方向的本科生。

周双林博士 1987 年大学毕业之后就进入河南省博物馆从事文物保护工作,他也是我国较早进入这一冷门行业的大学毕业生。1997—2002 年在我的指导下,在北京大学攻读文物保护方向的博士研究生,继而做博士后研究,研究方向是土遗址保护。在研究的同时,他配合外聘的专家们为考古文博学院的文物保护专业学生上一些相关课程。

2002 年周双林博士留校任教,是北京大学文物保护专业任职的三位年轻教师之一,也是首批任职教师之一。经过多年的努力,他完成了学院"文物保护材料学"和"不可移动文物保护"两门课程的教学体系建设,并在文物保护材料、文物分析研究、遗址保护技术,特别是土遗址保护材料研究和土遗址保护工程方面做了大量工作。针对土遗址保护加固材料缺乏的问题,他在博士期间成功研发出有机非水分散体保护材料,解决了加固材料的渗透、固结和颜色影响问题,并将加固材料用于晋侯墓地车马坑、哈民忙哈遗址、内丘邢窑遗址等多处土遗址保护工程,取得了良好的效果，从而为土遗址保护开辟了新的途径。在他从业的 35 年中，特别是进入北大以来，在科研的同时，他密切关注国内外行业发展，用心于资料收集，勤于思考和总结，发表了近百篇学术论文，并培养了十几名硕士研究生。周双林博士的《文物保护技术：理论、教学与实践》由上海古籍出版社策划编辑出版，正值北京大学考古文博学院一百周年院庆之际，这本书汇集了周双林博士与合作伙伴在文化遗产保护技术研究和理论探索方面取得的成果。其中的文章，既有对文物保护理念的思考，也有对可移动文物劣化机理的研究、保护方法研究与应用的探索；既有对不可移动文物病害分析研究及其保护方法的思考，也有针对土遗址加固、防水等保护材料的研究和应用；既从化学保护入手，又考虑到了其他工程技术手段，如保护建筑、地下水控制等。有思考，有探索！

　　这本小书的出版，可以说是周双林博士 35 年来在文物保护领域严谨治学、认真钻研的一个总结，必将会对文物保护科学技术研究起到积极的作用，特附数语以贺。

原思训

2022 年 4 月

目　录

不可移动文物保护

壹

理论与教学

1

谈谈文物保护的哲学基础[*]

  文物保护工作者在对文物进行修复和保护处理的过程中,往往会面对以下问题:

  文物的劣变是一个必然的趋势,为什么还要付出大量的金钱与时间去保护文物?

  即使对文物进行了保护,又能让它保存多久呢? 能永远保存下去么?

  这样的问题一旦提出来,我们就必须对其进行认真的思考和解释,为文物保护找到其哲学基础,否则整个文物保护学科的合理性就要受到怀疑,而这项工作的重要意义也难以被众人理解了。

  首先,我们需要对自然规律及人的主观能动性进行探讨。这部分内容在哲学层面实际上已经过众多哲学家的论证,而且已被人们普遍认可,因此并不需要再加以详述。

一、自然规律及人的主观能动性

1. 自然规律

  自然界中物质的发展变化是有规律的,许多看似偶然的现象实际上受着内部规律的支配。

  比如在宏观、低速的条件下,牛顿运动定律能够解释绝大部分物体运动过程中所产生的现象,如自由落体、惯性等等;能量守恒定律告诉人们能量不能凭空产生

---

* 作者:周双林、张琼。

也不能被消灭，而只能从一种形式转化为另一种形式，或从一个物体转移到另一个物体；但熵增原理却同时说明能量转化是具有方向性的；等等。

规律是客观的，任何规律都具有客观性。规律的客观性主要表现在以下几个方面：规律存在的客观性，规律作用的客观性，以及规律发生作用的范围与程度的客观性。

规律的存在与作用及其作用的范围、程度都是由规律自身所决定的，而不以人的意志为转移，因此人不可能抗拒自然规律而行事。试图抗拒自然规律而行动的行为，最终都会受到自然规律的惩罚。

2. 人的主观能动性

人与动物的一个重要区别就是人具有主观能动性。人类不仅能够认识到自然规律，还能利用自然规律，通过有目的、有计划的主动行为来利用自然，甚至改造自然。

客观规律和主观能动性之间的关系如何呢？

首先，客观规律对主观能动性有制约作用。

人的一切活动，包括认识活动和实践活动，都要同客观对象打交道，而客观对象不是一成不变的存在物，而是按照其自身固有规律不断变化的存在物，因此人们与客观对象打交道，其实就是同客观规律打交道。因此，不能不受到客观规律的制约。

其次，主观能动性对客观规律有能动作用。

客观规律一般表现为物质运动过程中的一种必然趋势，它对事物的发展只规定了一个大致的方向，却并没有规定一条具体的路径。以之前提到的能量互相转化的规律为例，电能可以转化为光、热、声、动能或化学能等，而它具体转化为哪种形式，在一定程度上是我们能够控制的。由此可见，规律往往仅表现为一种趋势，而其具体路径是可变的，这就为人的主观能动性的发挥提供了客观的可能性。

换一个角度，从客观规律不以人的意志为转移这个命题考察，客观规律对人的活动也不是一种消极的限制，相反，它为人的活动提供了一种不可或缺的客观条件。列宁说:"区分为机械规律和化学规律的外部世界,自然界的规律(这是非常重要的),是人的有目的的活动的基础。"也就是说,正是因为自然界是有规律的,所以人的有目的的、有预见的活动才有了可能。如果客观世界的运动是杂乱无章的,没有任何规律可循,那么人们对一件事情采取某种行动所产生的后果是根本不能估计和预测的,这样人们还有什么能动性可言? 因此,我们所说的主观能动性,是在正确认识客观规律的前提下对客观规律的利用。

那么,主观能动性对于客观规律的能动作用表现在什么地方?

第一,主观能动性能够认识事物发展的客观规律,从而使自己的行动符合客观规律。发挥人的主观能动性,首先在于使人们的认识和行动符合(顺应)客观规律。在实际生活中,人们由于不能正确认识事物发展的客观规律而使自己的行动违背规律的情形是很多的。例如曾经许多人尝试制造各类永动机,而事实证明这是徒劳无功的。

第二,人们可以使多种规律协同作用,服务于一定的目的。人的主观能动性的另一个重要表现在于人们可以通过各种手段使相关的规律发生联系,协同作用,从而让结果朝着人们预期的方向发展。例如,当我们修建水坝、水库以及水电站时,我们运用了万有引力定律、流体力学规律、材料力学规律等一系列物理学规律,并利用了水流的势能可以转化为电能的能量守恒和转化规律及电磁学规律等等。这种结合多种规律,令其协同作用,从而为一定的目的服务的能力,是人的主观能动性的重要作用。

如何使某一个规律与其他规律协同作用呢? 这就要创造该规律发生作用的客观条件。

辩证唯物主义的规律和条件论认为,规律和条件的区分只有相对的意义。这种区分的相对性在于:一方面,任何一种条件的存在和变化都包含着一定的规律;另一方面,任何规律在一定的情况下也都是条件。在一个由许多规律共同起作用的过程中,对于其中的某一个规律来说,其他规律都是它发生的条件。人们常说,规律是不能创造和消灭的,而条件是可以改变的,从而使之产生与人们预期目的相符合的结果。从这个意义上说,人们之所以在客观规律面前不是无能为力的,之所以能够利用客观规律为自己服务,是因为人们可以通过控制和改变规律借以发生作用的条件,从而按照自己的意志去选择规律发生作用的结果。

3. 人工的自然

人类的产生,从整个自然界来看有其偶然性,但从人类产生所必需的物质条件看,人类的产生又是自然界物质形态发展必经的一环。在人类由古猿进化而来的过程中,劳动起了决定性的作用。

人本身的特殊性的形成就来自劳动。劳动的基本性质是劳动的目的性、能动性和社会性。

劳动的目的性表现为人的活动蕴含人的自我意识,人类创造自己的历史,人类越发展,人类的劳动越带有深思熟虑的计划性和向着既定的和事先知道的目标前进的特征。

劳动的能动性表现为人类对自然界的适应、利用、支配和改造。自然是人类生存和发展的基础,而人类在劳动中认识和改造自然,发展自己。人类在改造自然获取物质生产资料的劳动过程中,一方面在自然界打下了人类有计划、有目的的实践作用的烙印,使自然越来越向人工自然的方向发展;另一方面创造了人类自身存在的物质条件——即人工自然,诸如城市系统、工业系统、农业系统等。人工自然的产生、发展与不断完善,表明人类在自然中的自由度的轨迹不断增长。

人工自然是通过人的实践再生产的自然,是天然自然的改造物。因此,人工自然一方面是天然自然的派生物,依赖于天然自然提供的物质条件,因而服从于自然的一般规律;另一方面,人工自然表现了人的智力活动的创造性,是人的实践活动的结果,因而具有和天然自然不完全相同的规律。人的物质需要和精神需要,以及由此产生的各种实践活动,对人工自然的规律有决定性影响,也就是说,人工自然受到人的社会属性的影响。

人工自然的面貌特别取决于科学技术的发展水平。一方面,科学技术的发展导致对自然规律认识的不断深入,为改造自然提供了正确的理论依据,并在战略上指引了正确方向。另一方面,技术的发展为创造物质产品提供了有力的手段,使人类的实践对自然的干预和影响大大加强了。例如牛顿力学和热力学理论推动了蒸汽机和机械工业的形成;电磁理论指导了电机的产生;生物遗传物质的结构和遗传密码的揭示,为遗传工程奠定了理论基础,使人类有可能通过对基因结构进行重新组合;等等。这些科技的进步对人工自然的发展来说都会产生深远的影响。

可见,人工自然的形成与发展是人们生产劳动的结果,它受人类认知水平的制约,是历史的产物。

4. 人类物质财富的生产与保护

人类自从与猿类揖别后,就开始了自己新的征程。人类在劳动中创造了工具,生产了所需要的产品,并产生了自己的语言,在旧石器时代、新石器时代、青铜时代、铁器时代等各个时代,创造了不同的物质文化。这些不同发展程度的文化,就是人们所创造的人工自然。

人类的生产包括两个方面:人类自身的生产和物质财富的生产。在物质资料的生产中又有两个方面:新的物质财富的生产和已有物质财富的保护。在人类历史上,人类不仅注重创造财富,而且注重保护已经取得的财富。

在对物质财富的保护中,可以举出许多例子。如贮存粮食手段的不断进步、钢铁防锈方法的不断发展、延长建筑寿命的各种尝试等等。

有了以上对自然规律及人类主观能动性的讨论,我们就可以来探讨文物保护的必要性及其效果了。

二、文物和文物保护

1. 文物及其劣变

文物究竟是什么,至今还没有一个明确的定义,但毋庸置疑的是,文物是在人类的产生、发展、进步的过程中遗留下来的,可以反映其生活面貌及生产水平的物质遗存,因此文物至少具备历史价值、科学价值、艺术价值中的一种。

之前我们讨论了人工的自然，不难理解，文物就是人工自然的典型代表。我们的祖先在生活和生产中不自觉地将其认识自然、改造自然的成果记录在文物上，随着人口的增长和环境的变迁，人工自然在每一个具体的历史年代面貌究竟如何，已经难以被认识，而通过文物，我们却能够在一定程度上还原不同历史阶段的人工自然的面貌，这也正是文物的价值所在。

同时，我们已经认识到，对人类来说，保护物质财富与创造物质财富是同等重要的，而文物作为物质财富的一部分，理应得到保护。

可见，由于文物对研究人类社会发展历程具有重要的价值，因此当这些饱含先人智慧的文物传到我们手中时，我们应当尽可能地改善它们的状况，延长它们的寿命。这是文物保护工作者的使命。

然而，文物从被创造的那一天起，就进入了自己的生命周期，而劣变甚至消解将是其最终归宿，这是受到自然规律支配的必然事件。

在文物的劣变过程中，有各种各样的规律在起作用。以金属文物的腐蚀为例，根据能量最低原理（熵增原理），人们可以很好地解释腐蚀现象。自然界中，只有个别金属如金能够以单质形式存在，其他金属如铁、铜等都比较活泼，通常以化合形式才能稳定存在。人们冶炼金属的过程，相当于把金属从稳定状态提升到了不稳定状态，因此在自然条件下，金属总会回到稳定的化合态，对于金属文物来说，这个回归的过程就是腐蚀。事实上，几乎所有的劣变及破坏现象都可以用熵增原理来进行解释。

既然文物的劣变是在自然规律的作用下发生的，而自然规律是不可抗拒的，那么，保护文物的可能性如何？

2. 文物保护科学

如果说文物劣变是自然规律作用的必然结果，那么文物保护工作者的工作就是充分发挥人的主观能动性，在正确认识文物劣变机理的基础上探究延缓其劣变的各种方法，从而对文物进行保护处理的过程。

当我们面对一件饱经沧桑的文物，我们首先会通过各种观察手段对其形貌进行详细的观察,并通过现代科学的一系列检测手段分析其成分、组成、工艺及现状等,从而确定可行的保护方案,并加以实施,最终达到尽量延缓文物劣变的目的。

文物保护学科经过若干年的发展,到今天已经形成了较为成熟的系统,对每一类不同文物的保护,都有不同的程序和方法。

比如对金属文物的保护,我们已经论述了腐蚀发生的原因(当然,对具体机理的研究还远未完成),那么保护的过程无非就是观察、分析、清洗除锈、缓蚀、封护。每一步操作都有明确的目的性,观察和分析是后续处理的基础;清洗除锈是为了大致恢复文物的原貌并去除影响人们观赏和研究的部分;缓蚀利用了我们研究腐蚀机理(如原电池理论等)后归纳出的不同的减缓腐蚀的办法;而封护将金属文物与外界环境中会加速其腐蚀的因素在一定程度上隔离开来,从而进一步减缓其劣变的时间路径。

再比如对不可移动文物的保护,由于不可移动文物体量较大,且与周围环境关系密切,因此保护措施与可移动文物的保护区别较大。以四川白鹤梁题刻保护为例,由于它位于三峡水库蓄水区,蓄水后将被永久淹没,而为了充分保留其价值,必须对其进行原址保护,在经过一系列的研究和不同方案的对比后,采用了"无压容器"的办法,在原址修建壳体保护题刻,并在两岸修建参观廊道,使后人也可以一睹题刻风采,充分保留了其历史、科学、艺术价值,并化解了文物保护与国家建设之间的矛盾。

综合以上论述,可见文物保护科学的基础就是人的主观能动性。由于人们能够认识自然规律并对自然规律发挥能动作用,因此文物保护工作者就能够认识文物劣变的机理,通过利用各种自然规律,对文物进行修复和保护,延缓其劣变进程,并通过控制环境为文物长久保存创造良好的条件,从而让人类物质文明的载体得以长久地保存,满足后人研究、瞻仰的目的。

三、小结

通过对自然规律与主观能动性等的讨论,我们为文物保护科学找到了哲学依据。人类自诞生以来,无时无刻不在与大自然打交道,人类社会能发展到今天的面貌,主观能动性在其中起到了根本性的作用。我们可以毫不夸张地说：

认识自然规律是伟大的,利用自然规律也是伟大的；

认识客观世界是伟大的,改造客观世界也是伟大的；

创造物质财富是伟大的,保护物质财富也是伟大的。

文物作为人类与自然互动的成果,作为祖祖辈辈利用自然规律、改造客观世界的证据,作为世世代代累积创造的大量物质文化遗产中的佼佼者,我们文物保护工作者既有动机保护它们,也有能力保护它们。

当然,自然规律是复杂多样的,人类对其的认识还不能穷尽。因此,文物保护科学实际上还处于比较初级的阶段,还面临着许多难以解决的课题,尚有待更多的文物保护工作者去探索。与人类对自然的认识没有终点一样,文物保护科学同样没有终点。就让我们用先贤屈原的一句话来共勉：

路漫漫其修远兮,吾将上下而求索。

（原载于《中国文物报》2011 年 8 月 5 日）

2
建议完善文物技术保护法律体系

文物作为一种特殊的物品，它除了本身所具有的物质价值外，还具有科学价值、历史价值、艺术价值。文物的价值很高，有不可再生性，加之文物历史久远，一般都比较脆弱，因此文物的保护显得非常重要。一个国家对文物的保护程度体现了她的文明程度与综合国力。中华民族历史悠久，祖先给我们留下了丰富的文物资源，也交给我们一个重要的任务，那就是将这些文物尽量完好地流传给后人。新中国成立以来，党和政府大力支持文物保护工作，并取得了举世瞩目的成就，如对故宫古建筑、敦煌壁画等一大批文化遗产的保护。随着改革开放的发展，这种工作正在逐步走向深入。

保护文物就是要与破坏文物的各种力量作斗争，减少它们对文物的破坏作用。提起破坏力量，人们可能会立即想到盗掘文物与在文物上乱涂乱画等现象，其实这种人为的破坏之外还有一种自然破坏，那就是日晒、风吹、雨淋、霜冻、霉菌等自然力，它们的破坏比人为的破坏还大，因为这种破坏是无处不在、无时不有的，这种看不见的破坏会使藏在保险柜中的文物化为粉末，它的破坏就在于从不间断。现代工业的发展，也带来了环境污染。环境污染可以使几百年完好的石刻在几十年内面目全非，惨不忍睹。此外，环境污染的产生，更增强了自然力量对文物的破坏，也使消除减少自然力量对文物的破坏的工作变得重要起来，这种减小文物受自然力破坏的研究就叫文物保护技术。

文物保护技术是采用各种传统手法与现代科学技术，以恢复文物原状、延长文物寿命的一门技术，它与文物安全保卫（防盗掘、防盗窃）一样包含在文物保护的概念里，所不同的是，文物保卫重在防止文物的人为破坏，而文物技术保护则重在防止文物的自然破坏。我国的文物技术保护虽然经历了 50 年的发展，拥有了一支数百人的文物保护与修复队伍,但面对越来越多的出土文物,仍显得力不从心。任何工作都要有相应的规范与法律保证,作为一个正在努力建设社会主义法制的国家,我国也建立了自己的文物保护法及相应的规章制度,在文物法中对文物保护单位、考古发掘、藏品管理、私人收藏文物及文物出入境等进行了解释和界定,体现了国家对文物的关怀与爱护,也是文物考古工作的法律依据。但是,有关文物技术保护的法规则显得比较欠缺,只在文化部下发的《博物馆藏品管理办法》中第五章《藏品的保养、修复、复制》中有相关的内容,它也是目前我国文物部门设立文物修复与保护岗位、文物保护与修复人员工作的唯一法律依据,但该办法只对馆藏文物的保护工作程序及方式进行了界定,而对发掘、整理、运输文物过程中的文物保护却未提及,致使许多文物技术保护工作难以进行,文物受到破坏的现象屡屡发生,文物修复与保护的问题亟待解决。法规的不健全,常常造成文物的不必要损害。例如在考古发掘中常常出现文物出土后其颜色迅速改变,糟朽纺织品无法提取等问题;经常出现文物(如铁器)难以得到保护,未进博物馆就遭破坏的现象;有时一些人员为了绘图记录的方便,用含盐的水清洗表面有污垢的青铜器,导致腐蚀进一步加剧,用坚硬的刀子剔除文物上的附着物,在文物上产生了划痕;而在博物馆中也有文物毁在保险柜里的现象。

从现有的文物法规看,他们有着以下缺陷:

1. 涵盖面较窄:仅仅对博物馆藏品的保护进行了解释与界定,而未包含考古发掘中的文物保护、文物整理中的文物保护,以及文物运输、展览中的文物保护,而这些过程中的保护与馆藏文物的保护是息息相关、密不可分的,它们环环相扣,缺少哪一个都会加剧对文物产生的破坏。

2. 文物保护的权责不明:保护文物,使文物免遭不必要的破坏,是每个公民,尤其是文物保护工作者的职责,但现有法规未对文物受到不应有的损害时的责任进行界定,尤其是受自然力破坏时,一般注销了事(未注意到现有技术的进步)。

3. 过度强调处理文物的谨慎而忽视了文物保护的急迫性。

4. 文物修复与保护人员的权责不明。

基于以上情况,建议扩大文物技术保护的涵盖范围,建立一套完整的文物技术

保护法规体系,以适应现有条件下文物的技术保护工作,建议如下:

1. 建立文物技术保护的整套法规体系,从文物的发掘、整理、运输,到入藏、保管、展览,均应有相应的法规保证;例如在考古发掘中,界定考古发掘人员对文物保护的职责,出土文物清洗去垢的材料不应该含有对文物有破坏作用的成分,有机文物出土后不应用日光直射等,参照国外的经验,加强考古发掘工作中文物技术保护人员的参与。在文物的运输中应注意的事项,如对文物环境温湿度的监控、防虫防霉等;文物入藏时应注意的事项,如消毒杀菌工作;文物进入库房后,其保管人员应该对文物的保存状况定期观察,对出现病害(如粉状锈、酥碱等)的文物应及时报告上级领导部门,以求尽快控制病害发展;展览时尽量少地使用含紫外线的照明灯等。

2. 规定文物出土后各个环节接触文物人员的义务与应负的责任。自始至终,自上而下,对文物的保护负责:任何接触文物的工作都需要注意到文物的保护,任何从事文物工作的人员都要对文物的保护负责。从文物出土时起,文物考古人员就要对文物的安全负责,不但包括防止意外损伤,防止盗窃,还要防止因自然因素引起的破坏。这样,就要求文物考古人员有文物技术保护的知识。同时,在有可能的情况下,考古发掘工作应该有文物保护技术人员参加。文物进入库房后,其保管人员应该对文物的保存状况定期观察,对出现病害(如粉状锈、酥碱等)的文物应及时报告上级领导部门,以求尽快控制病害发展,文物在库房内若产生损害,不能简单地将文物注销降级了事,而应追查责任者。总之,任何工作都要以文物的安全为基本原则,每个工作人员不但在道义上对文物的技术保护有义务,而且要在法律上对文物的保护有责任。

3. 建立文物修复与保护人员的培训、上岗、工作的相应工作规程:文物的技术保护与文物保护人员有直接关系,但目前在文物保护工作中许多工作缺少法律依据,建议完善以下规程:

(1)文物保护实验室建设;

(2)文物保护人员选择与培训;

(3)库房文物例行检查方法;

（4）病害文物送修规程；

（5）文物修复工作规程；

（6）文物修复工作的质量评价方法；

（7）降级注销文物责任议定规程。

文物修复与保护是一件慎重的工作，所以对每一件文物的修复都应该持谨慎的态度，但谨慎并不是说要听之任之，任何规定都是为文物的安全与长寿而制定的，我们在工作中应该建立一套有利于文物安全与长寿的制度，而不是抱着落后的规章，坐视文物病变损害而犹豫不决、无动于衷，那些为了个人权威而制定的规章必须抛弃。

文物是全人类宝贵的精神财富和物质财富，从事文物保护的人员对文物的保护有着不可推卸的责任，同时所有从事文物工作、接触文物的考古人员对文物的技术保护也负有责任。文物不能在编完考古报告后就不了了之，也不能存入保险柜中就万事大吉，只有对文物自始至终的关爱，才能使文物永远流传下去。

3
谈谈考古发掘中文物的现场保护

一、前言

文物保护是通过自然科学的理论探讨文物的损害机理,并在其理论指导下,利用各种科学技术手段,恢复并保持文物原貌,并尽量延长文物存在年限的科学。文物保护利用的是自然科学的手段(因此在我国许多文物保护研究人员来自自然科学领域),但它的保护对象却是文物这个特殊的物质存在,所以文物保护有一定的特殊性。文物的特殊性在于它不仅是一个简单的物质材料,而且还承载着重要的人文信息(考古的、历史的、艺术的),另外它不像产品是从流水线上生产出来的,而是从考古工地发掘、从前人那里继承来的。文物虽归属于国家,但事实上由考古文物工作者发掘、研究、保管。这样,文物保护就必然牵扯到考古文物工作者。两者的关系可以比拟为文物如同孩子,考古人员如父母(许多考古工作者均有这种感觉),而文物保护人员就像医生。有病的孩子需要找医生,但大部分时间照料孩子还是父母来得方便。在考古工地,文物自地下露面,出现在人们面前,开始展示其古朴、醇厚的身姿,诉说那千年的历史。与婴儿所不同的是,文物出土时已历尽沧桑,虽然有的仍光彩熠熠、锋芒不减,但大部分均已状况不佳、不堪一击,更需要人们的呵护。

二、现场保护的重要性

为什么说现场保护是重要的呢?这得从两个方面说起。

1. 发掘现场文物破坏的迅速性:经常听人们说到文物出土时的美,同时听到人们对美在瞬间损坏的叹息。在与舞阳贾湖遗址发掘者的交谈中，曾听到他对陶器损坏深表痛惜：一件完整的陶器在照完相后不久就破裂了，成了碎片。另外一位同行曾说到他发掘汉代陶器时的遗憾，当他将鲜绿色的陶器取出时，彩绘陶几小时后就变得如同干树叶一样灰灰的了。另外在一些考古学家的传记里也有同样的遗憾，一位西方考古学家曾发出这样的叹息：当他在沙漠中找到一幅经卷并把它打开时，他惊呆了，经卷上的图画是那样地美丽，但瞬间图画就如同海市蜃楼一样不见了。他的叹息，我想每一个爱好文物的人听见了都会有同感。

为什么会发生以上的现象呢？这要从文物本身和它们的埋藏环境谈起。

先从文物本身说起，文物在古人的手里使用时并非文物，而是为某种目的而制作的实用品或明器，组成它们的物质材料各种各样，有金属类、无机硅酸盐类、有机质类，还有复合材料组成的，这些材料本身的耐腐蚀性就千差万别，对不同的环境耐受性也不一样。总的来说，经过地下成百上千年的腐蚀与风化，均有不同程度的损坏，许多文物的强度远不可与使用时相比，因此，对发掘过程中出土的文物应该细心对待。

另外，文物大都埋藏在黄土之类的土壤及砂土中，在埋藏的过程中，人们打开生土，将各种物品放入，然后埋葬。这个过程是将文物从大气环境（光线充足、氧气及二氧化碳等腐蚀性气体丰富，细菌传播容易的环境）转移到地下环境（一个相对封闭的环境，在这个环境里，排除了光线，又因为土壤的孔隙细小，空气的扩散受到限制，氧气不足，嗜氧细菌难以成活，但水分含量大增，某些地区的可溶盐含量较多），文物在大气中的腐蚀模式变为土壤腐蚀模式，一些大气腐蚀过程因腐蚀因素的消失或减少而受到抑制。文物的小环境趋于恒定，在一些特殊的条件下（如氧气等腐蚀性气体被土壤及水隔绝，土壤里的可溶盐含量低等）环境趋于平衡，腐蚀会近似停止。但是当文物被发掘出来的一刻，这个小环境的平衡立即被打破，文物在这个过程中经历着剧烈的环境变化，随着环境条件的变化，其本身也会发生一些相应的变化，如果这个变化超过它的承受能力，就会使文物受到急剧破坏。环境条件的变化包括光线、温度、湿度、空气成分的变化等，这些因素的变化不同程度地影响着文物的安全。

例如湿度的变化,对文物就有明显影响。在地下埋藏环境中,水分含量高,湿度一般是比较大的,而空气中的含水量有限。文物出土后,如果水分挥发太快,一些含水量较高的文物如木材、纸张、纺织品等,在迅速脱水过程中,由于外部水分挥发快,材料收缩,而内部水分尚在,抵制收缩,常造成木质文物的开裂,纸张、纺织品的卷曲。

另外如光线的作用,一些带彩的文物如彩绘陶、彩色纺织品等出土后,常出现褪色现象,这与光线中的紫外线作用关系很大。

总的来讲,发掘过程中,文物的环境由地下转到地上,腐蚀由地下腐蚀过程转入大气腐蚀过程,这个变化对文物的安全有很大的影响。在这个变化过程中,对文物能否采取有效保护与文物安全关系很大。

2. 发掘现场及时保护的有效性:正如上面所说,文物在现场的损坏多半是因为环境的骤变,这种变化造成很大的破坏,还有许多变化虽然看不出来,但给以后的修复和保护工作带来很大的不便。正因为这些破坏及隐患是在文物出土的过程中产生的,防止对文物的这种不利作用就必须在其产生之前进行,必须在发掘现场进行。只有这样才是最有效的,正如治病与防病、救火与防火一样。现场保护的有效性,已为许多成功的例子所证明,如在国外,考古发掘工作均要有保护人员的现场配合。

三、现场保护的方法要领

现场保护是在文物出土的过程中,采用各种措施,以消除或减少对文物安全有破坏作用的因素,使文物在进入考古历史研究与博物馆收藏展出的第一步时得到有效保护,将损害减少到最低限度,并为文物的室内修复与保护提供有利条件。现场保护所包含的内容有以下几个方面:(1)提取文物时的保护措施,(2)减少环境变化影响的措施,(3)为以后修复与保护搜集数据。

1. 文物提取时的保护要领

文物的发掘提取是一门很专业的技术工作,基本上每一个从事现场发掘的考古工作者都受过严格的训练，许多人还在实践中摸索到不少经验、掌握了不少技巧，这是文物保护人员应该学习的地方，在此仅将国外文物现场保护方面的一些原则加以简单叙述。

（1）文物发掘时周围的土应清理到可以将文物安全取出的程度，对文物不宜采用拉、拽的方法提取，因为经过多年的地下埋藏和不断的土壤腐蚀过程，文物本身发生了很多的变化，不再是入藏时那样的结实，虽然看起来很完好，其实很脆弱。例如青铜器，虽然青铜非常坚硬，但它在腐蚀矿化后不再具有任何的延展性及韧性，一旦过度用力就会发生破碎。

（2）对比较脆弱或已开裂粉化酥碱的文物应先进行加固，然后再提取，冒险提取与弃置是不应该的。在国外一般采用 Paraloid B－72（一种丙烯酸共聚树脂）树脂溶液（用于较干燥的文物）、Rhoplex AC33（一种丙烯酸树脂在水中分散的乳液，用于潮湿的脆弱文物）乳液进行文物加固，效果较好。这些材料在国内可以找到替代品，效果也可以，是将来的一种方向。另外，我国传统的文物提取方法中也有较好的加固方法，应将其充分利用起来。

（3）文物提取出来以后的清洁工作要小心，要注意文物表面是否有彩绘、刻痕，以及纺织品或纺织品的印痕，不要因急于看文物的细部而采用一些不当的办法来除尘去土。如水洗，会带来以下后果：破坏文物表面的遗迹遗物，造成文物的破损粉碎，另外给以后的文物保护造成困难。如某发掘工地进行发掘时，为去土将出土的青铜器用含氯离子较多的河水加以清洗，结果造成文物严重的粉状锈。有些传统的去锈剂也是不可用的，曾有一件青铜器在去锈显示铭文时用了硇砂等去锈剂，结果铭文处粉状锈强烈爆发，而其他部分完好无损。这样的损坏令人惋惜，无论是考古人员还是保护人员都是不愿意看到的，建议在考古发掘中有解决不了的修复保护问题时，不要急躁，拿到修复人员的实验室或请修复人员到工地去，这是最好的解决办法，在目前至少是一个方向。当然，考古人员如果懂一点保护的知识并带一些常用的材料和药品，自己进行现场保护，也是很好的。

（4）在现场最好不要将破碎的文物黏接起来，因为在文物的修复工作中，黏接应是在清洗、加固等工序完成后才进行的，未进行前道工序的已黏接文物在修复时必须重新打开,易造成文物的破坏。如果采用难以去除的胶粘剂,更为麻烦。另外,刚出土的文物如果还在潮湿状态,则不易黏接,即使黏接了,水分挥发后会造成文物内部受力,导致破裂或粉碎。如果确有必要进行拼对黏接,应等文物干燥后,使用可逆的胶粘剂(如 Paraloid B‒72 或国产的三甲树脂)进行黏接,并且尽量少地使用。

2. 减少环境变化影响的要领

(1)温湿度:温度的变化易造成文物的收缩与膨胀,另外一个作用就是引起湿度的变化,湿度的变化对文物影响很大,文物由高湿的地下环境进入低湿的空气中,它所含的水分将向外散发,导致本身的水分减少,如果这种挥发进行得太快,内部水分向外层的扩散跟不上,就会出现内层体积不变,外层干燥而收缩,这种收缩没有得到内层响应而是受到抵制,这种机械作用将引起本身材质较弱文物的开裂、破碎。湿度减小的另外结果是引起如陶、石文物内部可溶盐的结晶,水分挥发快时盐分在内部结晶,挥发慢时在外层结晶,两种情况下盐结晶都会对文物的毛细孔隙进行挤压(压力很大),造成文物的机械强度降低,酥碱开裂。

当然,水分的挥发也不尽然是坏事,快速的水分挥发会控制青铜器的粉状锈及其他锈蚀的发展。

减少温度的变化比较困难,主要应该从控制湿度与含水量上着手。

文物从地下发掘出来,随所处地下环境不同,其含水量也变化不一,对含水不同的文物,处理方法也有差异,要点如下:

① 金属文物:干燥的金属文物应继续保持其干燥状态。潮湿的金属文物应在暖和的条件下使其干燥(不可火烤、阳光照射,易产生破坏),然后保持干燥状态。潮湿的文物也可以在潮湿的条件下存放,如铁器可以放在 10%的氢氧化钠溶液里,但青铜器不可如此处理。

② 石器、陶瓷器:干燥的石器、陶瓷器应继续保持其干燥状态。潮湿的石器、陶瓷器应使其缓慢风干(不可快干,易造成收缩开裂),然后保持干燥状态;若干燥后出现泛白物质,很大可能是含有可溶盐,应交由保护人员做专门处理。

③ 有机文物：干燥的有机文物如纺织品、漆木竹器等一般都比较脆弱，应保持其原状。潮湿饱水的有机文物一般都比较软弱，强度很低，提取也比较困难，这时不能将其强制干燥，因为很容易造成收缩开裂，应将其去除泥土后置于含有防霉剂的水中，保持这种状态，送到修复室做专门处理。

（2）光线：光线的作用主要表现在紫外线对文物的破坏上，易被破坏的文物包括：

① 有机质文物，如纺织品（棉麻丝毛类）、皮革、纸张等，有机材料较弱，紫外线会造成有机质的降解，表现为发黄、变脆。

② 带有各种颜料和染料的文物，紫外光线易与这些物质发生作用，导致变色。

另外，光线中的红外线对文物有加热的作用，从而引起水分挥发，但较紫外线的破坏要小得多。

防止光线破坏的方法要领：在发掘文物的过程中尽量减少太阳光线的直射，对文物的观察研究也尽量不要使用产生紫外线的灯具。

（3）霉菌：霉菌的破坏对象主要是有机文物，文物出土后，在空气中很易吸附各种霉菌孢子，孢子在合适的条件下在文物表面生长，造成文物本身材料的损失和色泽的变化，对文物的基体和外观均有妨害。另外霉菌与金属文物和石质文物的破坏也有关，但在现场保护中不足为虑。

防治霉菌主要在于对有机质文物的保护，干燥的有机质文物应在可能的条件下保持其处于相对湿度低于65%的环境中，并在小环境中施放防霉剂。对于饱水并保存于水中的有机文物，更应使用防霉剂，并定期检查其保存状况，添加防霉剂。

3. 采集数据及样品

文物现场保护的另一个方面就是为以后文物的修复保护服务，包括对发掘地点土样水样的采集与分析。了解文物埋藏小环境的情况，如土壤成分、可溶盐含量、水的 pH 值、矿化度等，可以为分析文物损坏原因、腐蚀风化机理提供原始资料，为以后选择文物保护方法与手段提供帮助。

当然，现场保护也不是万能的，有许多文物出土时状况很差，处理起来困难不小,很多问题实际上只有到了实验室才能解决。再者,发掘现场条件简陋,有时还有抢救性的目的,不容慢慢地工作,所以现场保护必须与实验室工作结合起来。即使这样,也不要忘了对文物采取必要的保护措施。

四、现场保护的关键：考古与保护人员的合作

文物保护是一个对文物自始至终的关怀过程,从文物的获得(考古发掘、征集)开始,修复、入藏、展览、研究,这种关怀就不可能停止,而文物的发掘作为文物成为科学研究、收藏展览、艺术欣赏对象的起始阶段,自然也成为文物保护的一个重要阶段,其重要性也已在前面论述,其实践也已产生良好的效果。在世界文物保护工作做得较好的国家,文物保护人员已经从实验室里走了出来,在考古工地和考古学家一起,为探索人类的历史,保护人类的文明成果共同努力,许多濒危文物得到良好的保护,诸如对精彩的图画像海市蜃楼一样消失的叹息已较少听到。自从事文物保护以来,就逐渐产生一个要到文物发掘现场去做文物保护的愿望,但如梦一样,至今未能实现,常常有考古研究人士向我提出这样那样的保护问题,但与他们的合作很有点靠个人兴趣。至于许多发掘工作,保护人员是没有参与权利的,这有各方面的原因,它使许多文物保护人员现场保护的梦想难以成真,眼见许多文物来到修复室时已病入膏肓,而难以在其病初给予治疗,痛惜之情是难言的。也有一些同行有幸来到考古现场进行文物保护,与考古人员协同工作,但在我国还不普遍,常常是考古工作者带着许多保护问题却不能解决,而文物保护人员有手段而无处可施,这个问题已困扰我们多年了,但无论如何,注重现场保护一直是我要呼吁的,可能许多考古与文物保护的人士都有同感吧。

(原载于《文物世界》1999 年第 4 期)

4

谈谈考古遗址的展示保护

在我国广袤的土地上分布着许多文化遗址,从旧石器到明清都有。这些遗址有的已经被发掘,有的已经成为准备发掘的对象,而更多的还埋藏在地下不为人们所了解。考古遗址作为文物,具有科学性、历史性、艺术性,是见证人类物质文化发展的重要实物例证,为了让更多的人认识、了解与研究这些文化遗址及其代表的文化,就需要对它们进行展示。

考古遗址不同于发掘出土的文物,它们一般体量较大、不易搬迁。即使有进行搬迁的情况也是不得已而为之,只能对其中的部分或单元(如窖穴)进行搬迁,而且在搬迁后失去了原周围环境,展示效果将受到一定程度的影响。因此考古遗址原地展示是最佳选择。原地展示的方法大致如下:对遗址进行整理规划,修建保护房,设置展览配备设施等。为了使遗址能够更好地展示,有条件的话还要对遗址本身进行一些保护。

在我国这样展示的遗址为数不少,如著名的秦始皇兵马俑遗址博物馆、半坡博物馆、大河村遗址博物馆等。这些遗址博物馆多数建立于 20 世纪 60—80 年代,在过去 20—40 年中,有效地展示了中华民族的远古文化成就。但是目前这样展示的一些遗址,在保护上仍然有很多问题没有解决,以半坡遗址为例,就出现了表面风化、脱落及降尘覆盖等问题,因此对现场展示中的保护问题,需要进行认真的研究。

一、遗址现场展示中的病害及引起病害的原因

从对不少遗址的现场调查看,大致有以下病害:

1. 收缩开裂:收缩的纵裂与横裂。多数遗址在发掘过程中或发掘后不久,就

会出现开裂现象。开裂分为两种,一种是平行于探方边缘的开裂,这种开裂会导致坑壁坍塌,在多数遗址的发掘过程中都会出现,尤其是土质含水多、探方深的情况;另外一种是垂直于探方边缘,或隔梁边缘的开裂。开裂严重危害着遗址的安全并影响展示效果。

2. 表面酥松脱落:许多遗址会出现这种情况,表现为遗址的侧壁表面由发掘完成后比较清晰的状态变为模糊,逐渐出现小的土壤颗粒脱落,在侧壁底部堆积。如果在侧壁有古人遗留的工具、活动痕迹,那么这种变化会使痕迹逐渐消失,考古遗迹的消失损坏,将大大损害遗址的展示效果(钧窑为例)。而遗址的平面部分,也会出现同样的现象,影响遗址的展示效果。

3. 白色盐类结晶:通常在遗址底部靠近地面的部分会出现这种现象,严重时整个遗址都会出现。表现为表面泛白。比较严重的盐类结晶,还会导致遗址表面出现酥粉现象。

4. 霉菌苔藓等滋生:潮湿的遗址经常会出现这种现象。在潮湿的遗址表面出现白色、灰色或灰黑色的霉菌,覆盖遗址的表面,厚度可达数厘米(如兵马俑 6 号坑)。也有绿色的苔藓,覆盖原始表面。在有些情况下甚至有草类的生长。

5. 灰尘覆盖:经过多年展示的遗址,多数会出现颜色改变的情况,变得发暗发黑,使人们不能看到真实的、发掘完成时的遗址情况,给人们一个不真实的、错误的印象。

所有这些破坏,都与遗址的自身特点及遗址的外部环境有着直接或间接的联系。通过对以下因素的分析,可以了解病害的根本原因。

1. 考古遗址本身的特点:多数情况下,考古遗址是以土为主体形成的,间或会有一些石、陶或木的构件。土作为地表岩石天然风化产物的堆积物,从物理化学角度看,成分复杂,结构疏松,具有表面积大、吸附能力强的特点;从水理性质看,又具有易崩解的特点,属极易受外界环境影响、结构稳定性很差的复合体。而由土组成的古遗址,同样具有易受外界环境条件影响的特点。在古遗址病害的分析中,值得注意的影响因素是土的成分、结构,土壤含水量及土中可溶盐的含量及分布等。

2. 环境因素:古遗址本身具有不稳定的特点,而所处的环境又是人们不易控制的自然环境。人们无法选择古遗址的自然地理环境，只能被动地接受它。比如昼夜温差变化巨大的西北地区，含水量非常高的南方地区。人们可以花费巨大费用来控制小的居住或办公环境的条件，但是在目前情况下控制大范围的气候条件是不能想象的，而且影响古遗址的外界条件又非常多。根据目前人们的研究，对古遗址有影响的因素大致包括如下几个方面：

（1）古遗址的地质环境：如表层土厚度及分布情况，地下基岩的深度和种类；地下水的水位及变化，地下水的迁移运动情况，以及地表径流情况等。

（2）气象环境：包括如下因素。

① 温度：遗址内外年温度变化及最大温差、日温度变化及最大温差，不同部位温度的差异，低温情况如冰期等。

② 湿度：年、日湿度变化及最大的湿度差，不同部位湿度的差异，内外温湿度的差异等。

③ 阳光的照射情况。

④ 大范围天气变化：雨、雪、风、沙天气情况。

⑤ 空气的清洁程度：如各种气体污染物的含量及日、年变化；粉尘的成分、含量及变化。

⑥ 周围的建筑、交通与工农业情况：交通运输和工业生产容易导致环境的污染，另外还会导致震动；农业生产会影响遗址周围的小环境（如大河村）。

在对古遗址的病害及影响因素分析的基础上，我们可以找出古遗址破坏产生的机制和主要的影响因素。

1. 收缩开裂：收缩的纵裂与横裂。由于土壤具有颗粒细小，比表面积大，吸附能力强的特点，在接触水分后会迅速吸收，根据吸收水分多少的不同，土—水混合体产生不同的状态和性质，如流塑态、可塑态、半干硬态和干硬态等。土壤具有遇水膨胀、失水收缩的特点，这种吸水—脱水过程又是不可逆的。遗址被发掘后就开始与空气接触，由于空气的含水量低，加上空气的流动，土体中水分蒸发，土体收缩，这种收缩是导致土体横裂的主要原因。对于纵裂，水分挥发导致的收缩只是原因之一，重要的是土体的卸荷应力。卸荷是由于遗址发掘造成土内的应力分布不平衡而产生的。通常情况下,土中的任一点,其受力是平衡的,来自各个方向的力互相抵消,而在被开挖的垂直坑壁面上,上下的力是均衡的,而由土体内部向外的压力没有平衡力,因此土体内部具有向外向下移动的倾向,产生开裂。

土体的收缩开裂是目前难以解决的问题,其中水分的作用是不可低估的。

2. 表面酥松脱落:表面酥松有两种原因,一种是由温湿度变化导致的,另一种是由盐类导致的。

从显微结构看,土体由许多大小不同、形状各异的矿物颗粒组成。土体中各个颗粒的连接,通常依靠土壤黏力形成胶膜、土壤中的盐类在颗粒之间结晶(如碳酸盐的次生沉积、硅酸盐的次生沉积)形成连接实现,有的还通过有机物的作用来实现。在新开挖的表面,土体的结构是比较紧密的,但是暴露在大气环境中的原始表面,在外界环境的作用下会逐步发生变化。其中湿度的影响是明显的。如一天中,在绝对含水量不变的情况下,白天温度高,相对湿度会下降,而晚上相对湿度就比较高。湿度的变化会对土壤中吸附水分能力强的颗粒产生如下影响:湿度高时吸水膨胀,湿度低时又脱水收缩。这些颗粒的收缩膨胀,对周围颗粒产生压力与拉力,导致土体颗粒之间起连接作用的胶结物破碎,连接受到破坏,颗粒之间的距离不断增大,最后某些颗粒失去与土壤团聚体的最后连接而脱落。这种现象由于湿度日变化(增加—减小—增加)非常频繁的出现,极易在短时间内造成明显的破坏(如钧窑遗址的窑壁,经过一二十年的展示,古人留下的工具痕迹逐渐消失,至今已完全找不到了)。

另一种破坏是由于湿度周期变化,导致土体内部盐分的循环结晶与溶解,这种结晶—溶解过程在土体颗粒之间的孔隙内进行,结晶对土体产生巨大的压力,导致土体破坏、颗粒脱落。这种现象在湿度围绕盐类的饱和点变动的情况下最具有破坏作用。

温度突然降低造成水分在土体表面凝结,低于零度以下时水分在表面的结冰也会产生同样的破坏作用。

通常情况下土体中都含有盐,如中溶盐、易溶盐等。低含量的盐类不会造成明显的破坏,最为可怕的是盐类在遗址表面的富积。富积作用的产生是由于遗址底部有水源,可提供不断上升的水分,水分溶解土体中的盐分或本身就带有盐分,由于空气的干燥导致含盐水分向表面迁移。当含盐水分迁移到表面后,水分挥发,盐分就在遗址的表面结晶,形成白色的物质,影响遗址外观,在湿度变化下遗址表面出现酥粉。如果水分在未到达表面的某个固定位置就挥发了,盐分将在土体内部结晶,在湿度作用下土体表面将呈块状脱落。土体内盐分迁移和破坏的过程,在与水分接触的石质或陶质上同样也会发生。

3. 霉菌苔藓等滋生：霉菌、苔藓等的产生,主要是以水分的存在为条件的。

4. 灰尘覆盖：灰尘来自空气中的固体漂浮物。

根据以上的分析,对古遗址造成病害的主要原因是：温度变化,来自空气中、地下的水分,在水分作用下的盐类的富积,霉菌的生长,空气中的降尘。在众多因素中,水的作用是最突出的,它本身可以对遗址产生破坏,同时也可以与其他因素协同作用产生破坏。

二、治理病害的措施与方法

为了防止病害的发生,应该防止这些因素对遗址的影响与作用,具体需要采用以下措施：

1. 保护房的建设

（1）作用：可以阻挡阳光的直接照射,减少温度的急剧变化;减小遗址的湿度变化;遮挡雨水对遗址的直接冲刷,缓解风沙对遗址的机械性破坏。

（2）要求：对于现场展示古遗址的保护,建立保护房是人们的共识。但对保护房应有特殊的要求,不是任何结构的房屋都可以用作保护房的。

保护房除了在人文上与遗址本身的特点和周围的环境相协调外,为保护古遗址,在技术上还应该满足以下要求：

① 能控制温湿度的剧烈变化：温度的剧烈变化可导致古遗址的损害,如引起结构材料的收缩膨胀,温度的急剧降低将导致湿度提高甚至遗址表面结露,造成表

面风化等。采用构筑保护房的方法可以控制小范围内的温湿度,不像外部环境那样发生巨变,而是缓慢地、小幅度地变化。当然保护房越是条件好,控制温湿度的能力越强。如安装空调设备就可以达到人工控制温湿度的目的。但是任何保护都要根据实际情况,尤其是经济条件。需要注意的是,保护房的建设不能直接搬用工业与民用建筑,如兵马俑2号坑发掘前就建设了保护房,但是调节湿度的能力差,在遗址发掘后出现过度潮湿,导致遗址上霉菌蔓延,带来了麻烦。如果考虑到这一点,提高建筑的通风能力,情况可能会好很多。

② 能控制光线:光线的直射导致遗址表面温度提高,紫外光还对现场展示的某些文物有破坏作用。但是完全的人工采光是需要很高的成本的,因此既能使用自然采光,又不对文物造成损害是人们设计保护房需要考虑的一个方面。

③ 能控制空气污染物的影响:许多遗址都存在降尘的问题。降尘掩盖了原始的遗址,对文物还有破坏作用。为了控制降尘,有些博物馆在遗址上部另外添加了玻璃罩,大一些的遗址只能采用人工清扫的办法,但是经常的人工清扫使遗址表面层受到破坏,尤其是风化的表面层给清扫造成进一步的麻烦。细小的灰尘往往以比较紧密的方式与遗址表面结合,用扫把清扫难以奏效。因此控制灰尘侵入遗址是保护房设计需要考虑的问题。在门窗上加装滤网过滤空气、在入口处设置地毯,让游客更换使用专门的鞋,似乎是可行的。考虑到降尘的影响,对土体进行表面加固成为必要的手段,因为加固可以使表面得到固结,使降尘不易吸附,进而容易清除。

2. 地下隔水层的构筑

(1) 作用:由上文可见,水分是导致遗址破坏的重要因素,构筑地下防水层的目的,就是要控制地下水、地表径流对古遗址的影响。

(2) 构筑方法:构筑地下防水层的方法大致有几种:

① 挡水墙:在遗址周围的地下构筑一道隔水墙,可以防止雨天降水、地表径流渗入遗址,还可以阻止地下潜水对遗址的渗透。要求是首先必须对遗址的地下情况进行勘探,以确定防渗墙的有效深度。对防渗墙在遗址周围的布置,也要在了解遗址周围的地势、地表径流的走向及地下水情况后进行相应的规划。

　　② 拱券法：在地下水位距遗址的垂直距离允许的情况下，可以采用在遗址下部构筑拱券的方法隔水，这种方法在国内已有成功的例子。但对南方地下水位高的古遗址，困难较大。

　　③ 灌浆法：采用机械的方法把化学浆材灌注到遗址下部一定深度，形成一隔水层。采用的化学浆材通常有水玻璃、甲凝浆材、丙凝浆材、环氧浆材等。灌浆方法在工程地质中普遍应用，但在古遗址保护中应用不多。除了浆材在工程地质中使用的缺陷如毒性高、控制困难外，还由于对古遗址的保护要求更高，使许多材料的应用受到限制，如对材料老化期的要求、对材料渗透能力的要求等都比较高，多数材料在黄土中的扩散半径太小，使施工变得非常困难。另外对灌浆施工也有限制，如工程灌浆使用的旋喷法等对地下结构破坏较大的方法，不可能在遗址保护中应用。因此，灌浆法在古遗址保护中有所应用，但有效的应用还需要认真的研究。

　　除了隔水外，采用暗渠排水使水流到远离遗址的地方，或开挖防渗井降低地下水位，也是常用的治水方法。

3. 土体的加固

　　在古遗址保护中，经常会遇到土体开裂的现象，开裂导致遗址的稳定性降低，发展下去可能会导致遗址的破坏，因此需要治理。对于横裂，可采用锚杆的方法治理，如为稳定隔梁，在使用锚杆的同时，辅助使用一些钢板等固定表面效果更好，但要注意尽量少地改变文物原貌。对于纵裂，目前没有好的方法，为了展示效果，采用具有黏接能力的黏土浆灌注填充应该是比较好的方法。

4. 表面防风化的治理

　　古遗址表面的风化需要采用多种手段治理，如治理地下水，控制温湿度的剧烈变化等，另外对表面进行化学加固也是比较有效的方法。加固用的材料有无机材料，也有有机材料。通常应用的有：

　　(1) 水玻璃：如高模数的水玻璃在土遗址及砂岩上的应用；

　　(2) 正硅酸乙酯乙醇溶液：前者在后者中水解形成二氧化硅晶体，对表面产生加固作用；

（3）聚氨酯类：如美国 Getty 研究所在美国新墨西哥州的试验；

（4）丙烯酸树脂溶液：浓度高的话容易导致结壳,使用低浓度的溶液并与其他材料混合使用也有效果；

（5）丙烯酸树脂乳液：在某些遗址(如兵马俑 1 号坑)的使用,证明有一定的保护效果；

（6）丙烯酸树脂非水分散体加固剂：是北大考古系根据土遗址防风化要求开发的材料,在多处遗址的试用显示出了较好的效果。

化学加固的遗址,表面得到固结,防止了风化现象,也使对降尘的清扫变得容易。

5. 现场展示文物的保护

为了使人们获得最直观的印象,通常在古遗址原地展示一些发掘品。这些文物与遗址受到同样的环境条件的影响,因此如果遗址的条件不好,如地下水上渗,盐分在表面结晶,空气中的灰尘在表面吸附沉积,都会给文物带来损害。所以在现场展示文物,特别是发掘未完成就停止发掘进行展示,文物部分在土中,部分在空气中暴露,对文物的损害是最大的。建议这样展示的文物先提取出来进行化学封护,再放回原地,这样可以减小对文物的破坏。

在以上工作进行的同时,还需要经常性地对古遗址展示区周围的环境情况进行监测,如温湿度、空气质量、震动噪声等,可能的话进行治理。

以上谈到了古遗址现场展示中的保护问题,最后需要指出的是,对遗址的保护,需要有认真的规划和调查。调查包括：遗址的地质、地理、气象等自然条件,遗址的历史、重要性等人文因素,遗址保护的历史情况等。在调查基础上的规划应该有明确的遗址展示保护方案。保护古遗址要根据文物本身的特点进行,遵循文物保护的要求和符合相应的法律法规。

（原载于《文物保护与考古科学》2006 年第 1 期）

5

土遗址防风化保护概况

一、土遗址保护的意义

土遗址是指人类活动遗留下的由土构成和以土为主的遗迹和遗物。这些遗迹和遗物包括房屋、夯土台基、城墙、窖穴、窑炉、粮仓、土构墓葬、糟朽文物在土上的印痕等。

土遗址作为文物，具有科学性、历史性、艺术性，又没有可再生性，一旦破坏，就成为永久性损失，所以应尽可能长期地保存它们的原状以便进行研究、展出。

我国土遗址很多，许多土遗址的状况较差，亟待保护。为了保留这些具有历史文化价值的人类遗产，应采用各种方法与手段。在土遗址保护研究中找到好的保护方法，将对保护大批濒临破坏的土遗址，推动文物保护的理论研究与实际工作具有重要意义，也是我们这一代文物保护工作者的责任与使命。

二、土遗址保护的历史与现状

世界范围内，具有近代意义的科学的文物保护可以说是开始于 19 世纪晚期。文物的科学保护最初起源于器物与石质古建筑的保护，而土遗址的保护相比较晚，工作也较少。20 世纪 60 年代以前，只有零星的研究，真正意义上的土遗址保护开始于 60 年代以后。

目前国际上古遗址保护研究的主要机构是 ICOMOS（International Council on Monuments and Sites）。另外，设在意大利的 ICCROM 与美国的 Getty 研究所等机构对土遗址的保护也有研究。

国内土遗址保护开展较晚,20 世纪 80 年代末才开始在少数几个地方进行土质科学保护研究试验[i]。

目前对土遗址的保护主要采用以下几种方法:

1. 回填法:遗址在发掘、照相记录后进行回填,以便日后重新研究。

2. 复制法:回填后在遗址上建立与原文化遗址相似的构造物,以供人参观游览。

3. 表面补砌包埋法:在遗址表面加一层修补材料,以使遗址能够得到相应的保护,如在新石器时代的土遗址上加一层与其成分相同的土层,而在砖石建筑破坏后的土遗址上依照原样包覆一层砖石。这种方法在世界各地比较通用。

4. 原地展出法:完成发掘工作的遗址保留原状,建立遗址博物馆或陈列室,供人们参观游览、研究欣赏。

对土遗址来说,影响安全的因素即对遗址稳定有影响的因素包括日照、雨淋、风吹沙打、温湿度变化、可溶盐、降尘、霉菌等。因此遗址保护需要采用多种方法手段,包括防雨、防风沙、防地下水、防坍塌及防止表面风化。本文着重讨论土遗址防风化的问题。

在以上四种土遗址保护方法中,涉及防风化保护的主要是原地展出法,因为前两种方法使遗址重新回到它原来的环境。在回填后,它的环境将不再发生较大的变化,各种因素相对稳定。第三种方法在表面加一些材料以防止破坏,有时也需要进行一些化学保护来防水与加固。第四种方法与化学保护关系密切,由于发掘后环境因素与发掘前不同,而且这些因素的变动频繁,遗址在这些变动的影响下也将发生相应的变动,这种变动很容易造成遗址的破坏,尤其是造成风化现象。风化直接改变了遗址所承载的人文因素,所以这些遗址经常需要一些维护措施,以防止遗址构造材料的风化。

土遗址的风化表现为遗址的表面在各种环境因素的作用下,原来因各种因素作用互相结合的土体颗粒之间的结合力减弱或消失,颗粒间距加大以至于脱落,使土遗址表面减薄、形貌发生改变,由此造成承载文化信息的表层破坏的现象。

各种环境因素如温度、湿度、水分、可溶盐、气体污染物、霉菌、动植物等均能引起土遗址的风化。

对土遗址进行防风化保护的研究是文物保护工作中的一个重要方面。

文献中可见的土质构筑物及纪念物的防风化保护工作与研究，基本是以西方现代的文物保护方法及思想来保护古代文明的遗物与遗迹的，如美国 Getty 研究所对美国新墨西哥州印第安人故居的保护研究、意大利专家对伊拉克境内土坯建筑的保护研究等。

这些防风化保护工作所用的材料主要有：有机硅材料，丙烯酸树脂及醋酸乙烯树脂，有机聚合体系如聚氨酯、聚甲基丙烯酸甲酯、有机乳液等。其使用对象主要是比较干燥的遗址与遗迹，从目的上讲，是进行加固与防水。潮湿土遗址的保护比干燥土遗址的保护困难，因为一些在干燥土遗址上可用的材料，用到潮湿对象时就比较困难。

对潮湿土遗址进行保护的例子是日本国立文化财研究所对 Yokohama 遗址的保护，采用有机硅低聚物与其他材料复合来防止土遗址内的水分挥发，使其处于潮湿状态以保护土遗址[ii]。这种保护土遗址的方法，从照片上看效果较好，难点是如何防止潮湿情况下土遗址的生霉问题。

土遗址防风化保护的工作很多，在国外如 1969 年 Giacomo Chiari 等人在伊拉克某遗址（Seleucia and Hatra in Iraq）采用正硅酸乙酯—乙醇体系，聚醋酸乙烯酯和丙烯酸树脂（注射）等对风干砖的保护[iii]；1975 年秘鲁采用正硅酸乙酯与乙醇混合体系处理土坯建筑的表面[iv]；六七十年代日本采用甲基丙烯酸树脂加固土质[v]；日本学者采用聚氨酯树脂保护古墓[vi]；美国 Getty 研究所在美国新墨西哥州（Fort Selden, New Mexico）的印第安人遗址附近进行的土遗址保护材料的评价试验，采用硅酸乙酯和聚氨酯进行加固试验[vii]；Fatma M. Helmi 对埃及两个古遗址（Abu-Sir and Mataria）的加固保护，采用了四乙氧基硅烷、甲基三乙氧基硅烷、甲基丙烯酸甲酯—丙烯酸丁酯共聚物（效果不好）进行的试验[viii]。

在国内如 20 世纪 50 年代刘致和对西安半坡遗址作过加固性研究工作[ix]；单玮等采用丙烯酸树脂对秦始皇兵马俑炭化遗迹的保护[x]；刘林学等采用有机硅单体、低聚物、高聚物等材料对秦俑弩弓迹、车轮迹，西安半坡部分土遗址，西安老牛坡商代古墓群中车马坑的保护[xi];李最雄采用 PS 材料对甘肃秦安大地湾遗址[xii]、三门峡车马坑、洛阳含嘉仓等遗址的保护与试验;黄克忠等采用硅酸钾以甲基三乙氧基硅烷为添加剂,对克孜尔石窟(胶结很差的砂岩)的保护[xiii];庞正智采用乳液复合物进行加固交河古城土样的试验[xiv]等。

三、土遗址的风化机理

有关土遗址的风化机理的论述,可见于一些保护研究的文献中。国外的文献[xv]中有关风化机理常在土遗址保护文献中简单论述。

国内关于土遗址风化机理的讨论,可见张万学[xvi]、刘林学[xvii]、贾文熙[xviii]、张志军[xix]等的论述。

综合以上文献,影响土遗址风化的因素包括内因与外因。内因是土遗址本身的组成与性质,外因是指土遗址的环境因素,现分述如下:

(1)土遗址的组成与性质:土的成分有各种矿物,如石英、高岭石、长石、蒙脱石、绿泥石以及有机质等。土是由这些成分经过无机与有机作用形成的、由大小不同的颗粒形成的复杂的多层次结构。这种结构很易受外界因素的影响。例如在吸水潮湿或受热时,各种矿物微粒膨胀程度不同,产生应力,容易造成结构的破坏。尤其是蒙脱石对环境因素比较敏感,潮湿或有水时很容易吸水膨胀。土的胶结物如中溶盐及有机物在水作用下溶解,造成土壤结构的破坏。土的微观结构对风化也有影响,例如土的孔隙结构与孔径分布。孔径不同,对水分的吸收能力不同,对结冰和盐结晶的抵抗能力也不同。

(2)温度变化:地表的温度通常都要经历日变化与年变化等周期变化。常规下物体热胀冷缩,这种变化随着温度的周期变化而变化。对于土遗址,这些变化产生的张缩应力,必然导致土体稳定性的下降,具体表现为开裂、脱落等。另外,由于温度传导的梯度,导致内外收缩膨胀不均,产生张力,破坏也很大。这种现象在土遗址暴露于自然环境中时非常强烈,即使保护性建筑也只能缓解这种破坏。另外温度低于冰点时还导致水分结晶。

（3）水分：水分的作用有以下几个方面。

① 水在土壤毛细管内的迁移运动，产生毛细压力，对管壁产生破坏；低温下在土壤毛细孔中结晶，体积膨胀，对孔壁产生很高的压力，造成土体的破坏；

② 地下水的毛细上升造成可溶盐向表面的迁移与富积；

③ 水可以造成黏土颗粒的膨胀以及机械强度的降低；

④ 水分可以溶解对土壤微粒有粘结作用的物质，从而导致土壤崩解；

⑤ 霉菌在含水高的土遗址上容易生长等。

（4）湿度变化：空气中湿度的变化是土壤表面风化的重要影响因素。通常情况下，白天湿度低，晚上湿度高，温度低于露点时，水分会在土壤表面冷凝，低于0℃时冷凝水在土表面结晶，由于表面张力和结晶压力，造成土体表面风化破坏；湿度的循环变化可使迁到表面的可溶盐反复溶解结晶，产生破坏作用；较高的空气湿度还会促进霉菌的生长繁殖。

（5）可溶盐：可溶盐在水的作用下，在土体内迁移运动。根据条件的不同，可迁移到土体表面结晶，造成土表面结构的破坏及表面外观的改变；也可在土体内部富积结晶，造成空鼓、开裂、表层脱落。

（6）气体污染物：气体污染物包括二氧化硫、二氧化碳、氮氧化物等，可以被吸附能力强的土微粒所吸附，并与水作用形成酸、碱或盐；或者直接在空气中变为酸碱盐溶液的微粒，再吸附到土体表面，破坏矿物及胶结物，产生膨胀能力较大的结晶，导致土体的风化。

（7）降尘：降尘包括矿物微粒、工业粉尘、孢粉、霉菌等。降尘的破坏在于：

① 掩盖土体表面，改变其外观；

② 带来可溶盐；

③ 带来霉菌；

④ 增加机械磨损的机会。

（8）霉菌：霉菌的生长会改变遗址的面貌，对土体表面产生机械破坏，霉菌在生长过程中会产生一些有破坏作用的酸碱分泌物，破坏土壤的结合物。

（9）动植物：动物如蝼蛄、白蚁、蚂蚁等，在土遗址内营穴生存，草类在土遗址表面的生长也有破坏作用。

（10）风沙：暴露于自然界的土遗址，特别是在西北干旱地区的土遗址，多受风沙的破坏作用。风的压力、沙子的撞击与摩擦，对土体表面都有破坏作用。

（11）震动：来自地震、工程施工、交通等方面的震动对土遗址有危害。表现在使表层颗粒脱落、土体开裂坍塌，造成结构不稳。

通常情况下，各种对土遗址有破坏作用的因素是协同作用的，在这些因素中，水的作用最大，没有水，以上许多因素都难以起作用。

四、土遗址的加固保护材料

从文献看，土质建筑物保护的方法很多，基本上与其他种类文物保护所用的方法相似。但也有其特点，表现在注重加固、防水上。加固方面有机械法，如支护、锚杆等，以及化学加固。防水的方法有遮雨棚、土工织物、地下排水管道以及表面防水处理。以下仅讨论化学防风化加固材料。

文献中常见的防风化加固材料有：

（1）石灰水：这种材料在英国使用较多。制备方法为生石灰加水搅拌，然后滤去不溶物，溶液可用来对土质进行加固。所制得的溶液浓度一般很低，只有 0.022 mol/L（碳酸钙的溶解度为 6.5×10^{-4} mol/L，溶度积 $K_{sp} = 2.9 \times 10^{-9}$/18—25℃），必须多次喷涂施工，才能有效。

（2）氢氧化钡溶液：氢氧化钡溶液与氢氧化钙相似，氢氧化钡的溶解度为 0.23 mol/L，大于氢氧化钙（碳酸钡的溶解度 10^{-4} mol/L，溶度积 $K_{sp} = 5.1 \times 10^{-9}$/18—25℃）。

（3）钾水玻璃：水玻璃是一种碱性金属（钠或钾）的硅酸盐。一般分子式为 $Me_2O \cdot nSiO_2$，式中 Me 代表碱金属。水玻璃类材料广泛用于建筑工程中的地基灌浆处理[xx]，文物保护工作者根据文物保护的要求对它进行改造，并用于文物工作中。使用时一般要对水玻璃进行一些改性，以提高其性能指标。如李最雄[xxi]采用模数为 4.0 的硅酸钾，配合氟硅酸钙，做石质、土遗址的加固材料。

(4) 丙烯酸树脂：丙烯酸树脂是丙烯酸类单体在引发剂作用下形成的聚合物。丙烯酸树脂因其优良的耐候性使用广泛，在文物保护方面被用作加固剂、粘结剂，并用于多种文物的保护。

国外使用的牌号有：

Paraloid B‑72：甲基丙烯酸乙酯—甲基丙烯酸共聚物。

Acryloid F‑10：甲基丙烯酸丁酯的聚合物。

国内使用的如三甲树脂。

丙烯酸树脂的溶剂有多种，如苯类、酮类、酯类、氯代烃等。

(5) 甲基丙烯酸甲酯类灌浆材料[xxii]：采用甲基丙烯酸酯类单体，加入引发剂、促进剂、除氧剂、阻聚剂等，注入土体内，使其在土体内聚合。

(6) 聚氨酯[xxiii]：聚氨酯类材料在文物保护方面有多方面应用。

聚氨酯类材料是一种广泛用作涂料、胶粘剂、化学灌浆材料的有机材料。它是由异氰酸酯和多元醇类物质进行缩聚反应形成的。目前所用的异氰酸酯种类很多，如甲苯二异氰酸酯(TDI)、二苯甲烷二异氰酸酯(MDI)、多亚甲基多苯基多异氰酸酯(PAPI)等。所用的多元醇类材料包括聚酯类、聚醚类、丙烯酸树脂类等。聚氨酯类品种较多，各个品种的性能也有差异，在文物保护中使用时多选用耐久性好的品种，并兼顾其他使用性能。

在土体保护中使用过的材料有：改性聚氨酯[xxiv],[xxv]；聚氨酯树脂配合 DN‑3390(HDI 衍生的预聚物)：溶剂为芳香烃—乙酸正丁酯，稀释剂为二甲苯—丁酮(2∶1)。

(7) 有机硅材料：有机硅类材料在文物保护中的应用很多，包括正硅酸乙酯和甲基三乙氧基硅烷(TEOS/MTEOS)、有机硅低聚物和高聚物、有机硅乳液等。

在土遗址保护中使用的材料及牌号有：

Conservare H 和 Conservare OH：主成分为正硅酸乙酯，溶剂为丙酮—丁酮。

Conservare Stone Strengthener H™(SS‑H)：TEOS+MTEOS

Conservare Stone Strengthener OH™(SS‑OH)：TEOS

Wacker Strengthener OH：成分为正硅酸乙酯，溶剂为甲苯，加有催化剂。生产厂家为 Wacker-chemie GmbH.

SILESTER ZNS：部分聚合的正硅酸乙酯，n = 10，生产厂家为美国孟山都公司。

（8）有机树脂乳液：有聚醋酸乙烯酯乳液、聚丙烯酸树脂乳液等，制造方法为乳液聚合法。乳液聚合是由单体和水在乳化剂的作用下配制成的乳状液中进行的聚合，体系主要由单体、水、乳化剂及溶于水的引发剂四种基本组分组成。经过聚合后形成的是分子量很高的聚合物微粒，粒径在几微米到几十纳米之间。这些微粒不溶于水，而是通过乳化剂的作用分布于水中。聚合物乳液的品种牌号很多，其性能差别也很大。

在文物保护方面使用过的有：

UCAR 365(R)：乙烯—丙烯酸的共聚物乳液。

Acrysol WS‐24：一种具有极细颗粒的高分子量的丙烯酸聚合物，分散于水中。具有优良的物理化学性能，黏度极低，有利于渗透，固化后具有可逆性。使用时采用4%的浓度，适用于风化非常厉害的部分，渗透快。

Primal AC33：甲基丙烯酸甲酯与丙烯酸乙酯(60∶40)的共聚物。Rohm & Haas 公司生产。

Airflex 510(R)：乙二醇二乙酸酯—醋酸乙烯酯的共聚物乳液。

目前丙烯酸树脂乳液的品种与产量逐步增加，国外如 Rohm & Haas 等公司生产的品种很多。国内如东方化工厂的乳液性能也比较好。

（9）加固剂的复合使用：在很多情况下，不同种类加固剂可以混合使用，目的在于发挥二者的优点，提高加固效果。例如丙烯酸树脂 B‐72 和有机硅单体 TEOS 的复合使用，PS 材料与有机硅材料的混合使用。

土遗址保护材料的保护效果不仅与材料有关，还与施工工艺有关，错误的使用方法可能使好的材料起不到应有的作用，并产生不良后果。

土遗址保护材料的使用方法有：① 喷涂法；② 滴注法；③ 顶部下渗法；④ 钻孔注入法等。

土遗址防风化所使用的材料种类多，性能差异大，现叙述如下：

（1）氢氧化钡、氢氧化钙溶液

优点：加固后不堵塞孔隙，不妨碍水分迁移，浅层加固强度高，成本低。钙、钡两者的不同之处是碳酸钙有微弱的溶解性而碳酸钡几乎不溶解。

缺点：渗透深度不够，一般情况下只有几个厘米。碳酸盐结晶时一般呈无定型状态，加固作用较弱[xxvi]。碳酸钙在结晶后还会有晶型转变现象，造成破坏，而碳酸钡则无此现象。

另外，由于溶液的浓度难以提高，故而一次加固强度不够，需要每天喷涂，并施工多日才能见效。在使用过程中墙体需要饱水，反而易使建筑物处于不稳定状态，产生结构破坏[xxvii]。

二者的共同特点是渗透不深，处理后表面易泛白。

（2）PS 材料

优点：加固强度高，耐候性好，价格低廉，制造容易，施工方便。

缺点：对潮湿的被加固材料效果不好，难以渗入，并且易产生泛白现象[xxviii]。

（3）有机树脂溶液：丙烯酸树脂溶液，由于易产生溶质的回迁现象（溶质随溶剂渗入被加固材料，并随溶剂挥发移向表面），难以进行深层加固。聚合物易在表面富积，溶剂挥发后，产生表面颜色加深现象，并形成表面结壳。这种聚合物的膜可以产生以下不利影响：阻止土质内部的水分以液态和蒸气状态向外迁移，致使水分在内部富积。因为壳的热膨胀系数与内部不同，在冷热交替的收缩膨胀过程中因张力而开裂。另外，对潮湿的加固对象难以使用[xxix]。

（4）有机硅单体、预聚体与高聚物

优点：加固后不改变原貌，耐水（聚合后含有机基团的），加固强度高（如正硅酸甲、乙酯水解）低（如有机高聚物）不同，渗透深度也不同，与聚合度成反比，单体渗透好，高聚物渗透比较困难。加固与防水效果优秀，是目前研究比较成熟、世界各地通用的加固材料。

缺点：价格高；单体毒性较大，施工过程中对操作人员的危害较大。硅酸乙酯单体水解体系在有水的对象上使用时，过多的水分使材料水解多于聚合，形成脆弱、粗糙的表面。湿度低时固化速度慢。

（5）聚氨酯树脂

优点：黏度低，渗透速度高，可进行深层渗透，加固强度较高，耐水好。

缺点：加固后颜色改变较大，耐老化性能差。材料本身有一定的毒性，在施工过程中对操作人员危害较大，使用后有毒成分残留时间较长。

（6）丙烯酸单体聚合体系

优点：渗透能力好，渗透深，加固强度高。

缺点：施工时聚合时间不易控制，必须在无氧的环境中施工，除氧添加剂选择困难；聚合体强度过高，易使内外产生应力，有违保护原则；聚合后有收缩；加固体系在未聚合时气味有刺激性，有一定毒性。

（7）有机乳液（聚醋酸乙烯乳液、聚丙烯酸树脂乳液）：

优点：加固效果好。

缺点：渗透深度不够，容易在表面积聚，即使采用非常小的颗粒、较低的浓度，也不易渗透。水做载体易造成被加固材料的破坏（通过降低材料的机械强度）。另外，乳液中含有的乳化剂容易造成树脂的老化，例如通过氧化造成树脂链的断裂，或者与树脂链产生交联。这种材料不宜在表面使用，一般做修补材料。

以上对各种土遗址防风化加固剂的优缺点进行了简要论述。

许多研究对各种可能用于土遗址防风化保护的材料进行了应用性能评价，这些研究推动了材料的研究。在国外，一些化工公司专门按照文物保护的要求生产可用于文物保护的材料。随着材料科学的发展，应该有更多性能优良的文物保护材料出现。

参考文献

[i] 黄克忠.岩土文物建筑的保护[M].北京：中国建筑工业出版社，1998：9.

[ii] 东京国立文化财研究所概要，1993：17.

[iii] Giacomo Chiari. Chemical treatments and capping techniques of earthen structures: a long-term evaluation[C] // 6th International Conference on the Conservation of Earthen Architecture, Las Cruces, New Mexico, U.S.A., October, 14 - 16: 267 - 270.

[iv] 文物保护中的适用技术[M].北京：中国对外翻译出版公司，1985：109.

［ ⅴ ］刘林学,张宗仁等.古文化遗址风化机理及其保护的初步研究[J].文博,1988(6)：71－75.

［ ⅵ ］Daiichi Kogyo Seiyaku Shaho. 1975, 382, 15－21 (Jp). CA88: 135630t.

［ ⅶ ］Charles Selwitz, Richard Coffman and neville Agnew. The Getty adobe project at Fort selden Ⅲ [C] // 6th International Conference on the Conservation of Earthen Architecture, Las Cruces, New Mexico, U.S.A., October, 14－16: 255－267.

［ ⅷ ］Fatma M.Helmi. Deterioration and conservation of some mud brick in Egypt[C] // 6th International Conference on the Conservation of Earthen Architecture, Las Cruces, New Mexico, U.S.A., October, 14－16: 277.

［ ⅸ ］刘林学,张宗仁等.古文化遗址风化机理及其保护的初步研究[J].文博,1988(6)：71－75.

［ ⅹ ］单玮,张康生,刘世勋.秦俑一号坑炭化遗迹的加固[C] //秦俑学研究,西安：陕西人民教育出版社,1996: 1384－1387.

［ ⅺ ］张宗仁,樊北平等.几处商秦土遗迹的保护[C] //秦俑学研究,西安：陕西人民教育出版社,1996: 1379－1383.

［ ⅻ ］李最雄.古代土建筑遗址的加固研究[C] //李最雄石窟保护论文集,兰州：甘肃民族出版社,1994: 255－266.

［ ⅻⅰ ］Huang Kezhong, Jiang Huangying, Cai Run, Feng Lijuan. The weathering characteristics of the rocks of Kezier grotoes and research into their conservation [C] // 6th International Conference on the Conservation of Earthen Architecture, Las Cruces, New Mexico, U.S.A., October, 14－16: 283.

［ ⅹⅳ ］庞正智.加固交河古代遗址裂缝[J].文物,1997(11)：88－91.

［ ⅹⅴ ］Giacomo Chiari. Chemical surface treatments and capping thchnology of erthen structures: a long-term evaluation [C] // 6th International Conference on the Conservation of Earthen Architecture, Las Cruces, New Mexico, U.S.A., October, 14－16: 267－273.

［ ⅹⅵ ］张万学.半坡遗址风化问题浅析[J].文博,1985(5)：54－56.

［ ⅹⅶ ］刘林学,张宗仁等.古文化遗址风化机理及其保护的初步研究[J].文博,1988(6)：71－75.

［ⅹⅷ ］贾文熙.土质文物的风化机理与保护刍议[J].文物养护与复制适用技术.西安：陕西旅游出版社,1997(1)：143－155.

［ ⅹⅸ ］张志军.秦兵马俑文物保护研究[M].西安：陕西人民教育出版社,1998(1)：104－106.

[xx] 裴章勤,刘卫东.湿陷性黄土地基处理[M].北京: 中国铁道出版社,1992
(1): 168-224.

[xxi] 李最雄.应用 PS-C 加固风化砂岩石雕的研究[C] //敦煌研究文集石窟保护篇
(下).兰州: 甘肃民族出版社,1993: 153-165.

[xxii] 熊厚金,胡一红,张展.高分子灌浆防水加固技术对沙土层文物的原位保护[C] //
文物科学技术成果应用指南,国家文物局文物一处编: 39.

[xxiii] Richard Coffman, Charles Selwitz and Neville Agnew. The adobe research project at
Fort Selden Ⅱ: A study of the interaction of chemical consolidants with adobe and
adobe constituents[C] // 6ᵗʰ International Conference on the Conservation of Earthen
Architecture, Las Cruces, New Mexico, U.S.A., October, 14-16: 250.

[xxiv] Steen, C. R. Some recent experiments in stabilizing adobe and stone [C] //
Conservation of Stone. IIC, 1971: 59-63.

[xxv] Saward A, M. A new technique for the removal of stratigraphic sections in archaeology
[C] // ICOM News letter, 1981 (21) 4.

[xxvi] Price, C.A. Stone Conservation[M]. The Getty Conservation Institute, 1996: 18.

[xxvii] Pearson, Gordan, T. Conservation of Clay and Chalk Buildings [M]. London.
1992: 154.

[xxviii] 俑坑土遗址保护课题组.秦俑坑土遗址的研究与保护[C] //秦俑学研究.西安: 陕
西人民教育出版社,1996: 1388-1404.

[xxix] Giacomo Chiari. Chemical treatments and capping techniques of earthen structures: a
long-term evaluation[C] // 6ᵗʰ International Conference on the Conservation of Earthen
Architecture. Las Cruces, New Mexico, U.S.A., October, 14-16: 268.

（原载于《中原文物》2003 年第 6 期）

6

我国遗址博物馆建设的历史回顾*

一、考古发掘的开展与遗址的保护

我国历史悠久,有众多的文化遗产,其中考古遗址和建筑遗迹很多。为了保护这些文化遗迹,人们尝试着采取了许多方法:回填、原地保护、原地复制等。

回填的方法,就是在遗址发掘完成、信息采集完毕后,采用科学的措施使遗址重新回到地下,这样遗址就不会再受环境因素的破坏。

原地保护,就是在发掘完毕后原地展示考古遗址,使人们可以直接看到遗迹的实物,这样可以加深对历史的了解。

复原保护,就是在遗址回填后,采取一些措施促进人们对遗址的理解,例如在遗址上对建筑进行局部的或整体的复原,或者是在遗迹上种植树木,标示遗迹的位置和形式等。

这些措施中,在原地揭露遗址,短期的保护(如进行的考古发掘)和长期的保护(如修建博物馆)是最困难的。

对考古遗迹的原地展示,一般采取修建保护性建筑的措施,因为遗址露天存放,破坏是很迅速的。既然要修建保护房,那么保护房的设计和施工,就是文化遗迹保护中非常重要的步骤。

在新中国成立后,为了保护考古遗址,各地也修建了许多保护性建筑和博物馆,而且各个历史时期对遗址保护的认识不同,保护模式不同,因此很有进行总结的必要。

---

* 作者:周双林、张鹏宇。

二、遗址博物馆的发展

新中国成立后,我国的考古博物馆事业步入正轨并迅速发展,遗址博物馆的建设也得到很大的发展,并经历了不同的发展阶段。

1949—1978

这个阶段的遗址保护性建筑,主要考虑的是遮风挡雨,所以修建的保护房,主要是将民居或者是会堂等的建筑挪用过来。保护房砖结构,椽梁并覆瓦。门窗都是用木材的,封闭性不好。

代表性的遗址博物馆是西安的半坡博物馆,半坡遗址位于陕西省西安市东郊灞桥区浐河东岸,是黄河流域一处典型的原始社会母系氏族公社村落遗址,属新石器时代仰韶文化,距今 6 000 年左右。1952 年发现,1954—1957 年发掘,面积约 5 万 m^2,已发掘出 45 座房屋、200 多个窖穴、6 座陶窑遗址、250 座墓葬,出土生产工具和生活用品约 1 万件,还有粟、菜籽遗存。其中房屋有圆形、方形半地穴式和地面架木构筑之分。半坡遗址是我国首次大规模揭露的一处新石器时代村落遗址,1958 年建成博物馆。当时修建的博物馆,由于高大,成为西安典型的标志建筑。

1978—1990

改革开放前期,经济迅速发展,但是在文物保护上与国外的交流不多,博物馆的建设,以"文革"后期发现的兵马俑坑的博物馆建设为代表,这个建筑得到了政府的关注,修建得也很有气派,使用钢框架,玻璃封顶。虽然是这样,也没有在环境的控制方面有多大的改进。

秦始皇兵马俑博物馆坐落在距西安 37 km 的临潼县城东,南倚骊山,北临渭水,气势宏伟,是首批国家一级博物馆。

1974 年,在秦始皇陵东发现三个大型陪葬的兵马俑坑,并相继进行了发掘和建馆保护。三个坑成品字形,总面积 22 780 m^2,坑内放置与真人马一般大小的陶俑陶马共约 7 400 件。三个坑分别定名为 1、2、3 号兵马俑坑。

1979 年开放的一号坑的展室，是大跨度的钢拱梁结构，这在我国的遗址博物馆建设上也是突破性的里程碑。博物馆的建设考虑了采光，也关注了通风问题，使用了可以密闭的玻璃窗。

图 6-1　秦始皇兵马俑博物馆 1 号坑和保护房

兵马俑的 3 号坑，1976 年发现，然后在 1989 年正式对外开放。

1990—2008

到 20 世纪 90 年代，随着我国经济的发展，博物馆建设呈飞速发展的趋势。此时各地分别修建了地方博物馆，如陕西历史博物馆、上海博物馆、河南博物院等，开始了我国博物馆的升级过程。遗址博物馆的建设，也迈上了新的台阶。

在这个阶段，开始与国外进行交流和合作，像日本高松冢保护的实例，在国内被普遍接受。

典型的是秦始皇兵马俑的 2 号坑的博物馆，这个遗址的保护建筑是在对遗址进行探测了解的基础上修建的，在修建了博物馆后再进行发掘。博物馆建筑在设计上考虑了后来的展示问题，并对博物馆进行了半密封式设计。

图 6-2　秦始皇兵马俑博物馆 2 号坑外景　　图 6-3　秦始皇兵马俑博物馆 2 号坑内景

　　另外一个典型的遗址博物馆建筑，是西安的阳陵遗址博物馆，该博物馆采取全封闭的模式设计展览，将遗址与参观的观众分离开来，避免了游人对遗址的影响。

图 6-4　阳陵遗址博物馆内部

　　遗址博物馆修建的另外一个特点是轻型结构的使用。其典型是位于北京西部的老山汉墓，2000 年夏季发掘，然后为了保护遗址，使用了大跨度的轻型结构，跨度达到了 50 m。由于材料轻，因此不会对遗址产生压力等副作用。

　　和老山汉墓一样，半坡遗址博物馆的改建也采用了类似的结构。

　　另外在陕西等地的小型遗址保护建筑逐渐增多，如汉长安城遗址博物馆、杜甫草堂唐代遗址博物馆等。

还有一些设计较新颖的遗址博物馆,如成都的金沙遗址博物馆,是专门由博物馆设计人员参与设计的,考虑到了采光、通风以及空气调节等。

三、遗址博物馆的类型

我国的遗址保护建筑分为临时性的和永久性的。考古遗址的发掘,主要采取临时性的保护棚,主要目的是临时性地保护文物,并利于考古发掘。永久性一般是为遗址专门设计,根据环境控制的能力分为敞篷型、开窗型、半密闭型、空气调节型、全密封型几种,各自都有其优缺点。也有在遗址发掘中就修建永久性保护建筑的。

1. 临时性的保护棚

由于各个工地的情况不同,采取的措施也不一样,形式有:

钢架—帆布棚

搭建钢架,覆盖帆布,这是常用的临时性保护棚的模式。

实例:山东青州香山汉墓发掘过程中的保护棚,青海喇家遗址的临时保护棚。

缺点:如果不密封,文物在环境湿度变化下受损;密封的话,夏季空气闷热,操作困难。

钢架—塑料结构

实例:成都杜甫草堂唐代遗址发掘完毕后修建的保护棚,角钢制作框架,顶部覆盖半透明的塑料板。

混凝土—塑料结构

实例:2004 年洛阳隋唐城发掘工地。为多个拱形的混凝土梁组成的框架,上部覆盖塑料薄膜。

现场保护的保护棚,除了这些外,还有许多的样式,由于是临时性的,所以形式比较自由。

2. 永久性的保护房

敞篷型

如一些遗址上的保护棚,只起到遮挡雨水和阳光的作用。如牛河梁女神庙遗址的保护棚,是由临时性保护棚演变而来的;广州的南越国宫署遗址,也是采用钢架结构,上覆塑料板材形成的。这些遗址由于四周开敞,因此无法对环境的温度和湿度进行主动的调节。

开窗型

修建的模式是修建砖混结构的建筑,四面开窗,窗子可开闭。这是我国20世纪50—80年代遗址博物馆的常见形式。如半坡遗址第一次修建的保护棚,郑州大河村遗址的保护棚等。

半密闭型

半密闭的形式,与开窗的类似,不同的是将门窗修建成铝合金的,使密闭性更强。有砖混结构的,也有轻型结构的。半密闭型的保护棚或者保护建筑,对小环境的调节有一定的能力。

空气调节型

采用密闭的建筑形式,可以调节小环境。

全密封型

将遗址和外界环境隔离开,包括参观的游客。可以避免游客的进出对环境的干扰,例如湿度的变化和二氧化碳浓度的提高。

实例:西安汉阳陵遗址博物馆。

缺点:环境控制的成本很高,要采用埋有电阻丝的玻璃在湿度高、结露的时候驱赶湿气的凝结。

地下隔断型

是一类比较奇特但经常采用的保护模式,遗址一般处于地面以下,为了避免对地面产生影响,在地面的位置修建钢框架,然后上面覆盖钢化玻璃,遗址被密封在里面。

实例：四川广汉三星堆祭祀坑遗址、广东广州北京路宋代道路遗址。

图6-5　广州北京路遗址的展示模式

图6-6　三星堆遗址的展示模式

小玻璃罩

对于遗址中比较重要的部位采取单独保护的措施，一般情况下都很小，多做成玻璃罩子。

实例：西安大明宫遗址上柱础的保护罩。

缺点：密封的玻璃罩子，在晚上容易出现结露现象，导致内部玻璃布满水滴，模糊而无法观看，水滴掉落易导致遗址表面遭到破坏。也有一些遗址的保护罩设计得非常好，就是在玻璃罩的侧面开几个孔，这样可以避免雨淋，同时也回避了小环境的高湿导致的破坏。

四、结论和讨论

1. 结论

我国的遗址博物馆建设经历了 60 年的时间，有了很大的发展。各个阶段遗址保护性建筑的设计，在考虑遗址的保护方面是不一样的，初始阶段的保护建筑主要是遮风挡雨，然后考虑到了环境的影响、游客的影响，建筑也从开放式的变成半开放式的、密封式的，技术措施也在不断改进。

2. 讨论

我国的遗址博物馆建筑和保护房的设计，目前还在探索阶段，虽然吸收了一些西方遗址保护建筑的经验，但是还有很多工作要做，如遗址在自然环境中的破坏，各种自然因素的作用，什么样的环境条件适合遗址的保护，什么样的保护房能与环境很好地协调，都是需要进一步研究和探讨的。

（原载于《中国文物报》2015 年 5 月 1 日第 8 版）

7

考古遗址技术保护与环境保护的矛盾与统一

一、考古遗址情况

我国是世界文明古国之一,历史悠久,文化深厚,前人给我们留下了璀璨的文化,这些文化的载体就是文化遗产,包括有形文化遗产和无形文化遗产。而有形文化遗产分为可移动的文物和不可移动的文物保护,考古遗址是不可移动文物中非常重要的部分。

在我国,考古遗址有很多,如半坡遗址、里耶遗址、秦始皇兵马俑坑遗址、南越王宫署遗址等。

这些考古遗址为研究当时的历史提供了重要的实物资料,遗址的发掘、展示和保护也为当地增加了文化氛围和文化活动场所。

考古遗址的发掘是研究历史的重要途径,近年的建设使考古遗址的发掘工作更多,而且很多是被动的发掘。发掘将考古遗址揭露出来,在得到了考古资料的同时,也提出了展示和保护的要求。

二、考古遗址的展示与保护

对于考古遗址的保护,有几种常见的方法:

1. 回填:在对考古遗址发掘完成,信息提取完成后,采取一定的技术措施将考古遗址回填。回填是对遗址的　种保护性措施,在以后需要的时候,可以对遗址重新发掘。

2. 展示:一些具有重要的科学与艺术价值的考古遗址,为了发挥其社会作用,使更多的人了解其价值,并通过它们认识人类的历史,需要保留展示。为了使考古遗址得到有效的展示,就需要对其进行有效的保护。

对于考古遗址的展示,有几种常见的方法:

1. 露天展示:对于空间尺寸非常大的考古遗址,如城址、祭祀遗址和墓葬。

2. 室内展示:对于非常重要而空间尺寸不大的考古遗址,为了防止自然因素的破坏,并考虑到遗址的展示效果,可在遗址上修建保护性的房屋,使遗址处于室内,并配合一定的展览陈列,使遗址的展示内容更加丰富。即使是某些游客很少的遗址,为了保护,也需要修建保护性的房屋和棚架。这种做法也用于空间尺寸比较大的考古遗址中比较重要的部分的展示和保护。

3. 搬迁:对于体积小,在原地无法保护的遗址,可采用搬迁的方式,例如车马坑。

三、展示保护与环境的矛盾

在我国,考古遗址发掘完成后如果需要展示和保护,采用哪种展示和保护方法需要根据实际情况,首先制订方案,然后在行政部门的专家讨论后做出决定。由于没有可依据的规则,经常会出现各方专家意见相左,展示和保护方案久久不能得到批准,以至于考古遗址出现严重破坏的问题。

出现这个问题的一个非常重要的原因,就是展示和保护措施与遗址环境的矛盾。

一个考古遗址的发掘,会导致考古遗址的自然条件发生改变,原来被埋藏在地下的考古遗址,开始与地表环境接触,日晒、雨淋、风吹、灰尘和生物因素都开始对遗址产生作用,在这些因素的作用下,遗址会出现干燥开裂、崩塌、外观改变、霉菌生长等现象。为了防止这些现象的发生,保护考古遗址使其长久存在,就要对遗址采取一些保护措施。

根据国内遗址保护的经验,对考古遗址采取的保护措施有:

1. 构筑保护性的房屋:目的是阻止和抵抗自然环境因素中日晒、雨淋、风沙等因素对考古遗址的影响,给考古遗址一个相对良好的环境。这种房屋可以是永久性的,也可以是临时的,可以是现代的建筑,也可以是具有古代风格的建筑。

2. 隔水与排水：地下水和雨水等对考古遗址的损坏具有非常大的影响,为了消除他们的不利影响,可以采用拱券或隔断的方式断绝地下水对遗址的影响,而雨水的影响可采用挡墙的方式解决。

3. 锚固灌浆：对于遗址的结构开裂倒塌以及遗址所处地层的不稳定,可采用锚固和化学灌浆的措施。

4. 化学保护：主要是土体和其他构成材料的化学加固,防水处理。

5. 生物防治：对遗址有影响的生物因素的预防和治理。

对遗址进行的展示和保护采取的以上措施,会对遗址产生人为干涉,这样必然对考古遗址本身的环境产生改变,尤其是室内展示。一个处在室外自然环境中的遗址,如果被罩在房屋内,必然使观众观感发生很大的改变,这样就导致了展示保护和遗址环境的矛盾。

环境因素对于一个考古遗址来说是非常重要的,如对于一个原来就处于露天环境中的祭祀遗址或墓葬遗址,在保护中如果采用了保护建筑,那么对于专家和观众来说,要体验原来露天的感觉,就会受到影响。这样对于重视遗址环境的考古和文物专家来说,就很难得到认同；因而产生了遗址展示保护和遗址环境的矛盾。

四、矛盾的解决途径

对于以上考古遗址保护和遗址环境的矛盾,笔者认为应该从文物保护的基本原则出发,认真考虑我们做考古遗址的保护和展示,做考古遗址的环境保护,到底是为什么？就是为了更好地保护考古遗址,让更多的人通过真实的实物遗址来了解古代人们的生活。

在这个前提下,任何问题都很容易解决。

在文物保护的基本原则指导下,不管是对考古遗址的环境的关心,还是对考古遗址展示和保护的关心,都可以达到互相的理解与协调。

对于展示和保护来说,在考虑展示和保护的要求的同时,要尊重文物的环境,尽量避免对环境的干扰。

为了达到这个目的,可在采取保护措施时,尽量考虑措施的隐蔽性,在采取展示措施时,也尽量与环境协调而不过分张扬。

在以上所说的各种保护性措施中,除了保护性建筑外,可以采取一些隐蔽性的措施,减少对环境的影响。

如对遗址地下水和侧面渗水治理的各种措施:排水井、排水沟渠、拱券和隔板等防水设施,这些设施经过设计完全可以隐蔽起来,如排水沟渠可以设计成暗沟和暗渠。

对于遗址土体开裂治理和对处于危险地段遗址地基的锚固处理,也可以采用锚杆。这些措施实施完成后,不会在外部残留痕迹。

对于遗址土体和砖石的化学加固,从要求上就需要遵循不改变文物原状原则,而且化学处理不会对环境有影响。

同样,对遗址进行的生物防治工作,也不会影响遗址的环境。

在保护措施中对遗址环境影响最明显的就是设计的对考古遗址进行保护的建筑。这种建筑的目的有两个,一个是保护,一个是展示。但是任何形式的建筑,都会对遗址的环境造成改变。有了这些建筑,露天的遗址就进入了室内,原来与周围环境融合在一起的遗址将与环境隔离。

但是为了保护遗址,使其更长期地保留,这样对环境的改变,应该是可以接受的,否则遗址将会在自然因素的作用下面目全非。为了实现对环境的保护,可以在设计上尽量减小对环境的影响,如设计时使保护性的建筑尽量不张扬而融入环境中。

对于考古遗址的环境保护,也要考虑文物的展示和保护,以文物的保护为前提。作为物质实体的考古遗址,在自然环境中是会风化破坏的,如果一味强调环境的保护,结果造成了对遗址本身的破坏,就得不偿失,没有考古遗址,对环境的保护还有什么意义?

考古遗址的环境,也不是一成不变的,历经千年,也会有很大的变化,这些也是需要考虑的因素。

　　对于在野外的考古遗址，可以追求与自然的协调，寻找遗址的原始感觉，但是在城市内的新建筑群中的考古遗址，当周围环境已经遭到破坏或发生改变时，将遗址与周围已经改变的环境隔离开来，或许是一种比较合适的保护与展示方法。

　　考古遗址的保护需要考古人员和保护人员的参与。在保护过程中，考古人员看到的是考古遗址的文化内涵，而保护人员注重的是考古遗址的物的实体。在考古遗址的保护中，单纯考虑自己所重视的东西是不合适的，为了考古遗址的保护与展示，参加保护工作的人们都要为遗址的合理有效保护互相协调，以务实的态度处理遗址保护中的各种问题。

（原载于《中国文物报》2009 年 12 月 4 日）

8
文物保护用有机高分子材料及要求

一、文物保护常用高分子材料

文物保护是采用自然科学的手段,在尊重文物人文因素的前提下,恢复文物的完整性,并尽量延长文物寿命的科学技术。

文物作为物质存在,由于经历了千百年的自然变迁,多数受到了不同程度的损坏,如腐蚀、霉变、碎裂、变形等。对这些文物进行修复和保护,必然要采用许多技术手段。例如对出土文物进行保护,一般要经过清除不利于文物保存的污垢、锈蚀,加固脆弱的部分,黏接碎裂,矫正变形,补配缺失部分等技术手段,在采取这些手段的过程中将使用诸多物质材料,包括清洗的、用于黏接的、用于封护表面的、用于杀虫灭菌的等等材料。在众多的材料中,有机高分子材料是使用最为广泛的一类。

有机高分子材料在文物保护中被用作文物的加固材料、黏接材料、表面封护材料等,为了使人们了解高分子材料在文物保护中的应用和文物保护对这类材料的特殊要求,对曾经使用的高分子材料做如下介绍,并讨论文物保护对材料的特殊要求。

1. 天然有机高分子材料

由于天然的有机高分子材料在人类生活中已经有千百年的使用历史,因此在进行文物修复时,人们最先使用的就是天然的高分子材料。天然有机高分子包括多糖、蛋白质类及各种天然树脂,如达玛树脂、乳香胶、松香、虫胶、蜡、油等。天然树脂多用作木材的加固保护用材料。虫胶和蜡还用作文物表面的封护材料和文物修补材料。

另外天然树脂改性后的材料如醋酸纤维素、硝酸纤维素等，在文物保护中也有应用。

2. 水溶性合成树脂

如聚乙烯醇、聚乙二醇等。

3. 溶剂型合成树脂

溶剂型合成树脂自从高分子科学兴起后就不断有新的品种出现，而当人工合成的高分子一出现，就马上在文物保护中得到了试用，至今这类材料的应用仍在不断地更新。经过实践的检验，有很多材料如聚乙烯、聚氯乙烯等目前已经不用或很少使用。

常用的材料包括聚乙烯醇缩醛、酮树脂、聚醋酸乙烯酯、丙烯酸树脂等。

4. 反应型树脂

包括醇酸树脂、甲醛树脂、有机硅材料（有机硅单体、低聚体）、聚氨酯[i]、环氧树脂及甲基丙烯酸酯类材料。

5. 树脂乳液类

包括聚醋酸乙烯乳液、丙烯酸树脂乳液等。

二、文物保护用高分子材料的要求

1. 对高分子材料的一般要求

指对保护材料的性能要求，包括制备、运输、储存方面，应用方面，应用效果及安全方面，价格等。

（1）从制备方面，如果是需要自己制备的材料，原料应该容易得到，制备工艺简单，设备不复杂。如果是能够以商品形式购买的产品，则要求这些材料容易买到。

（2）在储存和运输方面，材料应该具有稳定的性质，不易在自然条件下变质，能够方便不受限制地运送到各个地方。

（3）使用中对文物不产生损害，对操作者不产生不良的影响，残余的部分能够方便地处理。

（4）从使用性能上讲，材料的应用应该比较容易。

（5）从应用效果上看，能够达到使用目的，并在尽量长的时间内不降低性能。

（6）从耐久性讲，材料应该具有耐受自然因素老化的能力，尤其是具备耐受热老化、光老化、霉菌腐蚀的能力。

（7）为了以后处理操作能够进行，材料应该容易去除，具有可逆性，或不应该阻碍以后保护处理的实施。

2. 对各种成膜材料的要求与实现

在文物保护中经常采用一些材料对文物表面进行封闭，以减缓自然环境中的各种因素对文物的不利影响，如空气污染物对文物的吸附和破坏。高分子材料由于具有无色透明、成膜性好的特点，是进行这种工作的首选材料。

对文物表面的封闭和工业上对材料的保护具有同样的目的，就是隔离自然界中的破坏因素，不让它们对文物产生破坏，以延长文物的寿命。但是文物保护中选择成膜材料的方法和要求却有着自己的特点。

（1）光学方面

① 颜色：表面涂层最好不改变或很少改变文物表面的颜色。

② 透明度：涂层应使光线透过自己并被物体表面反射，不阻挡光线的传播。

③ 表面光泽度：光洁的表面像镜子，非常平；为了使表面光洁，需要进行修饰，涂层的表面在完全固结前必须具有流动性，并具有充足的时间使表面变平，这意味着聚合物的 Tg 必须在一定时间内低于室温，以允许聚合物在溶剂挥发的过程中能够

运动。但文物保护的涂层，应该尽量不改变文物的外貌，不应该产生光亮的表面。

无光泽的表面是在很小的局部就粗糙的表面，光线无规则地反射。形成粗糙的表面需要溶剂迅速挥发致使 Tg 高于室温。形成粗糙表面的方法还有消光剂的使用。消光剂[ii]是指能使漆膜表面产生预期粗糙度，明显降低其表面光泽的物质。消光剂包括：金属皂、蜡、颜料类消光剂如硅藻土、二氧化硅等。通常使用的是二氧化硅消光剂，它是非常细的颗粒。消光剂的颗粒大小应该与膜的厚度相匹配。

④ 折射率：涂层材料的折射率应在长时间内不变。用于透明材料的表面涂层，其折射率应该与透明材料接近。

从光学方面对材料的要求，总的来说，是尽量少地改变文物的外观。

（2）与文物的相容性

应该考虑是否对文物造成物理的或化学的破坏。

① 物理的破坏：指膜的热膨胀系数与被涂覆表面的不同，导致的各种破坏。

② 化学的破坏：材料老化后不应该释放有害成分，否则会产生破坏作用。

（3）保护性能

① 表面强度：为了减少灰尘的吸附，表面的膜的 Tg 应高于室温。

② 密闭性：保护膜应该防止污染物如水、硫化氢、二氧化硫和氧等向内部的渗透及产生的破坏，这些破坏包括引起变色、氧化和腐蚀，理想的保护层不应该透过这些物质。

③ 耐水防水性：耐水性是指膜本身在水作用下的表现。有些膜在有水的情况下会很快发白，并且强度会降低，这种膜在有水的环境中是不宜使用的。只有在水的作用下不发生变化，膨胀小的材料在潮湿环境中才能使用。

许多时候水对文物的破坏是很强的，而且水分子对各种膜的穿透能力很强，为了提高膜对水的抵抗力，可使用有拒水能力的材料。

3. 对加固剂的要求

（1）加固与加固对象

加固是通过赋予脆弱物体结构性强度的一种保护手段，被保护的材料包括已风化、糟朽老化严重并具有分解危险的各类文物。加固是一种人工修复自然老化材料的方法。

　　加固的对象是很脆弱的文物。在需要加固的文物内部,许多的一次键、二次键都受到破坏,以至于不能支持自身,或受到外力作用时难以保持自身的形状。如石质文物在内部胶结物流失、强度很低的情况下,为抵抗风化因素的进一步破坏,需要加固。或为了能够搬运展览,需要提高脆弱文物的强度。

　　(2) 文物加固剂的要求[iii],[iv]

　　① 总体要求

　　对加固剂的首要要求就是它能够深层渗透,穿过风化层,到达未风化层,将风化层和未风化层连接起来,不在表面形成僵硬的外壳[v];另外的要求是提高文物的强度(内聚力),并符合一般要求,如使用过程和使用后不损害文物,不产生副作用,如颜色与外观的改变;耐老化;可逆[vi]或具有再处理性等。

　　② 对各种文物加固剂的要求

　　人们在实际工作中提出了对不同材质文物加固剂的要求,这里给出石质和土遗址防风化加固剂的要求,虽然提出这些要求的作者们自己也认为至今没有哪种材料能完全满足,但是可以看出,人们对加固材料的要求是很高的。

石质文物保护材料的要求

Clifton[vii]认为石质加固剂最重要的功能是使风化的石质颗粒重新形成内聚力。这种作用可以通过一种新的、耐久的黏接材料在孔隙系统中形成来实现。通过这种作用,使石质文物的物理性质如抗压强度、断裂模数、弹性、耐磨性都有所提高。

　　另外,加固剂在应用中还应注意:

　　a. 加固剂在沉积(deposition)时,应渗透到风化区域的所有部位;

　　b. 加固剂与被加固石质不存在有害的物理与化学的作用;

　　c. 在运输和使用中对健康和安全危害最小;

　　d. 在审美上没有或尽量小的变化,如在颜色、光泽、外观结构上;

　　e. 尽量避免形成连续的坚硬外层,或通过化学硬化剂形成人工的硬壳等现象;

f. 最小限度地减小水蒸气的透过率。

土遗址加固剂的要求

Giacomo Chiari 在文献[viii]中曾提出对土质加固剂的原则要求,内容共有十二条:

a. 提供防水能力,但不拒水,允许水分以气体或液体状态迁移;

b. 保留孔和毛细管处于开放状态,并允许重复浸渍,即使是其他材料的浸渍;

c. 在干燥与潮湿情况下提供机械强度及耐磨能力;

d. 有好的渗透能力及低的黏度;

e. 不在表面形成膜,不与未处理的核心部位有明显的边界;

f. 与土坯有相似的热膨胀系数;

g. 不改变颜色,不产生眩光;

h. 有抵抗盐结晶,地下水毛细管上升和冻融循环所产生的张力的能力;

i. 耐久,即有耐水、耐光氧化的能力;

j. 使用方便,包括在潮湿环境下,并且价格便宜;

k. 对使用者没有危害;

l. 有可逆性,如果可能的话。

4. 对黏接材料的要求

（1）黏接

凡是把同种的或不同种的固体材料表面连接在一起的媒介物质统称胶粘剂。通过胶粘剂的黏接力使固体表面连接的方法叫黏接或胶结。

使黏接能够实现的力包括:化学键力、分子间力、分子静电引力、机械作用力等。

（2）影响黏接的因素

影响黏接效果的因素包括粘结剂的性质、被黏材料的性质及黏接的工艺条件等。

① 粘结剂的影响

粘结剂本身的分子结构和分子量大小等对黏接效果都有影响。

高聚物分子量较小时,熔点低、黏度小,有利于润湿,黏附性好。但是过低的分子量导致分子内聚力降低,难以产生大的黏接强度。高聚物分子量较大时,虽然内聚力很高,但是熔点高、黏度大,不利于润湿。因此,高聚物只有在合适的分子量的情况下才会既有较好的黏接强度,又有较好的内聚力。

② 被黏接材料的性质

包括被黏接材料的表面能、极性大小、韧性、热膨胀系数、疏松程度、表面的粗糙程度等。

被黏接材料表面的洁净程度也对黏接有很大的影响。表面张力低的油污易吸附在黏接的界面上,形成不易清除的吸附层,大大减小胶粘剂和被黏接表面的亲和力;水分以气态或液态存在于黏接面,会降低胶粘剂的吸附,另外水分还会产生腐蚀。

③ 黏接的工艺条件

各种胶粘剂的固化方式(冷却、溶剂挥发、化学反应等)、固化温度、固化压力和固化时间等都对黏接效果有影响。

(3) 对胶粘剂的要求

胶粘剂包括由各种树脂组成的粘料,另外根据情况需要添加部分辅助材料,包括稀释剂、固化剂、促进剂、偶联剂、增韧剂、填料等。

对胶粘剂的要求包括以下几个方面:

① 表面张力:液体的表面张力越小,越容易在固体铺展,如果固—液间有较强的吸引力,液体就容易润湿固体,如果液体的内聚力大,液体就不易铺展。因此,在被黏接材料确定的情况下,胶粘剂应该具有较低的表面张力。

② 黏度:胶粘剂的黏度越小,越容易短时间内在黏接面上铺展,也更易流入粗糙面上的微孔内,扩大黏接面。文物保护用粘结剂要求容易扩展但不能漫流,以免流到外表面,造成麻烦。

③ 固化条件:时间适中,这样可以在发现拼接错位时进行调整。也有一些情况下要求固化迅速,例如文物形状复杂、支撑困难的情况。最好不放热,同时收缩越小越好。

④ 固化后强度适中,具有好的黏接能力。

⑤ 不改变文物的外观：有些材料进入文物内部,会使透明或半透明的文物的光学性质发生改变,需要注意并避免,如胶粘剂渗入白色的瓷片内部,会使这部分的颜色发深。

⑥ 具有可再溶解的能力,以便将来可以重新打开文物,为了实现这个目的,可采用热塑性粘结剂,或首先将断面用热塑性材料进行处理,然后用于后续的黏接工作。

⑦ 耐老化。

参考文献

[i] 6th International Conference on the Conservation of Earthern Architecture [M]. Las Cruces, New Mexico, U.S.A., October, 14 – 16: 250, 255.

[ii] 钱逢麟, 竺玉书主编.涂料助剂[M].北京: 化学工业出版社, 1990, 11(第一版): 429 – 439.

[iii] 国家文物局泰安培训中心.全国文物科技管理干部研讨班讲义.泰安, 1991: 85 – 86.

[iv] H.韦伯尔.有机硅在建筑保护中的应用.德国瓦克公司技术讲座, 1998.

[v] 6th International Conference on the Conservation of Earthern Architecture [M]. Las Cruces, New Mexico, U.S.A., October, 14 – 16: 251.

[vi] 6th International Conference on the Conservation of Earthern Architecture [M]. Las Cruces, New Mexico, U.S.A., October, 14 – 16: 268.

[vii] Dr.Helmut, Dr.Klaus Zinsmeister. Conservation of Natural Stone[M]: 53.

[viii] 6th International Conference on the Conservation of Earthern Architecture [M]. Las Cruces, New Mexico, U.S.A., October, 14 – 16: 267 – 273.

(原载于《四川文物》2003 年第 3 期)

9
文物保护中树脂的去除方法

一、前言

在文物保护工作中，各种有机树脂有着广泛的用途，例如在文物的加固、黏接、修补等步骤中都要使用，另外在提取、修复、复制等工作中也有应用。

有机材料包括天然有机材料和人工合成的材料，天然有机材料包括以淀粉、蛋白质等材料为原料制备的胶和加固材料；人工合成的材料是近 100 年来尤其是近几十年来开始在文物保护中应用的，但是种类很多，包括醋酸纤维素、尼龙、聚醋酸乙烯酯、丙烯酸酯、环氧树脂、聚酯树脂等材料。

文物作为一种文化的载体，人们总期望它能够久远地保存下去，因此，文物的修复就有再次重复进行的可能，例如原有材料的老化、修复技术的提高等，故而树脂应用前及应用后都要考虑到树脂的去除问题。

关于树脂去除的具体原因，有以下几种：

（1）老化材料的去除：许多文物都需要保护，在保护中要使用很多有机材料，例如粘结剂、加固剂、表面涂层等，这些材料都有一定的老化期，在这些材料老化后，为了不妨碍新材料的使用，需要去除这些老化材料；

（2）不当修复的纠正：在修复中使用了不合适的材料和方法，需要去除；

（3）临时性材料的去除：在文物保护中，为了达到一定目的，要使用一些有机材料，在目的达成后，需要将这些临时性的材料去除，例如壁画揭取过程中的画面层与衬垫材料的打开。

二、树脂的去除方法

1. 机械去除

机械去除的方法是采用各种材质的手工工具如刀等进行剔除，也可采用一些其他的方法如喷沙。

2. 化学方法去除

对于热塑性的树脂，可采用适当的溶剂溶解去除，但是应该考虑到有些热塑性树脂经过各种环境条件长时间的作用，会有不同程度的老化，因而变得不可溶解。对于热固性的树脂，去除较热塑性树脂困难，通常的情况下，可用溶剂溶胀加以去除。如果一种溶剂效果不好，也可以采用几种溶剂混合的方法。

机械方法和化学方法有时是相辅相成的，可以在一个工作中采用两种手段。

三、化学去除方法及溶剂

采用化学去除的方法，主要是采用溶剂对树脂进行溶解或溶胀。这是一种物理作用，在过程中没有化学变化。

1. 溶剂的选择

当聚合物已确定，对溶剂的选择就成为一个很重要的方面。

在选择溶剂时，应该考虑溶剂的以下性质[1]：对需要去除材料的溶解能力、化学性质、纯度、蒸发速度、毒性、易燃性等。

同时注意不可采用能溶解或溶胀文物中任何组成部分的溶剂。

任何溶剂在使用前必须进行试验，证明可用。

---

[1] Horie(1987)

2. 常用溶剂的种类与用途

用于加固剂、胶粘剂脱除用的种类较多。

（1）烃类溶剂

a. 石油溶剂（white spirit）：也叫白节油、石脑油（solvent naphtha）、汽油（petroleum spirit）等。是油、油脂、脂肪、蜡、焦油、某些树脂的溶剂。

b. 甲苯和二甲苯（Toluene and xylene）：用于溶解油、油脂、脂肪、蜡、焦油等，溶解 PVA、PVAL、rubber、某些天然树脂，还可以作为脲醛树脂和聚氨酯树脂的溶剂。

（2）氯代烃类

包括氯仿、四氯甲烷、二氯甲烷、二氯乙烷、三氟二氯乙烷等。

特点：脱脂能力强，难燃，挥发快。

虽然去除某些材料非常有效，但因毒性大而被限制，使用应谨慎。

做脱漆剂、旧聚合物体系的溶胀材料。

二氯甲烷：用于去除多种聚合物，可配置水洗性脱漆剂。

使用时可置于密闭的容器中，用气体溶胀聚合物（如环氧树脂和聚酯）。

（3）醇

分子式：$C_nH_{2n+1}OH$，n 值越大，极性越小。可用于溶解某些树脂。

乙醇或甲基化乙醇（methylated spirits）：后者也叫变性酒精，含有 9.5% 的甲醇。对打开紫胶（虫胶）的胶结有独特作用。

异丙醇：是聚乙烯醇缩丁醛的优良溶剂。

（4）酮

丙酮：用于清除油脂、蜡、虫胶、纤维素衍生物、丙烯酸树脂、聚醋酸乙烯酯等。用于清除油脂污垢、软化树脂。

可作为许多树脂的溶剂，应注意挥发速度。

（5）醚

包括乙醚、丙醚等，是脂肪、油、蜡、油脂和某些树脂的溶剂。

溶纤剂：二异氧基乙醇。

用于去除橡胶胶粘剂、甲基丙烯酸树脂等。

（6）酯

乙酸甲酯（methyl acetate）、乙酸戊酯（amyl acetate）。

用于溶解硝酸纤维素、聚醋酸乙烯酯；后者被用于溶解溶剂清洗后造成的白色痕迹。

用于去除金属表面局部的锈蚀、去除壁画背面的胶粘剂。

3. 各种树脂去除的溶剂

（1）虫胶

老化的虫胶会变得越来越不易溶解，但是它在加热的情况下能够软化，因此可采用手术刀去除。也可以用化学方法去除，如用氨水和甲基化乙醇 1∶1 的混合液，或用二氯甲烷去除，但是可留下色斑。还可以采用吡啶去除。

（2）可溶性尼龙

老化的尤其是渗入文物内部的尼龙不可去除，易导致文物的破坏。

（3）甲醛树脂

包括脲醛树脂、三聚氰胺—甲醛树脂、酚醛树脂等；均是高度交联的网状结构聚合物。老化后变得逐渐不溶，被二氯甲烷或丙酮分解。

聚醋酸乙烯酯：这种树脂在热水的作用下会软化。可采用丙酮、乙醇、甲苯或者含有二氯甲烷的脱漆剂去除。

（4）聚乙烯醇

可采用热水溶解的方法去除。

（5）聚乙烯醇缩丁醛

溶于乙醇、乙酸乙酯、溶纤剂、丙酮、异丙醇、甲基化乙醇和氯代烃的溶剂，可以采用这些溶剂去除。

（6）丙烯酸树脂

热塑性丙烯酸树脂如 Paraloid B‑72 和国产的三甲树脂，溶于丙酮、甲苯、二甲苯、二氯甲烷、二氯乙烷、丁酮等溶剂，可以采用这些溶剂去除。

氰基丙烯酸树脂类材料,如常用的 502 胶粘剂等,在聚合后的一段时间内可溶于丙酮,或经过长时间的浸泡,还溶于硝基甲烷、二甲基甲酰胺等。

（7）纤维素衍生物

这类材料即使经过很长的时间,也可用丙酮软化而去除。

（8）聚酯树脂

老化的聚酯由于交联变得不溶,只能溶胀,使用合适的脱漆剂或树脂分解剂。

（9）环氧树脂

用二氯甲烷或二氯甲烷为主的脱漆剂。注意膨胀易造成应力。

（10）聚氨酯树脂

老化的树脂会变得不可溶解,但可被二氯甲烷为主的脱漆剂或树脂分解剂（resin disintegrator）溶胀而去除。

4. 化学方法的使用手段

（1）浸泡

这种方法就是将黏附有树脂的文物或碎片浸泡在有机溶剂中,使树脂溶解或溶胀,可溶解的树脂以分子状态进入溶剂中,通过多次浸泡,就可以将黏附的树脂清除。需要注意的是,应该尽量减小树脂进入文物内部的可能性,例如采用一种与有机溶剂不混溶的溶剂将文物或碎片的孔隙填充饱和,然后再进行浸泡。对于只能溶胀的树脂,这种方法比较合适,它可以保证充足的溶剂供应。

这种方法适用于体积小的文物及碎片的树脂去除。缺点是如果溶剂易引起文物的膨胀,就会影响文物本身的安全,尤其是易碎的文物。

（2）贴敷

这种方法是将溶剂用一种多孔的载体承载,然后贴敷在文物及碎片带有树脂部分的表面,使溶剂对树脂进行溶解或溶胀,然后去除。为了减少溶剂的挥发,可以采用不被溶剂溶解或溶胀的塑料薄膜将贴敷的部分覆盖起来。

贴敷的方法适用于大件文物局部树脂的去除,也可用于竖直侧面树脂的去除。该方法的优点是减小了溶剂对文物本身的作用。

（3）采用索氏提取器

这种方法是采用一种从混合物提取材料的常用装置——索氏提取器（化学化工中用于提取物质的一种仪器）将文物碎片中的树脂从文物中提取出来。方法是采用树脂的溶剂做提取液，加热使溶剂挥发，到达冷凝器后冷却，变为液体，滴在文物的碎片上，溶解树脂，形成的溶液向下移动，最后进入底部的圆底瓶，冷凝下来的总是纯溶剂，而流进圆底瓶的是溶液，这样，树脂最终被移进圆底瓶，从文物碎片中提取了出来。

这种方法的优点是使用溶剂少，提取比较彻底，但是由于需要一套设备，并且容积不大，因此，只能对较小的文物或碎片进行树脂去除工作。

四、老化树脂去除过程中应该注意的问题

（1）在对树脂进行去除的工作中，以不损伤文物、不破坏文物的原貌等为前提，要考虑文物本身的材质，老化程度等，能否经受去除工作的各个处理过程；

（2）对不同的树脂去除，应该先了解树脂的成分和性质，尤其是树脂老化后，性质并不与原有树脂的性质完全一致；

（3）树脂的去除，应该采用多种方法配合，以取得最好的效果；

（4）任何方法，在应用前都应做初步试验，证明可用后再实施于文物上；

（5）任何树脂都不是完全可逆的，即采用最好的方法也不可能将树脂完全去除，尤其是渗入文物内部的树脂材料。

（原载于《江汉考古》2003 年第 2 期）

10
文物加固剂应用过程中反迁的原因探讨

一、反迁现象

在文物保护工作中，文物加固是一项常见的工作。比较脆弱的文物多数需要进行化学加固以重建文物的内部连接，提高文物的强度，以便文物成为一个完整稳定的整体，能够承受自身的重量，并有效地抵抗外部力量所造成的潜在危害。

通常情况下，被加固的文物包括疏松的陶器、石器、骨器、壁画等。加固所使用的材料有几类：有机树脂溶液、乳液、无机加固剂等。其中有机树脂溶液使用得比较多，在国内使用比较多的是三甲树脂，溶剂为丙酮、甲苯、二甲苯、二氯乙烯等，国外使用得比较多的是 Paraloid B－72，另外还有 B－67、B－48N 等，所使用的溶剂与三甲树脂的溶剂相似。

在使用有机树脂溶液加固文物时，经常会出现加固工作完成后，部分或整个文物表面颜色变深的现象。这种现象，许多文物保护工作者都曾发现并试图避免，加固过程中出现的这种现象在国外文献中称为 reverse migration，在这里译为反迁。反迁现象对文物保护和修复工作是一种不利的现象，因为它改变了文物最直接的外观，影响了文物的科学研究和欣赏展示。

为了有效地防止这种现象的出现，有必要对反迁现象进行理论上的研究与解释，以达到良好的文物保护目的。

二、反迁的理论解释

要解释反迁现象，必须对文物加固工作的各个方面有所了解，即需要对加固剂、加固对象、加固剂和加固对象的相互作用进行分析。

1. 加固剂的性质

作为加固剂的有机树脂溶液，是由高分子量的有机树脂在有机溶剂中溶解形成的。有机树脂溶液有以下特点：溶液的浓度强烈地依赖于溶质的含量，聚合物树脂溶液的流动性受浓度影响很大，在低浓度范围内，浓度的微小提高即可产生流动性的巨大改变。影响聚合物溶液黏度的因素有：（1）高聚物的化学性质；（2）分子量；（3）分子量分布；（4）溶剂的化学性质等。

2. 被加固材料的性质

能够被有机树脂溶液加固的文物材料，必须具有能使加固剂进入的通道，即这些材料都应该有孔隙，实际上，陶、石、壁画等文物，无论孔径大小和分布如何，大部分都是多孔物质。通常多孔材料中的孔隙根据形成原因的不同，情况各不相同。为了叙述方便，人们对多孔材料中的孔隙进行了分类，例如把黄土的孔隙分为大孔隙（孔隙半径>0.0016 mm）、中孔隙（孔隙半径为 0.0016—0.004 mm）、小孔隙（孔隙半径为 0.004—0.001 mm）、微孔隙（孔隙半径<0.0001 mm）等[i]，也有根据孔的直径把孔隙分为微孔隙（直径小于 10^{-7} m）、毛细孔隙（直径在 10^{-7}—10^{-4} m 之间）、气孔隙（直径大于 10^{-4} m）等。另外根据孔隙的闭合情况，可以把孔隙分为[ii]：a. 贯穿性孔隙；b. 气孔隙和憎水性孔隙；c. 和气孔隙相连的毛细孔隙；d. 封闭性孔隙；e. 盲孔隙；f. 瓶颈式孔隙；g. 连接孔隙等，见图 10-1。

在这些孔隙中，每种孔隙对流体的渗透贡献不同，例如贯穿性孔隙是液体渗透的主要通道，而封闭性孔隙则对渗透没有贡献。

3. 加固过程

有机树脂溶液加固松散多孔材料的原理是：树脂溶液流入多孔材料的孔隙中，形成聚合物的膜，覆盖在松散颗粒的表面；或在颗粒连接处析出聚合物，形成新的连接点，从而在松散材料的内部恢复并建立新的连接，提高文物的稳定性及强度。

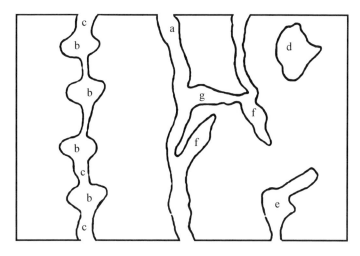

图 10 - 1　孔隙系统

a. 贯穿性孔隙　b. 气孔隙和憎水性气孔隙　c. 与气孔隙相连的毛细孔隙
d. 封闭性孔隙　e. 盲孔隙　f. 瓶颈性孔隙　g. 连接孔隙

　　加固剂加固文物有以下过程：首先是加固剂液体进入被加固文物的过程。在这个过程中，加固剂液体在多孔质文物的毛细作用下通过孔隙进入文物，另外也可以通过重力的作用向孔隙内渗透（当加固剂从上部滴注时）。加固的另外一个过程是溶剂挥发过程。在这个过程中，将有机树脂溶解并带入多孔文物内部的有机溶剂通过孔隙挥发而向外部移动，并最终全部挥发，留下有机树脂在多孔的物质内部，起到连接作用而对文物进行加固。

4. 反迁现象及原因

　　有机溶剂的作用是将有机树脂以溶液的形式带入多孔的文物内部。但是，任何事物都具有双重性，有机溶剂在挥发过程中，还会将部分有机树脂带回文物的表面，造成反迁现象。在许多研究工作中都发现了这种现象[iii]。

　　文物保护中对文物进行加固的方式有：滴注，即将加固剂用滴管向文物需加固的部位滴加；吸渗，即将部分文物浸入加固剂的溶液中，依靠多孔材料的毛细作用使加固剂进入文物内部；浸泡，即将待加固的文物全部浸入加固剂溶液中，加固剂在毛细管力和重力作用下进入文物内部。加固过程中,溶剂的作用就是溶解树脂并将有机树脂带入被加固文物内部,并尽可能地均匀分布在文物内部。

产生反迁现象的原理如下：当用以有机溶剂为载体、有机树脂为溶质的加固剂溶液对脆弱而多孔的文物进行加固时,溶剂由于具有挥发性就开始向自由的空间挥发,这种挥发对渗透完成后去除溶剂、完成加固过程是有帮助的。在加固剂向文物内部渗透时,有机树脂的分子和溶剂同时向文物内部迁移,当用加固剂溶液对脆弱而多孔的文物进行加固时,迁移速度决定于二者之间的作用力和二者与文物成分的作用力。通常情况下,由于采用的溶剂都是有机树脂的良溶剂,溶质和溶剂之间的作用力大,二者的运动速度相同或差别很小,因此在文物孔隙内部,加固剂溶剂的浓度是相同或相近的。当渗透完成,需要去除溶剂时,通常采用溶剂自由挥发的方式。挥发时,溶剂沿毛细孔隙由内向外运动,并最终通过毛细管的开放孔隙脱离文物而进入自由空间。

在溶剂挥发的过程中,由于溶剂的挥发速度不同,就会出现不同的情况。在这个过程中,最大的变化是加固剂的浓度。

当溶剂的挥发速度很高时,接近表面的溶剂挥发后,这部分加固剂的浓度会迅速提高,造成溶液的体积减小,产生负压。由于内部的溶剂分子来不及向外扩散,内部加固剂的浓度低、流动性好,因此表面的负压导致内部的加固剂迅速向表面运动,溶剂和加固剂同时向外迁移,只在孔隙的壁上由于吸附作用残留薄层的加固剂溶液,结果由于溶剂的迅速挥发,大部分有机树脂集中在孔隙的接近表面处,严重时形成薄膜堵塞毛细孔隙。另外,有些加固剂会在溶剂挥发过程中回流出孔隙,当溶剂彻底挥发后,在文物表面重新变成有机树脂薄膜。这种由于溶剂快速挥发而造成的有机树脂在文物表面层的积聚,形成了加固剂的反迁现象。

滴注或喷洒过程中,由于溶剂迅速挥发导致加固剂浓度迅速提高并在文物表面积聚,也起到了一定作用,但这发生在溶剂挥发速度极快或加固剂很高的情况下,通常情况下不会发生,也不叫反迁。

加固过程中,如果溶剂的挥发速度低,靠近毛细管开口部位的加固剂由于溶剂挥发慢,浓度提高也慢,微小的浓度提高可以通过内部溶剂的扩散消除或抑制。在溶剂挥发过程中,整个孔隙中浓度同时提高,由溶剂挥发造成体积减小,是通过毛细孔中部加固剂的减少并向孔壁靠近而完成的。最终溶剂挥发完毕,加固剂在孔壁均匀地积聚。这种情况下不会出现反迁现象。

以上两种情况是一种理想描述。通常情况下,溶剂虽然挥发很慢,但轻微的迁移仍然会产生。

加固剂溶液在多孔物质中运动的情况如图 10－2 所示。

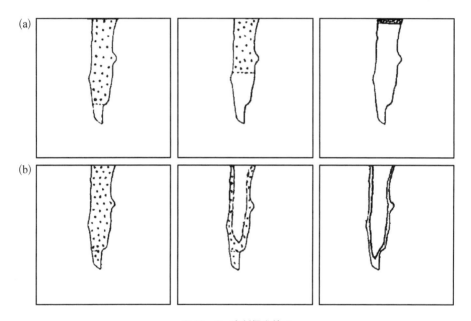

图 10－2　溶剂挥发情况

a. 溶剂挥发慢时的情况　b. 溶剂挥发快时的情况

5. 反迁的后果及危害

加固过程中的反迁现象造成如下后果:

（1）加固完成后,文物表面颜色发生改变,通常发暗,另外还可能出现炫光现象,影响了文物的外貌;

（2）加固剂在表面层积聚,造成一个与内部性质(如强度、导热系数等)不同,并与内部界限明显的薄层,这个薄层在以后的环境变迁中很容易脱落,给文物造成破坏;

（3）加固剂积聚在毛细孔开口处，甚至封闭孔口，破坏了文物与外界的物质交换，导致内部的湿气和盐分积聚在内部，对文物造成破坏。

三、控制反迁现象的方法

造成加固剂在表面积聚的还有其他因素，例如，毛细孔隙太细而影响加固剂分子向毛细孔的流动，导致有机树脂分子与溶剂分子在多孔材料中运动速度的差异[iv]；被加固材料对溶剂和溶质的选择性吸附，加固剂浓度过高等。但在有机树脂溶液的应用中，反迁现象是造成文物表面颜色加深的主要原因。

加固剂反迁的现象，会对文物保护工作产生不利影响。为了减少这种现象，需要采取一些相应措施。根据目前的研究，以下手段可以有效地减少反迁现象：

（1）降低加固剂浓度：通过降低加固剂浓度，可以减小加固剂溶液的黏度，因此可以促进渗透，达到较好的加固效果。低浓度多次加固好于高浓度一次加固。

（2）选择适当的溶剂：通常情况下，为了减小反迁现象，应选择使用挥发速度低、沸点高的溶剂。

（3）采用合适的工艺条件：在选定了溶剂后，为了减小加固剂的反迁现象，可以通过各种方法减慢溶剂的挥发速度，例如将饱和加固剂的文物放在空气流动速度较慢的空间里，有时可以放在干燥器中，将文物密封在仅有很小开口的塑料薄膜中，也是一种方便实用的减小加固剂反迁的方法。

参考文献

[i] 王永焱, 林在贯等.中国黄土的结构特征及物理力学性质(第一版)[M].北京: 科学出版社, 1990, 3: 134.

[ii] (德) H.韦伯尔.建筑材料学与建筑物修缮: 有机硅在建筑保护中的应用(韦伯尔教授来华讲座)[C].1998.

[iii] Chiari G. Chemical surface treatments and capping techniques of earthen structures: a long-term evaluation[C]// 6th International Conference on the Conservation of Earthen Architecture. Las Cruces, New Mexico, U.S.A. October 14–19, 1990: 267–273.

［ⅳ］Jiri Sramek and Ludvik Losos. Outline of mud brick structures conservation at Abursir, egypt[C]∥6th International Conference on the Conservation of Earthen Architecture. Las Cruces, New Mexico, U.S.A. October 14－19, 1990: 449－454.

（原载于《文物保护与考古科学》2003 年第 1 期）

11

《文物保护材料学》课程开设的
思路和内容

一、国内文物保护的课程

我国的文物保护事业在新中国成立后开始走入正轨并循序发展,改革开放后的经济活动和国家发展,带来了文化遗产保护的挑战,也促进了文物保护事业的发展,同时带来了人才培养的需求,而且需求越来越迫切。

为了培养专业技术人才,相关部门做了很多的努力。20世纪90年代之前,我国的文物考古和保护人才的培养基本上是系统内的培训和进修,例如早期的基层文物考古和保护人员到大的中央和省级机构培训,到80年代出现的在职培训,集中从业人员在几个培训中心进行短期或者中期的专项培训。

而到了80年代末,这种人才培养模式的不足催生了国家文物局和高校的联合培养,包括文物考古、博物馆、文物保护方面的在职研究生的培养。同时在国家文物局的努力下,北京大学开始筹办文物保护和古建筑保护专业(1998年开始招生);之前西北大学在陕西省政府的支持下首先开设文物保护大专班(1989年开始招生),之后开设了文物保护的本科班(1992年开始招生),随后其他高校的文物修复保护专业不断地开设起来,形成了文物保护人才培养的高潮。而课程建设也成为人才培养的重中之重。

我国高校的文物保护课程,基本上按照文物材料和类型进行安排,比如无机质修复保护的《无机质文物保护》,有机质文物修复保护的《有机质义物保护》,室外文物保护的《不可移动文物保护》,是最简要的课程。有时也受到课时安排的影响和限制,在有条件的情况下将《无机质文物保护》拆分成《金属文物修复保护》《陶瓷文物修复保护》《石质文物修复保护》等,将《有机质文物保护》拆分成《纸质文物保护》《竹木文物保护》《纺织品文物保护》等,而将《不可移动文物保护》拆分成《古建筑保护》《石窟石刻保护》《土遗址保护》等等。

为了这些课程的形成,可再设置些辅助课程,比如《文物保护材料学》《文物科技分析技术》;为了了解文物的制作工艺,还可开设《文物制作工艺和材料》,方便了解文物的材料、制作和特性。另外为了增加学生的知识范围和了解工作程序,可开设《考古学》《博物馆学》《文物法律法规》等。

二、保护材料课程的作用

《文物保护材料(学)》属于文物修复保护的基础课程。目的是让学生了解文物修复中使用的各种材料和工具设备。材料的内容很多,包括基础材料、专用材料。为了让学生了解材料的性能和使用,课程设置要有一定的基础化学和实验操作能力,例如试剂的配制、使用等。除此之外,材料的安全使用也非常重要,包括避免产生对文物的伤害、对操作者的伤害、对环境的污染等(安全使用非常重要)。

而在讲解材料的时候还要注意避免跟器物修复的课程重复,例如关于陶瓷粘结的材料,在哪里讲? 有了材料学,粘结原理、粘结操作和注意事项、各种常见的粘结材料等,都可以在器物修复课程中简化,这一内容可交给材料学课程。

三、国内外相关课程情况

(1)国内的体系

国内开设文物保护课程的学校分三类:

考古系统下的学校:西北大学是开设文物保护专业最早的学校,1989年开设专科,1993年开设本科。

以西北大学为例,主要课程有:考古学概论、文物学概论、博物学概论、无机化学及实验、有机化学及实验、分析化学及实验、普通物理学、高等数学、无机质文物保护、有机质文物保护、文物保护材料学、防腐防霉杀菌概论、文物修复与保护实验、古建保护与维修、文物近代分析技术、文物与环境等。课程配备有专用的教材。

从课程类目看，其课程体系首先按照文物分章，然后再按照各类文物的修复材料功能分节。除此之外，没有材料的基本情况介绍，也没有各种材料使用的集中说明，例如粘结剂的原理、常用材料和使用方法等。

美术史系统下面的学校：以上海视觉艺术学院为例，其本科生课程设置中有《修复材料基础》课程(54学时)。

科技史下面的学校：典型的是中国科技大学和北京科技大学。中国科技大学在科技史下面早就设置有文物与博物馆方向的研究和教学，后来又开设了文博专硕，其中有文物修复保护方向。文博硕士的课程中，有《文物保护材料》课程(60学时)。北京科技大学科技史方向的文博专硕课程中，有《文物保护材料与环境》课程(32学时)。

(2) 国外的体系

国外的文物修复保护工作起步早，科技含量高，保护工作深入，人才培养方面也是非常全面的。

但是国外大学开设的文物保护课程与国内的思路似乎不同，不是按照材质，而是按照修复使用的各种手段和理论来分类的。

例如意大利罗马的高等修复学校，把修复课程分为4类：a. 壁画和灰泥、油画、版画、织物画、纸质和木质彩绘；b. 金属、玻璃、陶瓷、搪瓷、象牙、石膏等出土文物；c. 镶嵌工艺品、天然和人造石材料、建筑装饰表面；d. 纺织物。这种分类方法基本是按照材料分类的，也照顾了修复所使用的理论和技艺。

另如意大利米兰布拉德雷学院的课程，包括：木制品与纺织品方向、书籍与档案方向、石制品方向。是按照材料进行分类的，未见材料的单独课程。

美国巴弗罗大学文物保护的课程分为：器物保护、纸张保护、绘画保护、检验和记录技术、保存科学。同样也是按照材料分类的，保存科学和检验技术作为基础和辅助课程。

加拿大皇后大学的文物保护课程包括 3 个方向：绘画保护、纸张保护和艺术品保护，另外有分析检测课程。

从研究生课程看，英国杜伦大学文物保护方向硕士课程包括：保存科学理论、保存技能、器物维护、保存科学训练、职业实践。

英国卡迪夫大学文物保护方向的研究生课程包括：实践项目、研究生技能、遗产科学分析、科学保护方法、文物科学的研究设计、保护中的聚合物、环境中的材料变化。

意大利博洛尼亚大学文物保护学院的课程（其实是方向）包括：（1）三年制学士课程：考古文物、档案与古迹文物、历史艺术与音乐文物、东欧和地中海文明、考古文物操作员、档案与古迹操作员、历史艺术文物操作员。（2）二年制学士课程：考古文物保护与应用；艺术品历史、保存与保护；档案学、古籍学和档案信息学，民族文化权利与遗产国际合作、规章制度与保护。也没有设置材料学的课程。根据资料，与材料相关的课程叫《文物修复技术材料》课程，内容是溶剂和溶解度的交互三角、各常用材料性质等。

罗马第三大学的相关课程（方向），文学与哲学学院的三年制学士课程有：艺术遗产历史与保护；建筑学院的三年制学士课程有：建筑修复。

四、课程内容

北京大学从 1998 年开始招收文物保护方向的本科生，就涉及开设课程的问题。考虑到修复的需要，开设了《无机质文物修复保护》《有机质文物修复保护》《不可移动文物保护》《考古现场保护修复》《文物保护材料学》等。这样的设置基本上考虑了材料的序列，现场发掘中各类材质的保护，此外加一个材料的课程，且放在比较早的时候开设，方便学生先了解材料和工具设备。

开设课程的起初，参考了（中国）西北大学《文物保护材料学》课程和英国的《文物保护用材料》课程，其中西北大学的课程特点是按照材料分章，然后根据材料的作用分节；而英国的保护用材料课程则关注的基本上是高分子材料，首先介绍了高分子的合成、特性和老化,高分子材料的溶解和固化等;然后是各种材料梳理一遍,包括天然材料和合成材料,每种材料都会讲形成、特性、应用方法和案例,应用优点和限制,材料的老化和去除的方法;最后附带各种高分子材料的溶解特性,方便查找。由于涉及颜料和染料,最后单独进行了讲解,因为他们与高分子材料的特性和作用完全不同。但是对于文物保护的操作如清洗、加固、粘结,修补等,只涉及了很少的部分,主要是粘结和表面涂层,并不全面。

为了让学生对材料和工具设备认识得更清楚,在摸索研究的基础上,形成了北大的保护材料学体系。

首先是常用的化学材料特性、常用的材料种类和代表、附带介绍工具和设备等。

然后是无机和高分子材料的制备、特性和老化。

接着是对各种大类材料的梳理,包括无机质材料、天然有机材料(淀粉、蔗糖、达玛树脂等)、合成有机材料(丙烯酸树脂、环氧树脂等)等,它们的制备、特性、应用、优缺点和案例等。

考虑到文物的各种常规操作如清洗、加固、粘结、补全、表面涂层等操作在各类文物修复中都会使用,在各类文物修复中都会讲解,会重复且不深入,因此将这部分集中拉出来讲解。

另外是特殊使用的材料,包括生物防治材料、金属缓蚀剂、紫外线吸收剂等,单独列出来进行讲解。

这样一个体系,基本上包含了文物修复中的各种材料的制备、性能、使用,以及基础的常用化学材料和工具设备,可为各类文物的修复保护提供材料的技术指导。

五、问题及讨论

1. 问题

教材:虽然课程开设了 20 年,但由于各种忙碌,北大版《文物保护材料学》仍是草稿,虽然在三次课程后已经有 10 万字,但是教材的编写包括文字、各种说明图和参考文献,编辑完成仍有困难。

参考书:从参考书角度,(中国)西北大学和英国的两部教材,都不适合本校的课程设计思路,因此只能作为参考书。而为了形成完整的课程体系,还需要其他的书籍,特别是文献作参考。参考书至少有 10 种。

实验课程:原先设计过实验课,包括材料的特性、分析、应用,但是学生的时间不够,课程本身的数量已经超过了培养计划,因此难以推进。依靠学生对专业的兴趣,在业余时间开展实验课,是难以保障效果的,因此后来就放弃了。其中也有材料学实验与具体文物保护操作容易重合的问题,比如金属文物的缓蚀处理、纺织品的清洗等。

2. 讨论

《文物保护材料学》是文物修复保护的重要课程,是不能缺少的。它不同于《化学材料学》,后者以了解材料的性能和应用为主;在有能力的情况下,材料学还应该附带对所用的设备工具进行讲解,因为不可能再单独开设设备方面的课程;古建筑和古遗址的保护,从材料学上也应该涉及,但是古建筑和古遗址保护的体系更复杂,难以作相应处理,因为古建筑的传统材料本身就有非常复杂的体系,且没有现代科学化的解释。

12

《不可移动文物保护》课程开设的
内容、经验和问题

一、不可移动文物保护的需求

我国是文明古国,有着类型丰富的众多文化遗产。为了给后人留下历史记忆,现今文物保护的任务非常重,也取得了很多成就。

文物可分为可移动文物和不可移动文物两类。可移动文物是指青铜、陶瓷、书画等可以进入博物馆收藏和展示的文物,而不可移动文物(过去叫室外文物)是指古建筑、石窟寺和古遗址等大型文物。

我国不可移动文物的数量很大。据统计,不可移动文物约 70 万处,包括重要的文化遗产 55 处,它们代表着五千年辉煌的文明,但是其中 1/4 病害严重,保护压力巨大。

不像可移动文物可以拿到博物馆或者库房,不可移动文物的特点是永远处于室外的自然环境中,各种自然因素对其保存延续都有影响,例如降雨降雪、风吹日晒、生物生长、洪水、滑坡、地震、雷电、火灾等,而作为组成材料的土、石、陶、木等材料也很容易在自然环境中被破坏。各种地质问题和结构问题也是导致破坏的原因。

另外人为的破坏也是不可移动文物损毁的重要原因,包括拆毁、烧毁、弃置不管导致的彻底损毁。

虽然不可移动文物保护的任务很重,但是从事不可移动文物保护的人员却很少,来源也比较复杂。

国内可以从事不可移动文物保护科技研究的机构包括文博系统的相关机构(例如中国文化遗产研究院)、各地石窟保护机构(例如敦煌研究院、云冈石窟和龙门石窟)、古建筑保护机构(例如古建筑比较多的省的古代建筑保护研究所),古建筑保护管理机构(例如故宫博物院、避暑山庄文物管理处,以及各地的文物保护管理机构)和遗址保护机构(例如良渚遗址、大明宫遗址等的管理机构)。在这些机构中,石窟保护由于长期有研究工作和保护工程,吸收和培养了很多保护研究人员和施工人员;古建筑保护方面也是类似的情况。但是遗址保护由于开始晚,相关的研究人员就比较少。

为了保护文化遗产,也有大学在介入相关研究工作,典型的是古建筑保护,有传统的开展古建研究的几大院系。而石窟保护方面,中国地质大学等则介入较多;遗址保护方面,兰州大学的相关专业介入较多。

另外随着保护工程的社会化,很多公司也进入行业并获得了资质,这些单位也会从各个专业吸收人员成为技术骨干。

从人员上看,古建筑保护方面人员较多,而石窟与遗址保护方面人员来源相对单一。

古建筑保护方面,研究设计人员基本来自建筑相关的大学,包括古建筑和现代建筑;另外一类是工程队实地培养的技术人员,来源比较复杂,除科班出身外,还有通过实际工作培养的。

石窟保护方面,主要的研究队伍来自以中国地质大学为主的地质院系的学生,也包括一些岩土工程的院系如兰州大学的学生。

遗址保护方面,技术保护人员较少,因为很多机构成立较晚,科研上没有能建立起体系,多数技术保护都交由高校和研究所等进行。

近30年,各个高校成立了文物保护专业,为文物技术保护输送了不少科研人才,但是进入不可移动文物保护行业者相比较少。

二、国内外文物保护的课程情况

1. 国内的培养体系和教学课程

30年来,随着经济的发展和人民生活的提高,我国的文化遗产保护也得到了重视,人才短缺成为严重问题,很多大学开设了文物保护和修复专业,而建筑院校也开设了相关的古建筑勘察设计和保护的课程。

从可移动文物的保护来看,开设课程的包括三类院校:考古文博类院系,在考古学的基础上增加文化遗产保护的系或专业,例如北京大学、西北大学;美术院系,如上海视觉艺术学院等工艺美术院系;科技史专业院系,如中国科技大学、北京科技大学,作为学科扩展进入文物保护行业。另外还有不少职业技术学院也在培养修复人员。

人才培养必须有科学的教学体系,而近30年已有不少探索,一些学院的文物保护课程体系已经基本形成。我国文物保护专业教育的课程体系,涉及室内可移动文物的教学课程设置很多也比较齐全,基本是无机质文物保护、有机质文物保护、文物保护材料、文物保存环境,文物分析技术等课程,或者更进一步细化。但是对于不可移动文物保护则还没有固定的体系。而文物保护专业的学生们在本科期间迫切需要获得对不可移动文物保护理念和方法的基本了解,甚至是外专业进入文物保护专业的研究生迫切需要获得基本了解。

文博方面的学校,例如西北大学,与不可移动文物保护相关的课程是《中国古建修缮与保护概论》《土遗址保护概论》《石窟加固保护技术》。这些课程分别开课,而其他学校例如中国科技大学、(上海)复旦大学也有类似的内容。至于一些学校开设文化遗产相关的课程,基本不涉及保护技术。

建筑相关的大学,例如同济大学开设有本科生课程《材料病理学》,研究生课程《遗产保护材料修复方法》;北京建筑大学有《建筑遗产保护技术史论》《近现代建筑遗产保护》等建筑遗产保护的相关课程。他们的课程的核心是建筑保护,对遗址石窟则不涉及。

这些学校都没有不可移动文物保护概论的课程。

2. 国外课程情况

国外的文物保护工作起步早、科技含量高、保护工作深入、专业人员多,人才培养方面也非常全面。我国改革开放以来很多文物保护上的科技发展受益于与国外机构的合作,包括在职人员的培养。

但是经过对国外大学开设的文物保护课程的了解,发现这些课程的思路与国内似乎不同。这些课程基本以材料为学科分类,根据保护修复的目的培养文物修复师和保存科学家,其中修复师课程内容与国内很接近,而保存科学家多来自其他行业例如化学和材料行业。

例如意大利罗马的高等修复学校,把修复课程分为 4 类: a. 壁画和灰泥、油画、版画、织物画、纸质和木质彩绘;b. 金属、玻璃、陶瓷、搪瓷、象牙、石膏等出土文物;c. 镶嵌工艺品、天然和人造石材料、建筑装饰表面;d. 纺织物。这种分类方法基本是按照材料分类的,也照顾了修复所使用的理论和技艺。与不可移动文物保护相关的课程有《建造技术史》《建筑材料技术》《建筑和装饰病理学》等相关的课程,但是没有概论性课程。

再如米兰布拉德雷学院的课程,包括:木制品与纺织品方向、书籍与档案方向、石制品方向,基本上也是按照材料进行分类的。

美国巴弗罗大学文物保护的课程分为:器物保护、纸张保护、绘画保护、检验和记录技术、保存科学,同样也是按照器物分类的,保存科学和检验技术作为基础和辅助课程。

加拿大皇后大学的文物保护课程包括 3 个方向:绘画保护、纸张保护和艺术品保护,另外会有分析检测相关课程。

从研究生课程看,英国杜伦大学文物保护方向硕士课程包括:保存科学理论、保存技能、器物维护、保存科学训练、职业实践。

从以上的例子看国外的文物保护课程,与国内的按照可移动文物保护和不可移动的分类方法不同,因此不会有不可移动文物保护概论的课程。修复师进入行业关注自己修复的对象,而项目负责人来自具有长期实践经验的修复师和科学家。

三、课程内容与思路

北京大学从 1998 年开始招收文物保护专业的本科学生。为了对学生进行全面培养使其能进行研究和进入实际工作,预先进行了课程设置安排,基本上也按照文物分类进行,例如无机质文物保护、有机质文物保护、不可移动文物保护、考古现场保护,配合了解文物的科技分析和了解材料使用的保护材料学。

由于本科生是从材料保护开始讲课的,而室外文物种类多,按照古建、石窟、遗址等分类又出现了课程多、压力大的问题。设置不可移动文物保护概论的课程,是为了让本科生基本了解不可移动文物保护的理念、病害调查、保护方法,以及国内外的保护研究历史和现状。另外如果将课程分为古建筑保护、石窟保护和遗址保护,在理念、调查以及保护程序上会有很多重复。所以按照古建保护、石窟保护和遗址保护单独开课,放在研究生阶段比较合适。

1998 年不可移动文物保护课程第一次开课,由在北京的文物保护专家来讲课,例如黄克忠先生曾来北大讲石窟和遗址的保护。(可参考黄克忠先生新出《岩土文物建筑的保护》一书,其中有原理又有案例。)

2000 年起,相关课程讲授由本校教师进行。考虑到室外不可移动文物种类多、材质复杂,受环境影响大,保护技术包括很多内容,比如管理、规划和具体的技术保护,还涉及保护理念,因此在开课之初就要考虑把这些内容全部包含进去,在对国内外相关课程的了解和多年教学的经验基础上逐渐形成目前的课程体系。

目前的课程内容包括五大部分:第一部分:不可移动文物的概念、保护理念、价值评估、保护程序、调查方法和技术手段;第二部分:各种不可移动文物构成材料,例如土、石、陶、琉璃、灰浆、木材和彩画的保护,包括组成特性、病害特征机理和病害治理措施,如清洗、加固、黏接修补、防水以及构件的替补等;第三部分:结构病害如倾斜、开裂、垮塌的病害及治理,地质病害如地基沉降、山体滑坡等的病害及治理,三大工程技术措施;第四部分:不利影响因素及控制,包括水的负面影响及治理,各种生物因素的影响及治理,自然灾害的产生及治理;第五部分:不可移动文物的保护规划和方案、保护工程的施工等。内容十分丰富,涉及面很广。

一般情况下课程分为 48 学时,共 16 章内容。

四、效果及讨论

1. 效果

本课程已经为本科生讲授 12 次,为研究生开设 5 次。积攒的各种电子资料达 20 G,包括各种参考书,已经分类的相关文章,为了讲课收集的各种照片(包括去各地现场为了教学拍摄的照片),另外有大量的保护案例。

该课程部分内容也作为国家文物局的文物保护人员培训内容多次讲授。2012—2014 年,也曾两次为香港中文大学建筑学院的建筑保护研究生班讲授该课程,效果良好。

2. 问题讨论

教材问题:经过 20 年的教学和多年的经验积累,出版教材已经势在必行,且内容足够丰满,目前已经有 5 000 多页 PPT。

参考书问题:目前未出版教材,国外也没有相关的教材,可以参考的是英国建筑师学会出版的系统建筑保护指导书(*Practical Building Conservation*),共有 8 本。这套书比较全,值得翻译。至于石窟遗址的保护,可以先编辑国外优秀工程案例和系列的会议论文集作为参考资料,进而形成教材。

实验课程问题:随课程可以进行的实验课内容很丰富,比如材料性能检验、保护材料筛选、结构稳定的检测和分析等,以及现场的保护实验。问题是需要进行很多理论准备,缺乏教学时间,缺乏人员,实验场地也不足。

实习问题:国内不可移动文物保护项目很多,找几个古迹比较多的城市固定为实习基地,是比较合适的,比如正定、大同、承德,西安等。

读书会问题:读书会是个交流的好办法,可以刺激学生主动学习,但是学生和老师必须有时间,同时必须做很多的阅读准备,学生要提前看书,尤其是外文书,老师要能把握方向、找准重点。

(原载于《中国文物报》2020 年 8 月 14 日)

方法与实践

13

金属文物机械去锈与化学去锈方法之比较

一般情况下,金属文物出土后,由于与地下环境的长期作用,均有不同程度的腐蚀。这些腐蚀物在器物表面集结,呈各种颜色,且厚度不同。由于这些锈的存在,有时掩盖了器物的花纹及铭文,使考古工作者不能深入地研究文物,因此便有了对文物去锈的问题。

对金属文物锈蚀的去除,一般讲有机械法和化学法,在各种方法中又有手段的不同。现就机械法与化学法在应用中的利弊加以评价。

一、机械法

机械法去锈是一种较老的去锈方法。最早人们用锤凿等工具来去锈。这些工具简单易用,如果操作熟练,去锈效果很好。但如果操作者不熟练,容易弄伤器物,铜性不好的器物易被敲破。对层状附着在器物上的锈,这种方法效果还好;但是对锈已穿透器物的情况,则难以开展工作,对于很硬的锈也很难开展工作。

随着现代科技的进步,各种现代化工具不断出现,有些工具也被引入文物去锈工作中。如喷砂机是机械加工中使用的工具,通过高压空气带动沙子打击金属表面的锈层以去锈。引入文物工作中时,将沙子改为非常细的石英砂即可;当然,气压的调节也很重要,要恰到好处。喷砂机去锈的优点在于效率高,使用得当时不会伤及器物,是一种很好的去锈方法。

另一种现代化的机械去锈工具是超声波振动凿。这种工具是从牙科医生的工具中(也就是牙科医生用的洁牙机)引进来的,这种工具是借助一个探头的超声振动对器物的锈蚀处进行振动捶击,使锈破裂粉碎而脱离器物。由于超声波的频率可调,探头的振动能量也可控,对各种锈层均能使用,工具的操作也简便易学。笔者曾用此工具对一件铜戈残片上的硬质绿锈及红锈进行去除工作,小心地将锈去完后,戈片出现与未锈部分一样的色泽,青铜的色泽上有部分黑锈色,自然而好看,达到了既去锈又不伤文物的效果。这种方法在国内外均有使用,国外如德国,国内如中国历史博物馆等。笔者觉得是一种较好的去锈方法,其优点在于:（1）不伤器物;（2）易于操作;（3）功率高。由于以上几个优点,此方法在国内文物界值得推广。

二、化学方法

化学去锈的历史较晚,最早人们用的是醋,在我国许多老修复工都用此法,但醋酸对铜的各种锈不是都能除的,另外,醋还伤害铜体,在修复上叫"咬伤器物"。

$$Cu_2(OH)_2CO_3 + 2CH_3COOH = 2(CH_3COO)_2Cu + 2H_2O + CO_2$$

之后人们又在化学发展的基础上发展了其他的化学去锈法。

对于铁器去锈;文献上有柠檬酸、草酸、柠檬酸铵、醋酸钠、EDTA 等,这些材料均为弱酸或弱酸盐类,它们对金属的腐蚀均比醋酸低,但它们对金属还是有腐蚀的。查《腐蚀数据手册》可见这些材料对钢和铸铁的腐蚀情况(现代铸铁与古代的可比性,参见表 13 - 1)。

对于铜器,去锈的化学方法也有:如柠檬酸——硫脲法,草酸——硫脲法,碱性边二亚硫酸钠法等,同样,这些方法有的对铜体也有伤害(参见表 13 - 2)。

文物的化学去锈方法,大部分用弱酸盐进行工作,虽有一些化学物质对铜及铁本体有损害,但加入缓蚀材料后可以加以控制。不过化学方法也有其缺陷。因为人们选择的去锈材料不可能对各种锈的去除速度都一样,这样,在有些地方先露出胎,且有些材料难与较硬之锈(如: Cu_2O)反应使其去除。这样,在绿锈[如: $Cu(OH)_2CO_3$、$Cu_2(OH)_3Cl$]等已去掉后,显出棕红色的 Cu_2O 锈,非常难看,这时只有借助机械法来工作了。对于铁器,黄色的铁锈易去除,而若用化学法去较硬的

表 13-1 碳酸和铸铁的耐腐蚀数据

材料	浓度(%)	<温度(℃)			
		25	50	80	100
醋酸					
草酸		×			
柠檬酸	<100	×			
柠檬酸液	<40	×			
EDTA	100				
磷酸		×			

表 13-2 铜及青铜的耐腐蚀数据

材料	浓度(%)	<温度(℃)			
		25	50	80	100
醋酸	<100	×			
草酸	<100	√	√	√	√
柠檬酸	<50	□	□	□	□
抗坏血酸		×			
草酸铵	<30	√			
柠檬酸铵	<30	×			
酒石酸钾钠	<30	√	√	√	√
柠檬酸钠		×			

×——表示在此条件下不耐腐蚀
√——表示金属在此条件下可以使用、但腐蚀重
□——可用性能好

磁铁锈不得不伤及铁体,这时也只有用机械方法了。

化学去锈还有一点是应特别注意的,就是由于长时间的地下作用,铜器上有时形成了一种光洁的、色泽美丽的腐蚀层,这层物质一般较易在化学试剂作用下改变

色泽,用化学法时应特别注意,可用封护材料加以保护;如果不易保护,只好用机械法进行工作了。

另外,化学法去锈后,清洗工作也不可缺少。

三、机械法与化学法之比较

机械法与化学法作为金属之物去锈的方法,均可为人们所选用,至于选用什么方法,如同锈应不应去一样,各有自己的选择。在西方如德国,一般用机械法去锈,他们虽然介绍化学法去锈但很少使用。在中国,化学去锈法使用得相当普遍,这可能与从事文物保护人员的来源有关。

总之,文物去锈的机械法与化学法,均有其优缺点,需实事求是地评价。现将笔者的观点列于下表,不全面,请同仁指正。

表13-3　机械法与化学法之比较

方　法	优　点	缺　点
机械法	易进行局部处理,不易伤文物,效率高、操作简单。例如:喷砂法、超声波法。	难以处理较硬的锈(手动)慢(手动)。
化学法	去锈效率高。	有些方法对胎体有损伤;对不同锈蚀作用不同,易留下难去之锈,观感不好;局部去锈,不易操作

(原载于《文物修复通讯》1995年第5期)

14

一件赝品青铜鼎鉴定过程中的仪器分析佐证*

一、引言

青铜器的作假,在中国文物史上很常见。作假的方法很多,包括用青铜或纯铜铸造器物,然后弹拨假锈,或埋藏自然生锈。或将不同的器物切割拼对形成新器物,或采用部分真品制作整个器物,总之作假的方法繁多。

由于假物很多,因此青铜器的鉴定辨伪成为文物收藏中必须进行的工作;在博物馆收集藏品的过程中,文物的鉴定也是非常重要的。过去的文物鉴定多依靠人的经验,也即利用器物的外观、造型和锈蚀情况,主观地判断器物的真假。但是伴随着科技水平的提高,文物作假的水平也相应提高,使主观鉴定困难增加,甚至导致误判的情况。利用仪器分析手段对文物进行鉴定,提高了鉴定的准确性,故应用日益广泛。

本文对一件文物商店初步鉴定为赝品的青铜器进行了仪器分析,为证伪提供了科学依据。

这件器物为一件破碎的青铜鼎,见图 14-1。器物破碎严重,残缺不全。在鉴定中对器物的初步观察发现,器物表面锈蚀自然,但断面颜色比较奇怪,从内到外为均匀一致的枣红色,未见金属形态,也未见锈蚀分层,且所有碎片都具有同样特征。另外器物手感很轻,因此初步断定为赝品。为了更进一步判断器物的真伪,使用仪器分析方法进行佐证性研究。

图 14 - 1　怀疑为赝品的青铜器照片

二、样品和分析方法

1. 样品

取这件可疑的青铜器的一块碎片作为样品，最大长径约 3 cm，样品断面暗红色、光滑，表面还有高低不平的绿色锈蚀；样品断面内外一致，灯下可见断面略有光泽，较轻。见图14 - 2。

图 14 - 2　一块做样品的碎片

2. 样品分析方法

（1）扫描电镜

扫描电镜可以观察样品的显微结构，特点是放大倍率高，可以达到几万倍。配合能谱可以对样品局部进行元素分析，确定物质的组成元素，进而推断成分。

分析仪器：荷兰 FEI 公司的 FEI Quanta 200 FEG 环境电子扫描显微镜。

（2）X-射线衍射分析

X-射线衍射分析的特点是对无机物质的物相组成具有较好的定性分析能力，在采用标样的情况下，还可以确定混合物中各种物相的半定量百分比。

分析使用的仪器：日本理学的 DMX-Ⅱ/2000 型 X-射线衍射仪。

三、分析结果

1. 扫描电镜

首先对怀疑为赝品的铜器样品断面进行观察，为了了解更多的信息，同样的位置分别拍摄二次电子像和背散射图像，通过两种图像的对比，可以发现许多利于了解微观结构的现象（见图 14-3、图 14-4）。图 14-3 是样品断面靠近外部的电镜照片。由图可见，断面内部孔隙多，物质成分不一而且分布不均匀。

图 14-3　断面边缘的扫描电镜图

左：二次电子像　右：背散射电子像

图 14-4 是边缘部分铜锈放大的形态，可见铜锈呈颗粒状，在铜锈的边缘部位有暗色的条带状物质分布，经过能谱分析（图 14-5），显示成分为硅、氧、铜、碳、

图 14 - 4 靠近表面青铜的局部电镜照片

左：二次电子像   右：背散射图像

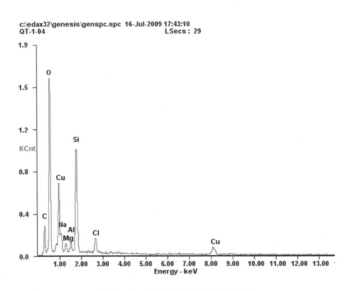

图 14 - 5 暗色条带状物质的能谱图

氯、钠等元素，以硅、氧、铜为主，硅、碳、氧元素的存在说明该处暗色物质可能是硅
酸盐和碳氢化合物的胶粘剂。推测铜锈可能是依靠硅酸盐和有机化合物的胶粘剂
胶结而依附于器物的本体上的。

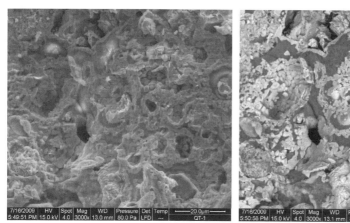

图 14-6　样品断面的颗粒状物质和空洞

左：二次电子像　右：背散射电子像

对怀疑为赝品的铜器样品的断面中心部位也进行了电镜观察,见图 14-6。从图 14-6 可见显微结构为多种不同形态的物质混合而成,包括亮色的颗粒状物质、暗色的块状物质。亮色颗粒分布在暗色物质的整体中,非常细小,还可以看见孔洞的存在。没有发现致密的金属断口形态,因此该器物不是铸造而成的金属物品。

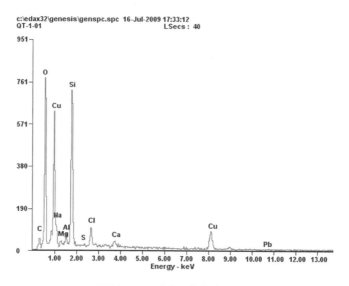

图 14-7　颗粒状聚集体的能谱图

　　对亮色物质的能谱分析可见主要元素以铜、氧、硅为主，故主要组成物质为铜氧化合物（图 14-7），从外观看为红色，因此推测可能是以氧化亚铜为主的物质。硅的存在应该是由硅的胶结物造成的。孔洞的存在也是人工混合物质的特征。

2. X-射线衍射

　　将样品取少量粉碎，进行 X-射线衍射分析。X-射线衍射分析的结果是：组成这些碎片的物质有大量的赤铜矿，少量的黑铜矿、铜、氯铜矿以及石英，见图 14-8。X-射线衍射分析中所见样品中大量的赤铜矿，证明了电镜样品中细小颗粒物的化学形态为赤铜矿，它是导致样品通体红色的原因；分析中所见样品中的含铜组分，由扫描电镜可以观察；氯铜矿是图 14-3 中由针状物质组成的辐射球形物；石英是电镜上的暗色物质，也就是胶结赤铜矿颗粒的物质。将 X-射线衍射分析结果和扫描电镜分析结果比对，可发现二者的结果是一致的，均证实该器物由含有有机物的无机胶粘剂黏合的氧化铜粉末制造。

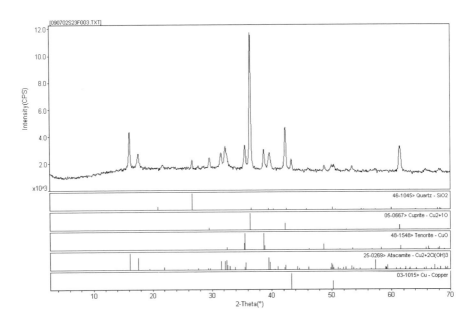

图 14-8　样品的衍射图

四、结论

综合扫描电镜分析和 X‑射线衍射分析，可以确定这件器物为赝品，佐证了外观判断的结果。首先断面没有青铜的金相结构，而且结构比较奇怪，含有很多气孔，且是由颗粒状物质堆积形成的，颗粒通过无机硅类物质连接，这是人工制作的混合材料的特征。从样品成分可见，这个样品是由赤铜矿颗粒、铜颗粒、氯铜矿颗粒组成的，没有青铜的成分。

从分析可以确认这件器物不是铸造的，而是通过将多种矿物颗粒混合，使用无机胶黏合的。推测制作这件器物的方法为，在原始器物的基础上，翻制一件同样器物的外模，然后将以氧化铜、铜粉配合无机胶粘材料形成的混合物浇注进去，使其固结，外部再黏接一些锈蚀，使外观逼真。这样制假的青铜器，避免了铸造的麻烦，更容易操作。但由于制作方法低劣，外观通体红色且红色均匀、重量较轻等问题，暴露了器物为赝品。仪器分析结合肉眼鉴定，最终确定该件器物为赝品。

中国古代青铜器的赝品伪作方法很多，只通过肉眼观察很容易被蒙蔽，因此要多采用仪器分析方法进行辨伪。仪器分析是配合人工鉴定青铜器真伪的重要手段，由于使用较少，仍需要积累经验，丰富技术手段。仪器鉴定是鉴定文物真伪非常重要的佐证手段。

（原载于《电子显微镜学报》2012 年第 4 期）

15

贵州赫章可乐遗址金饰青铜镜的仪器分析[*]

引　言

中国古代的青铜文化灿烂辉煌，是研究了解古代文明的重要材料[i]，而其中的青铜镜，也因具有重要的价值而被深入研究[ii]。

可乐遗址[iiii]位于贵州省西北部赫章县可乐乡可乐河两岸海拔约 1 800 m 的丘陵坡地上，面积约 3 km²，包括汉代城址、夜郎文化遗址各 1 处及墓葬群 14 处。遗址有汉代遗址和战国时期当地少数民族(即夜郎)遗址，互不混杂。汉代城址位于可乐河南岸，平面为猪心形，面积约 6—7 万 m²，有夯土城墙环绕，出土大量青铜戈、矛、镞等武器，"大泉五十"等钱币，汉代板瓦、筒瓦、瓦当、花纹砖等建筑材料及陶、铜、铁等生产和生活用品。夜郎文化遗址距汉城约 1 km，位于可乐河北岸，出土石、铜、陶器等。可乐遗址对研究夜郎民族的政治、经济、文化具有十分重要的历史价值和科学价值。

笔者得到一件出土于可乐遗址东汉墓葬的金饰青铜镜残片(图 15－1)，为研

图 15－1　铜镜残片

*　作者：楼署红、周双林。

究可乐文化提供了较好的素材。该铜镜镜面和镜背均为黑色,磨损处可见银白色,镜面上有少量绿色锈蚀物,镜背三角缘等凹陷处有金饰。为了了解铜镜的制作工艺和腐蚀特性,对其进行了相关的科学分析。

一、分析方法

分析古代青铜镜,为了推断其制作工艺,了解其保存状况,需要了解基体的组成和金相结构、装饰物的组成和形态、锈蚀物的成分和形态。为此,拟对铜镜样品进行如下分析:金相分析、扫描电镜配合能谱分析、红外光谱分析等。

1. 金相分析

金相分析的目的是了解镜体的表面和内部金相组织。

在铜镜上取小块样品,使用钳子沿垂直表面的方向折断样品边缘处,折断处最大长度约 5 mm,然后将断面垂直镶嵌于电木粉中。镶嵌好后,用金相砂纸按粒度从大到小磨样,最后进行抛光处理。先观察样品中的夹杂物和锈蚀情况,再用三氯化铁盐酸酒精溶液浸蚀,在德国 Leica 公司生产的 LEICA DM4000 M 金相显微镜下观察金相组织,并拍摄金相照片。

2. 扫描电镜

扫描电镜分析可以了解铜镜的微观结构,结合能谱分析,还可了解成分信息。

采用荷兰 FEI 公司的 Quanta 200 FEG 环境电子扫描显微镜。这种电镜的特点是不需要对样品镀膜就可以观察表面,可获得更真实的表面信息。分析时采用低真空条件,样品不镀膜,可直接分析,对金属的金相观察可免除二次干扰。分析的条件为:电压:12.5 kV,距离:14 mm,真空度:80 Pa,光栅尺寸:14 μm。在观察样品微观形貌的同时,对关键部位如镜体表面和装饰部位等进行能谱分析。

3. ICP−发射光谱

采用 ICP−发射光谱对铜镜断面进行成分扫描。

使用的仪器为美国 NEW WAVE RESEARCH 公司的设备,配合激光熔蚀进样系统,可获得足够用于 ICP−发射光谱分析的样品量,通过氩气载带进入 ICP 火炬中燃烧,进行化学成分分析。因此这种仪器系统可以实现文物的近无损检测。

二、分析结果

1. 金相分析

金相显微镜观察结果和拍摄照片如图 15−2 所示。

从图 15−2 可见铜镜为共晶组织,而边缘部分(图 15−2 右的下部灰暗处)可见大部分为氧化物。

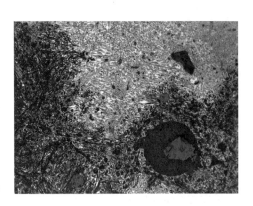

图 15−2　铜镜的金相照片

2. 扫描电镜和 X−射线衍射分析

(1) 铜镜正面(镜面)

镜面的扫描电镜分析见图 15−3,其 X−射线衍射分析结果见图 15−4。

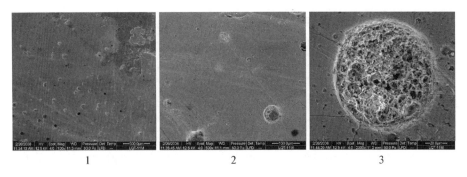

图 15−3　铜镜镜面的扫描电镜图

　　从图 15-3 可获得如下信息：镜面平整光滑，有密集的腐蚀坑（图 15-3-1）和不规则的裂纹（图 15-3-2）。镜面的腐蚀坑为圆形，凹陷，内部疏松多孔；镜面的裂纹稀疏而不规则，多穿越腐蚀坑（图 15-3-3）。

　　图 15-4 显示镜面有较高的锡含量，另外有含量较低的铜和铅，检测到的其他元素有：氧、碳、硅、铝、铁等。对腐蚀坑进行的成分分析可见金属元素有：铜、锡、铅、铝，非金属元素有氧、硅、碳等，说明腐蚀物成分复杂，应为金属的氧化物或碳氧化物，以及二氧化硅等物质。

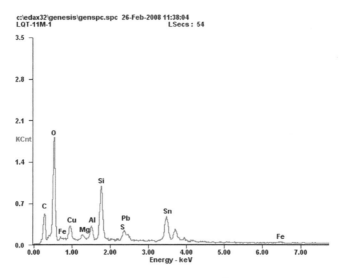

图 15-4　铜镜镜面的能谱图

（2）铜镜背面

　　镜背的扫描电镜分析如图 15-5 所示。从图 15-5 可见铜镜表面的显微结构，突起的棱和低凹的三角形区域（见图 15-5-1）。

　　铜镜的三角凹陷位置，在亮色区域可见颗粒状的凸起物，经过分析为碳酸盐物质，估计为污染物（图 15-5-1）。

　　铜镜表面光滑而多孔，在凹陷的三角形区域和凸棱的边缘处（图 15-5-1），可见有与镜体本身材质成分不同的物质，这些物质在高倍率下以不规则的颗粒状存在。

图 15-5   铜镜镜背的扫描电镜图

对镜体本体(镜背)进行的 X-射线衍射分析(图 15-6)表明,本体表面的成分主要为氧、碳、锡、铜;而凹陷区域以及凸棱的边缘处的成分分析,确定主要成分为金,另有少量的碳、氧、铜,由于区域明显,特征一致,可以确定这些部位是以金进行装饰的。这些金饰部分从宏观上看为平整的金色物质,经过扫描电镜观察,可发现表面为疏松多孔的物质;从微观结构上看,金的不规则颗粒连接在一起,而颗粒之间有与颗粒空间大小一致的孔隙。

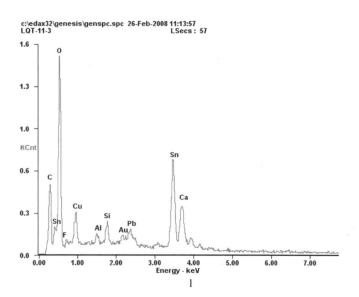

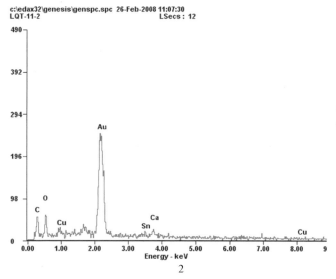

图 15－6　铜镜镜背的能谱图

1. 镜体部分　2. 凹陷处

（3）铜镜断面

铜镜断面的扫描电镜分析如图 15－7 所示。

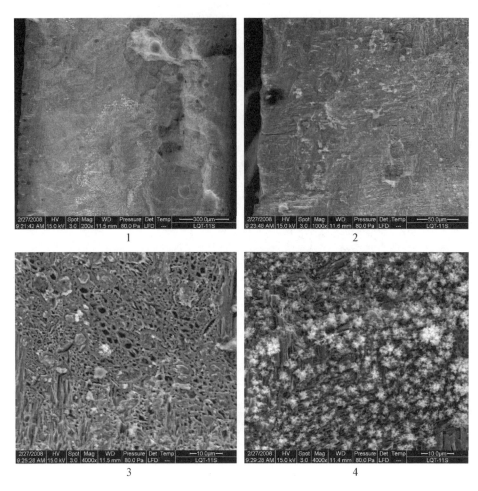

图 15 - 7　铜镜断面的扫描电镜图

　　从照片可见断面的边缘部位比较致密，中间部位则疏松多孔，由于镜面破损已
有一定时间，因此在断面上有一些结晶状物质，经过能谱分析（图 15 - 8），确定这
些物质应为锡的氧化物以及铜的氧化物或碳氧化物。这些锈蚀物是铜镜断面长期
与环境接触形成的。

　　通过能谱分析还了解了青铜的成分情况。分别对断面整体、边缘部分、中心部
位进行了能谱半定量分析，结果见表 15 - 1。虽然是半定量分析，基本反映了铜、
锡、铅等元素在镜体中的分布情况，对镜面部分氧和硅的含量进行分析，结果为

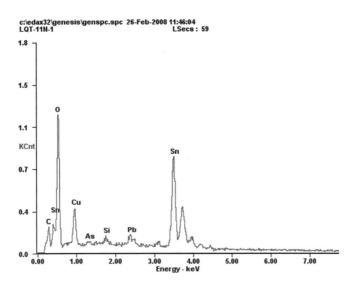

图 15 - 8　铜镜断面结晶体的能谱图

表 15 - 1　铜镜内外成分的半定量分析结果

元　　素	部位(%)			
	整体	中心	镜面	镜背
Cu	58.36	61.54	73.54	79.63
Sn	9.58	9.47	19.64	13.51
Pb	32.06	28.99	6.82	6.88

Si - 2.12%、O - 17.53%,表明表面有较高的含氧量,说明表面氧化严重。

3. ICP - 发射光谱

采用 ICP - 发射光谱对铜镜断面进行成分扫描。

扫描的元素有:Cu、Sn、Pb 和 Si,各种元素的分布情况见图 15 - 9。从图 15 - 9 可知:铜的分布是中间部位高,两边部位低。锡相反,两边高,中间低。铅的分布基本内外一致,但外部略少。硅则是内部少,外部多。考虑到能谱分析结果——表面有较高的含氧量,可以解释以上元素在最表面较少的原因。

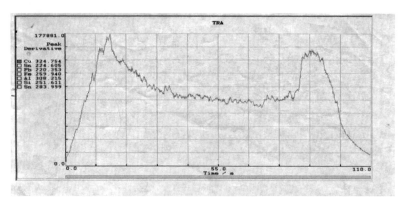

断层铜的分布情况

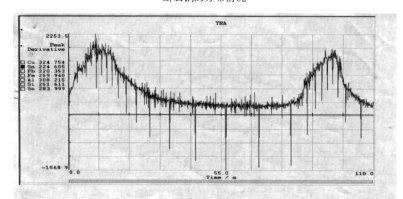

断层锡的分布情况

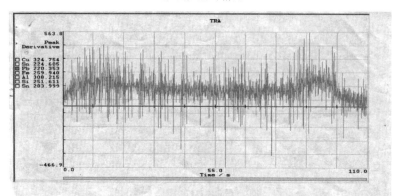

断层铅的分布情况

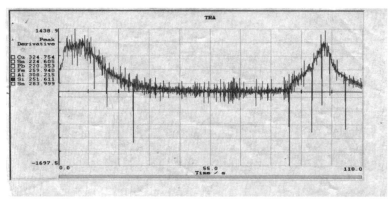

断层硅的分布情况

图 15-9　铜镜断面多种元素的分布情况

三、讨论

（1）铜镜表面的裂缝似乎说明在铸造过程中降温较快，这也可能与镜体很薄有关。

（2）镜体中的球状结构可能是金属的表面张力大，部分后来进入的液体在迅速冷却时难以与周围彻底融合，因此形成。

（3）这件铜镜非常特殊的地方是背面采用金进行装饰，而金的形态比较特殊。通过观察，可见铜镜表面金的形态呈颗粒状，颗粒之间有点状或线状连接，颗粒之间有与颗粒尺寸大小几乎相同的孔隙，而金颗粒中也有小小的孔洞。这种金饰采用的是鎏金还是贴金，还需要进行深入的研究。

（4）在铜镜镜面可见许多平行的摩擦痕迹，可能是铜镜制作过程中形成的，也可以推断过去磨镜是有一定运动方向的。

四、结论

通过以上分析可以得到如下结论：

（1）这件出土于贵州赫章县可乐遗址的古代铜镜，镜体为锡青铜，而镜背的三角凹陷区采用金进行了装饰。

（2）从断面看，铜镜镜体可分为两部分：边缘和核心部分。通过分析半定量地确定了铜、锡、铅等元素的比例，镜面和镜背边缘具有较高的锡、氧含量，而内部具有较高的铜含量；铅在内部分布略多，外部略少；而镜面部分有少量的硅存在。

（3）铜镜的金属结构中可见许多孔隙，在表面还可见许多裂缝；在镜体中还可以看到球状结构，这些都说明铜镜的制作有一定的缺陷。

（4）铜镜表面的腐蚀层和裂缝的深度接近，而且腐蚀在裂缝附近较严重，说明裂缝的存在使腐蚀更加容易进行。

参考文献

[ⅰ] 马承源.中国古代青铜器[M].上海：上海人民出版社,2008.

[ⅱ] 何堂坤.中国古代铜镜的技术研究[M].北京：紫禁城出版社,1999.

[ⅲ] 宋世坤.夜郎考古综论[J].贵州民族研究,2000(1)：22-28.

（原载于《文物保护与考古科学》2009年第1期）

16
一件河南南阳出土的彩绘青铜器的科学分析*

一、样品背景

2009 年 1—5 月,南阳市文物考古研究所配合南阳市四友房地产公司商贸中心项目发现了商贸中心贵族墓,经过考证属于楚申县贵族墓,时代自春秋晚期到汉代,伴随出土了大量青铜器、玉器、陶瓷器等。其中 M58 中出土了一件提链壶(图 16-1),这件提链壶被认为采用了绿松石镶嵌工艺。

M58 出土的这件提链壶(M58:1),根据考古报告的描述如下:器表满饰用玉石镶嵌的龙形图案,布局严谨,栩栩如生。该壶盖面隆起,正中内凹,中心有一半环钮,钮内套两节链环与提链相连接,以防盖脱落。提链微弧,两端下曲,两侧各有两节链环与壶颈部半环钮相连;盖周边用绿松石镶嵌四条独角兽间四个对顶三角纹,独角兽首尾相连。盖子口套入壶口内。壶口微敞,平沿,束

图 16-1　M58 出土提链壶

＊　作者:周双林、郑贝贝、崔本性、乔保同。

长颈,鼓腹,平底,假圈足。通体饰纹,并镶嵌玉石。器身环饰三周纹饰带,主纹为四个首尾相连的夔龙纹,纹饰带间分别用三周对顶三角纹作间隔,口沿下饰四个桃形云纹,与夔龙身对应,腹中部龙纹间饰四个圆涡纹,腹下部环饰八个桃形卷云纹。独角兽头上有角,张口,伏身,躬腰,翘尾上卷,足有爪。整幅图案布局合理。所有纹饰用绿松石镶嵌装饰。盖正中内凹处环饰阴文一周五字:"蔡加子之壶。"口径10.2 cm,腹径20.3 cm,底径10.5 cm,通高39 cm。根据墓葬形制、出土器物等综合判断,该器物的时代为春秋晚期。

但是对于如此复杂图案,先用绿松石设计出形状,然后再镶嵌到预先制作的凹槽中,工艺难度是很大的。这种工艺是否就是镶嵌工艺? 基于这种疑问,我们对器物上面的表面装饰工艺进行了详细的探讨。

二、样品的科学分析

从 M58 出土的提链壶的纹饰表面取下少许绿色颜料进行科学分析,包括傅立叶变换红外光谱分析(FTIR)和扫描电镜—能谱分析(SEM – EDX)。

本实验所用设备为:

扫描电镜(Scanning Electron Microscope,SEM)为荷兰 FEI 公司环境电子扫描显微镜/FEI Quanta 200 FEG。

红外吸收光谱(IR)为 PE983G 型红外分光光度计,分辨率为 3 cm⁻¹,扫描范围 4 000—180 cm⁻¹。

1. 样品的 SEM – EDX 分析

对绿色样品的表面和背面进行电镜观察,并进行能谱分析,结果见图 16 – 2 至图 16 – 5。从 SEM 图像看,样品由多种颗粒集聚形成,而不是一个完整的块体。

从低倍率的样品的扫描电镜图来看,样品的正面风化比较严重,样品表面比较粗糙;背面风化比较轻,样品表面较为光滑。从高倍率图像来看,样品由研磨比较

背面，×500　　　　　　　　　　背面，×1 000

图 16-2　样品背面的扫描电镜图

正面，×500　　　　　　　　　　正面，×1 000

图 16-3　样品正面的扫描电镜图

细的颗粒组成，而非整体矿物镶嵌。从样品的 EDX 图像中可以看出，样品的碳含量偏高，可以推测样品经过研磨以后，由有机胶结质进行调和，再填充到青铜提链壶的阴文中去。

Element	Wt %	At %	Element	Wt %	At %
CK	24.18	44.69	PbM	02.22	00.24
OK	28.38	39.38	SnL	05.55	01.04
SiK	00.80	00.64	CaK	00.58	00.32
PK	00.86	00.62	CuK	37.44	13.08

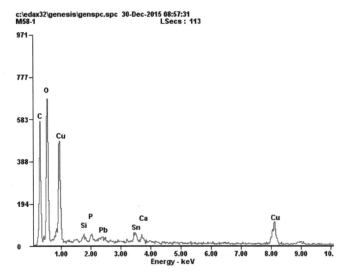

图 16-4　样品点 1 的能谱图

2. 样品的 FTIR 分析

根据颜色判断，样品为绿色颜料；根据出土背景判断，样品有可能为孔雀石、石绿、铜绿等颜料。将样品进行红外光谱分析，结果见图 16-6。样品的红外谱图与硅孔雀石的红外谱图最为相近，说明该样品可能为硅孔雀石。提链壶样品中有 3 328 cm^{-1}、1 500 cm^{-1} 左右、1 400 cm^{-1} 左右的谱峰，与硅孔雀石的主要谱峰接近。红外谱图中有 1 080 cm^{-1}、1 060 cm^{-1} 和 800 cm^{-1} 谱峰，是 SiO$_2$ 的特征峰[1]。981 cm^{-1}、754 cm^{-1}、602 cm^{-1} 可能是黏土矿物的红外谱峰。石英和黏土矿物夹杂，说明可能使用一定的黏土矿物作为颜料的填料。另外隐约可见有机物的谱峰。

Element	Wt %	Mol %	Element	Wt %	Mol %
CO_2	56.51	71.81	SnO_2	04.99	01.85
SiO_2	01.18	01.10	CaO	00.58	00.58
P_2O_5	01.36	00.54	CuO	33.71	23.71
PbO	01.67	00.42			

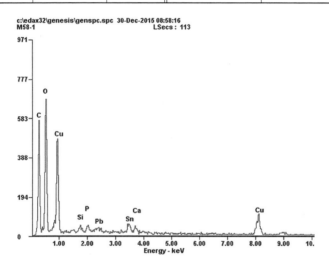

图 16-5　样品点 2 的能谱图

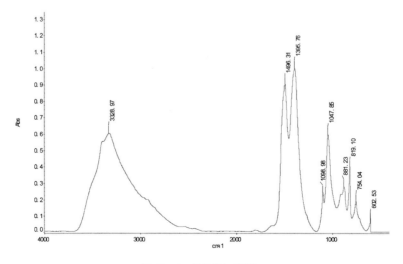

图 16-6　样品的红外谱图

三、结论

从电镜分析结果看,样品是由很多颗粒聚集形成的。能谱分析显示以含有铜的矿物为主。这个分析否定了使用完整的矿物进行镶嵌的做法。红外光谱分析显示样品中主要成分是硅孔雀石,并且含有有机物。硅孔雀石是以颗粒状存在的,而有机物质应该是粘结剂。由于取样量过少,所以胶的种类不能确定。但是根据文献中的记载,胶有可能是桐油、大漆或蜂蜡。桐油和大漆在固化的过程中,都有交联成膜的能力,可以将颜料颗粒固定到青铜器表面。蜂蜡本身并没有胶结能力,但是在加热和冷却后,可以将物体很好地黏接于器物表面[ii]。

中国古代青铜器的镶嵌工艺有很多种,包括错金银、宝石镶嵌和填漆添彩等。

关于青铜器的镶嵌材料,主要有四种：第一种是绿松石、孔雀石等,至今仍然用在首饰上面,但是形态都比较简单;第二种是玉,镶嵌绿玉来点缀纹饰图案;第三种是红铜,用来装饰兽性花纹,有镶嵌的,也有嵌铸的;第四种是金银,春秋战国时期用金银来镶嵌青铜器,反差很明显。另外,在镶嵌材料中还有少量的玛瑙、琉璃、贝、大漆等[iii]。

申茂盛等将彩绘青铜器的材料按照饰彩方式分为四类：一是在阴文部位填充大漆,让纹饰图案更加清晰。例如,在秦陵青铜器涂刷颜料之前,先在铜材质基体上做出很多划痕,大漆平涂在纹饰表面。二是将髹漆与磨错工艺相结合,不在嵌槽内嵌金银,而是填入大漆,只在凹槽内填充大漆,凹槽外无大漆。三是直接在素面铜器表面髹漆着色。四是将矿物颜料和大漆搅拌均匀后,以矿物颜料为主进行饰彩,并且认为秦陵铜车马和铜水禽上面还有创新[iv]。在秦陵曾经出土的铜方壶中有一定的研磨均匀的蓝绿色颜料,经检测为孔雀石,说明在秦代已经具备了将天然颜料加工处理的能力。M58 提链壶虽然时代更早,但采用的是一种将髹漆和磨错相结合的工艺,使用矿物颜料研磨后,添加有机胶调制颜料混合体,填充到铸纹中,经过处理形成特殊的色彩纹饰,这在原有的研究中未见,所以 M58 的这件提链壶的绿色图案的制作,应该是一种新的装饰工艺,这件文物为研究古代青铜表面装饰工艺提供了一个很好的实例。

参考文献

［ⅰ］ 叶大年, 金成伟.X 射线粉末法及其在岩石学中的应用[M].北京: 科学出版社, 1984.

［ⅱ］ 罗武干.古麇地出土青铜器初步研究[D].中国科学技术大学, 2008.

［ⅲ］ 郑利平.中国古代青铜器表面镶嵌工艺技术[J].金属世界, 2007(1) .

［ⅳ］ 申茂盛.青铜器装饰工艺的一朵奇葩——彩绘工艺[C] //全国考古与文物保护化学学
术研讨会, 2008.

（原载于《中原文物》2018 年第 1 期）

17

几件青铜器的科学分析和修复*

序 言

文物研究工作包含了多个学科、多个专业从不同角度对文物的理解和认识。人们在认识这些文物的过程中,能否完全破解文物反映的信息,取决于人们的认识能力。从第一眼看到文物开始,到最终解释作出定论,包含着一个复杂的过程。这个认识过程是否是科学有序的,直接影响到对文物认识的程度。

要达到客观正确的认识,需要采用科学的方法。在任何情况下,不论站在何种学科的角度来认识文物,人们都趋向于采用一种有条理的分析方法,研究的目的就是通过一系列的逻辑思维,来对事物现象进行系统整理,最终明白现象、事物的分布构成。当然,答案可能是众多的、不同的。这是一个多阶段的循序渐进的认识过程,认识的目的应当是文物本身所反映的一切信息,认识的手段是多个学科的联合研究。多学科联合研究,各个学科虽然研究角度不同,但是对象和目的是一致的:对文物进行研究,最后理解认识文物,全面解释文物的历史文化意义,并尽一切可能保存它。

多学科的研究要求通过各种可获得信息的原始材料和手段,例如历史资料和先进的科学分析仪器全面获得文物的基础信息,帮助我们达到对古代文化遗产的保存和认识。

中国青铜时代是中国历史发展中非常重要的阶段,在漫长的岁月中,每件珍贵的青铜艺术品都经历了不同的历史时期,遭受了不同的损坏。时至今日,部分

---

* 作者:杜安、周双林。谨此向西安文物保护修复中心致谢!

青铜文物已经无法完整显示其原有的历史、科学、艺术风貌,这给考古研究、艺术展示带来很多不便。科学保护、修复青铜文物成为文物保护、修复工作者的一大课题,如何在文物安全得到保证的前提下,更多地保存、反映文物的信息,更是大家关心的问题。我们应当如何开展研究工作?下面介绍文物修复中遇到的实际问题,以及如何采用科学分析手段获得信息,并进行保护的一些实例,以此说明多学科的合作研究在分析文物所包含信息,并指导科学的研究与修复保护工作中所起到的作用。

一、分析与修复方法

1. 被修复文物概况

对文物的分析研究和修复保护,首先需要对文物保存状况进行初步观察,记录、描述、绘图、拍照等,尽可能保存文物现状资料。还要对待修复文物的历史、现状等进行分析研究,表 17 - 1 是待分析与修复的几件文物。

表 17 - 1　待分析的青铜样品

编　号	名　称	年　代	来　　源	残损状况
00125	青铜剑	春　秋	陕西历史博物馆　征集	完　整
00127	青铜镜	汉	陕西历史博物馆　征集	完　整
00101	弯形器	商	城固县文化馆	断　裂
00102	弯形器	商	城固县文化馆	断　裂
00107	弯形器	商	城固县文化馆	断　裂
00108	弯形器	商	城固县文化馆	断　裂

（1）青铜剑（器物号 00125,图 17 - 1）

来源于陕西历史博物馆征集品,判断年代为春秋,剑身表面无锈蚀,部分光滑,呈黄白色,有黄色层。需要做的工作有:

A. 确定锈蚀成分；

B. 确定制作工艺，检验是否进行过表面处理；

C. 科学分析，为保护、修复提供科学依据。

（2）弯形器（器物号 00101、00102、00107、00108）

来源于陕西省城固县文化馆，确定年代为商代[i]。弯形器的定名和作用尚无最后定论，有人将其称为镰形器，认为是农具，而有人推测它可能是车马器、仪仗用具或陪葬器。城固县位于汉中盆地中心，胥水自西北流经此地，南入汉江，与四川省相邻。自 1955 年后城固出土了大量青铜器，其中存在着相当数量的弯形器。经考古工作者研究，普遍认为城固地区的商文化有中原文化的特点，但也受到了蜀文化的影响[ii]。需要做的工作有：

A. 了解弯形器的作用；

B. 确定制作工艺，并与同时期中原青铜器的制作工艺进行比较；

图 17-1   青铜剑

C. 找到器物断裂的原因；

D. 为保护、修复提供科学依据。

（3）铜镜（器物号 00127，图 17-2）

陕西历史博物馆征集品，年代为汉或王莽时期。保存较完整，曾修复过。由于连日阴雨，相对湿度达到 85%，检查库房时发现又出现了许多新的腐蚀物，故决定重新进行稳定处理和封护。查阅原有修复档案，以前曾作过的修复处理有：机械去锈；去离子水浸泡；BTA 缓蚀；INCRALAC 封护。需要做的工作有：

A. 分析腐蚀物成分；

B. 找出不稳定原因；

图 17-2   铜镜

C. 针对情况进行稳定处理,使其在现有保存环境中达到稳定状态。

2. 取样

为了解决以上问题,给文物的科学保护提供依据,需要对文物进行分析,分析手段包括: X-射线探伤、金相分析、X-射线衍射、红外光谱分析等。

分析中需要取样。取样时应当考虑文物的外观,以及需要的实际。在不影响文物外观的部位,使用手术刀片尽量少地进行采样(图 17-3)。例如对青铜剑的分析,虽然考古人员对中脊内部的合金成分很感兴趣,但是取样会破坏器物本身的完整性,最后决定不对青铜剑中脊取样。

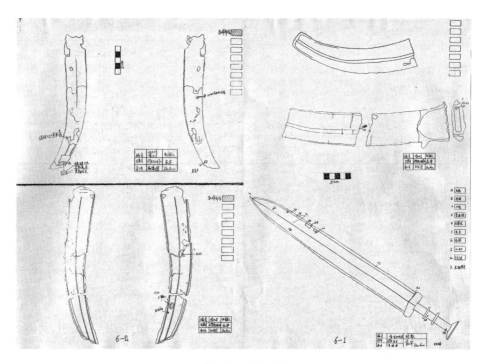

图 17-3　取样图

3. 分析

针对要解决的问题对文物及其病害进行分析,分析内容与方法见表 17-2。

表 17-2　分析内容与方法

分析项目	目　的	分析样品	备　注
显微镜观察	了解表面形貌、锈蚀状况	所有样品	
X-射线中低能探伤	分析制作技术及保存状况	BRX-00101 BRX-00102 BRX-00107 BRX-00108 BRX-00125	00125、00101 茎部、巩部拍摄了第二张 X 光片，以观察其内部情况
金相显微镜分析	腐蚀形态、热处理和机械加工对晶体结构的影响	ss.107-1 ss.108-1 ss.125 1-8	拍照记录 (彩色负片柯达-100)
原子吸收 AAS	合金成分及比例	ss.101-1 ss.108-1	
红外/X-射线衍射 FTIR/XRD	锈蚀成分、有机物成分	00107 1-3 ss.108 1、2 ss.101-1 ss.125 1-8	FTIR ss.125 3 XRD ss.125 1、3-6 ss.101-1 ss.108 1、2 ss.107-2
扫描电镜-能谱 SEM-EDAX	观察表面形态，对特域进行化学元素定性、半定量分析	ss.108-1 ss.107-1	

4. 分析结果和讨论

（1）分析结果

见表 17-3。

（2）结论

科学分析显示了文物成分、锈蚀成分以及保存状况等信息。通过考古、艺术、修复的联合分析与研究，对待修文物产生了如下结论：

① 弯形器 00101：断为三段，断面周围有外力造成的变形和裂隙，含铜量达到97.33%，是造成浇不足现象、内部规则孔洞多的一方面原因。有矿化现象，锈蚀简单，通体 $Cu_2(OH)_2CO_3$、Cu_2O、$Cu_2(OH)_3Cl$ 集中在巩部和孔洞中，断面无锈蚀。腐蚀形态：均匀性腐蚀、枝晶间腐蚀、活性腐蚀。

表 17－3 样品分析结果

器物编号	样品编号	样品描述	分 析 结 果	分析方法
00125 青铜剑	ss.125－1	灰绿色锈蚀	氧化锡(锡石)	FTIR
	ss.125－2	绿色层下红色锈蚀	氧化亚铜(赤铜矿) 碱式碳酸铜(孔雀石) 碱式氯化铜(副氯铜矿)	FTIR－XRD
	ss.125－4	棕红色锈蚀	氧化亚铜(赤铜矿) 碱式氯化铜(氯铜矿) (副氯铜矿)	FTIR
	ss.125－5	灰色锈蚀	碱式碳酸铜(孔雀石)	FTIR
	ss.125－6	浅绿色锈蚀	水合硫酸铜(块铜矾)	FTIR
	ss.125－7	深绿色锈蚀	碱式碳酸铜(孔雀石)	FTIR－XRD
	ss.125－8	器物本体	枝晶间腐蚀,活性腐蚀	MICR.MET
	BRX－00125	全器	致密,内部均匀	X探伤
00108 弯形器	ss.108	金属(从再次浇铸部位取样)	Cu 80.60%、Ni 7.28%、As 8.03%、Fe 1.42% 深层枝晶间腐蚀,含大量氧化铜	SEM－EDAX MICR.MET
	ss.108－1	绿色层下粉状黄色锈蚀	氧化亚铜(赤铜矿)	FTIR
	ss.108－2	表面黑、绿色锈蚀	碱式碳酸铜(孔雀石)、氧化亚铜(赤铜矿)	FTIR
	BRX－00108	全器	厚薄不均匀,浇不足,二次浇铸痕,金属褶皱,裂隙。	X探伤
00101 弯形器	ss.101	金属	Cu 97.33%、Pb 0.81%、Sn 0.21%、Fe 0.30%	AAS
	ss.101－1	表面绿色锈蚀	碳酸钙,孔雀石石英有机物(痕迹)	FTIR
	BRX－00101	全器	厚薄不均匀,有均匀气泡,裂隙,浇不足	X探伤
00102 弯形器	BRX－00102	全器	厚薄不均匀,有均匀气泡,裂隙,浇不足	X探伤

（续表）

器物编号	样品编号	样品描述	分　析　结　果	分析方法
00107 弯形器	ss.107	绿色结垢	Cu 43.37%、Si 37.28%、Al 9.68%、Fe 4.15%、K 2.77%、As 1.98%、Ni 0.4%	SEM－EDAX
	ss.107－1	棕色结垢下黑红锈	氧化亚铜（赤铜矿）、石英	FTIR－XRD
	ss.107－2	表面黑、绿锈	孔雀石、石英	FTIR
	ss.107－3	结垢层与表面间绿锈	碱式氯化铜（氯铜矿）、石英、长石	FTIR－XRD
	BRX－00107	全器	厚薄不均匀，浇不足，有二次浇铸痕，金属褶皱，裂隙	X 探伤

② 弯形器 00102：断为四段，断面周围有外力造成的扭曲变形和裂隙，含铜量高造成铸造内部均匀孔洞。铸造技术差，有缩孔和气泡，厚薄不均匀，外部四周有铜液浸出，未修整。质疏松，矿化严重。变形面锈蚀脱落，部分断面无锈蚀。$Cu_2(OH)_2CO_3$ 在表面较均匀，Cu_2O、$Cu_2(OH)_3Cl$ 存在于孔洞至表面。中部有沾染其他物质的暗红色，边缘有一小孔。均匀性腐蚀、枝晶间腐蚀、活性腐蚀。

③ 弯形器 00107：断为两段，断口呈"几"字形未脱离，铸造技术差，巩部明显浇不足。表面有大量碳酸钙结垢与范土、锈蚀叠压。有较多浇不足和气泡，裂缝较多，四周侵入范线的铜液未修整，没有使用痕迹。表面 CuO 层疏松粉状，上面有较亮质密 CuO 层，CuO 层上有少量 $Cu_2(OH)_3Cl$ 和少量 $Cu_2(OH)_2CO_3$，与孔中范土混杂。碳酸钙中混合有 $Cu_2(OH)_2CO_3$。枝晶间腐蚀、均匀性腐蚀、活性腐蚀。

④ 弯形器 00108：断为三段，厚薄不均匀，质较硬。断面无锈蚀，色浅黄，周围无变形。四周多余铜液未修整，巩部明显浇不足，巩内有土锈 $Cu_2(OH)_3Cl$ 混合，内部孔洞较多，没有使用过的痕迹。表面有一层均匀 $Cu_2(OH)_2CO_3$ 混有少量土，前部有两处 $Cu_2(OH)_2CO_3$ 脱落露出红、黄色 CuO（图 17 - 4），下面有灰白色本体。表面有少量 $Cu_2(OH)_3Cl$ 存在。枝晶间腐蚀、均匀性腐蚀、活性腐蚀。

⑤ 青铜剑 00125：致密，X - 中低能探伤所用能量增大。铸造技术较好，未发现分铸痕。

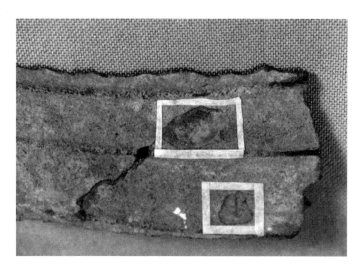

图 17-4　弯形器细部

样品 SS125-6：样品上的水合硫酸铜很可能是大气中的硫与铜作用产生的，也可能是埋藏在碱性环境中硫化菌与铜作用的结果（$Cu+S \rightarrow CuS \rightarrow CuSO_4OH$）。

⑥ 青铜镜 00127：a. 器形保存完整，表面锈蚀严重。锈蚀层较紧密、多孔，表面有"INCRALAC"保护层。原始镜面较光滑，含锡量高。在一些孔隙中有新生成的 $Cu_2(OH)_3Cl$ 突破保护层。b. 未达到稳定状态，氯离子仍然很活跃。

考古、历史的研究和对器物科学的分析，使我们对于这几件青铜器的保存状态有了全面的了解，并能对保存状况做出正确的判断。分析结果为考古推测提供了新的依据，搞清楚了一些问题，更加利于下一步的修复工作，防止修复工作中损坏文物的错误出现，为选择科学的修复方法，合理地运用修复技术打下了基础。

（3）讨论

科学分析得出了关于文物制造工艺、使用过程等的综合信息，为考古学研究提供了科学的实物佐证，同时也为科学史、技术史研究提供了重要的新资料。

① 青铜剑 00125

a. 制造技术研究：通体质密，铸造技术成熟。双面范竖浇法浇口、冒口不完全在首部，铜液熔化温度合理，合范紧密，含锡，有可能经过表面处理。表面被细石打磨修整过，未经过锻打、均化处理，茎部曾经缠候（图 17-5）；

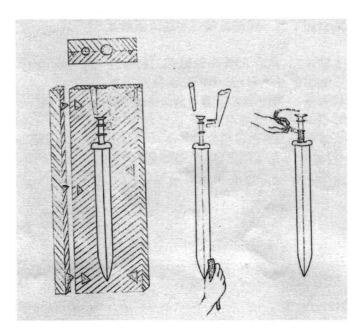

图 17-5   青铜剑制造示意

b. 根据形制、铸造技术判断为春秋晚期器[iii]；

c. 曾被使用过。

② 弯形器 00101、00102、00107、00108

我们认为,关于弯形器最大的问题是：作用问题及合金成分问题。

a. 器物年代为商。根据目前的考古、化学分析、修复所掌握的资料[iv],城固地区商代青铜器受巴蜀文化影响,并且周围活动着一些异族方国。由于该类弯形器中原地区并无出土,城固地区出土相当数量的弯形器有其独特的意义。

就这几件器物的合金成分和铸造情况来看,00101、00102 和 00107、00108 的作用很可能不同,但都很难作为实用兵器、农具或仪仗器使用。其名称应为弯形器更加合理。其变形、断裂有一部分是埋藏前人为造成的。因此,弯形器很可能作为陪葬器来使用。

b. 00101 含 Cu 97.33%；00108 含 Ni 7.28%,含 As 8.03%；成分接近白铜,出现这种情况的原因不明,有人认为是二次注入铜液造成局部 As、Ni 含量高；笔者认为

Ni、As 含量高于 2% 可能与铸造技术有关,也可能与西南地区的文化交流有关。有关白铜最早的记载是《华阳国志》:"螳螂县……出……白铜。"这些弯形器成分接近白铜,可能是铸造时混合有红镍矿($NiAs$)或白镍矿($NiAs_2$)的原因。

c. 由于纯铜、白铜的熔化温度高、流动性差,若温度掌握不好,铸造技术差,易造成厚薄不均匀、浇不足等现象;多余铜液冷却后未修整。

d. 浇注方法为双面范竖浇法。

5. 科学修复

(1) 科学修复

科学分析结果为修复保护工作提供了有力的科学依据,证实了我们的一些推测。根据初步观察与分析结果,我们可了解这几件青铜器的保存状况,并按照各自的具体情况制定不同的修复方案。总的原则是:

① 在修复清洗中尽量使用机械方法,少用化学试剂。尽量避免对光滑表面和多孔隙的文物内部造成损坏。

② 根据器物特点选用有效的修复技术和相应的修复器械、材料。

③ 提高器物稳定性、坚固性,尽可能选用对器物干扰小的方法和材料。

在修复、保护处理过程中,我们根据考古人员、博物馆展示要求,对 00125 的缠候织物痕迹,用软毛刷刷去表面附着物,用 1% B72 丙酮溶液对其进行点滴加固。预加固明显增加了织物残留痕与剑茎的结合力,并且在表面形成了一层保护膜,减少在下一步修复工作中对织物痕迹的意外伤害,阻止氯化物的继续发展,保存文物在考古意义上的原貌。但是预加固同时也将氯化物一起加固在织物痕上面,下面还要再进行处理。00107 碳酸钙、硅的结垢层厚硬,用较硬的高速车针和较高的转速进行清除,在处理时应该对照原有的 X 光片(图 17-6)。从 X 光片上看,00107 上有一裂隙,这一裂隙被碳酸钙结垢所覆盖,是断开还是未断开情况不明,所以清洗到这里时要特别小心。先顺着裂隙清除一些碳酸钙结垢,发现裂隙并未断开,并且连接还较好,再将裂隙上的碳酸钙结垢完全去除。经过观察,发现这一裂隙并非裂隙,而是由于浇铸时二次倒入,铜液中的镍、砷含量高,相应提高了溶化所需要的

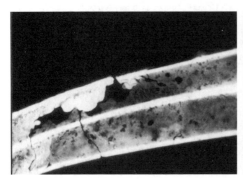

图 17 - 6   弯形器 X 光片

温度,导致铜液流动性变差造成的。对 00108 表面织物痕做了保留与加固;00125 青铜剑的锈蚀与弯形器不同,由于埋藏微环境不同造成锈蚀复杂,表面有浅绿色 $Cu_2(OH)_3Cl$、绿色 $Cu_2(OH)_2CO_3$、致密光滑绿色 $Cu_2(OH)_2CO_3$、灰色 SnO_2、红色 Cu_2O、棕红色 Cu_2O,在红色 Cu_2O 层中和绿色 $Cu_2(OH)_2CO_3$ 层下都发现有 $Cu_2(OH)_3Cl$。部分 $Cu_2(OH)_3Cl$ 作用较深,需要清除。致密光滑 $Cu_2(OH)_2CO_3$ 下为灰色 SnO_2,保存很好,没有 $Cu_2(OH)_3Cl$ 的存在,可以予以保留。清除表面 $Cu_2(OH)_3Cl$ 层后,发现下层也是红色 Cu_2O。用微型钻加圆形低速车针和探针对 Cu_2O 层进行清洗,Cu_2O 层密度、硬度不高,孔隙度大;在该层中有"蚯蚓洞"状的有害锈,再向下就清洗到白蜡状的 CuCl,去掉 CuCl 后只略低于表面,并不影响外观。对曾经缠候部位痕迹做了保留与加固;针对这些文物的不同锈蚀状况和考古信息状况,采用了不同的方法。经过清洗、铝箔局部还原处理、倍半碳酸钠短期浸泡和 BTA 缓蚀处理后,在相对湿度95%的环境中一周,没有出现新的锈蚀。经过有效的修复及保护处理,这些文物个体对环境的抵抗力得到了加强,同时几乎没有改变外表的颜色(图 17 - 7)。

(2) 修复过程的发现与证实

修复保护处理过程中还进一步了解了文物的制作工艺,也进一步证实了科学分析的结论。

在弯形器 00108 表面发现并清楚展现出金属褶皱、合范痕迹。在青铜剑 00125

修复前　　　　　　　　　　修复后

图 17-7　弯形器修复前后

的锈蚀剑格部疏松的绿铜矿[$Cu_2(OH)_3Cl$]和土去掉后,清楚看到了合范痕迹;茎部无织物痕迹残留的 $Cu_2(OH)_3Cl$ 下部清楚看到了合范的痕迹和一些铸造小缺陷;弯形器 00101、00102 断面没有任何锈蚀及金属疲劳痕迹。这些信息又为考古人员提供了研究依据。

二、结论

　　文物的修复保护是一个复杂的工作,牵涉到科学分析和技术处理。由于文物的种类繁多,有青铜、陶瓷、纺织品等,它们不但是物质的实体,也是古代文化信息和科技信息的载体,要完满地显现并保存这些内涵丰富的文物,牵涉的内容复杂而深刻,需要多学科的合作才能完成。在文物保护修复工作中,需要文物考古人员、化学分析人员、文物保护修复人员共同对待修复的文物,并进行初步评价,从各自不同专业角度需要出发提出问题、看法以及制订解决文物修复保护问题的手段,并相互协商。

　　科学的分析方法为更深入研究文物带来了便利,科学的分析为科学的修复、保护处理和考古研究提供了依据,而修复过程中文物不断暴露出新的信息,又为考古和科技史研究提供了一些重要的证据。科学分析与考古研究、修复保护处理、化学等学科的合作,使人们明确了如何合理地保留文物信息,正确区分、对待原有信息与可去除的有害物质,更加深入地解析文物包含的信息,避免了博物馆各学科之间的认识差别。科学的分析结果、考古研究、文物修复、保护处理技术的综合运用,为人们科学地进行文物研究工作提供了可靠的依据,有效地防止了保护处理过程中违背考古原则、博物馆展示原则和修复保护原则情况的出现。

参考文献

[i] 王寿芝.陕西城固出土的商代青铜器[J].文博,1988(6)：3－9.

[ii] 张亚初.论商周王朝与古蜀国的关系[J].文博,1988(4)：30－38.

[iii] 马承源.中国青铜器[M].上海：上海古籍出版社,1990.

[iv] 李伯谦.城固青铜器与早期蜀文化[J].考古与文物,1983(5)：66－71.

（原载于《文物保护与考古科学》2004 年第 3 期）

18
铜镜表面光泽度测量和制作工艺评价初步研究*

一、引言

铜镜是中国古代人们生活中极为重要的生活用具之一。中国最早的铜镜是在齐家文化遗存中发现的,历史上铜镜在商周、汉唐都非常辉煌,一直到清代还存在它的身影。除了日常生活用品以外,铜镜上的纹饰也让铜镜成为了艺术品,不仅体现了古代人民高超的工艺技术,也让铜镜有了比较高的艺术价值。

我国古代铜镜的制作技术可大致分为 3 个时期。早期铜镜锡元素含量低,制作粗糙,镜背纹饰简单;中期锡元素含量较高,制作工艺成熟,效果较好;晚期锡元素含量低,锌、铜等元素含量较高,制作水平降低,但效果依然较好。

考古发掘出土的铜镜,好多表面都很光亮,成为一个被关注的技术亮点,这与铜镜的制作工艺和成分有关。从春秋战国到唐五代,铜镜的制作工艺大致是:选料、配料、熔炼、铸造、热处理、刮削、研磨、开镜。除此之外,含锡量也决定了铜镜表面的光泽程度。如何评价铜镜的光亮度呢? 在过去,人们只能用肉眼对铜镜的影像效果进行评判,并没有科学的分析数据来支持,而现代对铜镜的分析主要是合金成分分析、制作工艺分析、纹饰铭文分析等,并没有对影像效果进行评价。为科学地评价铜镜的光亮度,我们使用光泽度仪对南阳不同地点出土的汉代铜镜的表面光泽度进行了检测,试图定量评价古代铜镜的光亮度,并对工艺特征和埋藏影响进行初步评价。

---

* 作者:王嘉堃、周双林、乔保同、田明。

二、样品和测量方法

1. 铜镜样品

本次测量样品为河南省南阳市文物考古研究所的出土铜镜，共 7 件。同时以一件现代工艺制作的铜镜做参比。

2. 测量方法

本研究中使用的测量仪器型号如下：

（1）光泽度仪：WGG60 – EJ 型光泽度仪，投射角度 60°，镜面反射，测量光斑 $36×18 \ mm^2$，稳定度为 0.4，精度（分度值）为 0.1。

（2）便携式显微镜：RoHS USB Digital Microscope 型，放大倍率为 20—200×。每件样品表面选取 2—3 个点进行光泽度值测量，并对该点用便携式显微镜进行显微观察。为避免测量误差，每个点测量 3 次并取平均值。而且，光泽度仪要求样品表面较为平整，且必须能遮盖光圈，避免透光造成的实验误差。

三、结果与讨论

1. 实验结果

光泽度测量如表 18 – 1 所示，表面显微观察结果如表 18 – 2 所示。

数据显示样品均为汉代墓葬出土，但不同样品光泽度相差较大。现代铜镜由于制作工艺水平和材料配比较好，也没有腐蚀，保存质量好，光泽度较高；相较于现代铜镜，古代铜镜光泽度较低。其中 1、3、4 号铜镜光泽度较低；7 号光泽度最高；2 号不同区域测量的光泽度值不同，由于一面铜镜制作工艺相同、材料相同，所以应是腐蚀程度不同导致的，可能与埋藏时接触物不同有关。通过显微观察可见所有铜镜表面都有擦痕，说明可能都经历过表面机械处理。结论：

表 18 - 1　铜镜光泽度测量表

序号	器物名称	器物编号	光泽度值			
			1	2	3	平均值
1	铜镜	M227	67.7	68.0	67.5	67.73
2	铜镜	2001NyGM - 23 - 10	84.3	85.9	86.3	85.50
			98.8	101.1	99.7	99.87
3	铜镜	M417 - 6	54.2	54.8	55.9	54.97
4	铜镜	M226 - 2	46.1	45.0	45.3	45.47
5	铜镜	2001NyGM - 23 - 1	94.7	95.6	94.8	95.03
6	铜镜	2005NWF - M2	65.2	64.0	65.4	64.87
			88.8	87.3	88.5	88.20
7	铜镜	2005NWF - M90	216	213	216	215.00
8	现代铜镜	无	579			

（1）光泽度仪的数据可以直观反映铜镜表面的光泽度,因此光泽度可作为观察铜镜制作工艺高低、保存状况的一个定量表征,这较肉眼观察是一个技术进步。

（2）制作工艺高低可以用光泽度值来衡量。但是,还需要考虑到铜镜的元素含量、保存环境以及纹饰的影响。

（3）铜镜表面有痕迹存在,是否影响光泽度以及痕迹产生原因还需要进一步分析。

2. 思考与讨论

用来测量古代铜镜的光泽度,有很多影响因素需要考虑:

（1）制作工艺高低不同:认真程度和制作工艺高低不同;制作工艺越高,铜镜越精美,光泽度越高;但制作可能与用途有关,有些铜镜并不要求制作很精致,所以光泽度不高;

表 18 - 2 铜镜显微观察

器物名称	器物编号	器 物 照 片	显 微 照 片
铜镜	M227		
铜镜	2001NyGM - 23 - 10		
铜镜	M417 - 6		
铜镜	M226 - 2		
铜镜	2001NyGM - 23 - 1		
铜镜	2005NWF - M2		
铜镜	2005NWF - M90		
现代铜镜	无		无

（2）材质的影响：不同墓葬出土的铜镜元素含量配比不同，导致效果不同，光泽度不同；

（3）埋藏环境的影响：有些铜镜埋藏于潮湿的环境中，腐蚀较为厉害，导致光泽度不高；有些铜镜保存在干燥的环境中，腐蚀程度不高，保存状况较好，光泽度相对较高。埋藏时接触不同的物品也会导致表面腐蚀状况不同，不同腐蚀环境、相同腐蚀环境但材质不同都会对光泽度产生影响。

（4）纹饰的影响：由于光泽度测量需要在一定大小的平面上才能进行，因此对于有纹饰的部分，测量就比较困难，因此为了对古代铜镜的工艺进行科学评价，需要开发新的设备。

参考文献

[i] 崔庆明.南阳市博物馆馆藏纪年铜镜[J].中原文物, 1982(1).

[ii] 何堂坤.铜镜起源初探[J].考古, 1988(2).

[iii] 宋新潮.中国早期铜镜及其相关问题[J].考古学报, 1997(2).

[iv] 何堂坤.中国古代铜镜的技术研究[M].北京: 紫禁城出版社, 1999.

[v] 王锋钧, 杨宏毅.铜镜出土状态研究[J].中原文物, 2013(6).

[vi] 宋应星, 钟广言(注释).天工开物[M].广州: 广东人民出版社, 2015: 453.

[vii] 尹钊, 徐文楷, 张继超.从古代铜镜制造技术谈铜镜中有争议的问题[J].东方收藏, 2014(8).

[viii] 包明, 军王伟.南阳市汉墓出土铜镜简介[J].江汉考古, 1997(1).

19

居延遗址 T129 烽燧五铢的科学分析*

引 言

居延文化遗址为内蒙古重要的大型古文化遗址,主要包含汉代张掖郡居延县、居延都尉和肩水都尉所辖城障、烽燧和塞墙等遗址。这些古建筑大多始建于西汉武帝太初三年(前 102),废弃于东汉末年。遗址大部分分布在今额济纳旗境内,北起额济纳旗苏泊淖尔东南方,沿额济纳河两岸,延伸至甘肃省金塔县以南地区;边塞遗迹自东北斜向西南分布,全长约 250 km。

1930 年中瑞西北科学考察团曾作过全面调查,并统一编号,在大湾、地湾、破城子等 30 处遗址中发掘和采集了汉简约 1 万枚。

1972—1976 年间,甘肃省居延考古队作了复查,并发掘了甲渠候官治所(即破城子)、甲渠第四燧和肩水金关 3 处遗址,出土汉简约 2 万枚。在整个遗址区域内,目前已发现青铜时代遗址 1 处,不同历史时期的城址 13 处,墓葬区 6 处,汉代烽燧 118 处,西夏至元代的庙宇 10 余处,以及大片的屯田区和纵横交错的河渠遗存等。这对研究汉代及其前后共约 1 500 年间的文化、军事、经济、社会生活等具有重要历史价值。

居延遗址所处环境的特点是长年干燥,因此许多文物得以保存,如木简、文书等。探索文物的保护环境与保护状况的关系,对做好文物保护工作具有重要意义。

---

* 作者:周双林、李少兵。

一、样品与分析方法

1. 样品

在内蒙古居延遗址 T129 烽燧发现 3 枚五铢钱,出土状况见图 19－1。3 枚铜钱均为五铢钱,基本完整,其中一枚局部残破。器物锈蚀不严重,表面色泽多为暗红色,并且表面光滑,只有 1 号样品局部有斑点状绿色,见图 19－2。

图 19－1　铜钱样品出土状况

样品1　　　　　　　　　样品2　　　　　　　　　样品3

图 19－2　3 枚铜钱的状况

2. 分析方法

为了了解五铢钱在居延遗址环境下的腐蚀状况,对样品进行了显微观察和扫描电镜分析。

（1）显微观察

使用体视显微镜对铜钱进行观察,可了解铜钱的表面腐蚀情况,使用的显微镜为上海光学仪器厂的体视显微镜。

（2）扫描电镜分析

作用是观察样品的显微结构,特点是放大倍率高,可以达到几万倍。可以观察景深大、不需要平整的样品。低真空情况下,样品不需要进行前处理,如喷金或者喷碳等。配合能谱可以对样品局部进行元素分析,确定物质的组成元素,进而推断成分。分析中将样品直接粘贴在样品台上,使用低真空条件对样品进行分析。

分析仪器：荷兰 FEI 公司的 FEI Quanta 200 FEG 环境电子扫描显微镜。

二、分析结果

1. 显微观察

通过体视显微镜观察,可见居延遗址出土的铜钱表面腐蚀较轻,腐蚀产物只存在凹陷的坑洞中,保存状况很好（图 19 - 3）。而华北、华东及南方地区出土铜钱的腐蚀层呈绿色或蓝色,并且很厚,这表明铜钱的保存状况与其所处环境息息相关。

图 19 - 3   3 枚铜钱局部的腐蚀情况

2. 扫描电镜

（1）1 号样品

对样品表面平滑位置和坑洼位置分别进行了分析。

① 平滑位置

样品平滑位置,颜色为土色和暗红色,显微观察见图 19-4。

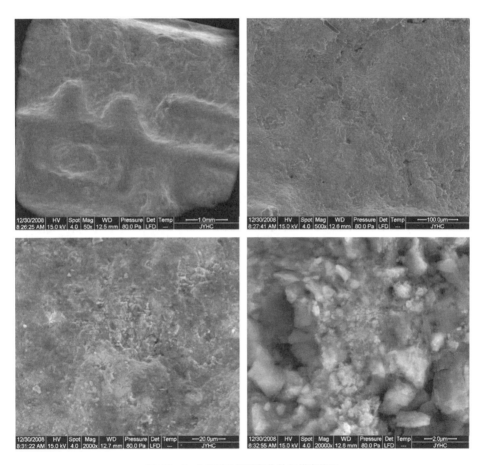

图 19-4　1 号样品平滑部位的扫描电镜图

对平滑表面整体进行能谱分析,结果见图 19-5。主要元素为:氧、铜、硅、氯、铝;以及微量的碳、铁、镁、钙、钾等。

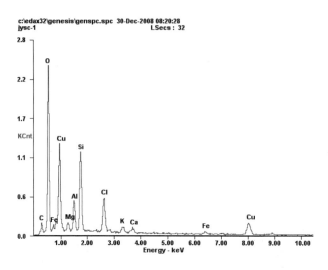

图 19-5   1号样品平滑部位的能谱图

② 腐蚀坑

对铜钱腐蚀坑进行了观察,结果见图 19-6。运用能谱分析,分别测试了腐蚀坑内平滑部位和疏松部位,见图 19-7。平滑部位能谱分析的显示结果和外部平滑部位的结果一致,而最深的内部疏松部位,其平滑部位的铜元素含量较高,这很可能是接近本体出现腐蚀的原因。

(2) 2号样品

2号样品从肉眼看表面平整光滑,没有腐蚀坑。即使在扫描电镜低倍率下观察,也只能看到光滑的表面,当放大到 5 000×时可见表面呈颗粒状形态,见图 19-8。对表面进行能谱分析,结果显示铜元素含量很高,并且还有一定量的氯元素,见图 19-9。

(3) 3号样品

3号样品表面平滑,也有少量的腐蚀坑。

① 平滑表面

通过扫描电镜观察,发现除了一些位置有小的洼陷外,内外表面都很平滑,见图 19-10。当放大到 10 000×时才能看到凹凸不平的现象。能谱分析显示组成元素主要为氧、铜、硅、氯,其他还有碳、铝、镁、钾、钙和硫等,见图 19-11。

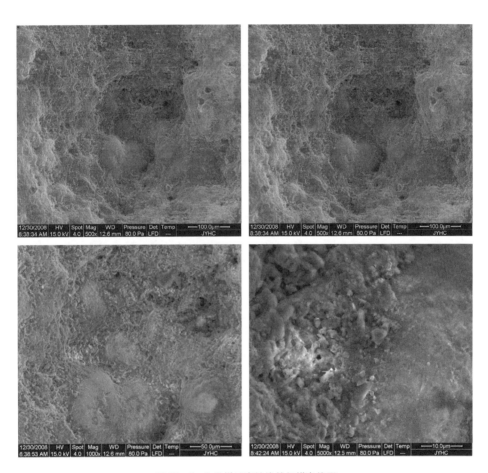

图 19－6　1 号样品腐蚀坑的扫描电镜图

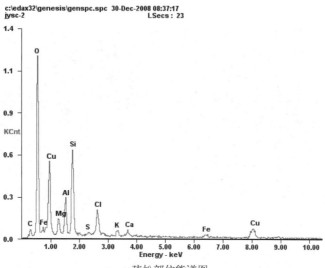

疏松部位能谱图

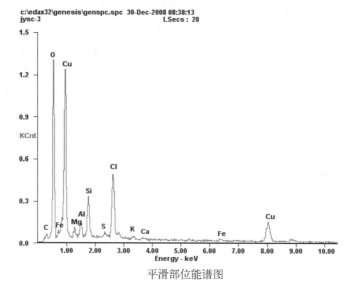

平滑部位能谱图

图 19-7　1 号样品的能谱图

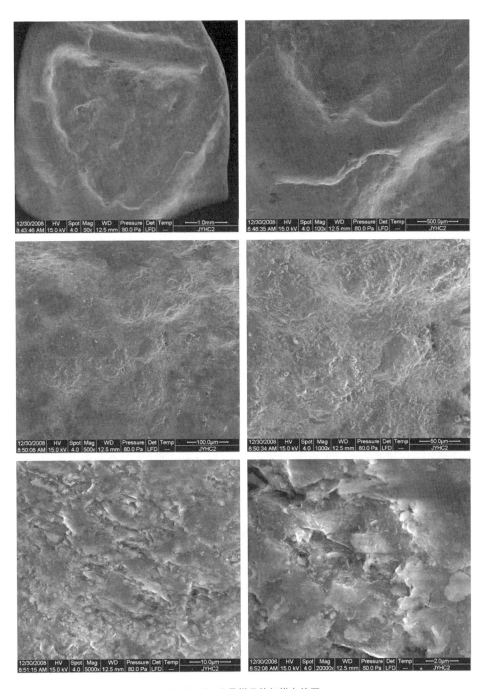

图 19‑8 2 号样品的扫描电镜图

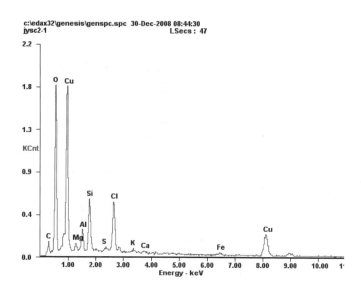

图 19-9　2 号样品的能谱图

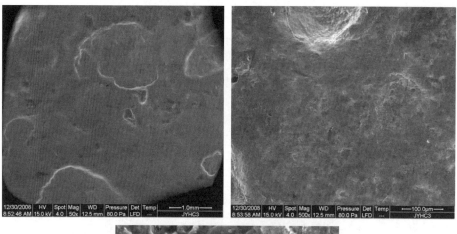

图 19-10　3 号样品平滑表面的扫描电镜图

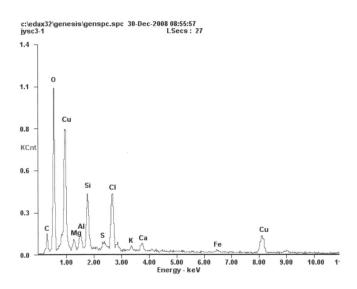

图 19 - 11　3 号样品平滑表面的能谱图

② 腐蚀坑

对样品表面的腐蚀坑进行观察,发现内部坑洼不平,但坑洼的表面光滑,见图
19 - 12。腐蚀坑的能谱分析结果表明,其成分和表面接近。

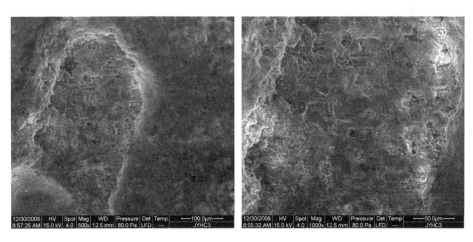

图 19 - 12　3 号样品腐蚀坑内的扫描电镜图

三、结论与讨论

1. 结论

通过分析,获得了如下信息：居延地区的青铜钱币在所处的环境中腐蚀较为轻微,仅限于器物表面,腐蚀产物中碳酸盐和氯化物含量较少,主要为氧化物。

2. 讨论

出现以上状况,与居延地区的环境有着密切的关联。从大的环境看,该地区长年干燥少雨,空气的相对湿度和土体含水量较低;出土钱币又处于沙漠表面,沙子本身透气性强,地下水位低,水分难以上升,即使有降水出现,水分也会很快挥发,故而钱币保存在这样的小环境中腐蚀轻微,保存状况相对较好。

(原载于中国文物学会文物修复专业委员会编：《文物修复研究》,中国文联出版社,2012 年)

20
青海都兰吐蕃唐墓金银器的科学分析*

一、都兰吐蕃墓及其器物

金银器是指以贵金属黄金和白银为基本原料加工制成的器皿、饰物等。金银是人类较早发现和利用的金属。世界上最早的黄金制品出现于公元前5000年的古埃及,最早的银器则出现在公元前4000年前的美索不达米亚。随后,希腊、罗马、波斯、萨珊朝等都开始了对金银器的使用。金银文化在中国的发展历程也可谓绵久而辉煌,早在商周遗址或墓葬中就出土有金叶、金箔、金饰等;春秋战国时期,金银器皿开始出现;到唐朝时,金银器的发展已极为繁盛,工艺水平达到当时世界的最高水平。中国金银器在唐代的兴盛,与外来文明关系极为密切,北朝至初唐以来中西方文化和贸易交流不断扩大,当时唐朝与萨珊波斯、拜占庭等通使,许多中亚粟特人移民中国,而大量西方的金银器皿涌向中国,以粟特、萨珊、罗马—拜占庭为主的三个器物艺术系统对唐代产生了重要影响。

青海都兰隋唐时期墓葬就出土了为数不少的金银器及饰物,青海省博物馆馆藏的唐墓金银饰物中有一件"粟特银包金神祇人物连珠牌饰银丝腰带",保存非常完整,牌饰上的人物具有典型的粟特特征,这对于研究中西方文化交流有着极为重要的价值。通过对比观察,发现其他零散包金银饰片同腰带上的银包金神祇人物连珠牌饰有着相同的工艺特点。包金银饰片大部分腐蚀严重,同批其他器物也有不同程度的病害,需要进行保护处理,同时需要进行相关的科学研究。为此,我们对包金银饰片进行了取样分析。

---

* 作者:吴海涛、周双林。

　　青海都兰的吐蕃墓葬，属唐代早期大型吐蕃墓葬群，也是我国首次发现的吐蕃墓葬。该墓葬群分布在长约 7 000 m 的热水、扎玛日、沙尔塘、斜歪 4 个自然村。1982 年 7 月，青海省文物考古研究所在此进行了发掘清理，当时大部分墓葬已被盗掘。1983 年被文化部列为中国考古六大重要发现之一，1986 年公布为国家级文物保护单位。

　　在都兰吐蕃墓葬中，集中发现了一批反映中西文化交流的文物。"开元通宝"铜钱、宝花纹铜镜、漆杯、漆碗、漆盘等纯属中原汉地输入，丝织品中绝大多数为中原汉地所织造。特别是西方文物中较有特色的粟特人制造和使用的金银器及饰物，与出土的部分饰物有着极为相似的特征，为探讨"丝绸之路—青海道"在中西方贸易、文化交流中的地位和作用提供了新的重要资料，对于研究藏汉关系以及中西之间的文化交流具有重要价值。

　　都兰热水乡位于柴达木盆地东缘，海拔约 3 200 m，气候干旱，空气稀薄，太阳总辐射能量较高，年平均气温 2℃，日夜温差较大，多风，降水量较少，属温凉干旱气候区。植被为草原荒漠植被，比较稀疏。土壤属棕钙土，有盐化现象、碱性反应，钙积层较高[i]。

　　为了了解墓葬土壤对文物的影响，对 99DRNM1 土壤样品进行了取样分析。根据分析，土壤含水量为 13.6%，pH 值为 7.6，属于偏碱性土壤，含盐量分析结果见表 20 - 1[ii]。

表 20 - 1　土壤样品分析结果

离子	Fe^{3+}	Ca^{2+}	Mg^{2+}	K^+	Na^+	Al^{3+}	HCO_3^-	NO_3^-	Cl^-	SO_4^{2-}	CO_3^{2-}	总量
含量／ppm	8.62	230.2	95.05	332.5	3 605	10.05	223	185	5 500	4 180	0	14 369.4

二、样品和分析方法

1. 样品

　　样品为一件破碎的金饰器物，初步断定为银。银器本体腐蚀严重，破碎成小块，饰金表面堆积有大量黑褐色污染物且起翘卷曲严重，同银胎剥离。饰金下表面、银胎上表面及断面为黑褐色,样品底面为灰白色。尺寸最大处为 0.7 cm。

2. 分析方法

对于样品的分析,主要是要了解样品的微观形态以及组成,这样可了解器物制作工艺的信息,也可了解器物的腐蚀程度,为器物的保护修复提供依据。所采用的分析方法有扫描电镜配合能谱分析,以及 X -射线衍射分析。

（1）扫描电镜

作用是观察样品的显微结构,特点是放大倍率高,可以达到几万倍。配合能谱可以对样品局部进行元素分析,确定物质的组成元素,进而推断成分。分析仪器:荷兰 FEI 公司的 FEI Quanta 200 FEG 环境电子扫描显微镜。

（2）X -射线衍射

特点是对无机物质具有好的定性分析能力,在采用标样的情况下还可以半定量确定混合物中各种物相的百分比。分析仪器: 日本理学的 DMX - Ⅱ /2000 型 X -射线衍射仪。

三、分析结果

1. 扫描电镜

（1）金箔表面的分析

银器金箔的表面颜色为金黄色。对该部位进行了分析,发现表面平整,但是局部有圆形的空洞(图 20 - 1),能谱分析显示金银重量比为 77.02 ∶ 22.98,说明为金银合金(图 20 - 2)。

金箔表面有些部位颜色发暗,对其进行了分析(图 20 - 3、图 20 - 4,表 20 - 3)。

对金箔表面暗色部位(图 20 - 3 右侧较暗部位)的分析,能谱显示为银和氯等,说明主要成分为氯化银,这部分表面凹凸不平的部位,应是银的锈蚀物(图 20 - 4、表 20 - 3)。

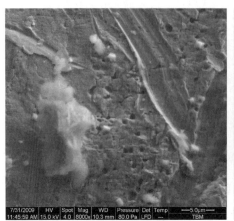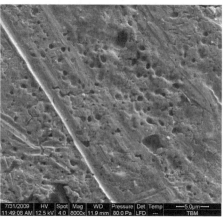

图 20-1   金箔表面的扫描电镜图

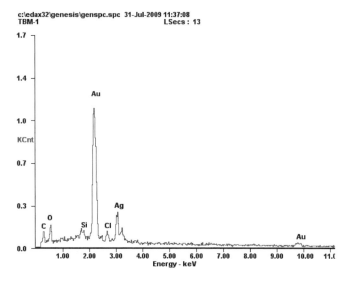

图 20-2   金箔表面的能谱图

表 20-2   合金层表面金银比例

元　素	重量比 %	原子数比 %
Au	77.02	64.73
Ag	22.98	35.27

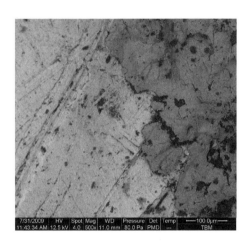

图 20-3　金箔表面的扫描电镜图

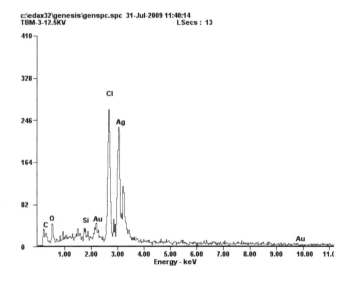

图 20-4　金箔表面污染部位的能谱图

表 20-3　金箔表面污染部位的金银含量

元　素	重量比%	原子数比%
Au	10.64	06.12
Ag	89.36	93.88

（2）金箔背面的分析

对合金的背面部位进行了分析,位置为合金卷曲起来的地方。背面的形态为带裂纹的表面,成分与上两点不同,金银重量比例为 39.80∶60.20。这个部位银的比例很高,金的比例低于银,推测是银腐蚀产物沾到金箔背面形成的(图 20－5、图 20－6,表 20－4)。金箔背面还可见裂缝,这些裂缝是较厚的银腐蚀产物在金箔卷曲时破裂形成的。

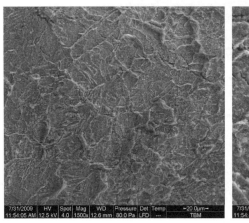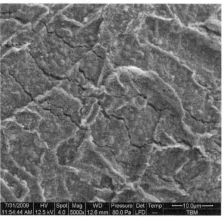

图 20－5　金箔背面的扫描电镜图

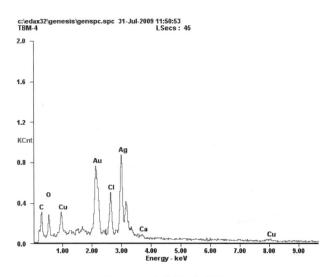

图 20－6　金箔背面的能谱图

表 20 - 4　金箔背面的金银含量

Element	重量%	原子量比 %
Au	39.80	26.58
Ag	60.20	73.42

（3）银本体的分析

对卷曲起来的金箔对面,也就是器物胎体表面的能谱分析,显示较高的银含量,且有少量的金,说明原来器物为金银合金(图 20 - 7)。氯离子含量高,说明银腐蚀严重。

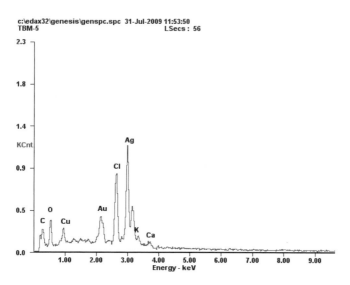

图 20 - 7　银胎表面的能谱图

（4）银胎断面的分析

对器物断面(银胎)进行了观察,拍摄了二次电子像和背散射图像(图 20 - 8)。对断面的能谱分析显示,组成元素为银、氯、钙、氧、硫等,发现了金的存在,但量较少,推测主要的物质为氯化银和硫酸钙(图 20 - 9)。

（5）金箔厚度的测量

在电镜下对金箔的厚度进行了估算,厚度约为 10 μm(图 20 - 10)。

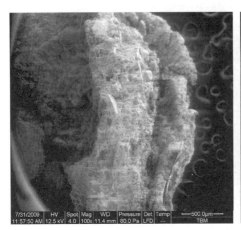

图 20 - 8　银胎断面的扫描电镜图

左：二次电子像　右：背散射图像

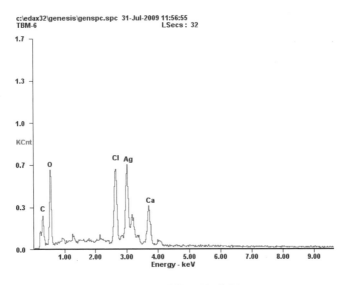

图 20 - 9　银胎断面的能谱分析

2. X - 射线衍射分析

对样品黑色部位掉落的微小颗粒进行了 X - 射线衍射分析，成分分析结果如下（见表 20 - 5、图 20 - 11）。

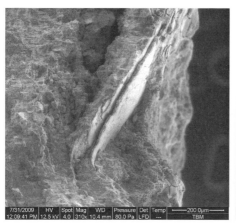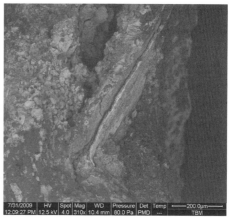

图 20－10　金箔断面的扫描电镜图

表 20－5　吐蕃银器 X－射线衍射分析结果

器物编号	石英	方解石	氯银矿	金
TBM	5%	23%	69%	3%

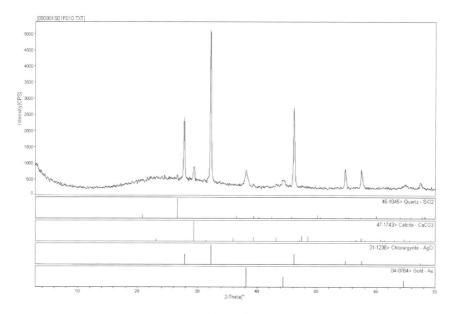

图 20－11　X－射线衍射半定量分析结果图

四、结论和讨论

1. 结论

金属表面饰金技术是指在金属表面通过机械或物理作用覆盖一层金层。表面饰金包括包金、贴金、嵌金、鎏金、刷金等。通过观察样品和比对分析检测数据，金层由边缘向中间卷曲，有一定厚度，且在扫描电镜能谱图中未发现汞的存在，推测金箔为人工冶炼锤揲成型，其工艺采用传统的包金技术，即将金箔包裹且捶打形成包金层，这说明当时人们对所用金属性能和加工技术已有相当高的认识。

从分析看，该器物为银片层上覆盖有一层金箔。金箔厚度约 10 μm，为金银合金，含 Ag 比例较高，未发现 Cu、Zn 等金属及杂质。在自然界中，无论是沙金矿还是脉金矿，通常都含有一定的 Ag（5%—45%）、少量的 Cu（0.1%—5%）及其他杂质[iii]。由于黄金比较稀少，而白银储量相对丰富，加之银的延展性和金的互溶性较好，古代表面饰金技术往往在金中加银，以降低金的用量。因此推断表面饰金层是经过人工冶炼的金银合金。银本体部分通过电镜和衍射分析显示基本为氯化银，说明腐蚀严重。

对墓葬所在地的气候条件和土壤成分进行了分析。当地气候干燥，土壤的 pH 值在7.6，接近中性，有利于文物的保存，但土壤含水量为 13.6%，有一定的湿度，含盐量较高，特别是氯化物和硫酸盐含量高，这种自然环境对金属文物腐蚀较大。由于金银之间存在较大的电极电位差，形成了双电池，银易被腐蚀成 AgCl。腐蚀形成的氯化银迁移到器物各处，甚至污染了表面。

2. 讨论

金箔表面的圆形坑洞，与鎏金的特征接近，但这件器物上的圆形坑洞较少，可能是制作时形成的。这件器物的金箔较厚，与后期贴金金箔的厚度差别较大，说明制作目的不同。

由于分析的样品很少,包金的具体工艺还需要进一步的研究。

参考文献

[i] 申元村,向理平等.青海省自然地理[M].北京: 海洋出版社,1991.

[ii] 青海省文物考古研究所,北京大学考古文博学院.都兰吐蕃墓[M].北京: 科学出版社,2005.

[iii] Scott, D.A. The Deterioration of Gold Alloys and Some Aspects of Their Conservation [J]. Studies in Conservation 28 (1984): 194.

（原载于《文物保护与考古科学》2014 年第 2 期）

21

青海都兰吐蕃墓贴金银器黏接材料和工艺的科学分析[*]

一、吐蕃墓及其器物

青海都兰的吐蕃墓葬,属唐代早期大型吐蕃墓葬群,也是我国首次发现的吐蕃墓葬[i]。该墓葬群分布在长约 7 000 m 范围的热水、扎玛日、沙尔塘、斜歪 4 个自然村。1982 年 7 月,青海省文物考古研究所在此进行了发掘清理,当时大部分墓葬已被盗掘。墓葬均有封堆,分梯形和圆形两种;以夯土覆盖或堆以砾石后再覆盖夯土,夯层间铺有沙柳枝条,夯土下方均筑有平面为等腰梯形的石墙,边缘砌有土坯或泥球,并在其外侧涂以红色石粉;墓室为砌石,由墓道、中室、左右侧室和后室组成。1983 年被文化部列为中国考古六大重要发现之一,1986 年公布为国家级文物保护单位。

在都兰吐蕃墓葬中,集中发现了一批反映中西文化交流的文物。"开元通宝"铜钱、宝花纹铜镜、漆杯、漆碗、漆盘等纯属中原汉地输入。丝织品中绝大多数为中原汉地所织造,几乎囊括了唐代所有的品种,有锦、绫、罗、绢、纱、缂丝等。其中织金锦、缂丝、嵌合组织显花绫、素绫、锦等均属首次发现。西方文物中较有特色的还有一批粟特人制造和使用的金银器,对于研究藏汉关系以及中西文化交流,具有重要价值[ii]。

这批金银器中的一些已经腐蚀严重,对破损样品的分析获得了很多材料和工艺的信息[iii],在后续的分析中还发现金箔是粘贴在银器上的,并观察到了黏接材料。

---

[*] 作者:周双林、贺宇皋、吴海涛。

中国古代使用黏接材料的情况很多,比如古代青铜器上镶嵌绿松石,使用大漆和蜡黏接器物,也有使用动物胶制作各种器物的[iv];古代建筑木作和彩画使用桐油做黏接材料[v];佛像的贴金则采用大漆和桐油等材料。但是对于北方草原的贴金器物使用什么黏接材料,未见报道。

为了了解该遗址出土的银器表面贴金的材料和工艺,我们对粘贴材料进行了科学分析,并对粘贴工艺进行了探讨。

二、样品和分析方法

1. 样品

都兰遗址吐蕃墓出土的包金银器很多,多比较完整,但有少量腐蚀破损成为碎片且金箔已卷起。分析的样品为出自吐蕃墓的一件破碎的金饰银器。银器腐蚀严重,破碎成小块。断面为黑褐色,银本体内侧为灰白色,金箔层为黄色,上有少量纺织品痕迹,是埋藏时黏附上去的。样品状况见图 21 - 1。

图 21-1　吐蕃贴金银器样品

选取破碎小块的一个完整断面,使用环氧树脂包埋,然后使用水砂纸从粗到细逐步打磨,形成光滑的断面,用于观察研究。

2. 分析方法

对于样品的分析，主要是要了解样品剖面的微观形态以及组成，尤其是黏接材料层的形态和成分。微观形貌使用金相显微镜和扫描电镜观察，黏接层的成分使用红外光谱进行分析。

（1）金相观察

通过金相观察可了解贴金银器的断面情况，进一步了解金箔和银本体的连接情况，观察是否有胶层存在。由于不需要了解深层次的金相结构，仅对微观形态进行了拍照。

（2）扫描电镜

作用是观察样品的显微结构，特点是放大倍率高，可以达到几万倍。配合能谱可以对样品局部进行元素分析，确定物质的组成元素，进而推断成分。将镶嵌在环氧树脂的样品黏接在样品台上，使用导电胶将样品与样品台连接，然后使用扫描电镜对样品进行观察。

分析仪器：使用荷兰 FEI 公司的 FEI Quanta 200 FEG 环境电子扫描显微镜。

（3）红外光谱

红外光谱可分析无机物和有机物的成分，对判定物质组成有很好的效果。为了准确分析，使用溴化钾压片法进行红外光谱分析。将金箔与银本体剥离，用手术刀将金箔背面的物质刮下收集，物质的颜色为褐色，该部分最有可能是粘结剂。

分析仪器：Bruker 公司的 VECTOR22 型傅立叶变换红外光谱仪。

（4）X-射线衍射

特点是对无机物质具有较好的定性分析能力，在采用标样的情况下还可以确定混合物中各种物相的百分比。

分析仪器：日本理学的 DMX-Ⅱ/2000 型 X-射线衍射仪。

3. 分析结果

（1）金相观察

使用金相显微镜对断面进行了观察，结果见图21－2。通过观察可见明显的金箔层，下面是暗色层，之下是厚厚的银胎体层，内部有黑灰色和白色的夹杂。由于金箔和银本体之间有一层颜色差异较大的层，怀疑为黏接材料。

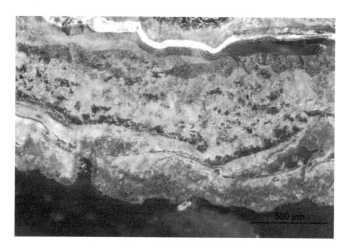

500 μm

图21－2　样品断面的金相观察

（2）扫描电镜

为了了解更微观的结构和成分，使用扫描电镜观察断面，这样可对不同部位进行观察，并通过能谱分析了解微观结构和成分。

① 对金箔部位的分析

对金箔部位进行了能谱分析。分析中使用背散射图像进行观察，可帮助了解不同物质的分布，一般亮色区域物质原子序数大，暗色区域物质原子序数小。分析结果显示主要元素为金，并有银的存在，说明为金银合金。

② 对黑灰色部位的分析

为了使不同原子序数的物质差别更大，使用背散射对黑灰色部分进行分析。在使用背散射的情况下，扫描电镜下可见金箔和银基体的中间有一层暗色物质，见

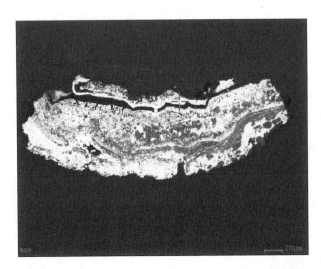

图21-3　对金箔部位的观察

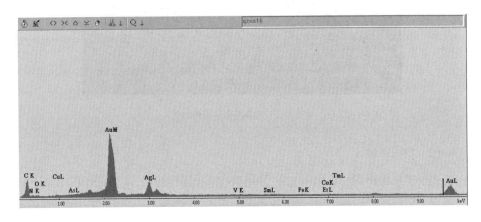

图21-4　金箔部位的能谱图

图21-3。背散射下，暗色物质一般是低原子序数的物质，能谱分析显示主要元素
为碳，并有少量的氯。

　　暗色条带厚度基本均匀，最厚的部位厚度约为 10 μm，薄的部位为 5 μm 左右，
条带致密无空洞，且与金箔和银基体结合紧密。

　　③ 对银本体的分析

　　对基体进行了分析观察，可见基体比较厚，背散射下有暗色条带，也有较亮的

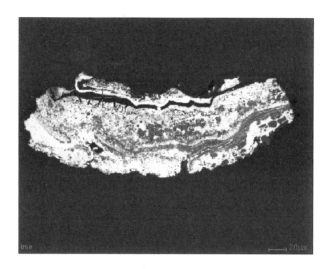

图 21-5　暗色物质及所处的位置

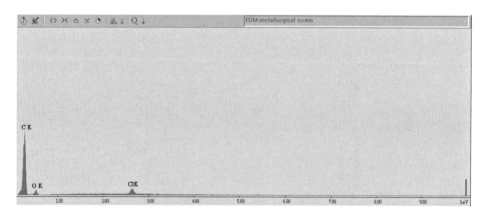

图 21-6　暗色物质的能谱图

条带,对亮和暗的位置分别进行了能谱分析。

　　亮色位置的分析结果见图 21-7、图 21-8。通过分析可见主要的组成元素为银和氯,推测主要组成为氯化银,银器本体已经严重腐蚀。颜色越亮的位置腐蚀越小,而颜色较暗的位置腐蚀大,银流失而低原子序数物质进入,导致颜色发暗。

　　暗色位置的分析结果见图 21-9、图 21-10。从能谱分析可见以钙为主,还有

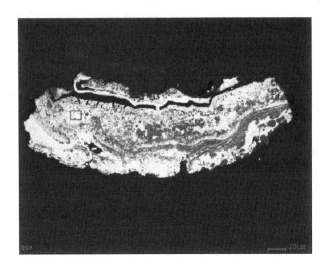

图 21 - 7　银基体较亮部位的电镜观察

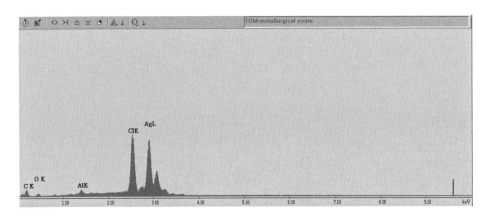

图 21 - 8　银基体较亮部位的能谱图

银、氯、碳、氧等物质，推测组成物质应该有氯化银，另外可能有钙的化合物如碳酸钙等。肉眼观察可见外表面有乳白色的颗粒，属于后期形成的结晶沉淀。由此可见银的基体腐蚀严重，且有开裂，导致了外界物质的进入和沉淀。

（3）红外光谱

样品的红外光谱分析结果见图 21 - 11。通过与方解石的标准红外谱图对比，样品中含有碳酸钙（方解石）的峰，见图 21 - 12。排除掉碳酸钙的峰以后，样品的

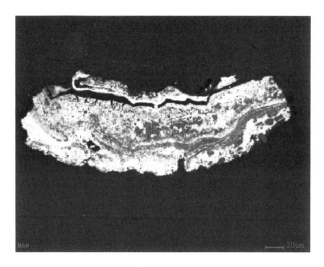

图 21 - 9　银基体较暗部位的电镜观察

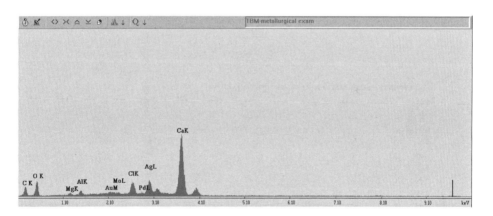

图 21 - 10　银基体较暗部位的能谱图

峰与李树汁液的峰非常接近,见图 21 - 13。几个材料的红外谱图对比见图 21 - 14。通过分析,可以初步判断这些有机物有可能为李树类分泌的汁液。

（4）X - 射线衍射

对样品基体脱落的黑色微小颗粒进行了 X - 射线衍射分析,成分分析的结果见表 21 - 1 和图 21 - 15。主要成分为氯银矿、方解石、石英,少量的金。氯银矿是主要的腐蚀产物,方解石是附近土壤的沉积物,而金是金箔破碎进入的。

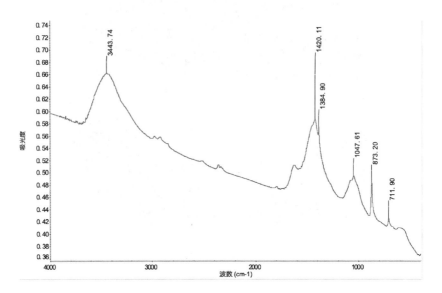

图 21－11　吐蕃银器中粘结剂的红外谱图

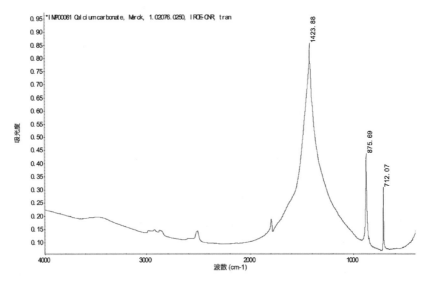

图 21－12　方解石的标准红外谱图

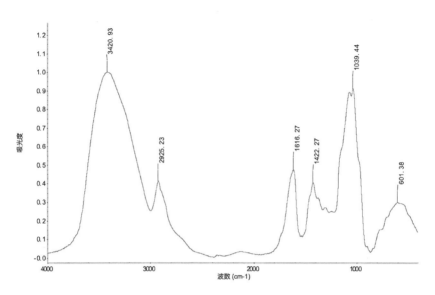

图 21-13　李属植物树胶的标准红外谱图

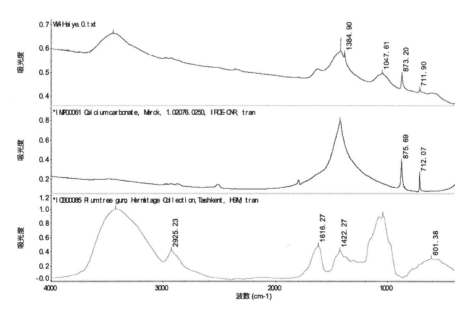

图 21-14　几种物质的红外谱图对比

（从上往下依次为样品、方解石、李属植物树胶的红外谱图）

表 21-1   吐蕃银器 X-射线衍射分析结果

器物编号	石英/quartz	方解石/calcite	氯银矿/silver chloride	金/gold
TBM	5%	23%	69%	3%

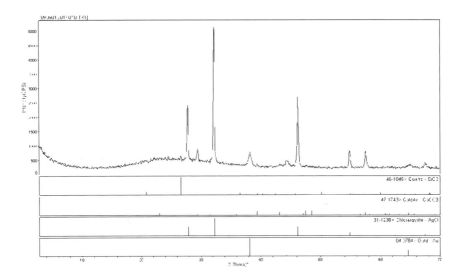

图 21-15   吐蕃银器 X-射线衍射半定量分析结果图

三、结论和讨论

1. 结论

通过对吐蕃墓出土的腐蚀严重的金饰银器的分析可得到如下的结论：

器物为银器,表面进行了金饰处理。金箔层较薄而基体较厚。金箔与基体之间有一层厚度为 5—10 μm 的有机层。

金箔的成分中含有金和银,应为金银合金。器物腐蚀严重,银器本身基本被腐蚀,有开裂,腐蚀产物层状分布。基体基本被腐蚀为氯化银,并夹杂有碳酸钙等成分。

从红外光谱的结果来看,暗色部位的红外谱图在 3 443.74 cm^{-1}、1 420.11 cm^{-1}、

1 384.90 cm^{-1}、1 047.61 cm^{-1}、873.20 cm^{-1}、711.90 cm^{-1}处有吸收,其中 1 420.11 cm^{-1}、873.20 cm^{-1}、711.90 cm^{-1}与方解石 1 423.88 cm^{-1}、875.69 cm^{-1}、712.07 cm^{-1}的吸收峰较为吻合,与 X-射线衍射分析的结果相对照,可以发现方解石可能为污染物。3 443.74 cm^{-1}处应该为羟基的吸收峰,1 047.61 cm^{-1}处应该为碳氧单键的吸收峰,推测其中含有的有机物可能是某种糖类,经比对发现,李属类植物树胶的红外吸收峰与粘结剂中有机物的吸收峰吻合较好。

由于该层为有机物,可以推断是金箔的黏接材料,用于将金箔黏接于银器上,一般这类器物的金箔较厚且致密无空洞,与鎏金有明显区别。

2. 讨论

样品中虽然可见黑色,但是未检测到硫的存在,原因应该是青海都兰地区环境很好,无污染,因此无硫化物形成。样品中有较高的氯含量,与土壤中较高的含盐量有关。青海地区降雨量小,土壤表面盐分富积,氯离子含量高,因此氯的腐蚀严重。

由于目前只比对出粘结剂的红外谱图与李树的汁液接近,也可能是其他种类的植物汁液,但是可确定是植物汁液而非动物胶。下一步工作可以考虑去除粘结剂中的方解石,并与当地现生树种树胶样品的红外谱图进行比对,进一步确定粘结剂中树胶的来源。还可分析更多的样品,也许能获得更有用的信息。

除此之外,还可进行模拟实验,获得可靠的树脂黏接金箔的工艺性能数据,为科技史的研究提供资料。

参考文献

[ⅰ] 阿米·海勒,霍川.青海都兰的吐蕃时期墓葬[J].青海民族学院学报.2003, 29(3): 32-47.

[ⅱ] 许新国.都兰吐蕃墓中镀金银器属粟特系统的推定[J].中国藏学.1994(4): 31-45.

[ⅲ] 吴海涛,周双林.青海都兰吐蕃唐墓包金银器的科学分析[J].文物保护与考古科学. 2014(2): 69-75.

[ⅳ] 戴吾三编著.考工记图说[M].济南: 山东画报出版社,2003: 128.(北朝)贾思勰著,缪

启愉,缪贵龙译注.齐民要术译注[M].上海: 上海古籍出版社,2009: 595.

[ⅴ]（宋）李诫撰,邹其昌点校.营造法式[M].北京: 人民出版社,2006: 185.

[A Gold-Coated Silverware Unearthed from a Tubo Dynasty Cemetery in Dulan County, Qinghai Province[C] // Archaeology and conservation along the silk road, conference 2016(preprints), 2016,Nanjing.]

22

丙烯酸树脂材料用于何家村金银器的保护

　　1970 年 10 月,在陕西西安南郊何家村唐长安城兴化坊内,发现唐代窖藏一处。在两件高 65 cm、腹径 60 cm 的巨瓮和一件高 30 cm、腹径 25 cm 的大银罐中,贮藏了金银器、玉器、宝石、金石饰物、金银货币、银铤、银饼和琥珀、朱砂、石英药物等千余件。其中金银器皿达 271 件,是唐代金银器的一次空前大发现。

　　金银器中,饮食器有碗、盘、碟、杯、壶、羽觞等 134 件,药具有锅、盒、铛、瓿、石榴罐等 51 件,盥洗器有罐、盆、水器等 14 件,日用品有灯头、熏炉、熏球、锁钥等 32 件,装饰物有钗、钏、铃铛等 40 件,见图 22-1。

图 22-1　何家村出土的银器

　　何家村金银器中有纪年铭记的,最迟是“洺安县开元十九年”(731)庸调银饼。但根据唐代金银器形制和纹样的分期,上限可早到 7 世纪中叶,下限可到 8 世纪中叶。

这批金银器中有鸳鸯莲瓣纹金碗、葡萄龙凤纹银碗、鎏金双狮纹银碗、鎏金海兽水波纹银碗、狩猎纹高足银杯、伎乐纹八棱金杯、鎏金乐伎纹八棱金杯、掐丝团花金杯、双狮纹单柄金铛等多件。这些器物的装饰面多S形或U形瓣，有的采用八瓣、十四瓣划分手法。尤其鎏金双狮纹银碗、伎乐纹八棱金杯等，显然受到萨珊、粟特银器工艺的影响，成为唐代中国与外来文明交流的见证。

金银器制造工艺复杂精细，切削、抛光、焊接、铆、镀等工艺已普遍使用。

许多金银器上都用墨书标明每件器物的重量，反映了唐人管理金银器的方法，也为确定唐代衡制提供了条件。何家村金银器的出土，为唐代考古和中西文化交流提供了丰富的研究材料，同时也极大丰富了陕西历史博物馆唐代金银器的藏品，成为陕西历史博物馆珍藏中一朵独具特色的奇葩。

目前何家村金银器的大部分文物在陕西历史博物馆展出，而且经常在国内外展出，成为唐代金银器的代表性器物。

大家在观赏何家村金银器的时候，一定会感叹于这批金银器的制作精美，但是也会看到银器已经变得灰暗而对其保护感到担忧。

可是大家也许会注意到银器墨书的部分保存很好。这些部位银光闪亮，这是为什么呢？

图22-2　何家村出土银器墨书及被涂膜保护部分

　　带着这个问题,我们拜访了曾经参与何家村文物保护修复的专家董文喜先生。

　　董先生在博物馆从事文物保护修复工作 30 多年,修复了许多著名的文物,何家村金银器就是其中之一。

　　据老先生回忆,当年何家村金银器出土时,由于是窖藏,器物不直接接触泥土,所以发掘出土时,所有的器物都很新,金器金光闪闪,银器雪亮。但是银器上的墨书却在发掘一段时间后出现褪色和脱落现象。为了保护墨书,考古人员将金银器送来进行保护。由于当时保护条件不好,文物修复实验室内没有针对金银器皿的保护材料,而恰在此前董先生参加了对汉中褒斜栈道石刻的搬迁保护工作(汉中褒斜栈道石刻因修水库,对重要石刻进行了搬迁),实验室内有一些保护褒斜道石刻的材料,是封护褒斜道石刻的。这种材料是采用丙烯酸单体等制作的丙烯酸树脂材料,由于没有用完,董先生就将剩余材料带回,(原想是对碑林石刻进行保护)。董先生用这些材料对墨书进行保护处理,使用的方法是涂刷。在董先生的工作日志中还详细记录了材料的配比。后来我们对器物表面进行了红外光谱分析,验证了使用丙烯酸树脂的事实(表面涂膜的红外谱图见图 22-3)。

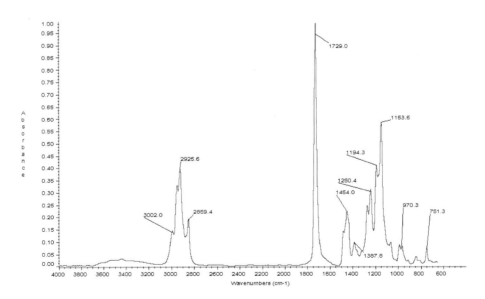

图 22-3　何家村出土银器涂膜的红外谱图

于是我们明白了，这批金银器中保存较好的部位，是采用丙烯酸树脂材料处理过的，现在我们还可以看到涂刷的痕迹。

这批银器被保护的部分经过了 50 年，仍然闪亮而未遭腐蚀，给我们很大的启示，说明采用丙烯酸树脂材料处理银器可以有很好的效果。人们经常在讨论文物保护材料的效果的检验问题，何家村金银器墨书，用 40 多年，验证了丙烯酸树脂材料在银器保护中的卓越效果。

我们要感谢董文喜先生这样的文物保护老前辈，先是感谢他们善于探索的精神，再是感谢他们工作认真的精神。董先生在工作中详细记录了过去的工作情况、使用材料的配比等，为我们了解过去的保护措施提供了翔实的资料。

遗憾的是，董文喜先生已于 2008 年 1 月去世了。这篇文章谨表我们对董先生的怀念，有关董先生的怀念文章也将在近期刊登。

（原载于《中国文物报》2009 年 12 月 1 日）

23

鎏金的显微观察[*]

中国古代的青铜器具有非常重要的科学与艺术价值,而鎏金器物在青铜器中具有更高的价值,因为它金光灿灿。鎏金器物,在古代也多为帝王将相使用,或多在宗教领域使用。

金光灿灿的鎏金器物,在微观上是什么样子呢? 我们对几件器物进行了观察。

观察中使用了扫描电镜。这种仪器的特点是放大倍率高,可达几万倍,可观察凹凸不平的表面。由于仪器的发展,现在在低真空下就可以观察样品,样品既不用喷金,也不用喷碳,外观可以看得更真切。

我们观察了两件器物。一件是出自贵州赫章可乐遗址的鎏金铜镜残片,年代为汉代,由于残破,只能看到该铜镜属于三角缘镜,镜体很薄,在三角凹陷处可见鎏金痕迹(见图23-1)。另一件是出自鄂尔多斯的鎏金牌饰,年代为辽代(见图23-2)。

图23-1 赫章可乐的鎏金铜镜残片

---

* 作者:周双林、张恒金、楼署红。

图 23-2 鄂尔多斯的鎏金牌饰

对第一件器物的观察，可见鎏金的部位；在放大到 1 000×的时候，可以看到鎏金表面的细微结构，为互相连接的颗粒状（见图 23-3）。

对第二件器物的观察，当放大到 100—1 000×时，可见大部分是平滑的表面，但是在局部低洼的位置，放大到 2 000×时，可见与第一件一样的形态，所不同的是在颗粒表面可见擦痕，这种擦痕在其他平滑部位也可见到（见图 23-4）。

根据观察，可以获得古代鎏金的一些技术信息：古代鎏金操作中将金汞涂抹到器物上，在汞挥发后，表面是粘连状的颗粒形态，其中的空洞和间隙，推测是汞未挥发前所处的位置。这种形态的表面，应该与亚光的表面形态类似。在汞挥发以后，对表面进行了磨光处理，使颗粒形态的表面发生了改变，形成了光滑带划痕的表面。在这个处理中，原来无反射的表面，由于变平整而具有了光泽。

在扫描电镜的帮助下，对鎏金的形态进行观察，可以帮助我们认识古代鎏金工艺，在鉴定古代鎏金文物中预计也会有较好的用途，因此，对鎏金的深入研究是很有意义的。

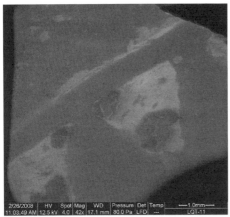

42×

1 000×

10 000×

图 23-3　赫章可乐铜镜的扫描电镜图

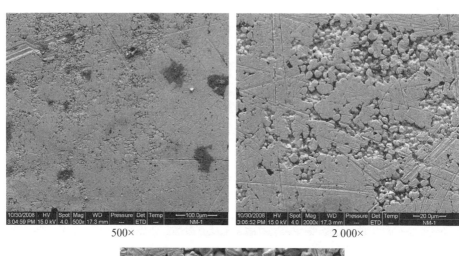

500×   2 000×

5 000×

图 23－4   鄂尔多斯牌饰的扫描电镜图

（原载于《中国文物报》2008 年 11 月 12 日）

24
鄂尔多斯北魏鎏金牌饰字迹形成工艺的科学分析*

引 言

中国古代刻划字迹和花纹传统很悠久,从新石器时代的陶器开始,到汉代带有刻划纹的青铜器,此后很多器物上都有刻划的痕迹。

在北方草原民族的古代牌饰上也发现有刻划的字迹和花纹,使牌饰更加美观。为了了解刻划纹的形成工艺,我们对一些样品进行了分析观察。

该样品出土于内蒙古鄂尔多斯草原,时代为北魏。器物为铜质鎏金,一部分为亚字形,一部分为心形,互相连接。外观可见为两片铜片通过铆钉铆接,表面鎏金,非常漂亮。表面还有规则而稀疏的花纹。

刻划纹主要在鎏金区域,沿着边界或者顺着边界的方向略作变形,将局部区域分割并形成更细致的小区域,更加美观。刻划纹线条基本流畅,但是略显生硬。由于刻划纹的存在,局部鎏金脱落且有锈蚀。

图 24 - 1　北魏鎏金牌饰

---

*　　作者:周双林、陈竹茵、张恒金。

一、分析方法

为了推断文物的制作工艺和刻划纹的形成工艺，需要了解该牌饰的基体和装饰物组成，了解痕迹的形态、细微结构和走向。为此，对样品进行扫描电镜分析和能谱分析等。

扫描电镜分析可以了解牌饰的微观结构，结合能谱分析还可了解成分方面的信息。

采用荷兰 FEI 公司的 Quanta 200 FEG 环境电子扫描显微镜。这种电镜的特点是不需要对样品镀膜就可以观察表面，可获得更真实的表面信息。分析时采用低真空条件，样品不镀膜，直接分析，可免除二次干扰。分析的条件为：电压：12.5 kV，距离：14 mm，真空度：80 Pa，光栅尺寸：14 μm。在观察样品微观形貌的同时，对关键部位如镜体表面和装饰部位等进行能谱分析。

二、分析结果

对几个不同部位进行了观察，状况如下。

1. 对鎏金表面形态的观察

对鎏金表面进行了观察，并对材质进行了分析。

在电镜下对鎏金的部位进行了观察，发现不少现象：首先发现鎏金层较为平滑，金层上有很多磨痕，呈直线状，宽窄不一，互相交错，见图 24 - 2 - 1。另外在金层上还可见一些孔洞，多呈圆形，也有呈不规则形状的，分布不均匀，见图 24 - 2 - 2。

对鎏金的不同部位进行了成分测量，使用的是与仪器匹配的能谱分析设备。结果见图 24 - 3。从图 24 - 3 可见，表层金的成分非常纯净，分析中所见微量的铜应该是表面锈蚀造成的。

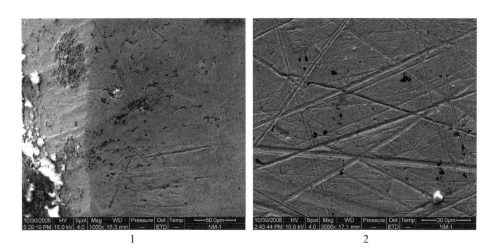

图 24 - 2   对牌饰表面鎏金部位的观察

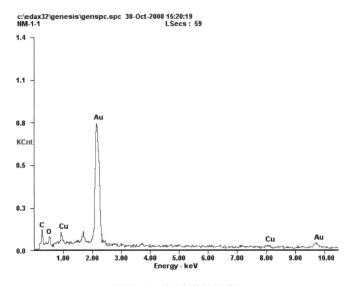

图 24 - 3   鎏金部位的能谱图

对牌饰锈蚀的绿色部位进行了观察,发现牌饰表面的锈蚀和凹陷部位的锈蚀略有差别,结果见图 24 - 4 和图 24 - 5。从图 24 - 4 和图 24 - 5 可见,表面的锈蚀较厚,颗粒大;而内部的锈蚀很薄,颗粒细小。这可能是与埋藏时与泥土接触与否有关。

图 24 - 4　牌饰表面锈蚀部位的扫描电镜图

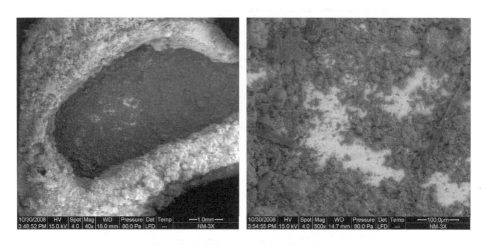

图 24 - 5　牌饰凹陷部位锈蚀的扫描电镜图

2. 刻划纹痕迹的逐点观察

（1）对第一点的观察

牌饰刻划部位通过电镜可发现一些细微的痕迹，如图 24 - 6 所示。

40×放大情况下对表面刻划进行观察，可见线条呈不同曲率的圆弧形，线条基

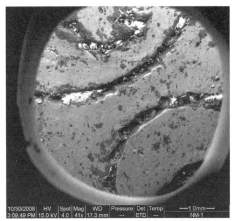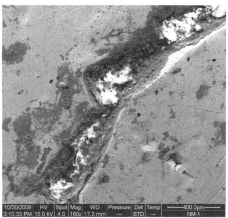
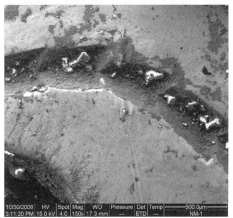

图 24-6　牌饰刻划纹第一点的扫描电镜图

本流畅,但边缘不平滑。

　　放大到 150× 左右,可见刻划的槽,是由一段一段连接形成的,每段长度约 500 μm,宽度约 300 μm,深度略浅,最深处 200 μm 左右,刻槽截面呈三角形;每段边缘为直线,槽内轮廓也走向一致,但是每段之间可见明显的界限,外边缘的直线之间有明显转折,而内部的轮廓也有明显的跳跃和界限,每段的深度走向不同,且连接处有跳跃。

　　(2) 对第二点的观察

　　第二点的情况和第一点类似,但是 60× 下可见曲线的跳跃和转折更明显;100×

下可见刻划纹长度和宽度分别为约 500 μm 和 200—300 μm，较第一点为细。转折和每段的交界点情况类似，界限很明显。分析结果可见图 24 - 7。

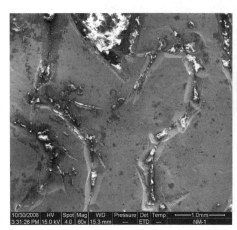

图 24 - 7　牌饰刻划纹第二点的扫描电镜图

从这个位置还可见刻槽开始是从较细和较浅的槽逐步扩大形成的。

（3）对第三点的观察

锈蚀部位的曲线不是很明显，略模糊。见图 24 - 8。

图 24 - 8　牌饰刻划纹第三点的扫描电镜图

三、结论

从牌饰上的刻划痕迹可以看出牌饰制作的程序,应该是先鎏金;为了美化,再用尖利而坚硬的刀具进行刻划,形成各种装饰线条。

刀具在表面的刻划并不流畅,而是一段一段走的,这样就形成了一个一个折线。显微分析证明了这一点,每个曲线由许多直线连接而成,每段直线的连接处有转折,最终形成曲线。

这些折线由直线组成,可见不是直接刻划的,而是使用类似錾刻的方式进行的,刀具刻划时应该在后面使用了锤子,以便提供力量。

不同点曲线粗细不同,因此可能使用了两种直径的刀具。

（原载于《内蒙古文物与考古》2010 年第 1 期）

25

云南曲靖出土金饰锡器的科学分析[*]

引 言

    中国古代鎏金技术使用很广,从春秋战国开始,一直在中国的金属工艺中占有一定的地位。鎏金器物包括青铜、银等各种金属。而使用金箔对器物进行装饰的更多,有金属、木器等。在我们的研究中发现还有使用金箔装饰锡质器物的情况。

    该锡质器物为一件破碎的金饰车马器,见图 25-1。出土地点为云南曲靖。

图 25-1 金饰车马器

* 作者:余晓靖、周双林。

一、样品和分析方法

1. 样品

在这件破碎的器物碎片中取得一块碎片状样品,最大长度约 6 mm,厚度约 1 mm,本体为浅灰色,一面有金箔,也可见红色彩绘。背面为浅灰色,表面平整,见图 25 - 2。

图 25 - 2　一块作为样品的碎片

2. 样品分析方法

(1) 扫描电镜

作用是观察样品的显微结构,特点是放大倍率高,可以达到几万倍。配合能谱分析可以对样品局部进行元素分析,确定物质的组成元素,进而推断成分。

分析仪器:荷兰 FEI 公司的 FEI Quanta 200 FEG 环境电子扫描显微镜。

(2) X -射线衍射

特点是对无机物质具有较好的定性分析能力,在采用标样的情况下,还可以确定混合物中各种物相的百分比。

分析仪器：日本理学的 DMX-Ⅱ/2000 型 X-射线衍射仪。

二、分析结果

（1）扫描电镜

首先对样品带金箔的表面进行了观察，结果见图 25-3。从图 25-3 可见，器物表面金箔破碎得很厉害，有小的空洞和条状裂痕，边缘起翘。金箔上部还有一些污垢。将样品放大，可见表面有条状痕迹，类似压和滚的痕迹。

1 000×   2 000×

5 000×

图 25-3 样品正面的扫描电镜图

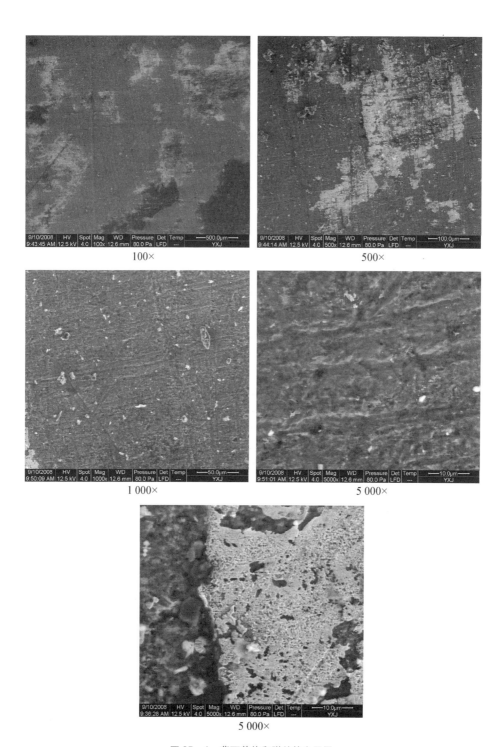

图 25－4　背面整体和附着的金属层

　　对样品背面的观察可见背面平整，有些附着物，并有细微的条状痕迹，见图
25－4。这些条状痕迹放大到 1 000—5 000×时显得更清晰。

　　对背面进行的能谱分析显示背面基底为锡，见图 25－5。背面较亮的部位，能
谱显示为金。

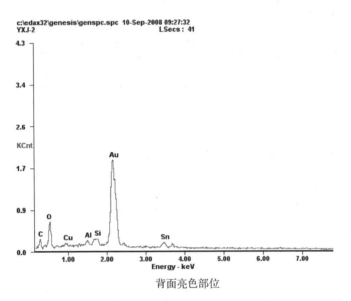

背面亮色部位

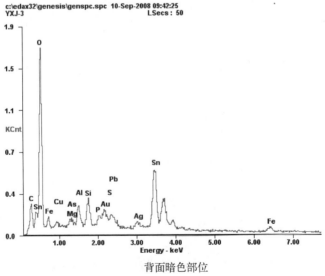

背面暗色部位

图 25－5　背面亮色和暗色部位的能谱图

对破碎的样品断面进行了观察,可了解本体的内部情况。断面在电镜下比较致密,局部略疏松,见图25-6。对断面进行的能谱分析显示了较高的锡和氧含量。推测本体为锡,由于长期埋藏,氧化严重,见图25-7。

250×　　　　　　　　　　　500×

图25-6　断面的扫描电镜图

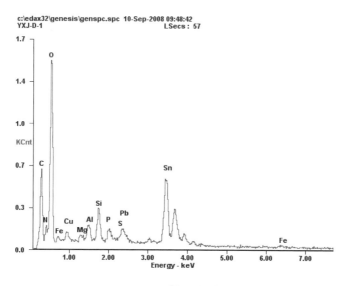

图25-7　断面的能谱图

（2）X-射线衍射

对样品本体的分析显示主要成分为氧化锡，含少量的锡，因而确定了是用锡做的器物，且腐蚀严重。

三、结论和讨论

（1）结论

该器物为锡器，从金箔的形态观察，同时对比其余地方的贴金，确定使用了贴金装饰技术而不是鎏金技术，且双面贴金。

由于器物埋藏时间长，腐蚀严重，基底基本都成了锡的氧化物且很薄，因此极易破碎。

（2）讨论

使用锡制作器物并贴金，这种器物本身没有实用价值，应该是作为明器使用的。锡的熔点低，用来制作器物比较容易，用来代替青铜等高熔点金属工艺简单，应该是当地工匠为了省事和方便采用的。

26

瓷器表面硅质水垢的清洗

　　在出土瓷器表面,常会有各种污垢存在,影响文物的美观,妨碍对文物的研究。这些污垢有硬土、碳酸盐等,一般较易去除。但是,也会有较硬水垢的出现,很难去除。一批出土于禹县的瓷器,水垢在表面层层附着,面积大小不一,色泽为浅白色至红锈色。经试验,用稀盐酸滴在上面无反应,用竹刀刮离,也难奏效,证明这是一种不同于泥垢和碳酸盐垢的垢质。用日本理学 D/MAX-3B 自动 X-射线衍射仪对其进行分析,其成分如下:α-石英(α-SiO_2)54.7%;透长石[K($AlSi_3O_8$)]28.1%;钠硝矾[Na(NO_3)(SO_4)·H_2O]17.2%。说明这种水垢是以二氧化硅及硅酸盐为主的硅质水垢。

　　硅质水垢的形成是因为瓷器在埋藏时,地下水中有可溶的二氧化硅,一般可达 100—400 ppm[i]。这些二氧化硅在条件变化如水分蒸发、温度降低时,夹杂着其他杂质沉积在瓷器表面。随着时间增厚,形成了坚硬的水垢。

　　由于硅质水垢极硬,而陶瓷釉硬度低于钢铁,故不能用机械工具如钢刀刮除,而用化学物质如草酸、盐酸浸泡也不行。经过试验,笔者找到了一种可以去除硅质水垢的办法:在常温下,用氢氧化钠复合溶液对其浸泡,一般一天即可完全去除水垢。同时,为了保护瓷器,可加入一些助剂。清洗液配方如下:氢氧化钠 10—100 g;EDTA 10—50 g;表面活性剂 10 g;蒸馏水 l L。

　　在试验中,对溶液对瓷釉的损坏情况进行了研究,把浸泡过溶液瓷片与未浸泡过溶液的同类瓷片在显微镜下放大 100—500× 观察,未发现差别,说明这种清洗液对瓷釉没有损害。

　　瓷器的硅质水垢是一种不常见的污垢。在对瓷器去垢时,要首先确认垢质成分,再使用清洗液。在清洗前,要先用残片试验,或在局部小试,以确保对文物无侵害为要。

参考文献

[ⅰ] 刘英俊等.元素地球化学[M].北京：科学出版社,1984.

（原载于《中原文物》1995 年第 1 期）

27

南宋髹漆陶器表面漆饰层的分析研究*

引 言

髹漆陶片为杭州南宋太庙遗址附属建筑工地出土,出土时即为残缺不全的碎块,残片表面有一层光亮的黑漆。由于出土时和出土后缺乏有效的科学保护手段,本来潮湿的器物在自然干燥过程中遭受到了更大的破坏,表面呈较薄的黑褐色漆膜,边缘大都起翘卷曲,稍一触及即碎为数块或成粉末。陶片为土黄色厚胎,胎体中部呈灰黑色,胎质细腻,局部模印有一圈饕餮纹并饰有兽面铺首,其纹饰总体风格比较接近青铜古器。根据残存碎块拼对,残片形制和纹饰布局与郑州人民公园出土的商中期大口折肩尊比较相似,有可能是南宋皇家参照商代铜尊样式烧造的

图 27-1　髹漆陶片保存现状

郊祀陶器——太尊[i]。

该标本送至实验室时，边缘大多起翘开裂，部分已断裂脱落。经显微观察判断，漆膜损坏原因是陶片出土后温湿度差异较大，在自然干燥过程中生漆层由于失水而发生剧烈的收缩，导致漆皮起翘，尤其是边缘处漆皮与底层陶胎分离，并脱落、开裂或起翘。为了解髹漆层的制作工艺和老化特征，我们对其进行了相关的科学分析。

一、样品和分析方法

1. 样品

样品取自髹漆陶器标本表面起翘脱落的漆皮层，尺寸最大约 4 mm，轻薄，肉眼观察为黑色。还有一些碎块的样品体积更小，但能够满足分析检测要求。

2. 分析方法

显微观察、扫描电镜分析、红外光谱分析。

二、分析结果

1. 显微观察

使用奥林巴斯 SZ 体视显微镜配合奥林巴斯数码系统对样品进行观察。可见漆皮样品分为多层，至少可以观察到颜色、光泽、透明度不同的三层漆皮。从远离陶胎的一面(称为漆皮表面)进行观察，可以观察到表层为亮黑色，之下又有浅黄色层(亮黑色层局部也掺杂浅黄色，可能是因为亮黑色层有一点透明，会透出下层的颜色)；从漆皮靠近陶胎的一面(称为漆皮底面)观察，表层为无光泽的暗黑色层，之下有浅黄色层。所以大致可以看出漆皮分为三层，在光泽、透明度不同的两层黑色层中间夹着浅黄色层(图 27 - 2、图 27 - 3)。

图 27 - 2　漆皮表面的显微照片　　　　　　图 27 - 3　漆皮底面的显微照片

2. 扫描电镜

使用扫描电镜对漆皮样品的表面、底面和带有陶胎的断面进行了分析,结果如下:

(1) 对漆皮表面的观察

在扫描电镜的较低放大倍数下即可观察到漆皮表面两层漆层清晰的分界,第一层位于第二层的上方。两层漆皮表面形态接近、平滑均匀,有少量颗粒物集团状附着,第一层厚度在 10 μm 左右。在更高的放大倍数下,可以观察到第一层表面可能还有非常薄的一层漆皮,开裂且有轻微的卷曲(图 27 - 4 至图 27 - 6)。

对漆皮表面的能谱分析可见,第一层碳(C)含量最高,硫(S)含量也较高,另含有铜(Cu)、铁(Fe)、硅(Si)、铝(Al)等。第二层的能谱分析显示该层以碳、氧(O)为主,另有少量硫、铝(图 27 - 7、图 27 - 8)。第一层中的铜有可能来自漆中的漆酶,它可以使漆层呈现黑色。

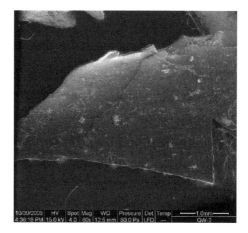

图 27 - 4　漆皮表面整体的扫描电镜图

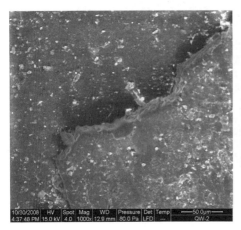
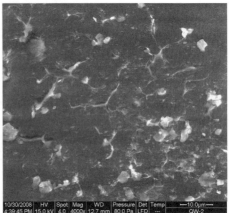

图 27-5　扫描电镜下的漆皮第一层和第二层　　图 27-6　高放大倍数下第一层之上的薄层

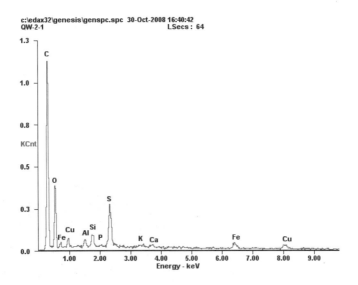

图 27-7　漆皮第一层的能谱图

（2）对漆皮底面的分析

在扫描电镜下观察漆皮底面，可以看到底面不平整，颗粒感明显，颗粒边界模糊，这应该是内表面涂覆在陶胎上，复刻了陶胎表面粗糙形态的结果（图27-9）。

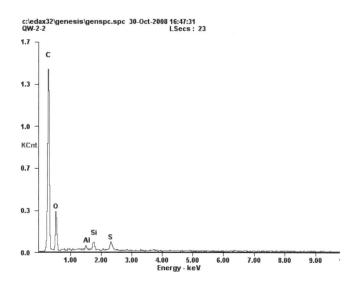

图 27 - 8　漆皮第二层的能谱图

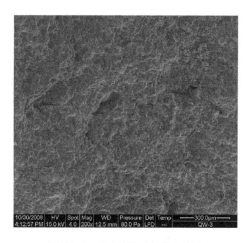

图 27 - 9　漆皮底面的扫描电镜图

（3）对带有漆皮的陶胎断面的分析

对带有漆皮的陶胎断面进行了分析,可见表面致密的漆皮和胎体。漆皮的厚度在 10 μm 以下,能谱分析的结果与上表面分析的结果接近(图 27 - 10)。

从漆膜断面显微照片看,漆膜与陶胎之间无过渡层,漆膜应直接髹于陶胎之

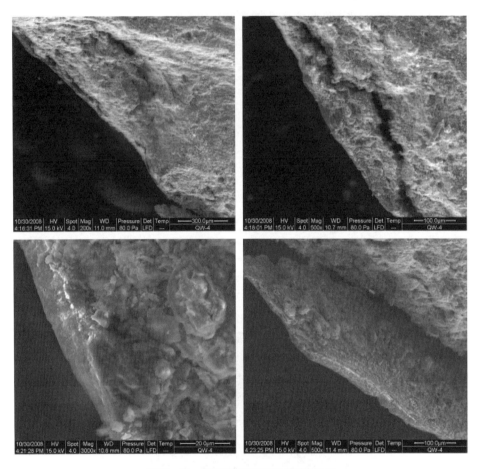

图 27 - 10   漆膜及陶胎断面的扫描电镜图

上,与陶胎直接连接;漆膜内层呈现出波浪状皱褶,并且布有许多孔洞,愈靠近漆
膜的最外层,漆液固化程度愈好,断层也愈致密,这种微观结构也许是漆皮层向
漆膜面卷曲的主要原因。因为漆膜表面紧密,伸缩的余量很小,并且在干燥的过
程中,其收缩应力主要集中在与漆膜面平行的方向,内层由于皱褶方向与漆膜表
面垂直,在干燥收缩过程中与膜面方向的收缩力很小,被漆膜表层的收缩所主
导,漆膜与陶胎结合处呈现出向外翘曲环抱的状态,从而导致髹漆漆膜卷曲
外翘。

3. 红外光谱分析

通过显微观察可见漆器表面的漆皮明显分为三层。对每层的漆皮都进行了红外光谱分析。由于样品量小,使用显微红外技术进行,结果见图 27 – 11 至图 27 – 13,图 27 – 14 为精制大漆的红外谱图。

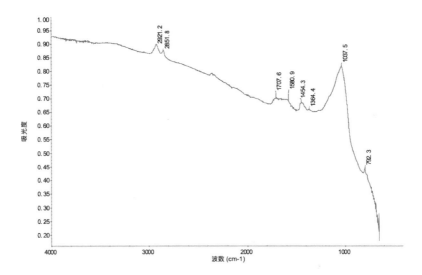

图 27 – 11　漆皮亮黑色层的红外谱图

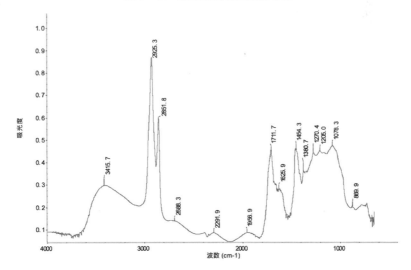

图 27 – 12　漆皮浅黄色层的红外谱图

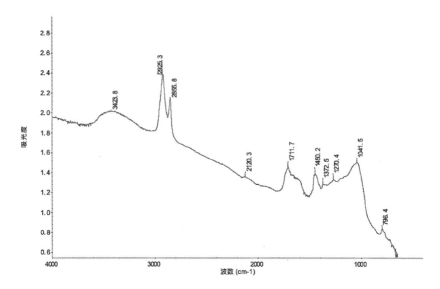

图 27 - 13　漆皮暗黑色层的红外谱图

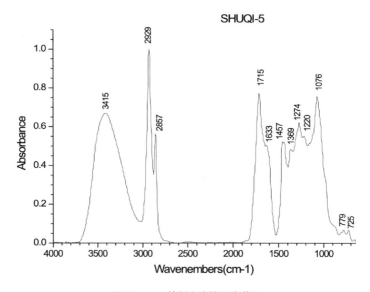

图 27 - 14　精制大漆的红外谱图

　　通过二层漆皮的红外谱图对比，可见浅黄色层和暗黑色层的谱图比较接近，不同之处是其峰的高低不一致。两个样品在 3 415 cm^{-1}、2 925 cm^{-1}、2 851 cm^{-1}、1 711 cm^{-1}、1 454 cm^{-1}、1 380 cm^{-1}、1 270 cm^{-1} 等波数附近均有吸收，而大漆在

1 076 cm⁻¹处有一明显吸收,浅黄色层在该处也有一明显吸收,但暗黑色层在该处无明显吸收,而附近区域的强吸收峰出现在 1 041 cm⁻¹处,同时在波数小于 1 000 cm⁻¹的区域附近,黄色层、暗黑色层和大漆的谱图相差较大。大漆在波数大于 1 000 cm⁻¹的区域几乎所有明显的吸收峰都在浅黄色层的谱图中有所体现,据此认为浅黄色层是大漆。暗黑色层 1 076 cm⁻¹处的峰也是如此,而且暗黑色层在不远处也有一强吸收峰,所以可以推测暗黑色层也是大漆。低波数区的谱图差别大,可能是因为该区域谱图对实验条件、杂质等都很敏感,浅黄色层和暗黑色层中所含杂质对谱图有一定影响。

亮黑色层的谱图与浅黄色层和暗黑色层的谱图有所差别,关键是谱峰收集效果不好,难以进行分析。不过从显示的谱峰来看,仍与浅黄色层和暗黑色层对应。亮黑色层在 2 921 cm⁻¹、2 851 cm⁻¹、1 707 cm⁻¹、1 454 cm⁻¹、1 364 cm⁻¹波数附近均有吸收,这些峰可与大漆和浅黄色层的吸收峰对应,而 1 037 cm⁻¹处的峰也与暗黑色层接近,可能同样受到了杂质影响,据此认为亮黑色层同样可能是大漆。

三、结论和讨论

1. 结论

通过显微观察,可见这件髹漆陶器表面使用三层甚至多层大漆涂刷形成,明显可见三层漆层,最内层为无光泽的黑色层,中间层为浅黄色层,最外层为有一点透明度的亮黑色层。

扫描电镜中,漆皮表面的第一层和第二层界限清晰,第一层就是亮黑色层,第二层是浅黄色层。两层都比较光滑,最内层暗黑色层则因紧贴陶胎表面而比较粗糙。亮黑色层之上的薄层,看不出与亮黑色层的明显界限,且由于太薄,可能并不是人为刻意添加的,有可能是亮黑色层发生变化而形成的。最外层中含有一定的铜元素,可能与漆酶的存在有关。整体漆皮厚度不超过 10 μm。

多层漆的主要成分均为大漆,但是每层漆中都可能掺杂有其他成分,导致呈现出不同的状态，颜色和光泽程度等均不同。受红外光谱分析的样品制备影响，获得的红外谱图并不一定十分准确，但能够判断主要官能团，从而确定三层材料都是大漆。

2. 讨论

使用大漆对陶器表面进行涂覆可起到密封作用，使所储存的材料不易损失，同时还具有装饰作用。使用黑色大漆涂饰陶器是我国古代的传统工艺，有很好的装饰效果。汉代墓葬中就曾出土黑漆衣陶鼎、黑漆衣陶盘等文物[ii]，与这件南宋髹漆陶器一样，陶胎上均有凹凸起伏的纹饰，在表面再涂上黑色大漆。黑色漆皮一般为多层[iii]，这是很有必要的，因为如果只上单层漆，贴近陶器表面的漆层会比较薄而粗糙，光泽暗淡，起不到保护效果。多层涂漆可以增加厚度，使表面光亮。漆皮中间层为黄色，大约利用了大漆半透明的性质，让漆皮外观呈现出有层次的色泽，而不是纯黑色，从而使其具有特殊的美感。

参考文献

[i] 沈一东.南宋官窑陶质祭器器物属性探析[J].东方博物(34).

[ii] 白岩编,雷淼译.大葆台汉墓文物[M].北京：文物出版社,2015.

[iii] 金普军.汉代髹漆工艺研究[D].中国科学技术大学博士学位论文,2008.

（原载于《丝绸之路文物保护科技研讨会——全国第十四届考古与文物保护化学学术研讨会》,西北大学出版社,2016 年）

28

红圆皮蠹对毛织文物的危害及防治实例*

有机质文物由于本身是由有机材料如纤维素、蛋白质等组成的,这些材料可以成为各种害虫如档案窃蠹、烟草甲等的食物,因此虫害成为破坏有机文物的一个重要原因。有机质文物如衣饰、纸张等在保管工作中的重点就是防虫与杀虫。

本文根据一例害虫危害事件,介绍了一些在实际工作中防虫杀虫的经验。

一、病害情况

某年年底,河南博物馆群工部在对因故闭馆几个月的革命史展室进行检查时,发现一件毛毯上有一些虫壳及活虫。该展品为 20 世纪 40 年代的鲁雨亭烈士遗物。接到报告,笔者立即对文物进行了检查,发现展柜中有不少虫壳。打开毛毯后,里面有更多的虫壳,并有不少活着的幼虫。幼虫长 2—3 mm,浑身长毛,呈灰褐色;另外还有一些卵圆形的成虫,状如七星瓢虫,个较小。当时气温很低,最低为 -4℃,午间温度 10℃。这些虫子在冬季仍能活动,足见其生命力很强。鉴于春季马上来到,为防止害虫蔓延,笔者马上对受害文物进行了隔离处理,并研究了保护方法。

二、原因调查

为了有效地杀灭害虫、保护文物,首先需要确认造成破坏的害虫的种属。我们

---

* 作者:周双林、杜安。

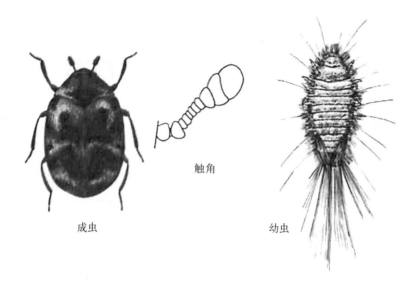

触角

成虫　　　　　　　　　　　　幼虫

对这种害虫的情况进行了调查。这些虫子幼虫和成虫的生命力很强,在冬季低温天气仍能活动,而且在绝食 5 天后仍很活跃,经过与文献对照,确认其为红圆皮蠹。

挑选完整的害虫幼虫及成虫个体,观察其特征,并与各种昆虫对比。经过对比,确认这种害虫为红圆皮蠹。

红圆皮蠹(Anthrenus picturatus hintoni mroczkowsky),鞘翅目,皮蠹科。形状特征:成虫倒卵形,体长 2.9—3.5 mm,宽 1.8—2.2 mm,背高而凸,体壁发亮,红褐至黑色,触角及足淡红褐色,身体背面有金黄色和白色鳞片,身体腹面为白色鳞片,2 触角,6 足。

幼虫卵圆形,6 足,棕褐色,全身布满刚毛。资料表明其分布在辽宁、河北、山东、内蒙古、宁夏、新疆、青海、广西等地。会对毛织品、生皮、昆虫标本、粮食、档案图书等产生危害。

三、杀虫方法研究

1. 杀虫试验

在确定了害虫的种属后,进行了杀虫试验。

（1）甲醛熏蒸：甲醛熏蒸是一种简便实用的杀虫方法。将生虫毛毯置于密闭箱中，投药量为 50 mL/m³，用高锰酸钾催化蒸发，每次 3 天，连续 3 次。熏蒸完毕，发现尚有幼虫及成虫存活，证明甲醛对红圆皮蠹的杀灭效果不好。

（2）冷冻杀虫：低温冷冻也是一种较好的杀虫办法。经文献查证，-40℃——-10℃是害虫的低温致死区。在毛毯上捉到 4 个成虫和 2 个幼虫，放入塑料盒中，然后放入-20℃的冰箱中，冷冻 3 小时。取出放在室温条件下观察，虫子已经不活动。一个月后仍没有活动，确定已经死亡。证明冷冻法对红圆皮蠹幼虫及成虫杀灭效果良好。

2. 害虫的杀灭

经过以上试验，确定了杀灭害虫的方法。然后对毛毯进行了冷冻杀虫。将毛毯置于塑料袋中，放入-20℃的冰箱中，冷冻 20 天，湿度在 10%—20%之间。然后取出。经过观察，未发现活虫存在。扫除虫壳及死虫，并对毛毯进行清洁处理，归库。

四、结论与讨论

红圆皮蠹是对有机文物危害很大的害虫，可在文物上蛀洞，损坏文物。冷冻杀虫是一种较好的防治办法，对幼虫和成虫均有较好的杀灭能力。

由于缺乏检验措施，未能对虫卵的杀灭情况进行观察。但随后几年的观察中未见害虫复发，说明杀虫效果很好。

有机文物防虫害工作是文物维护中应该经常注意的问题，需要定期检查，一旦发现问题，马上处理。

（原载于《中国文物报》2003 年 5 月 30 日）

29

居延遗址 T129 烽燧纺织品的科学分析*

前 言

　　居延遗址群北起内蒙古额济纳旗北部的居延海,南至甘肃省金塔县,由东北向西南沿弱水河床分布在长约 250 km、宽约 60 km、面积达 15 000 km²的区域内,是我国西北地域跨度大、内容丰富、价值尚待发掘、自然环境恶劣、有着鲜明代表性的土遗址群。已发现有青铜时代遗址 1 处,不同时期的城址 13 座,墓葬区 6 处,汉代烽燧 100 余座,西夏至元代的庙宇、佛塔 20 余处,以及大片的屯田区和纵横曲折的河渠等众多历史文化遗存,出土了大量的珍贵文物。居延遗址的文物非常丰富,自烽燧中出土的文物就有货币、兵器残片、农具、竹木器械、丝、毛衣物和麻鞋、渔网及印章、泥封、木板画、麻纸等等[i]。居延遗址出土的文物,对研究我国汉代历史具有很高的价值。

　　20 世纪初,由于科兹洛夫、斯坦因的盗掘和斯文·赫定、贝格曼等人的调查,居延遗址引起了世界的关注。新中国成立后,我国考古工作者先后在居延地区开展了考古调查和发掘。1972 年至 1976 年对金塔双城子至居延海进行了踏查,并完成了破城子等三处遗址的发掘。1998 年至 2002 年,对额济纳河流域青铜时代至西夏、元代的古文化遗址进行了考古调查测绘、试掘清理和制定保护规划的工作[ii]。居延遗址群地处边远荒漠,自然环境恶化、风沙侵蚀加快了遗址损毁速度,尤其是城址和一部分考古发掘后暴露在外的烽燧遗址,损坏程度日趋严重。为了保护居延遗址,有关单位在近年对居延遗址开始了新的调查,在对遗址

---

*　作者:周双林、李艳红、杨晨、李少兵。

中的 T129 烽燧调查中,发现了一块破碎的纺织品。由于烽燧附近保留的遗物多为低级士吏和戍卒制作、使用后抛弃的[iii],所以纺织品保存情况较差。虽然在居延遗址的发掘工作中曾经出土大量纺织品,但相关分析检测工作展开得并不充分。本文对这件纺织品残片进行了初步分析,试图了解其制作工艺和材料所蕴含的历史信息。

一、样品和分析方法

1. 样品

纺织品采集地点位于内蒙古额济纳河流域居延遗址 T129 烽燧遗迹(见图 29 - 1)。样品位于烽燧遗迹附近地面浅层部位的砂土中。该纺织品出土时破损严重,皱褶层叠,颜色呈浅黄色(见图 29 - 2)。在纺织品附近还同时发现有木简残片、铁器残片以及汉代的五铢钱,说明这个位置可能为当时的废弃物堆。由于 T129 烽燧在汉末废弃,后期不再使用,且附近交通不便,因此可以推测纺织品为汉代遗物。由于遗址附近干燥缺水,土体含水率接近于零,空气干燥,纺织品因此得以保存。

图 29 - 1　居延遗址 T129 烽燧遗址

图 29 - 2   T129 烽燧地面发现的纺织品

2. 分析方法

为了了解纺织品的原料种类、织造方法等科学信息，对其进行显微观察和红外光谱分析。使用的仪器有：

体视显微镜：使用便携式体视显微镜对样品进行初步观察，了解样品的大致形态，获得样品保存状况和制作工艺的相关信息。

扫描电镜：作用是观察样品的显微结构，特点是放大倍率可高达数万倍，且景深大，对样品平整度要求不高。配合使用能谱仪，可以对样品进行局部的元素分析，确定物质的组成元素，进而推断原料成分。分析仪器：荷兰 FEI 公司的 FEI Quanta 200 FEG 环境电子扫描显微镜。

傅立叶变换红外光谱分析：可确定无机样品和有机样品的成分。分析仪器：德国 Bruker 公司的 VECTOR22 傅立叶变换红外光谱仪。

二、分析结果

1. 体视显微镜观察

在显微镜下观察样品的细微特征，可见纺织品残片大小约 2 cm×2 cm，呈浅黄色，没有染色痕迹，其表面覆盖有少量黄色沉积物。样品为单层平纹织物，织造方法简单，无提花或刺绣图案。样品采用多根丝集束形成的线纺织而成，表面平整、致密，边缘处有长短不同的线头，见图 29－3。

图 29－3　样品显微照片

2. 扫描电镜分析

利用环境扫描电子显微镜在低真空条件下观察样品，可获得更为具体的信息。在放大倍率为 2 000× 的条件下观察，单根纤维呈圆柱状，直径约 5—10 μm。表面有异形节状突起，大体光滑，纵向有条纹，符合丝的基本特征，确定观察到的单根纤维即为茧丝（见图 29－4）。

在放大倍率为 1 000× 时，观察到约 20 根茧丝相互抱合，组成经线和纬线。图中茧丝之间的不规则团状物为丝胶，是一种水溶性较好的球状蛋白质[iv]，一般在缫丝过程中利用丝素与丝胶的水溶性差异，经过煮茧、索绪、集绪等工序，把蚕丝从煮茧锅中抽引出来，并经

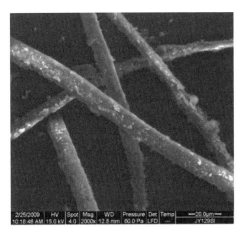

图 29－4　扫描电镜 2 000× 图像

过络丝、并丝、加捻等步骤，使之成为可以织造丝织品的丝线[v]（见图29-5）。使用手摇纺车或脚踏纺车纺线后，即可用于织造。

 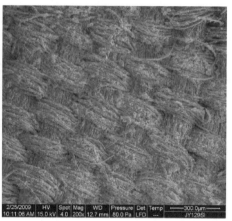

图29-5　扫描电镜1000×图像　　　　图29-6　扫描电镜200×图像

　　断定样品为丝织品之后，通过扫描电子显微镜进一步进行织法分析（见图29-6）。样品放大倍率为200×时，样品的经、纬两系清晰可见，判断是由织机织成的梭织物。汉代的普通织机是一种斜织机，在东汉画像石上已发现其图像达13例。由织工通过踩蹑（踏脚扳）控制综的提降，反复提综降综，使上下层经丝交替换位，不断形成新的接口。织工在每一新的梭口出现时投梭引纬，使经、纬丝交织起来[vi]。从组织分类来看，其中的经纬丝线以两根经线和两根纬线作为一个单元，以一上一下的规律进行交织，是典型的平纹组织。经线、纬线的粗细约为0.25 mm，密度约为40根/cm，无捻。从工艺分类的角度来讲，样品为单色织物，应为采用生丝或生纱，织后炼染的生织工艺。样品组织简单，并无图案变化，应为素织手法。这种织物致密、结实，在汉代通名为"绡"，是一种轻薄型织物。

3. 红外光谱分析

　　取大小约为1 cm×1 cm的样品，用95%乙醇清洗除去表面沉积物，再取部分样品，采用溴化钾压片法分析其红外光谱，结果见图29-7。样品主要吸收谱带及其特征频率为：3 295 cm^{-1}、1 644 cm^{-1}、1 519 cm^{-1}、1 232 cm^{-1}、1 164 cm^{-1} 及 1 032 cm^{-1}（波长小于 1 000 cm^{-1} 的部分未标明）。最强吸收峰位于 1 644 cm^{-1} 处，强度约为 0.99，且该样品缺乏纤维素类 1 050 cm^{-1} 左右的最强吸收峰及主峰两侧的一系列突起，所以可确定为天然多肽类聚合物。具体吸收谱带与标准对比见表 29 - 1，排除动物纤维的可能，样品应为丝织品。

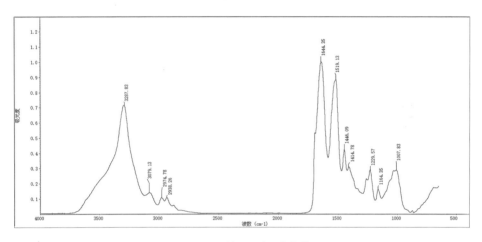

图 29 - 7　样品红外吸收光谱

表 29 - 1　纺织纤维红外光谱的主要吸收谱带及其特征频率

纤维种类	主要吸收谱带及其特性频率
纤维素纤维	3 450—3 200、1 640、1 160、1 064—980、893、671—667、610
动物纤维	3 450—3 300、1 658、1 534、1 163、1 124、926
丝	3 450—3 300、1 650、1 520、1 220、1 163—1 149、1 064、993、970、550
样品	3 295、1 644、1 519、1 232、1 164、1 032

三、结论和讨论

1. 结论

通过对居延遗址 T129 烽燧出土的纺织品的分析，确定了纺织品制作材料，并初步探讨了纺织品的制作工艺。红外光谱分析显示样品的红外吸收峰与丝的吸收峰对应，因此确认样品为丝织品。通过扫描电镜对单根纤维的观察，也可确定纤维具有丝的特征。通过体视显微镜和扫描电镜的观察，确定了纺织品的织作方法为平纹素织法，织物可定名为绢。

2. 讨论

汉代边疆地区，特别是居延烽燧遗址附近出土的纺织品大多是戍卒丢弃的残品。本文中讨论的样品为简单的平纹丝织品，可定名为绢。与内陆复杂精美的各式丝织品相比，缺乏美学价值，但具有相当的历史价值。可以大胆推测此样品可能是戍卒衣物或包袱上使用的简单织物，在破损后被丢弃在垃圾堆内。汉代戍卒军士的衣装较多由官府供给，一方面由于汉代官营纺织业的蓬勃发展和纺织技术的不断改进，另一方面是汉代兵士管理制度较为完善的体现。除官府供给之外，士兵还通过买卖或家人寄送的方式获得"私衣"，这也反映了汉代家庭纺织业的发展和士卒成分的复杂性。由于丝织品较为珍贵，在当时的戍边士卒中使用较少，推测可能作为私人衣物而非官府统一派发着装。

本文仅对样品进行了初步研究，更为深入的研究还有待进行，由于样品的保存状况较差，无法完成相关的分析，比如采用 C14 测年法确定样品的年代，研究样品的老化特征和环境的关系等。

参考文献

[i] 甘肃居延考古队.居延汉代遗址的发掘和新出土的简册文物[J].文物, 1978(1)：1-25.

[ii] 魏坚.居延考古新进展[C] //中国边疆考古学术讨论会论文摘要.2005.

[iii] 中国纺织品鉴定保护中心编著.纺织品鉴定保护概论[M].北京：文物出版社, 2002.

[iv] 赵承泽主编.中国科学技术史·纺织卷[M].北京：科学出版社, 2002.

[v] 孙机.汉代物质文化资料图说[M].北京：文物出版社, 1991：51-72.

[vi] 陈允魁编著.红外吸收光谱法及其应用[M].上海：上海交通大学出版社, 1993：94.

（原载于《文物保护与考古科学》2019 年第 4 期）

30

防水材料在纸质文物保护中的试用*

引　言

　　纸张属于有机材料,在自然环境中的保存具有一定难度,容易出现黄变脆化、腐烂糟朽、受潮卷曲、生霉生虫等病害,现代机制纸张还存在酸化等问题。纸张类文物包括古代书籍、字画、文书、近现代档案、报纸杂志等等。为了保护此类文物,可以使用传统的书画裱褙技术和现代的科技保护方法,部分新型材料运用在纸张保护工作中可作为纸张的加固剂、防霉剂等。从病害原因看,水是造成纸张破坏的主要因素之一,目前主要通过控制环境进行预防。能否使用现代的防水材料对纸张文物本体进行保护处理,这一问题尚未得到明确解答。本文结合模拟实验,对一系列防水材料在纸张保护中的作用进行了评估和讨论。

一、实验过程

1. 实验材料

　　实验选择生宣纸作为纸张样品,因为普通生宣纸是泼墨写意画、书法等用纸的代表,实验中主要观察经过防水材料处理后纸张的拒水性能变化。保护实验选用文物保护中常用的防水材料,包括有机硅单体防水材料、长链有机硅防水剂、有机氟防水剂、有机氟树脂防水材料等。针对造纸过程中未加入防水材料的生宣纸来说,使用以上材料进行再次加工具有可行性,具体材料及配比见表30 - 1。

＊　　作者：周双林、杨晨、高海彦。

表 30 - 1　防水材料明细表

材　料	生产厂家	主要成分及性质	溶剂	配　比	代　号
MTES	北京化工二厂	甲基三乙氧基硅烷，无色透明液体	乙醇	3：7(V/V)	MTES(3：7)
				1：1(V/V)	MTES(1：1)
WD - 10	武汉大学绿科有机硅有限公司	十二烷基三甲氧基硅烷，无色至浅黄色透明液体	乙醇	5%(V/V)	WD - 10(5%)
				10%(V/V)	WD - 10(10%)
防水三号 F3	北京化工二厂	有机硅烷的聚合物，无色透明液体	乙醇	3：7(V/V)	F3
F8261	德国德固赛公司	3,3,4,4,5,5,6,6,7,7,8,8 -十三氟代辛基三乙氧基硅烷，无色无味液体	乙醇	1%(V/V)	F8261
R300	REMMERS 公司	纯硅酸乙酯(约99%)，无色至浅黄色透明液体	乙醇	1%(V/V)	R300
BV 2%	北京大学	氟硅改性丙烯酸酯，无色至浅黄色透明液体	乙醇	2%(w/w)	BV 2%

2. 实验设备

（1）FEI Quanta 200 FEG 环境电子扫描显微镜

（2）柯尼卡美能达 CM - 2600d 型分光光度计

具体仪器参数见表 30 - 2。

（3）HARKE - SPCA 接触角测定仪

本实验采用静滴法，测量范围为 0°—180°，角度测量误差为 0.10°，显微镜放大倍数为 0.7—4.5×，测量温度范围为 0℃—190℃。

（4）INSTRON 3369 型万能材料试验机

本实验采用拉伸模式，具体参数为：横梁速度 5.000 0 m/min，匀速断裂点载荷水平 0.004 400 0 kN，高载荷水平 0.100 0 kN，高延伸 5.000 0 mm，采样率 10.000 点/s，环境参数温度 20℃、相对湿度 50%、传感器最大载荷±5 kN。

表 30‐2 分光光度计具体仪器参数

仪器参数名称	具体参数选择	备 注
照明和观测条件	0/d	垂直/漫射式
测量面积和镜面反射光模式	M/I+E	测量面积 8 mm,可同时测定 SCI(包含镜面反射光)和 SCE(消除镜面反射光)
UV(紫外线含量)	100%	测量时光源发光包括脉冲氙弧灯所有的紫外线成分在内
光源	D65	包含紫外线成分的日光,相关色温 6 504 K
观察角	10°	CIE1964 规定
显示模式	DIFF&ABS	显示色度绝对值和相对于目标色的色差值
色空间	L^*,a^*,b^*,ΔE^*	L^*,a^*,b^* 和 ΔE^* 色差

(5) 其他仪器,如 BS 2202S 型天平(0.001 g)、1 mm 刻度尺、计时器等。

3. 样品处理方法

将各种防水材料按比例配置后分别倒入 PVC 塑料盒中,溶液高度为 5 mm,用量约 10 mL。将 9 张大小为 50 cm×50 cm 的生宣纸分别标记,多次对折使其大小为 10 cm×20 cm,放入塑料盒内,完全浸泡在防水材料中 1 h(纸上放置 1—2 个花岗岩小块,使纸张完全浸入材料)。从盒中取出宣纸后,将其按对折原样平放于纸板上,置于室温(20℃左右)下,使溶剂完全挥发。

二、实验结果

1. 表面形貌改变

肉眼观察经过防水材料浸泡的样品呈浅黄色,部分样品折叠部分局部轻微粘连,整体表面平整光滑,但由于高分子膜改变了纸张表面的平整度[i]而出现局部反光现象。利用扫描电镜观察纸张样品表面微观结构,如图 30‐1。放大 1 000×时可观察到单根纤维形貌和纤维之间的孔隙。

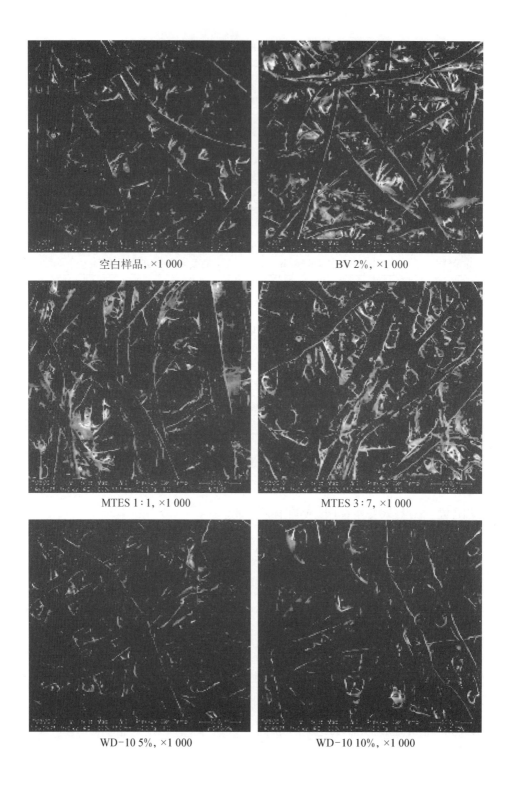

空白样品，×1 000

BV 2%，×1 000

MTES 1∶1，×1 000

MTES 3∶7，×1 000

WD-10 5%，×1 000

WD-10 10%，×1 000

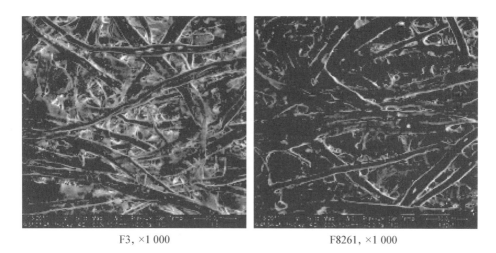

F3, ×1 000　　　　　　　　F8261, ×1 000

R300, ×1 000

图 30 - 1　纸张样品的扫描电镜图

　　对比空白样品和防水处理的样品,可见防水材料并未完全堵塞宣纸本身存在的孔隙,膜状结构清晰可见,纤维形态未受材料影响。在景深范围内观察,纸张表面平整度未见明显改变。

2. 颜色变化

　　实验中使用的防水材料均为高分子聚合物,自身有颜色,同时还存在老化问题,因此有必要对防水处理的样品进行色差分析。取面积为 10 cm×10 cm 的样品与同样大小的空白样品测量色差。采用 CIE 1976 Lab 色度空间,按 L^*, a^*, b^* 标定的两种颜色之间的总色差为 $\Delta E^*(L^*, a^*, b^*) = [(\Delta L^*)^2 + (\Delta a^*)^2 + (\Delta b^*)^2]^{1/2}$ [ii]。测得数据应包含纸张自身黄变因素和防水材料的影响。将目标色规定为白色标准版,测量包括空白样在内的所有样品,每个样品上随机测量 6 个点,各样品色差值见表 30-3。

表 30-3　样品色差值

样　品	ΔE^*						ΔE^* 平均值	方　差
空白	16.3	16.5	16.4	15.8	15.7	15.8	16.1	0.105
MTES 3∶7	12.6	14.9	11.8	12.9	15.4	11.9	13.3	1.969
MTES 1∶1	12.0	12.8	11.6	12.4	12.6	11.4	12.1	0.262
WD-10 5%	12.8	12.6	13.1	13.2	13.7	11.3	12.8	0.558
WD-10 10%	14.8	14.6	12.8	12.0	11.9	12.9	13.2	1.316
F3	13.1	13.0	12.9	13.5	13.6	13.3	13.2	0.066
F8261	13.1	13.7	14.1	12.2	12.6	13.1	13.1	0.402
R300	15.4	15.4	16.1	15.6	15.7	16.8	15.8	0.242
BV 2%	15.9	15.9	16.3	16.3	17.1	16.8	16.4	0.195

由空白样的平均 ΔE^* 值为 16.1,方差为 0.105,可知空白样自身存在颜色不均现象。经过防水处理的纸张有一定的颜色变化,其中 MTES 1∶1 样品与空白样品色差最大,为 4.0,说明该材料对样品的颜色影响较大。每一种样品的 6 个测量点存在方差(0.066~1.969),说明除空白样自身的颜色差别之外,样品经过防水处理后存在颜色不均现象。

3. 样品接触角测定

取面积为 1 cm×4 cm 的样品测量接触角,每种样品随机测量 6 次,测定结果见表 30-4。

表 30 - 4　样品接触角测定值

样　品	接触角 /°						平均值
MTES 3∶7	114.64	117.02	110.47	102.61	101.81	108.61	109.19
MTES 1∶1	117.92	112.49	109.7	102.46	109.15	108.73	110.07
WD - 10 5%	112.25	108.41	106.62	120.79	115.13	116.37	113.26
WD - 10 10%	118.37	103.98	108.65	109.94	114.03	108.66	110.60
F3	99.42	96.03	100.88	101.42	92.05	95.67	97.58
F8261	96.17	99.27	110.4	104.61	105.14	99.34	102.49
R300	92.84	96.85	88.34	87.17	92.08	87.59	90.81
BV 2%	106.61	103.24	108.84	108.2	110.52	108.72	107.69

水滴落到空白样品表面后被纸面迅速吸收,无法测量接触角。而经过防水处理的样品接触角均大于 90°,拒水性得到了普遍提高。肉眼观察水滴在防水处理后的样品表面呈半球形,且维持形态 10 min 以上,不会渗入纸张。

4. 吸水速率测定

取面积为 20 cm×20 cm 的样品,称量原始重量后折叠 3 次,放入水中,完全浸泡 1 h 后取出,用毛巾吸去表面浮水,再次称重,计算吸水量和吸水速率。吸水率测定值见表 30 - 5。

吸水后样品的增重百分比计算公式为: $n = 100 \times (m - m_0) / m_0$;

吸水速率的计算公式为: $v = n / t$;

空白样品的吸水速率极大,肉眼观察其放入水中后迅速被水浸透。经过防水材料浸泡的样品吸水速率在 0.6—1.8(% /min)之间,可见防水材料显著改善了纸张的防水性能。结合扫描电镜观察,可知防水材料并非将水完全阻隔在纸面之外,而是允许少量水进入纤维之间的孔隙。这样可以维持一定的柔韧度,防止纸张脆化,各种水溶性试剂也可在纸面上有效地试用。

表 30 - 5　样品吸水率测定值

样　品	原始重量 m_0/g	吸水后重量 m/g	增重百分比 $n/\%$	吸水速率 $v\%/min$
空白	0.55	2.34	325	5.42
MTES 3∶7	1.26	2.38	88.9	1.48
MTES 1∶1	1.14	1.77	55.3	0.922
WD - 10 5%	1.04	1.50	44.2	0.737
WD - 10 10%	1.10	1.49	35.4	0.607
F3	1.58	2.51	58.9	0.982
F8261	1.10	2.25	104	1.73
R300	1.26	2.33	84.9	1.42
BV 2%	0.57	0.85	49.1	0.818

5. 全浸吸水实验

为了验证经过防水处理的样品能否长时间经受水浸的破坏，对样品进行全浸吸水实验，并测量饱水湿强度。将样品完全浸泡于水中 48 h，取出后裁剪为 2.5 cm×10 cm 的纸条（分别按照纸张纵向和横向各 4 条）并测定湿强度，测量结果平均值见表 30 - 6。

实验发现经过防水材料浸泡的样品（除 BV 2% 以外）湿强度比空白样均有大幅度提高，说明防水材料虽然不会完全阻隔水分，但其防水作用可以有效减少长期浸水造成的纸张糟朽破碎等病害。

6. 耐酸、耐碱实验

取面积为 10 cm×10 cm 的样品浸泡于 5% HCl 溶液中 10 d，取出后平放于室温（20℃）下完全干燥 10 d。使用扫描电镜观察样品，如表 30 - 6、图 30 - 2（以空白样和 R300 为代表）。空白样品表面由于酸的腐蚀出现了孔洞，而经过防水处理的样品表面膜结构完整，纤维未发生明显变化，说明防水材料有效地阻止了酸溶液进入纤维内部。

表 30 - 6　样品湿强度测定平均值

样　品	纵　向		横　向	
	极限负荷 /MPa	极限拉力 /kN	极限负荷 /MPa	极限拉力 /kN
空白—干燥	5.110	0.025 6	3.218	0.016 1
空白—浸水	0.260 8	0.001 3	0.142 8	0.000 7
MTES 3：7	1.439 8	0.007 2	0.577 1	0.002 9
MTES1：1	1.923	0.009 6	1.176 3	0.005 6
WD - 10 5%	1.364 4	0.006 8	0.525 8	0.002 6
WD - 10 10%	0.994 8	0.005 0	0.348 2	0.001 8
F3	3.115 0	0.015 6	0.582 2	0.002 9
F8261	1.782 0	0.008 9	0.470 7	0.002 4
R300	1.905 8	0.009 5	0.637	0.003 2
BV 2%	0.286 6	0.001 4	0.156 0	0.000 8

 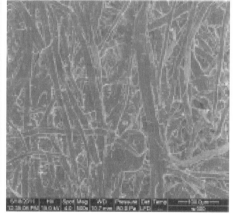

空白样品酸化后，×500　　　　　　　R300处理样品，×500

图 30 - 2　样品酸化实验扫描电镜图

　　沿纤维纵向进行抗拉强度测试,测试结果平均值见表30 - 7(因空白样品糟朽,无法进行抗拉强度的测定)。可见经过防水处理的样品较空白样品耐酸能力明显提高。

表 30 - 7　样品耐酸实验后平均抗拉强度

样　品	平均极限负荷/MPa	平均极限拉力/kN
MTES 3∶7	4.517	0.022 6
MTES 1∶1	3.991	0.025 1
WD - 10 5%	2.911	0.014 6
WD - 10 10%	3.795	0.019 0
F3	3.663	0.018 3
F8261	4.284	0.021 4
R300	4.856	0.024 3
BV 2%	2.616	0.013 1

　　与耐酸实验结果相似，空白样品在碱性溶液中表现为糟朽破碎，而其他样品完整性良好，样品表面有白色结晶出现。使用扫描电镜观察样品，如图 30 - 3（以空白样和 F8261 为代表）。发现空白样品纤维上附着大量结晶，但经过 F8261 处理的纸张纤维上结晶较少，说明样品吸附的溶液量少，防水效果好。

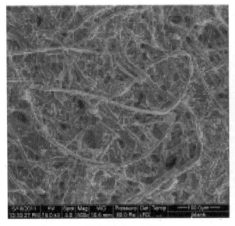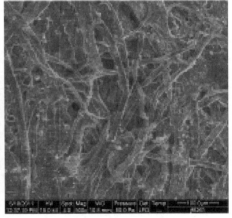

空白样品，×500　　　　　　　　　　　　F8261处理样品，×500

图 30 - 3　样品耐碱实验扫描电镜图

　　沿纤维纵向进行抗拉强度测试,测试结果平均值见表30－8。结果说明空白样和 BV 2%处理的样品抗拉强度低,其他防水材料处理的样品抗拉强度高。因此经过防水处理的纸张具有一定的防水能力,能防止强碱腐蚀。

表30－8　样品耐碱实验后平均抗拉强度

样　品	平均极限负荷/MPa	平均极限拉力/kN
空白	1.062	0.005 3
MTES 3∶7	3.728	0.018 6
MTES 1∶1	3.942	0.016 4
WD－10 5%	4.129	0.019 6
WD－10 10%	6.238	0.031 2
F3	5.891	0.030 1
F8261	7.047	0.035 2
R300	5.768	0.618 8
BV 2%	1.046	0.005 3

7. 潮湿环境霉菌生长实验

　　在玻璃水缸里放入两个各装有 200 mL 水的容器,容器上方固定一条线绳悬挂样品,将大小为 10 cm×10 cm 的样品分别用别针悬挂在水面之上(不接触水)。用 3 层保鲜膜紧密覆盖水缸口,维持水缸密闭,温度约 20℃,相对湿度维持在 90% 左右。3 个月后观察霉菌在纸张样品上的生长情况。

　　肉眼观察发现,实验进行 3 个月后,空白样和 BV 2% 处理的样品表面长出黄绿色霉点,其他样品表面未见生霉,说明 BV 溶液在防霉方面效果较差。具体情况见图30－4(以空白样、BV 2% 和 WD10 10% 样品为例)。

　　观察扫描电镜图像可知,空白样品、BV 2% 处理样品的表面有大量菌群生长,菌体呈椭球形。其余样品放大 2 000×观察,发现有少量霉菌滋生。

霉菌生长实验箱内情况

霉菌生长实验进行3个月后样品表面全貌

空白样品3个月后的表面霉菌生长情况

空白样品表面霉菌SEM图像

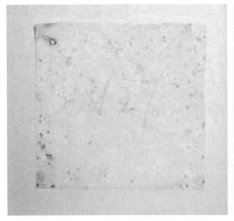

BV 2%处理样品3个月后表面霉菌生长情况

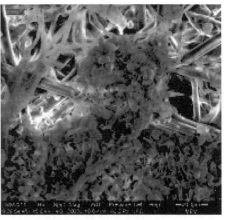

BV 2%处理样品后表面霉菌SEM图像

WD10 10%处理样品3个月后的表面情况　　WD10 10%处理样品后表面霉菌SEM图像

图30－4　样品霉菌生长实验情况

样品除 BV 2%之外均未形成肉眼可见的菌落,说明防水剂能够将纸张纤维中的湿度降低到霉菌不适宜生长的范围之内。

三、实验讨论

1. 样品制作

对生宣纸样品采取了折叠多层后浸泡于防水材料中的方法。多层宣纸可模拟一定厚度的书册,而浸泡法较涂布法更为彻底,可在短期实验过程中发现问题。存在的局限是考虑容器大小而将生宣纸折叠为面积 10 cm×20 cm,与古代书籍相比较小,易于浸泡处理。

2. 防水材料

用防水材料进行处理的优点在于操作简单,且对承载信息无破坏。但防水材料自身的老化问题不可忽视。环境中的热、光和氧气均会造成树脂膜的老化,表现为溶解性改变、强度丧失、极性增强、颜色改变等。此外,臭氧等有害气体的影响、水解作用和分子链的交联作用等，都会造成高分子材料的老化[iii]。这也是高分子有机防水材料未能大规模用于纸张防水保护的主要原因之一。

3. 纸张黄变

色差测定显示，经过防水处理的样品颜色出现了黄变，原因主要在于纸张自身的氧化和高分子材料的老化。纸张老化过程中的变色与本身的原料组成密切相关，氧气和紫外线等的作用导致纤维素、半纤维素和木质素的氧化。纸张中含有的树脂、作为光老化催化剂的金属离子、微生物等，均导致纸张变色[iv]。对新生宣纸进行色差分析，其与标准白色板的色差平均值为 6.7（三次测量色差值分别为 6.61、6.9、6.72），而实验中空白样的色差平均值为 16.1，说明在实验进行过程中宣纸自身发生了黄变。另外实验过程中高分子材料的光老化、热老化、氧化作用等不可避免。因纸张自身老化带来的色差值为 6.7，而经过防水材料处理的纸张样品的色差值在 12.1—16.4 之间，其差值（5.4—9.7）为防水材料自身颜色和老化过程出现的黄变。

此外，样品制作中，因浮力作用导致样品边缘更易浸透，样品干燥后折叠部分颜色变化较小。另外纸张中的低分子物质溶解于乙醇中并产生迁移，乙醇的挥发导致防水材料的不规则富积，也可导致颜色不均。

4. 酸、碱影响

纸张酸化的原因包括纸张的内在因素和环境因素。造纸原料中的木质素、杂质等不能完全去除，纸张本身呈酸性，或可在氧化、水解时产生酸性衍生物。纸张原料提纯后添加剂的残留；造纸过程中的填料，如明矾、动物胶、淀粉等在水解过程中产生 H_2SO_4；空气中的酸性气体由纸张中的微量金属离子催化，与结合水反应生成相应的酸；微生物生长过程中分泌色素形成酸等[v]，都会导致纸张失去强度。文物保护中常用的纸张脱酸方法有湿法脱酸、韦驮法等有机溶剂脱酸法和二乙基锌脱酸法等气相脱酸法。通过吸水率测定和全浸吸水实验发现，防水材料未完全阻隔水分进入纸张内部，样品对水滴有较好的拒水性,但长时间浸泡下仍会吸收水分,因此理论上可用液相脱酸法和气相脱酸法进行保护。

虽然常温下稀碱溶液对纤维素无影响,但经过碱液浸渍后的纤维素在氧的作用下葡萄糖苷键断裂,降解速率随温度升高而加大。与浓碱作用时,纤维素发生化学变化,生成碱纤维素,导致溶胀和溶解;半纤维素发生碱性降解,包括剥皮反应和碱性水解;木质素发生可溶性的改变和降解[vi],因此耐碱实验中样品的抗拉强度降低。由于防水材料能够阻挡部分水溶液进入纤维内部,可以减小强度损失。

5. 防霉处理

霉菌生长是纸张等有机文物的一种常见病害。生长在纸张上的霉菌菌落和孢子可分泌色素,形成黄、绿、青、黑、褐色等霉斑,会掩盖文字和图案。其代谢过程可将纸张组分降解为葡萄糖、氨基酸小分子,导致纤维素机械强度下降、纤维断裂等。产生的有机酸使纸张酸度骤增,引起纸张发黄、字迹褪色。霉菌在代谢过程中还需要从环境中吸收水分,甚至在纸张表面形成水滴;黏液纤维素细菌在水解纤维素时产生大量黄色黏液,内含糠醛和糠醛酸成分,促使纸张彼此黏合,形成"档案砖"。水是影响霉菌生长的重要因素,环境相对湿度为72.8%以上时霉菌即可生长,相对湿度为95%以上时生长最为旺盛。

环境控制和使用防霉剂可以防止霉菌的生长。环境控制包括温湿度控制、除氧密封保存等。防霉剂的作用机理是抑制霉菌的代谢活动,控制霉菌繁殖。目前使用的防霉剂主要有五氯苯酚及其钠盐、临位苯基苯酚钠、2-(4-噻唑基)苯并咪唑等。环氧乙烷或甲醛熏蒸法也可进行微生物的杀灭[vii]。

6. 后续处理

防水材料未完全堵塞纤维孔隙,可以部分阻挡水分进入纸张纤维。因此从理论上来说可进行后续处理,如防霉剂、加固剂的涂布,气相脱酸等。防水材料老化后必须进行清除,可以采用有机溶剂浸泡的方法进行处理。

四、结论

实验证明，经过不同防水材料处理的纸张样品表面结构未发生明显改变，颜色略有改变。样品对水的接触角显著增大，拒水性增强。与空白样品相比，经过防水处理的样品吸水量减少，吸水速率降低。全浸吸水一段时间或经过酸液、碱液浸泡后，样品的湿强度较空白样升高，说明防水材料可以在一定程度上阻隔水分进入纸张纤维，避免糟朽情况的发生。防水材料在潮湿环境下阻挡水分、防止霉菌大量繁殖方面有显著效果，但 BV 材料效果较差。效果评估见表 30-9。

表 30-9 防水材料综合性能评估表

样　品	色差	接触角	吸水率	饱水湿强度	酸化后强度	耐碱实验强度	防霉能力
MTES 3∶7	较大	大	快	较小	大	小	较好
MTES 1∶1	最大	大	较快	较大	较大	较小	较好
WD-10 5%	较大	最大	较慢	较小	小	较小	较好
WD-10 10%	较大	大	最慢	较小	较小	大	较好
F3	较大	较小	较快	最大	较小	较大	较好
F8261	较大	较大	最快	较大	较小	最大	较好
R300	小	最大	较快	较大	最大	较大	较好
BV 2%	最小	较大	较慢	最小	最小	最小	差

本实验对防水材料在纸张的保护方面进行了初步研究，日后还可增加量化实验，如酸化实验后进行纸张样品的耐折度、抗拉强度的测定，全浸吸水后干燥的纸张样品变形程度的量化测量等。另外可进行老化实验，并探究防水材料的可逆性或可再处理性。防水材料对纸张上墨迹、颜料的影响也需要进一步研究。

参考文献

[ⅰ] C.V. Horie.Materials for Conservation: Organic Consolidants, Adhesives and Coatings [M]. Great Britain: Elsevier Butterworth-Heinemann, 2005: 26 – 27.

[ⅱ] 色彩学编写组.色彩学[M].北京: 科学出版社, 2001: 65 – 97.

[ⅲ] C.V. Horie. Materials for Conservation: Organic Consolidants, Adhesives and Coatings [M]. Great Britain: Elsevier Butterworth-Heinemann, 2005: 31 – 39.

[ⅳ] 徐文娟, 诸品芳.纸质文物变色原因及脱色方法研究进展[J].文物保护与考古科学, 2010, 22(2): 92 – 96.

[ⅴ] 奚三彩.文物保护技术与材料[M].台湾: 台湾台南艺术学院, 1999: 170 – 177.

[ⅵ] 邓一民.天然纺织纤维加工化学[M].重庆: 西南师范大学出版社, 2010: 19 – 28.

[ⅶ] 奚三彩.文物保护技术与材料[M].台湾: 台湾台南艺术学院, 1999: 16 – 21.

（原载于《中国造纸》2018 年第 8 期）

31

超临界流技术在考古出土木质文物脱水保护中的应用

一、超临界流技术

1. 超临界流体

流体物质处于其临界温度和临界压力以上状态时,向该状态气体加压时气体不会液化,只是密度加大,具有类似液体的性质,同时还保留气体性质,这种状态的流体叫超临界流体。

超临界流体的密度比相应的气体大几百倍,几乎与液体相当,但其黏度却与液体接近。由于其黏度较低,所以具有良好的扩散能力,扩散系数介于气体和液体之间,因而超临界流体既具有液体对物质溶解能力强的特点,也具有气体易于扩散的特点,这个特点非常有利于物质传输。超临界流体在临界点附近时压力和温度的微小变化都可以引起流体密度的巨大变化,并相应地表现为溶解能力的变化。人们根据这个特点,通过改变压力和温度来实现物质的分离。

很多气体都可以通过压力和温度的改变达到超临界状态,转变为超临界流体,但是有些需要的压力太大,有些需要的温度太高,不易应用。根据研究,各种化合物中 CO_2 是比较适于应用的一种超临界流体。这种超临界流体密度大、溶解能力强,因此传质能力强、传质速率高。而且临界压力适中,临界温度为 31℃,分离过程可以在接近室温的条件下进行,材料便宜易得、无毒、具有惰性,极易从萃取产物中分离出来。由于这些特点,当前绝大部分的超临界分离都采用 CO_2 为溶剂,分离的手段主要是萃取。

其他的超临界流体有轻质的烷烃(C_{3-5})和水。

为了促进溶解,提高溶质的溶解度,还可以采用一些提携剂。所谓的提携剂是在超临界流体中添加的第二种溶剂,这种溶剂可以大大提高溶质的溶解度。

2. 超临界流体 CO_2 的溶解能力

超临界流体 CO_2 对很多材料有溶解能力,根据实验,可以总结出如下有关溶解度的经验规律:

(1)极性较低的碳氢化合物和类酯化合物,如酯、醚、内酯类、环氧化合物等可在 7—10 MPa 的压力范围内被提取分离;

(2)含有极性基团如- OH、- COOH 的物质,不容易被提取分离;

(3)更强的极性物质,如糖类、氨基酸类,则在 40 MPa 的压力以下不能被提取分离。

虽然有了这些经验规律,但是超临界流体二氧化碳对某个化合物的溶解能力,仍需要进行实际的测量,目前在这方面积累的数据有限。

3. 影响溶解能力的因素

(1)压力的影响

压力是影响 CO_2 流体溶解能力的关键因素之一。一般情况下压力增加,化合物的溶解度会呈现急剧上升的现象。

(2)温度的影响

与压力相比,温度对 CO_2 流体中溶质的溶解度的影响要更加复杂。一般温度增加,物质在 CO_2 流体中的溶解度往往出现最低值,这可能是由于温度增加,流体密度降低,导致溶解度降低。

总的来说,温度对物质在 CO_2 流体中的溶解度有两个方面的影响:一是温度对 CO_2 流体密度的影响,随着温度增加,流体密度降低,导致溶剂化效应下降,使物质的溶解度下降;另外一个是温度对蒸汽压的影响,随着温度升高,物质的蒸汽压增大，使物质的溶解度增大。

超临界流体的溶解能力主要决定于溶质，溶质的性质决定了是否能采用超临界流体对其进行分离。

二、考古发掘木质文物的脱水保护技术与问题

在考古发掘过程中经常会出土一些木质文物，如木制的器皿、木俑，还有木质的建筑构件、木船等，而且大部分都处于潮湿或饱水状态。这是因为多数地区的地下都非常潮湿，在长江以南地区，有些文物出土时就在水中浸泡着。

这些潮湿或饱水的木质文物如果得不到良好的处理，就会出现收缩开裂的现象，有的甚至碎裂为小块，失去了研究和欣赏的价值。

潮湿或饱水木材出现收缩开裂的原因有几个方面：一是因为木材在地下几百上千年的埋藏过程中，由于各种因素尤其是菌类的作用，出现了分解现象，构成木材的基本成分的细胞结构中的一些部分受到损伤，细胞结构变得非常脆弱，有的甚至不能支撑自己的重量。这种状况下的木材在充填细胞的水分挥发后，必然产生收缩。这种收缩要大于新木材的收缩，因为与新木材相比，他们的结构已经受到了自然因素的破坏。另外，在潮湿及饱水木材自然状态下的脱水干燥过程中，由于水分挥发导致一些空间被空气占据，新的固—气界面产生，导致了高表面张力的产生。一个微孔外部失去水分后，内部的水分必然形成弯月面，对孔壁产生向中心的拉力，如果组成孔壁的木材细胞不能抵抗这种拉力，孔壁就会被迫收缩，结果是整体结构的收缩；如果木材在宏观上收缩不均衡，外部收缩但内部没有收缩，将产生开裂。

因此对出土的潮湿或饱水的木器需要采取一些有效的保护措施，以保持器物完整的外形和原始的色泽。根据以上分析，首先是要减小木材在脱水过程中水的表面张力产生的破坏，其次是采用一些材料对木材进行渗透，在失去水分后对脆弱的细胞结构产生加固和支撑作用。

在潮湿木材保护中，目前常用的方法就是根据这些原理进行的。常用的方法有：

（1）采用低表面张力的溶剂替换水分，然后使该溶剂挥发，使木材最终干燥；这些溶剂必须能够和水分互相溶解。

（2）为了减小木材的收缩，采用一些材料，如各种分子量的聚乙二醇、糖、天然或有机树脂溶液渗透木材，在溶剂挥发后，这些材料会充填木材的空隙，从而减小或阻止收缩。

（3）（1）（2）两种手段共同使用。

（4）其他方法的使用，如采用乙二醛对木材结构进行恢复的方法。

虽然这些方法在解决木材脱水方面都有成功的事例，但是采用各种低表面张力的溶剂并不能将表面张力减到最小。这些溶剂都要经历由液相向气相转变的过程。而且处理时间比较长，少则几个月，多则几十年，占用了不少的人力、时间，也需要很多的经费。

随着现代科学技术的发展，人们终于找到了另外一种方法，该方法能够替换水分或溶剂，并能使木材不经过液/气相转变、在最小表面张力下干燥，这就是超临界流技术的使用。

三、超临界流技术在木质文物脱水保护中的应用

超临界流技术用于工业木材的处理，已经有很多的研究，而用于考古发掘中出土的潮湿或饱水木材的脱水处理，目前所见文献不多。现将日本的 Miho Teshirogi 等人的研究，介绍如下。

1. 超临界流体用于饱水木材的脱水

将一块饱水的古代木材切分为三块，然后浸泡在乙醇溶液中进行 4 个月的预处理，保证水分被完全取代。然后将样品放入处理室，采用 40℃、压力 10 MPa 的 CO_2 流进行处理，流量为 5.7 L/min。

检验流出 CO_2 中乙醇的含量，发现在 1 h 内乙醇浓度出现最高峰，然后逐渐消失。

2. 超临界流体用于木材的加固

将样品放入处理室，首先，通入 5%（wt）的 PEG – 4000 乙醇溶液，保持温度 40℃，将压力升至 12 MPa，保持 76 h，然后减压，促进 PEG 向木材内部的渗透；第二步，采用 40℃、压力 10 MPa 的二氧化碳流进行处理，流量为 3—4 L /min，处理 12.5 h。

经过处理的木材，在纵向、弦向和径向三个方面的尺寸都有所增加。

通过试验，还发现超临界流可以促进 PEG 向木材内部的渗透。

四、应用前景及讨论

1. 应用展望

超临界流技术是科技随着时代发展的产物，目前这项技术正在各个方面应用，并显现出其技术优势，仅在工业木材处理中就已用于木材的干燥定型、木材的防霉菌处理、木材的脱色处理等。通过对考古发掘潮湿、饱水木质文物的特性研究，在对一些样品进行实验研究的基础上，完全可以将这些技术转移到木质文物的保护上来。

2. 问题与讨论

超临界流技术在考古发掘的潮湿或饱水木材的脱水保护研究方面只是进行了初步的试验，还面临如下问题：

（1）目前在小尺寸样品上获得了成功，但是用在较大的实物上时，是否能够顺利地实现超临界流体对水及乙醇等有机溶剂的完全置换？

（2）是否会将木材中一些原有的材料溶解掉？

（3）对于大尺寸的样品，需要大处理室，这样在设备上能否满足实现超临界流体的要求？此外处理费用也是需要考虑的问题。

目前超临界流技术在我国的研究方兴未艾,并在各个工业领域取得了满意成果,希望在不远的将来也能用于潮湿或饱水木质文物的保护,为保护我国的文化遗产服务。

参考文献

[i] Roger M. Rowell, R. James Barbour. Archaeological Wood: Properties, Chemistry, and Preservation[M]. American Chemical Society, Washington D.C., 1990.

[ii] 张镜澄.超临界流体萃取[M].北京: 化学工业出版社, 2000 年.

[iii] Miho Teshirogi et al. Conservation Treatment and Drying of Water-logged Wood with Supercritical Carbondioxide [C] // International Congress on the Conservation and Restoration for Archaeological Objects, February 14 - 16, 2002, Japan.

[vi] A. Hassan, et al. Modeling Phase Behavior of Multicomponent Mixtures of Wood Preservatives in Supercritical Carbondioxide with Cosolvents[J]. Fluid Phase Equilibria, 179 (2001): 5 - 22.

(原载于《中国文物报》2012 年 5 月)

32
北京平谷上宅遗址骨柄石刃刀胶结材料的初步分析[*]

一、前言

胶,正体作"胶",字从肉从翏。"肉"意为"肉汁样的","翏"意为"合并""结合"。"肉"与"翏"联合起来表示"肉质样的粘合剂"。在古时候,人们将各种各样的胶应用在各个领域,例如人们在画壁画的时候会用动物皮、动物角熬制成胶与颜料进行混合,以便更好地着色,除此之外也会用某些具有天然黏性的植物,例如橡胶、树胶进行着色[i];而在书画修复装裱中,通常使用胶矾水来固定颜色、防止墨色晕散等,而胶矾水就是由动物胶、明矾加水制成的[ii]。

骨柄石刃刀在新石器时期应用广泛,在红山文化早期的兴隆洼文化(距今约8 000年)中已经发现了单片的骨柄石刃刀。但是对于石刃和骨柄如何连接研究较少,一般认为靠镶嵌。但在近期的研究中,中国科学院大学科技史与科技考古系副教授杨益民和其研究团队在研究一件罗布泊小河墓地出土的法杖样品时,提取了上面用来镶嵌骨雕的粘合剂,经过一系列科学分析,发现这种粘合剂为牛胶,属于明胶。这是目前为止发现的最早的明胶[iii]。

在上宅遗址出土的骨柄石刃刀上,我们也发现了类似胶结材料的物质,我们用现代科学技术进行分析,以确定其是否为古代用胶并考察其工艺。

---

[*]   作者:周双林、王嘉堃、李东红、崔天兴、赵朝洪。

二、样品及分析方法

1. 样品

上宅遗址发现于1984年,位于北京市平谷县城东北17 km上宅村北边的一块台地上,南临狗河,北靠燕山。1984—1987年进行发掘,总发掘面积约2 500 m²。整个遗址共分为8层,其中①层为耕土层;②为隋唐时期地层,且此层下发现了几座夏家店下层时期的墓葬;③—⑦层是以上宅文化为内涵的新石器时代文化层,可以分为2期;⑧层是与兴隆洼文化同期的文化地层。遗迹主要是灰沟1条和陶窑1座。

试验样品为一件骨柄刀。该器物编号为T0607⑤:40、41(图32-1),骨柄石刃[1],出土时刃和柄部脱离。残骨柄呈柳叶形,骨柄从中部断开,残长74.2 mm,骨柄厚9.2—14.4 mm,宽6.1—6.8 mm,重6.2克;背脊光滑圆钝,凹槽口外宽5.2 mm,内宽4.1 mm,凹槽剖面呈"v"字形,刀头处稍浅,深3.2 mm,最深处为器身中部,深3.8 mm,残凹槽与骨柄器身等长。石刃以细石叶为毛坯,燧石,青灰色,长51 mm,宽10.5 mm,厚1.7 mm,重1.8克,长宽之比为4.86,唇形台面,打击泡比较突出,有半椎体,两侧边平行,镶嵌于刀柄凹槽内的细石叶部位采用压制法进行两面加工,疤痕较大。刃缘部位锋利,有微破损疤痕,且肉眼观察发现刃缘部位有一层光泽覆盖,背缘处则无。

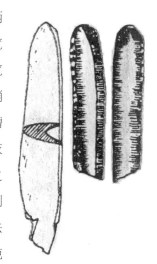

图32-1　骨柄刀线描图

崔天兴等人使用环境电子扫描显微镜对其进行了观察,并对其表面残留物进行了分析,发现骨柄石刃刀刃部残留有磷、钙、碳、氧等物质成分,表明在当时的用

---

[1]骨柄经北京大学考古文博学院教授黄蕴平先生鉴定为动物肢骨加工而成。

途可能是用来加工肉类的[iv]。

2. 分析仪器

（1）扫描电镜

实验采用的是清华大学摩擦学实验室荷兰 FEI 生产的 Quanta 200 FEG 环境电子扫描显微镜。该仪器带有 X－射线能谱,采用低真空模式时,分辨率 3 kV 时 < 15 nm,放大倍数为7×—1 000 000×。该仪器能够在直接观察的情况下,提供样品的微观结构,分析样品的元素成分及在相应视野内的元素分布信息。实验的具体条件为电压 15.0 kV,环境压力 80.0 Pa,使用了低真空和背闪,配合 X－射线能谱仪。

（2）红外光谱

实验采用的是北京大学分析测试中心美国 ThermoFisher 公司生产的 nicolet is 50 傅立叶变换红外光谱仪,该仪器最高分辨率为 0.09 cm^{-1}。测量范围为中红外：4 000— 400 cm^{-1},远红外：700—50 cm^{-1},近红外：11 000—3 800 cm^{-1},可以测定中红外、远红外、近红外光谱。同时也可测定固、液、气体样品的红外光谱,适用于有机物、无机物、聚合物、蛋白质二级结构、包裹体、微量样品的分析。

三、分析结果

1. 扫描电镜

我们首先使用100×对其进行初步观察,在刀背较多的破损处发现有物质附着（如图32－2）。我们决定在颜色较暗的位置,即靠近刃缘部位逐步放大倍率进行深入观察（图32－4、图32－5）。我们可以观察到在不同的放大倍率对物质表面形态的认识是不一致的。在放大至 200×时,我们发现该物质在一定范围内片状连续分布;在放大至 1 600×时,我们发现该物质粘连在一起,形成了较为平滑的光面(图 32 - 5)。为了进一步了解物质成分,我们对其做了能谱分析(图 32 - 6),发现主要物质成分为碳、氧、硅、钙、镁等,推测其组合为有机物(碳氧化合物)、二氧化硅、碳酸钙、碳酸镁等物质,其中二氧化硅为燧石本体,为胶层过薄、扫描过度所致,所以其主要物质成分为(有机物)碳氧化合物。

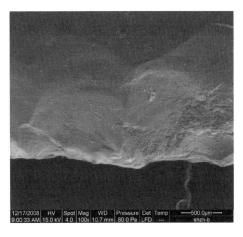

图 32 - 2　100×疤痕内物质附着形态

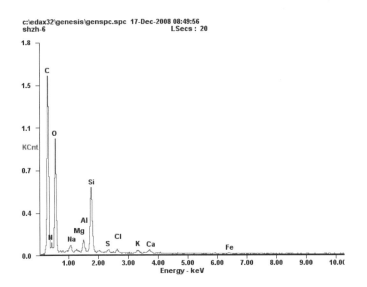

图 32 - 3　图 32 - 2 中颜色较暗处物质的能谱图

　　我们将其进一步放大至 11 201×,并添加接收背闪射电子信号的闪烁计数器进行观察,发现在该碳氧化合物内部有均匀分布的较大原子序数物质(图 32 - 7、图 32 - 8),我们在图 32 - 7 标注 3 部位做了能谱分析,结果如下:碳、氧、钡、锌、镁、硅、硫、钾、钙等物质成分如图 32 - 9,故推测其主要成分为碳氧化合物、二氧化硅、硫酸钡、镁盐、钙盐等。我们对图 32 - 5 标记点 1 和图 32 - 7 标记点 3 做了对比

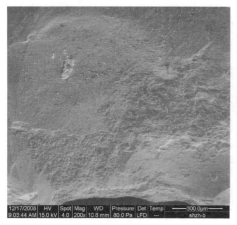

图 32 - 4　200×疤痕内物质附着形态　　　　　图 32 - 5　放大至 1 600×物质表面形态

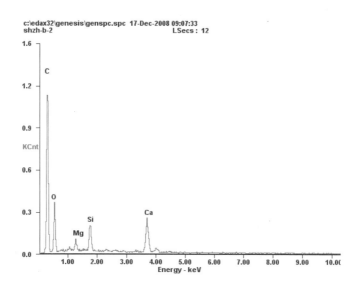

图 32 - 6　图 32 - 5 中标记 1 部位的能谱图

分析,发现前者与后者相比,除均含有镁盐、钙盐等外,后者钡盐含量即硫酸钡比例
较高,且分布均匀,故我们认为硫酸钡等盐分为有意羼入所致。

　　根据我们对其形制和微痕功能的初步认定,认为该处发现的有机物为占人制
作骨柄石刃刀时固定细石叶所用的粘合剂,其中钡盐等类物质是有意羼入的,以便
加快凝固速度,提高效率。

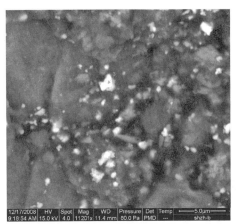

图 32-7　残留物胶中均匀分布的钡盐　　　　图 32-8　钡盐分布示意图

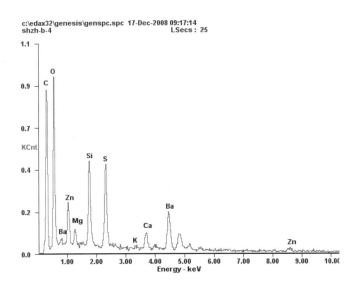

图 32-9　图 32-7 中标记 3 部位的能谱图

　　我们对图 32-2 颜色较暗的位置和图 32-5 标记点 1 所做的有机物能谱进行对比分析,发现他们之间的差异是比较大的,图 32-2 颜色较暗的位置能谱显示为高碳、高氧和硅以及少量的钠、镁、铝、硫、氯、钾、钙、铁等物质,杂质较多;图 32-5 标记点 1 能谱显示为高碳、高氧和硅以及钙、镁等物质,其组合为有机物(碳氧化合物）、二氧化硅、碳酸钙、碳酸镁等。我们认为其物质成分复杂程度小于图32－2中颜色较暗位置的物质，故两者可能为不同种的有机物。

2. 红外光谱

在显微镜下对骨柄刀刀背部分的膜状物（图32－10）进行了取样分析，红外谱图如下（图32－11）。

图32－10　骨柄刀刀背的膜状物

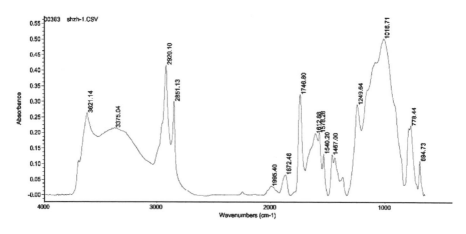

图32－11　膜状物的红外谱图

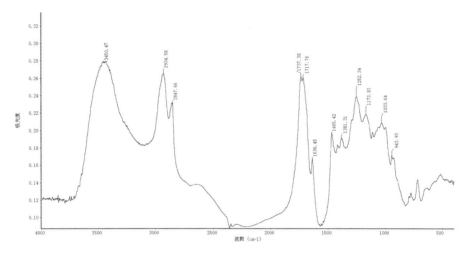

图 32－12　虫胶的红外谱图

从红外光谱分析结果来看,该样品包含 O－H(3 540—3 200 cm⁻¹)、C－H (2 800—3 100 cm⁻¹)、脂中的 C＝O(1 640—1 750 cm⁻¹)、C－O－C(900—1 300 cm⁻¹) 等官能团,根据特征吸收峰可以判断样品可能为有机物。对比发现,样品与虫胶特征吸收峰相似,该有机物可能含有虫胶。但由于其功能为切肉或其他用途,骨柄石刃刀刀上可能残留有其他物质,所以样品可能为虫胶与其他物质的混合物。

四、结论与问题

由于上宅遗址所处地理位置属于北方,环境干燥,使得骨柄石刃刀刀上的有机物得以完好地保存下来。此次通过扫描电镜以及红外光谱对样品的初步分析,发现骨柄刀石刃部分的膜状物为有机物,通过与其他胶类物质的红外谱图对比,发现与虫胶相似。除此之外,在发掘过程中,骨柄石刃刀并未做人工标记,可排除人为污染的可能性,据此判断该有机物为当时使用骨柄石刃刀时留下来的。但由于其功能为切肉或其他用途,骨柄石刃刀上可能残留有其他物质,还需要后续的分析。

另外在膜状物中还发现了钡盐等类物质,这是非常有意思的情况。由此可以判断在上宅文化时期,人们对胶已有一定认识,在制胶的过程中有意识地掺入钡盐等物质成分作为填料。至于粘合剂的性质以及具体的羼合工艺，还需要我们进一步的工作。

参考文献

[i] 郁金城, 王武钰.北京平谷上宅新石器时代遗址发掘简报[J].文物, 1989(9).

[ii] 康捷.中国考古学中碳十四年代数据集(1965—1981)[J].考古, 1984(3).

[iii] 王小庆.兴隆洼与赵宝沟遗址出土细石叶的微痕研究——兼论兴隆洼文化和赵宝沟文化的生业形态[J].西部考古, 2006(00)：59 - 76.

[iv] 崔天兴, 杨琴, 郁金城, 周双林, 赵朝洪.北京平谷上宅遗址骨柄石刃刀的微痕分析：来自环境扫描电镜观察的证据[J].中国科学(地球科学), 2010, 40(6)：737 - 744.

[v] 苏伯民, 张爱民, 胡之德, 李最雄.色谱法在古代绘画胶结材料分析中的应用[J].敦煌研究, 2000(1)：82 - 86.

[vi] 何伟俊, 张金萍, 陈潇俐.传统书画装裱修复工艺的科学化探讨——以南京博物院为例[J].东南文化, 2014(2).

[vii] 闫宏涛, 安晶晶, 周铁, 容波, 夏寅.彩绘文物颜料胶结材料分析与表征研究进展[J].分析科学学报, 2012, 28(5)：708 - 714.

[viii] 陈全家, 陈君, 吉平, 王春雪.内蒙古哈民忙哈遗址出土骨、角、牙制品的初步研究[J].人类学学报, 2016, 35(3)：385 - 396.

（原载于《中国科学(地球科学)》2010 年第 6 期）

33

河南博物馆展室空调滤网吸附粉尘的分析[*]

引　言

　　文物是重要的世界文化遗产,也是重要的民族财富。由于文物具有不可再生性,对文物的保护已经成为一项重要国策。为了文物展示和保护的需要,近年来新建了许多现代化的博物馆。新的博物馆的建设,为文物提供了良好的保存环境,必然使文物延年益寿。但是是否有了新的博物馆就不需要对文物所处的环境进行监控和了解了? 结论是否定的,因为现代化的博物馆大多数采用人工环境,各种环境参数是否适合保存文物的需要,必须通过长期的实际调查才能确认,而且博物馆内众多游客的流动,也使相对封闭的环境在不断发生变化。

　　为了调查博物馆内人工环境的情况,我们对河南博物院内空调系统中滤网上沉积的粉尘进行了取样分析,期望了解其成分和来源,为文物的保存环境选择提供科学的数据。

一、样品和分析方法

　　用手术刀提取博物馆空调滤网上的附着物少许,存入样品袋,分别检测了粉尘的成分以及粉尘的形状特征。

　　(1) 成分分析

　　采用红外光谱和 X -射线衍射仪对成分进行分析。首先采用红外光谱对整个

＊　　作者: 杜安、周双林。

样品进行分析,然后再将样品分离,取得纤维状样品。对纤维样品进行红外光谱
分析。

对于样品分离后的颗粒状粉尘,采用 X -射线衍射仪定性测定成分。

(2) 仪器

Nicolet 公司的 Magna - IR 750 傅立叶变换红外光谱仪。

日本理学 D/max 自动 X -射线衍射仪。

对于样品的形貌采用扫描电镜进行了分析。分析前将粉末状样品用导电胶带
固定在样品台上,喷金使导电。仪器: OPTON 公司 CSM -950 型扫描电子显微镜。

二、结果

(1) 成分

经过分析,粉尘中的无机颗粒主要为硅铝矿物。粉尘中的纤维状样品主要的
成分是聚酯树脂和纤维素,见图 33 - 1。

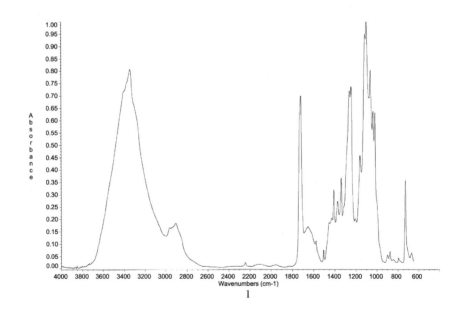

1

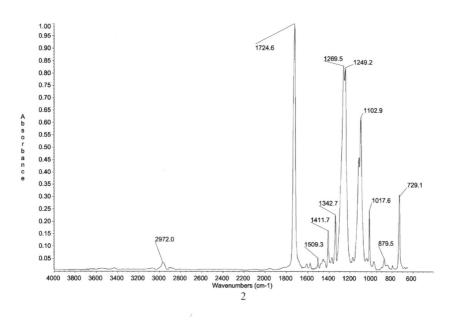

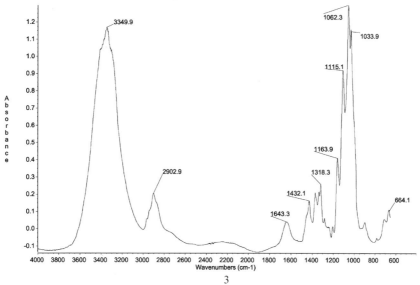

图 33 - 1　粉尘样品中纤维的红外谱图及对比

1. 粉尘中提取纤维的红外谱图　2. 聚乙烯对苯二甲酸酯的红外谱图　3. 纤维素的红外谱图

（2）形貌

粉尘及粉尘中提取纤维的显微形貌见图 33 - 2。

图 33-2　粉尘显微照片

上左：粉末状灰尘　上右：粉末状灰尘内的无机颗粒
中左：粉末状灰尘中无机和有机物质混合　中右：粉末状灰尘中的纤维状物质
下左：柱状纤维　下右：片状纤维。

从图 33 - 2 可见,颗粒状粉尘的形状极不规则,而且密实程度也不相同,显示成分不同、来源复杂。在 3 个不同样品上选点做能谱分析,成分分别为 Si、Al、Ca;Si、Al、Fe;Si、Al、Ca。显示颗粒状粉尘的主要成分是铝硅酸盐。

在颗粒状物质中,还有一些短棒状有机物质,以及无定型有机物质。

纤维状物质形状细长,多数柔软而卷曲,有两种不同的形式:一种截面呈片状,表面光滑;另外一种呈棒状,表面沿着长度方向有凹槽分布。

三、讨论

通过红外光谱和 X -射线衍射获得了样品成分的分析结果,粉尘样品的组成为无机的硅铝酸盐矿物颗粒和有机的细纤维。这些有机纤维成分为聚酯和纤维素。

无机粉尘可能来自空气中的浮尘,由此说明对于观众众多的博物馆展厅,空气粉尘仍然存在。有机纤维状物质的来源可能来自观众的衣物或博物馆地毯。

通过分析,证明博物馆展室的人工环境中仍然存在对文物有害的物质。这些无机粉尘和有机纤维如果沉积在文物上,不但影响外观,而且会带来各种破坏因素,如酸、碱、盐和霉菌等,造成物理和化学的破坏。分析结果证明,对空气的过滤是必须的,而采用空调设备是合适的,分析的数据还为空调滤网的挑选提供了依据。

参考文献

[i] Garry Thomson. The museum environment [M]. London: Butterworth, 1986 (second edition).

[ii] William W. Nazaroff, Mary P. Ligocki. Air Borne Particles in Museum [M]. J. Paul Getty Institute, 1993.

[iii] 王晓蓉编著.环境化学[M].南京: 南京大学出版社, 1993.

(原载于《文物保护与考古科学》2006 年第 3 期)

34
潮湿土遗址隔水防潮技术总结研究*

一、目的

我国的土遗址很多,根据其所处位置,可以分为干燥环境中的土遗址和潮湿环境中的土遗址。

干燥环境下的土遗址,主要是西北地区,尤其是甘肃、新疆和内蒙古西部的土遗址,主要是古城、烽燧、城墙等。著名的如高昌故城、交河故城、黑城、苏巴什古寺庙、汉代长城和烽燧等。

潮湿环境下的土遗址,分布范围很广,包括除了以上地区外的多数土遗址。这些遗址的病害与水有很大的关系,水的来源有地下水、雨水、空气含水等。

处于潮湿环境下的土遗址处于恶劣的自然环境中,对它们的保护难度很大。

对潮湿土遗址的保护是个综合性的工程,包括工程技术措施、化学措施等。其中工程技术措施包括保护建筑的构筑(阻挡阳光直射和雨水的冲刷)、地下水的隔断和防潮(隔水防潮)、排水系统的设置等。地下水的隔断措施是保护潮湿土遗址的重要手段,也是保护潮湿土遗址的关键措施。

国内在潮湿土遗址保护中,在地下水控制方面,曾有多个单位进行了研究探索,但没有进行认真的总结。本研究的目的就是对国内潮湿土遗址保护中采取的治理地下水影响的工作进行总结,在总结的基础上得出经验和教训,为以后的潮湿土遗址保护提出一些指导性的建议。

---

* 作者:周双林、张鹏宇、杨琴。

二、调查内容和方法

1. 调查内容

根据对国内潮湿环境下土遗址的调查资料,选定国内有代表性的土遗址,调查这些土遗址在潮湿环境下的病害特征,以及采取的一些保护措施。

2. 调查方法

主要进行实地调查,并与管理人员沟通,了解遗址保护的相关措施,拍摄相关照片,获得相关保护措施的实际数据,并在可能的情况下,得到设计和施工图。

三、各个遗址点的情况

1. 北京大葆台遗址博物馆

北京大葆台遗址在发掘后,为了保护遗址,采取了多项技术保护手段。这些手段是:混凝土隔板支撑隔断、修建隔水环廊和博物馆保护房、化学加固和生物防治、化学灌浆等。

在遗址发掘后不久,由于发现水的影响很大,采取了在下部开挖隧道,然后用砖垛支撑水泥板的措施,将遗址支撑起来,后来又用灰土填充架空的砖垛空间。在此之后修建了博物馆,其中修建了隔水防潮的廊道,并加装了通风设备。之后为了防水,又进行了遗址坑内的灌浆处理,但是打穿了下部架空的水泥板,浆液有下漏现象,影响了效果。

目前大葆台遗址周围的地下水位在地下 27—30 m,遗址没有受到地下水的影响,但在遗址地面上,春、秋季仍有部分潮湿,估计是水分从下部以气态上升到遗址地面,然后凝结形成。

总之，几个措施中最有用的是隔水廊道，阻止了雨水的渗漏，其他的措施作用不大。

2. 北京琉璃河商周遗址博物馆

对北京琉璃河商周遗址的保护，是在遗址发掘后，首先用木板等对遗迹进行临时隔断，封闭起来，然后修建博物馆，使遗迹成为博物馆的展品。为了避免展示时的破坏并控制遗迹的环境，将遗迹用玻璃钢制作的柜子密封起来。在采取这些措施后，遗迹仍出现了问题，最主要的是生霉，其次还有土体的粉化。

为了解决这些问题，在玻璃钢柜子的底部开了通风孔，用普通的排风扇排风。

以上的保护操作看起来很矛盾，密封导致小环境的湿度升高，排风则可使湿度下降。推测最开始采取密封，试图提高遗址的保护规格，给人珍贵神奇的感觉，同时也为了减少灰尘等的影响。

由于小环境的高湿度导致环境发生改变，土体出现了病害，包括土体的粉化、土体表面的绿色、白色微生物形成的膜状物质等，以及水泥侧壁上白色的盐结晶等。

根据以上所述，遗址的小环境控制没有达到应有的目标。

3. 郑州大河村遗址博物馆

郑州大河村遗址在发掘后，为了保护遗址，首先修建了保护性建筑，进行展示与保护。修建的保护房为砖木结构，砖墙、木门窗、木构架房顶。后来改建，加高了房顶，并将木门窗换成了铝合金门窗，使遗址的密封性更好。

由于在刚发掘时以及之后的十几年间，地下水位很高，基本在地下3—5 m，因此对遗址的破坏很大，主要是形成了微生物类的地衣和苔藓，甚至形成了草类；水不断上升，导致土体含水量很高，一些窖穴由于下大上小，悬垂部分出现垮塌，水分挥发、湿度的日变化和年变化导致土体表面粉化。

为了保护遗址，在保护房的基础上，又采取了一些隔水降湿措施，如修建隔水环廊，在环廊设置通风设施等。

　　修建隔水环廊的措施,是在遗址的外围开挖沟槽,在沟槽两侧做混凝土的挡板,使沟槽内外两面隔开,空间距离 50 cm,挡板达到遗址地面以下 2 m。完成后,将上部覆盖,然后用沙子掩埋,以避免与遗址地面形成明显的差异。

　　环廊的通风设施主要是在遗址的东侧修建竖井,使深度在遗址地面 3 m 以下,并用粗管道将遗址周围回廊连通起来,在遗址的西侧、保护房的外墙上修建一个烟囱形的管道,使与环廊管道连通,试图通过竖直管道,将环廊内的湿气抽出。

　　采取这些措施后,遗址的状况并没有得到很大的改善。修建环廊后,上部覆盖了沙子,致使环廊内部密封,混凝土材料本身没有起到隔水作用,仍在传导湿气,外部湿气仍会传导到内部的遗址上。另外,由于西墙上的管道高度不够,直径也小,管道没有起到抽出环廊内湿气的作用,因此这个设置并未起到作用。

　　后来附近修建公路,导致遗址附近的水渠系统受到影响,地下水位因此下降,遗址的病害较原来轻,但是病害仍然在发展。

4. 洛阳天子驾六遗址博物馆

　　洛阳天子驾六遗址博物馆位于洛阳市中心的河洛文化广场。新发掘的遗址非常潮湿,有关单位建议对遗址进行隔水处理,即采用工程技术措施掏空下部,使与土体隔离,而侧面用隔水墙隔断,这样将遗址与外部的土体整体隔离,起到防止水影响的作用。在施工中只采取了侧面隔水防潮的措施。

　　天子驾六遗址车马坑为西北—东南方向。根据现场调查,在修建博物馆建筑时,西南侧面外部 2—3 m 处设计了地下停车场。这个停车场本身就进行了隔水防水处理,因此这面未修建隔水墙,而其他三面都修建了隔水墙。其修建按照相关的设计标准进行,深度距离原地面 6 m,约距车马坑地面 3—4 m。三面隔水墙与西南方向的防空洞墙壁对接。

　　由于土体表面在稍后采用具有防水作用的材料进行了处理,因此从外观看土体表面非常干燥,但是在遗址中心部位的墓中,打开散碎的回填土,可发现只有表面 1—2 cm 的土是干燥的,内部仍然很潮湿。而在西北部分重修的侧壁上,也可看到土体潮湿、表面粉化的现象。

虽然目前洛阳市地下水位很低，经过广场地面的硬化处理和排水设施的修建，地下水和雨水对遗址的影响很小，但是根据土体的含水情况判断，侧面隔水措施不能完全解决土体的保护问题，土体的保护仍有隐患。

5. 新郑郑韩故城遗址博物馆

新郑郑韩故城车马坑遗址是在 2000 年左右发掘的。发掘完成后，1 号坑没有进行保护处理，只搭建了保护棚，因此目前坑壁风化严重。中字形大墓和附属的车马坑采用了化学防水处理，由于本身距离地面很近，没有出现问题。5 号墓地势低、潮湿，因此采取了隔断保护措施。

具体的保护措施是：在车马坑底部构筑砖券，然后在周围修建夹心的水泥墙。同时在上部修建通风孔，以促进湿气挥发。

保护处理完成后，效果很好。

6. 临淄殉马坑遗址博物馆

山东临淄殉马坑发掘后进行了陈列展示，现陈列了 106 匹马骨。在殉马坑上修建了保护房，并在上部修建了铝合金框架的有机玻璃罩子。

车马坑发掘后，马骨就开始出现损坏，春季时出现断裂；夏季雨水增多，马骨发霉并生苔藓，严重影响了保护和展示。

为了保护，采取了一些措施，主要是为了隔绝地下水。采取的是矿业上的坑道施工方法，将遗址整体架空，在下部形成完整的拱券结构[i]。

经过近 20 年的时间检验，这个措施比较成功，殉马坑土体干燥，没有发生生霉现象。缺点是南段没有作隔断，因此出现了漏水等现象。

7. 成都杜甫草堂唐代遗址博物馆

成都杜甫草堂唐代遗址，为了控制地下水，采用了打井抽水的措施。具体的做法是在遗址的周围打 3 口井，在井中放入深水泵，当水位超过某个高度时（接近地面 20 m）就开始抽水。目前已经运转了近 5 年。这个设施完成后，遗址的潮湿状况有所改善,但是效果不是很明显。

四、方法总结及效果评价

1. 常用的方法

根据对多个遗址的调查,国内潮湿土遗址隔水降湿的措施主要有以下几种:挡水墙、隔水廊道、抽水法和拱券法等。各种措施依据的原理不尽相同。

2. 效果评价

（1）各种措施的使用情况

方　法	使用单位	效果评价	缺　点
挡水墙	洛阳天子驾六遗址博物馆	土体仍潮湿	不能控制下部的水分运动
隔水廊道	北京大葆台遗址博物馆	有效果,可阻挡雨水渗透	不能控制下部的水分运动
抽水法	成都杜甫草堂唐代遗址	有效果,但是不能阻止微生物生长	容易导致土体塌陷
拱券法	临淄殉马坑 新郑郑韩故城车马坑	效果好,能解决地下水的问题	操作困难,费用高

（2）各种措施的评价

① 挡水墙:原理是在遗址的四周形成隔水层,可以切断从侧面来的水。缺点是无法解决从垂直的下方渗透上来的水,如果在地下水很高的情况下,或者地下水忽高忽低,都不会有很好的效果。即使是在地下水位不高的情况下,土体仍然是潮湿的。在这种情况下,如果环境湿度循环变化,土体仍然会挥发水分,若有盐,水分挥发的位置将出现盐结晶而破坏土体。

② 隔水廊道:与隔水墙的作用一样,可阻止侧面水分的渗透。与前者不同的是,隔水廊道增加了隔离的空间,可增加通风设施,提高隔水效率,另外也便于检修。

③ 抽水法:作用是主动降低地下水,降低上部土体含水量。在地下水位在一

定高度范围内,抽水法适用;地下水位太低,不要使用;地下水位太高,抽水无法解决问题。另外如果地层透水性很强,抽水法也无法解决问题,因为耗费太大。抽水法的另外一个缺点是抽水容易导致水的集中流动,导致土体颗粒被带走,造成土体结构的破坏;抽水还会导致土体的浮力降低,局部土体下沉。

④ 拱券法:试图切断遗址与地下水的联系,从而阻止地下水的上升造成的破坏。

优点是可以彻底隔绝地下水的影响;缺点是操作困难,费用高。在地下水位较高的情况下,操作更困难;如果结构有漏洞,也很容易失效。

拱券法需要注意的是要做得全面,四周和下部都要做,否则容易造成局部的破坏,例如临淄殉马坑漏水的情况。

在地下水位不高的地点,采用这种措施能很好解决问题,如新郑车马坑遗址。但要注意开挖过程中尽量不要改变遗址的状况。

五、结论和讨论

1. 结论

通过调查,可以发现在遗址的防水隔水方面,有很多有意义的探索。在国内遗址的保护中,尝试使用的方法有:挡水墙、隔水廊道、抽水法、拱券法等。这些方法各有各的优点和缺点。其中效果最好的是拱券法,其他几种方法对遗址的隔水防潮也有一定的效用。

2. 讨论

以上方法的使用,一定要根据各个遗址的实际情况,在进行完整的地质调查,了解地层情况、地下水情况后,再作决定。

地下水和雨水对土遗址的破坏,是遗址保护必须克服的问题。除了以上的方法外,还有一些手段可以采取,如切割土体和全部密封。

切割土体的方法是在调查秦始皇兵马俑遗址6号坑时发现的。6号坑是长条形的随葬坑,遗址的地层为:上部2 m左右是后来覆盖在遗址上的冲积土;下部是遗址,主要是夯土。为了展示6号坑,遗址上部土体向外开挖,形成宽阔的参观步道。这样外部的雨水只到达切割土体边坡的边缘,而风化作用、霉菌滋生等主要发生在这个部位;下部土体则缓慢地释放水分,和环境逐渐达到平衡。

另外西安景帝阳陵遗址采取了将遗址彻底密封的措施,参观者从单独的廊道中通过,与遗址隔离。彻底密闭的结果是遗迹的环境湿度很高,一般在80%以上,这样可避免土体内部的水分挥发,即使遗址下部有水分,也不会造成破坏。缺点是要经常进行防霉处理。遗址中的玻璃也使用了特殊材料,可以将凝聚在玻璃上的水分驱赶走。

参考文献

[ⅰ] 张龙海.临淄拾贝[J].考古,2001,4(1): 135-136.

(原载于《东南文化》2009年第2期)

35
杜甫草堂唐代遗址综合保护研究*

一、草堂唐代遗址发掘情况及现状

1. 杜甫草堂历史[i]

成都杜甫草堂是唐代大诗人杜甫于唐肃宗乾元二年(759)客寓成都,至唐代宗永泰元年(765)五月离开成都之后为世人留下的重要遗址。它成为历代纪念杜甫的遗迹中规模最大、保存最完整、知名度最高的一处,因而成为中国文学史上的一方圣地。1961年被国务院列为第一批全国重点文物保护单位。

2. 杜甫草堂唐代遗址发掘情况

2001年10月,成都杜甫草堂博物馆因建设地下管网,在草堂北门内东侧苗圃中距地表1 m深处发现了唐代瓷器残件。成都市文物考古研究所会同草堂博物馆进行了抢救性发掘和清理,发掘面积总计1 020 m²,发现了唐代的房屋基址、亭台遗址以及水井、排水沟等重要遗迹,还出土了唐代碑刻和其他唐代历史文物。这些重要发现真实地再现了唐代人们的生活场景和杜甫生活时代的历史背景,从而填补了历史空白,极大地丰富了杜甫草堂的历史文化内涵。

1) 发掘前

成都杜甫草堂唐代遗址位于草堂北门内东侧的苗圃中,它与草堂中心位置即杜工部祠的直线距离仅约60 m(见图35-1)。西边紧邻草堂万卷楼,北距草堂围墙仅3.2 m,东边是种植树苗的基地,南边与苗圃办公房相距12 m。此次考古发掘

---

* 　作者:周双林、孙华(北京大学考古文博学院),丁浩(成都杜甫草堂博物馆)。

前,遗址所在地为地势较低、用于种植树苗的耕土地。地表仅有少许近现代明沟和浅土坑,遗址南部有一处现代温室基础,其他部分未遭受较大的破坏。

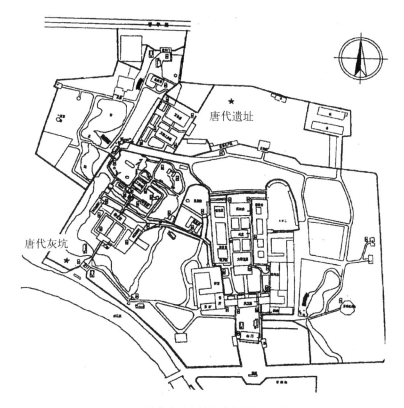

图35-1　唐代遗址在杜甫草堂博物馆内的位置

2) 发掘情况

成都杜甫草堂唐代遗址呈南北向布局。现已发掘部分南北长为42 m、东西宽27.5 m(需保护部分的具体数据以现场测绘为准)。遗址面积总计1 020 m²,遗址平面距地表深约90—115 cm。发掘出土的重要遗迹有水井3处、房屋基础7座、亭台遗址1处、灶坑2处、窖坑7个、排水沟4条、灰坑72个、灰沟1条,形成内容丰富的唐代人们的生活建筑群(见图35-2)。

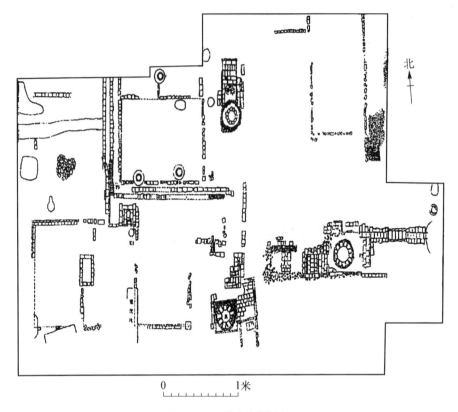

图 35-2   唐代遗址发掘情况

3. 遗址的病害

1）发掘后的保护措施

草堂遗址为经过发掘的土遗址，大部分由土构成，并有部分砖石建筑遗迹。遗址在 2002 年发掘后，为了防止自然破坏，搭建了临时性的保护棚。保护棚为钢架结构，上覆塑料瓦，周围未遮掩。为了防止雨水渗入遗址造成破坏，在周围开挖了排水沟。

2）病害状况

虽然有了以上的保护措施，但是由于地下水以及自然环境因素如光照、风吹、温湿度变化等，遗址在发掘后的一年内已经出现了一些病害。

根据调查,遗址的病害状况如下:

(1)地下水的上渗:遗址局部潮湿,由遗址两口唐代砖井内存水可见地下水位很高,地面潮湿是毛细水上升造成的。

(2)雨水:经过观察,在夏、秋季下雨的时候,有雨水直接浇入遗址及落水渗入遗址侧壁的现象。

(3)局部渗水:在遗址北部的坑壁上,有灌溉花木的一些水渗入,使坑壁潮湿。

(4)霉菌生长:在遗址的低洼部分,如某些窖穴底部和侧壁长出了植物,主要是苔藓和地衣,还有一些草类植物。

(5)土体风化:一些侧壁如窖穴和探沟的侧壁和地平面,表面土体出现了风化现象。

以上病害中,土体潮湿、植物生长是比较明显的病害,其他病害现象也在继续发展,如果不采取相应的措施进行治理,长期下去遗址将被破坏得面目全非,失去研究与展示的价值。

二、遗址的病害分析与保护设想

1. 遗址保护的常用方法

对遗址的保护,需要有认真的规划和调查。调查包括:遗址的地质、地理、气象等自然条件,遗址的历史、重要性等人文因素,遗址保护的历史情况等。在调查基础上的规划,应该有明确的遗址展示保护方案。保护古遗址要根据文物本身的特点进行,遵循文物保护的要求和符合相应的法律法规。

根据国内外研究的经验,遗址保护可采取的措施主要有以下几个方面:构筑保护性建筑及地下隔水层,对土体进行化学加固,对危害遗址安全的草类和地衣苔藓等进行杀灭处理,以及对现场展示文物的保护。

2. 唐代遗址的病害分析

杜甫草堂唐代遗址位于草堂博物馆的地势最低处,现在为博物馆花房所在地。

博物馆南部紧邻浣花溪，由于溪水的补给，地下水位较高，据实测，水位在地下 2 m 左右，并随季节变化。

通过实地初步调查，认为病害的原因有以下几种：

1）水：水在自然界是普遍存在的，它对人类的生活非常重要，但在文物保护中，水的不利影响非常大。

水的影响有以下几个方面：

（1）水在土壤毛细管内迁移运动，产生毛细压力，对管壁产生破坏；低温下水在土壤毛细孔中结晶，体积膨胀，对孔壁产生很高的压力，造成土体的破坏；

（2）水可以造成黏土颗粒的膨胀以及机械强度的降低[ii]；

（3）水可以溶解对土壤微粒有粘结作用的物质，从而导致土壤崩解；

（4）地下水在土壤毛细孔内上升造成可溶盐向表面迁移与富积；

（5）霉菌在含水较高的文物和遗址上容易生长。

草堂遗址的水的来源有：

（1）地下水：草堂遗址地下水位在地下 1—2 米内，而且南面有浣花溪，溪水侧渗可补充地下水，地下水位高；

（2）雨水：虽然有临时性的保护棚，但是有些部位漏雨，另外排水系统也有些问题；

（3）生产用水：如花木浇灌过程中一些水渗入遗址。

水对草堂遗址的影响表现在：

（1）造成土体的强度降低；

（2）空气含水量的周期变化（湿度变化）造成土体表面风化；

（3）促进了生物的生长。

2）生物因素：经过初步鉴定，草堂遗址在发掘完成后的一年时间内出现的掩盖遗址原状的生物主要是地衣与苔藓，还有一些草类。

（1）苔藓：苔藓的生命力很强，它们的生长会改变遗址的面貌，对土体表面（文物遗址的原始面）产生机械破坏，地衣在生长过程中会产生一些有破坏作用的酸碱分泌物，破坏土壤的结合物。

（2）草类：植物的生长会改变遗址的外貌,根系的生长将对部分遗址产生机械破坏。

苔藓和植物的生长是水分作用的结果,而植物的生长具有保持水分的作用,又会使遗址表面长期处于潮湿状态。

3）气象因素：气象因素包括光照,温、湿度变化,风霜雨雪等。

草堂遗址由于只有临时性的保护棚,只能遮挡上部的雨水和光照,不能控制遗址的温度和湿度变化。周期性的温、湿度变化,造成遗址表面风化。

通常情况下,水和盐类是遗址破坏的主要原因,值得注意的是草堂遗址内尚未发现盐类结晶造成的破坏,这可能是因为产生这种破坏需要一段时间。

3. 遗址的地质勘探

为了深入了解地层和地下水的情况,对遗址进行了勘探,并根据勘探结果对遗址的地层和地下水情况进行了分析。

1）勘测对象

成都杜甫草堂博物馆内唐代遗址面积为 478.5 m^2。

2）勘探内容与目的

（1）查明场地的地质结构,各地基土层的类别、成分、厚度和分布情况;

（2）查明地下水埋藏深度及地下水对地基基础、混凝土的腐蚀情况;

（3）查明场地地基土的地震效应,查明有无不良地质现象,如软弱下卧层、砂土液化等;

（4）提出地基土的物理力学指标以及地基土的承载力特征值等所需参数;

（5）为文物建筑设计、遗址展示、土体保护等提供经济合理、技术可行的建议。

3）勘探方法

（1）地点与探点布置：勘探地点位于杜甫草堂博物馆内,地处博物馆北入口东侧。场地地势平坦,地貌单一,无严重不良地质现象,地貌单元属成都平原岷江流域阶地。根据遗址坑平面图,布置勘探点 8 个。

（2）勘探方法：采用 1 台 SH－30 型钻机对土层进行管钻取芯鉴别,并进行标

准贯入试验和 N_{120} 超重型动力触探试验。共完成钻探总进尺 72 m，其中动探进尺 49 m，标贯试验 5 次，取得原状土样 6 组。

4）勘探结果

（1）地层结构及分布：钻孔揭露深度范围内，地层主要由第四纪全新统人工填土和河流冲积层组成，各层分别为：素填土、粉土、卵石。

（2）地基土的物理力学性质：结论见勘探报告。

（3）场地水文地质条件：场地地下水属第四系空隙潜水类型，勘探期间为丰水期，初见水位为 2.3—2.6 m，勘察结束测得场地静止水位为 1.9—2.2 m。该场地在地下水之上的粉土层及素填土层存在大量的毛细水，其上升高度随地下水位及土层而变化。根据成都地区区域水文地质资料分析，该区域地下水位年变化幅度约在 2.0—3.0 m 之间，地下水主要由大气降水及附近浣花溪补给，通过蒸发排泄。

（4）场地地震效应：根据勘探结果，拟建场地地基土属中软场地土，场地类别为Ⅱ类，处于可进行建设的一般场地。场地地震反应较轻，为建筑抗震的可用地段。

5）评价与建议

（1）评价

① 场地内地基土稳定，分布较均匀，无严重不良地质现象，且交通方便，适宜建筑。

② 场地内人工填土分布连续，结构松散，成分混杂，均匀性差，承载力低，未经处理，不适宜作为基础持力层。

③ 粉土分布广泛，承载力低，可选作基础持力层。其下部的饱和粉、细砂透镜体承载力低，力学性质较差，不液化。在饱和粉、细砂透镜分布的地段，应对下卧层强度进行验算。

④ 卵石层分布连续，工程特性较好，层位稳定、变形小，是拟建场地的良好持力层。

⑤ 场地内地下水丰富，地下水在上部土层中存在大量毛细水，其上升高度随地下水位变化。

⑥ 遗址坑位于填土层，距地下水位仅 1.1—1.2 m，下土层毛细水作用使坑面极

为潮湿,表面生长苔藓,破坏文物外观。

(2)建议

① 根据本工程性质及特点,建议遗址保护侧重防水、防潮;用观光棚汇集大气降水,坑周边设防渗墙、排水沟,以消除上部水的影响;下部地下水可采用工程措施使遗址坑隔离地下水,保持坑内干燥;

② 在施工中应加强验槽工作,如发现异常问题,及时会同有关部门解决。

4. 应采取的保护措施

根据分析,草堂唐代遗址的病害是综合因素作用的结果,所以控制遗址的病害,需要采取综合措施。根据遗址保护的一般经验方法和对草堂遗址病害的分析,对遗址的保护应该采取如下保护措施:

1)降低地下水位或隔绝地下水:目的是控制地下水的不利影响。

2)隔断侧向雨水的渗透:目的是控制其不利影响。

3)构筑保护性建筑:目的是防止光线的直接照射,防止雨水的冲刷,同时控制小环境的温度和湿度的变化,控制气体和固体污染物的影响。

4)加固土体,提高耐风化能力:土体是遗址的主要部分,提高其强度和耐风化能力,有利于遗址的长期保护。

5)杀灭苔藓和草类:控制这些生物因素造成的风化作用和对遗址外观的改变。

6)遗址内展示文物的相关保护研究。

三、保护设施的设计

1. 保护设施设计建设的目的与内容

1)目的:尽可能地保护该处唐代遗址,防止和控制自然因素对遗址的破坏,尽量保持遗址出土时完整的形态,延长遗址的寿命,并使遗址得到完美的展示。

2)内容:根据防止自然破坏、人为破坏以及遗址展示的要求,遵循建筑学的原理和方法,设计遗址的保护设施。设施的设计还应与遗址周围的自然和人为环境相适应。

3)原则:(1)文物保护原则:遵循文物保护原则,设计地下防水设施时要尽量考虑隔绝地下水,减小地下水的影响,在施工时应该考虑到各种方法,以实现设计时的设想。设计地上保护性建筑时,要考虑遗址保护与展示的要求。保护要求控制影响文物安全的光、热、温湿度、空气洁净度等,要求考虑到展示要求的合理高度、参观面积和人行通道、通风采光等。(2)与自然环境和人文环境相协调:保护性建筑的位置在风景名胜区内,博物馆内有仿古建筑群,还有茂密的绿色植物,新建筑要考虑与人文景观和自然景观相协调。为了保护好、展示好遗址,整个保护性设施的设计要从开始就注意满足以上要求,并在设计中充分体现,施工中尽量达到。

2. 地下隔水与防水设施的设计

1)隔水与防水的一般方法

防止地下水对文物遗迹产生不利影响的方法,已经在前文中谈到,曾经采用的有:排水法、拱券法、化学灌浆法等。

2)设计方案

根据草堂遗址地下勘探的结果,设计了两个隔水防水方案。

(1)常年降水方案

降低地下水对文物遗址的侵蚀影响,应将地下水位降至坑底以下-0.8 m 为宜。因为卵石层中含有细砂砾,毛细水仍有一定的上升高度。根据基坑降水经验,水位以上 5.0 m 的卵石层一般不再潮湿,这样就能保证文物坑下-3.0 m 内常年干燥。坑底以下 8.0 m 即地面以下-9.0 m,凿井深度应为-17.5 m,降水井间距不大于 35 m。根据计算,该场地布置 3 口井为宜。

常年降水方案应该保证电力供应,设置双电源,并备 10—15 kW 的发电机 1台,并修建长期使用的值班房,专人管理。为使潜水泵正常运行,应有备用水泵及水管。沉砂池位置应远离遗址坑 10.0 m 之外。

（2）管棚法方案

具体做法是：首先对遗址坑做隔离，打 3 口降水井用于抽水，然后开挖遗址坑四周的工作坑。工作坑宽度及深度要满足管棚法施工的要求。在工作坑-4.0——-4.43 m 处间隔 0.5 m 用水平钻机打引孔，再打管两排（双层），底层管内埋设钢绞线。上层管径 Φ50，下层用管径 Φ97 无封钢管，管口堵塞（待张拉钢绞线后）采用 C_{30} 细石混凝土。高压喷浆采用大厂 42.5 高标号水泥进行，使双管层之间浆液与连砂石拌和，形成不小于 0.8 m 厚的混凝土板。板与防渗层墙底连接，底座采用双对扣槽钢浇灌 C_{30} 混凝土，形成连接地梁。四周同时采用千斤顶将"矩形盆"抬出地下水面，最后地梁底部作防腐处理，并浇注防水混凝土。完成后将工作坑回填，进行保护性建筑施工。

以上两种方法，各有优缺点。

常年降水法施工简单、造价低。缺点是：① 需要常年抽水，日常维护费用高；遇到特殊情况不能抽水降水位时，会威胁遗址安全；② 常年抽水，有可能造成地面下陷，威胁建筑安全；③ 遗址周围 100 m 范围内的植被因水分供应不足不易存活，需要人工浇水。另外草堂博物馆内池塘多，地下卵石层透水性好，抽水能否解决问题，也需要考虑。

管棚法施工工艺复杂，造价高，但施工完毕后可停止降水，对周围植被没有影响。

3. 保护性展馆的设计

对于博物馆建筑，论述比较多[iii][iv]，主要关注了博物馆的整体设计，展室和库房等的设计。

设计时需要考虑的问题：

1）保护的要求

（1）温度：博物馆内温度不可太高，也不可太低，最佳温度范围为 15—20℃，温差越小越好；

（2）湿度：在 50%—60% 之间最好，尽量少波动；

（3）光线：光线对土遗址本身没有多大影响，但是充足的光照会促进植物生长，因此需要注意；

（4）空气污染：污染气体和粉尘都不利于文物的保护，为了控制这些因素，需要注意窗不能开得过大，空气最好有过滤措施。在遗址保护中如果能够设置空调设施，则能控制温湿度，达到有效保护遗址的目的。

2）展示的要求

（1）采光：光线会影响展示效果。侧开窗，光线容易导致眩光，同时影响墙面布置辅助展品。一般情况下，建议采用顶部采光。全封闭、人工采光虽然好，但是经济上负担重，不是特别珍贵的文物，还是采用自然采光比较合适。

（2）参观通道：合理的参观通道，包括合理的路线、走道宽度、与遗址的角度，以及停留场地的面积大小。

（3）保护性建筑与环境的协调

遗址处于风景名胜区内，因此建筑的外观应该和自然、人文景观相协调，而不可过于突兀或出现大的反差。

（4）服务设施：建筑设施要考虑服务设施。作为景区的一部分，服务设施也可以依赖于周围的已有设施，合理配置。

3）设计方案

根据以上要求和博物馆建筑设计的原则，提出了杜甫草堂唐代遗址陈列馆设计方案。

四、遗址土体保护材料的选择

1. 土体加固剂的作用、要求与使用范围

1）土体加固剂的作用

对于土体的风化，可以采用控制环境因素的方法，也可以采用化学材料对土体进行改性的方法，提高土体的内部连接力，恢复其本身强度和稳定性。

2）土体加固剂的要求

土体加固剂作为使用在珍贵文物或遗迹上的材料,要求很多,一般有以下要求:

（1）材料容易制备,价格低,可接受;

（2）性能稳定,保存容易,携带方便,不易变质;

（3）低毒无害,对操作者没有不利影响,对自然环境影响小;

（4）黏度低,渗透能力强;

（5）固结快,受环境条件影响小;

（6）固结完成后不改变土体颜色、透气性等;

（7）固结后不在土体表面形成硬壳,与内部土体没有明显的分界;

（8）耐老化性能好。

其他的要求还有一些,但是加固剂能达到这些要求,就可以接受。

2. 试验样品制备

1）加固材料

根据对多个土遗址保护的实践经验,选择了几种在土遗址保护中成功的材料作为草堂遗址土体加固的备选。这些材料是:

（1）甲基三乙氧基硅烷（MTEOS）:与乙醇以 3∶7（体积）的配比混合使用。

（2）Remmers 300（R300）:德国 Remmers 公司的产品,英文名称是 Funcosil Stone Strengther 300。与乙醇以 3∶7（体积）的配比混合使用。

（3）K02:采用有机硅改性树脂乳液制备的非水分散加固剂。

（4）21J:采用丙烯酸树脂乳液制备的非水分散加固剂。

（5）TD:采用含有官能团的丙烯酸树脂乳液制备的非水分散加固剂。

非水分散加固剂的制备方法见有关文献[v]。使用的浓度根据对土样的初步加固试验。根据渗透速度选定为:K02—1%、21J—0.5%、TD—1%。

2）土样的制备

加固剂的选择从理论上应该在遗址上试验,但是由于要获得大量数据,需要的实验面积大，而且是破坏性的，因此一般都采用在遗址周围取土，仿照遗址土特性做重塑土样，进行试验。

本次试验选择杜甫草堂唐代遗址回填部分的土样。保持含水率不变，粉碎后过筛，然后用制抗压试模将粉土压成 φ50×103 的土样。

使用的制抗压试模为北京工具厂生产。

在草堂遗址采土样约 20 kg，制备土样 48 个，其余部分做分析检测。

3）土样的加固

土样干燥后，采用以上所选的加固剂，用滴管从土样上部滴加。滴加时注意加固剂不要在土样表面积聚，待表面没有加固剂液体时再滴加。不断滴加，直至渗透土样为止。根据试验需要，每种材料制备土样 9 个。

4）样品的固化

滴加完加固剂的土样要用塑料膜封闭保存 2 周。其中 MTEOS 和 R300 加固的土样，封闭时将一杯水放入。经过 2 周的固化过程，测量样品重量，基本已稳定，这时就可以进行加固效果检验。

3. 加固保护效果检验

固化完成后的土样即可进行加固效果检验，其中重量变化、颜色变化不需要破坏试样；抗压试验用样 3 个，耐水试验用样 6 个；试验完成后，分别进行耐冻融试验和耐盐试验。

4. 加固剂试验室检验总结

根据多个项目检验的结果，可对几种材料的可用性做如下评价：

（1）在几种材料中，MTEOS 的效果比较明显，外观上色差小，可提高土样的抗压强度，最为明显的是其耐水性。由于这种材料固化后有拒水性，所以对其加固土样进行的耐冻融试验、耐盐试验效果虽然好，但都不能说明问题。如果从固结能力上讲，这种材料是可以使用的。其缺点是材料固化后柔性不好，自然条件的变化如温度的变化造成的收缩膨胀容易使其破坏，当内部土体遇水而膨胀时，内外部会不协调,容易造成加固层脱落。另外采用这种材料处理的土样,增重约 8.1 g,增重多,堵塞土体内部孔隙多,不利于土体的透水透气。

(2) R300 在几个方面效果都不好,例如增重大(约 10.8 g),颜色变化大,不耐水、不耐冻融等,所以对于草堂遗址的土体加固保护,建议不使用。

(3) 三种非水分散体加固剂,在增重、颜色变化、抗压强度增加等方面都很好。K02 在耐水、耐冻融等方面表现好,耐盐能力也好,所以建议使用。TD、21J 两种材料由于加固时加固剂用量不足,致使样品的耐水、耐冻融试验表现不好,出现上部脱落严重的现象,但是剩余部分的耐水、耐冻融能力经过几次循环,也保持了形状,所以在材料用量充足的情况下,也可使用。

(4) 渗透速度方面,三种非水分散体加固剂的速度要高于两种有机硅材料,例如在半小时内 K02 渗透到 80 mm 的深度,而两种有机硅的渗透深度为 58 mm。

(5) 处理过程的安全性也需要考虑,两种材料都需要使用有机溶剂,所以施工中需要注意安全,另外 MTEOS 还有毒性,需要考虑严密的人身防护问题。

(6) 根据以上所述,加固草堂遗址土体可选用的材料为 K02、MTEOS。综合指标上,K02 好于 MTEOS。

根据以上综合考虑,建议在现场试验两种材料,根据实地应用的效果最终确定遗址加固所使用的材料。

5. 加固剂实地试验

按照文物保护的要求,实验室选择的材料需要在实地试验,经过实地环境条件的考验后,检验实际应用效果,然后才能大面积应用到文物上。

试验材料包括 K02 和 MTEOS。

加固完成三日后对加固效果进行了检验。两种材料加固的试验块颜色没有变化,K02 处理的试验块在次日就有固结能力,触摸不掉土,与未处理部分有明显区别;MTEOS 处理的试验块效果尚未显示出来,因为这种材料需要一段时间才能固化。一月后检验,K02 固结效果明显,达到了预想效果,MTEOS 的试验块表面变化不大。

经过实地试验,发现以上材料与浓度渗透速度高,渗透能力强,不改变色泽,具有可用性。从效果看，K02 固结快，加固效果好，短时间内就有好的固结效果，是比较理想的材料。MTEOS 的固化时间长，效果不明显。

五、遗址生物的杀灭与控制

1. 遗址植物生长情况

遗址自 2002 年发掘完成后，经过一年的时间，局部已经出现植物生长现象，可以辨别的有苔藓和草类（主要在遗址南部）。

2. 植物种属鉴定

1）取样：在遗址有生物生长的部位根据植物形态的不同，分别取样、妥善存放。

2）初步鉴定：将取得的样品在显微镜下观察，发现植物的种类有苔藓、地钱。

3）种属鉴定：根据观察，判断草堂内的植物共有 4 种，分别是：（1）阔叶小石藓（Weissia planifolia Dix.）；（2）葫芦藓（Funaria hygrometrica Hedw.）；（3）双色真藓（Bryum dichotomum Hedw.）；（4）地钱（Marchantia polymorpha L.）。

3. 常用的生物生长控制方法

1）人工清除：使用人工的方式清除，比如用手拔、用刀或铲清除等。人工清除的时间，一般选择在植物开始生长的春天，以及在植物种子成熟前的时间段内[vi]。

人工清除的缺点是不容易去掉植物生长在土内的部分，因此难以彻底清除。

2）化学杀灭

采用化学材料杀灭植物是常用的方法，杀灭植物的化学材料叫杀生剂。杀生剂可阻止植物新陈代谢，引起植物不可恢复的破坏，直至植物死亡[vii]。根据文献，用于建筑或遗址上杀灭植物的杀生剂有：

① 季铵盐表面活性剂。

② 三丁基氧化锡效果最好，但是有毒性。

③ 其他的材料有 Benzalkonium chloride（20%）、sodium hypochlorite（13%）、formaldehyde（5%）等。

④ 多硼酸盐和硼酸的混合物的使用。

⑤ Sodium salts of pentachlorophenol 的试验，说明作用为 6—12 个月。

⑥ 铜化合物，国内采用硫酸铜与滑石粉混合。

⑦ 锌化合物的使用，有效期为 4—5 年。

4. 拟采取的方法

根据杜甫草堂唐代遗址的实际情况，决定采取如下措施控制植物生长。

（1）改变环境条件：植物生长对环境有很强的依赖性，改变植物生活的环境条件，可以达到杀灭植物、控制植物生长的目的。在遗址的保护中，为了杀灭苔藓植物，可以使用降低地下水位或隔断地下水的办法；建设了保护性展室后，可安装空调降低空气湿度；另外，在保护性建筑的门窗等位置安装空气过滤装置，防止空气中植物和霉菌孢子的进入，是防止植物生长的可行办法。

（2）人工清除：对已经生长的植物，采用人工清除的办法。在清除中要注意保护遗址的原始表面，清除的时间应该在冬季植物生长处于低潮的时候。

（3）表面化学防水或加固：杀灭植物也可以通过其他保护手段来达到，例如采用防水和加固材料对土体进行保护，可改变土体的透过性，降低含水量，也可杀灭或控制植物的生长。

（4）化学方法防治：采用化学材料，主要是用在人工拔除植物后。保护性展室完成后，为了防止植物生长，可采取这一手段。在选择具体的材料时，需要培养一些植物，并进行材料筛选试验。

苔藓、草类等植物的生命力极强，特别是经过一年时间，有些已经长出孢蒴，产生孢子，给杀灭它们带来了更大的困难。

具体的做法是：在保护性展室完成之前，为了控制植物生长，采用人工清除的办法；当地下隔水或防水工程完工、保护性展室建成后，减少阳光照射且隔断水源，降低土体的含水量，另外土体的化学加固也可以降低土体的含水率，阻止植物的生长。

保护性建筑完成后，为了确保植物不再生长，可以适当喷洒一些化学材料，预防植物生长。考虑到对环境的影响，要选择低毒或无毒的材料，如季铵盐类杀生剂。如果实际环境中没有植物生长的条件，那么就不需要喷洒化学材料。

六、遗址保护工程的施工程序与效果

草堂遗址的保护牵涉到遗址土体的保护、遗址内植物的控制与杀灭、遗址陈列厅的设计与建设等。

根据实际情况，草堂唐代遗址保护各项工作具体实施的顺序是：

（1）地下隔水防水设施的施工：具体的措施是在遗址周围打三口机井，并抽水降低地下水位。

（2）遗址陈列厅的建筑与内装修：根据遗址博物馆的设计修建博物馆。

（3）遗址内植物的杀灭与控制。

（4）遗址土体的防风化加固保护。

（5）遗址陈列的布置。

截至2005年年初，遗址已经完成了水井的开挖（已可运转）、遗址博物馆的修建和内装修工作。由于地下水位的降低，遗址潮湿的状态已经发生改变，多数地面已变得干燥，只有东部地面有局部潮湿的现象，原因正在调查。而由于遗址地面变得干燥，原来生长的地衣、苔藓等也死亡，地面由绿色变成了黄色。由于遗址还在干燥过程中，化学加固工作还没有实施。

参考文献

［ⅰ］周维扬,丁浩.杜甫草堂史话[M].成都:四川文艺出版社,1997.

[ii] Giacomo Chiari: Chemical Treatments and Capping Techniques of Earthen Structures: A Long-term Evaluation[C] // 6th International Conference on the Conservation of Earthen Architecture. LAS Cruces, New Mexico, U. S. A. October 14 – 19, 1990. (Preprints): 267 – 276.

[iii] 王宏钧.中国博物馆学基础[M].上海: 上海古籍出版社,2002: 415 – 439.

[iv] 文化部文物局教育处,南开大学历史系编: 博物馆学参考资料(下)[M].1986: 300 – 331.

[v] 周双林,原思训,郭宝发.几种常温自交联丙烯酸树脂非水分散体的制备[J].北京大学学报(自然科学版),2001.11.

[vi] 中国文物研究所编.祁英涛古建筑论文集[M].北京: 华夏出版社,1988: 36 – 38.

[vii] Rakesh Kumar, Anuradha V. Kumar. Biodeterioration of Stone in Tropical Environments [M]. The Getty Conservation Institute. 32.

(原载于《文化遗产科技保护研讨会论文集》,科学出版社,2007 年)

36
山海关夯土城墙保护棚架及相关问题

一、夯土城墙的历史和现状

长城是人类历史上空前绝后的伟大工程,是世界古代建筑的奇迹,是我国重要的世界文化遗产。万里长城的修建,自春秋战国至明代末期,一直延续了 2 000余年。

山海关长城位于今河北省秦皇岛市山海关区,作为万里长城的重要组成部分,也是万里长城最精华的建筑部分之一。山海关长城主要包括山海关关城、老龙头长城(宁海城)和角山长城等部分。现在可看到的山海关长城都修筑于明代,明长城南起老龙头,经山海关城,向北至九门口,共 26 km。

宁海城 宁海城是老龙头军事防御系统的重要组成部分,为御敌存兵的场所。早期的夯土城墙可上溯到北齐,范围较小,明初建宁海城,为"土筑砖包",后多次维修,如明中叶戚继光的维修,崇祯时期又重修,扩大规模。

由于历史原因,宁海城破坏严重,20 世纪 80 年代开始发掘保护前,只有东北角残墙 60 余 m 和部分夯土保留。1985—1988 年期间,宁海城经过发掘和重修,揭露出西门瓮城,目前已经恢复原来面貌。但已经发掘展示的夯土部分,由于环境影响,破坏严重。入海长城在修复前已只有夯土炮台残留,其他部位都被拆毁破坏。

山海关关城及附属建筑 山海关关城始建于明洪武年间,始名山海关。整座城是由 7 座城堡、十大关隘和众多的敌台、战台等组成。关城为方形,城墙为土构包砖,并有护城河。瓮城与关城同时构筑,城西、北、南三面的瓮城为半月形,东城的瓮城为梯形。为使防御体系更加完备,在城东构筑了东罗城,城西构筑了西罗城,城南有南翼城,城北有北翼城。

图 36－1　山海关长城示意图

山海关关城及附属建筑中,目前只有关城、东瓮城和东罗城保留了下来。其中东罗城的很多段是由土或灰土夯筑而成的,由于环境原因和人为破坏,目前损毁严重。

在山海关长城中,有许多部分尤其是早期的部分,是采用夯土技术构筑的。

二、构筑工艺

山海关长城中不同时代的夯土长城,构筑的方法基本是夯筑法,但由于时代和位置不同而有明显的差别。

1. 原料

夯筑用的原料是石灰和土。土是当地的亚粘土,多从施工现场附近取得,但是都经过了挑选,或筛选去除了夹杂的卵石等大颗粒。另外还有黄砂土,夹杂在各处夯层中,如东罗城的夯层中,在某些构筑中用量很大,如老龙头炮台。

夯筑用的石灰是根据传统工艺制作的,具体的做法推测是将石灰石加热形成生石灰,将生石灰用少量的水淋湿、消化,使形成氢氧化钙。由于水量少,形成消化石灰、残留的石灰石和残渣的混合物,然后经过筛选,与土混合使用。消化石灰与土的混合有不同的比例,一般比例在 2∶8 到 3∶7。

2. 工艺

在山海关目前保留的几段长城中,每段都有自己的构筑特点。

宁海城西门瓮城　采用崩解完好的石灰、土加水混合均匀,分层夯筑。每段夯层厚度为 14—16 cm,夯层密实,层与层之间分界明显,分界面非常平整。夯筑完成后,表面再用相同的材料做抹面,抹面的表面非常光滑。见图 36-2 至图 36-4。

宁海城东墙南段　采用崩解石灰和亚粘土加水混合均匀,分层夯筑,石灰颗粒略大于宁海城的石灰颗粒。每段夯层厚度为 14—17 cm,夯层密实,层与层之间分界明显,分界面非常平整。夯筑中残留的木锚杆已经腐朽,留下空洞。见图 36-5、图 36-6。

图 36-2　宁海城西门瓮城外观　　　　　图 36-3　宁海城西门瓮城的夯层

图 36-4　宁海城西门瓮城的抹灰面

图 36-5　宁海城东墙南段外观

图 36-6　宁海城东墙南段的夯层和木锚杆腐朽残留的孔洞

宁海城东墙北段　采用崩解石灰和亚粘土加水混合夯筑,石灰比例低,土的比例高,各层土成分各不相同,有的夯层中还有红色黄砂土。夯层厚度均匀,由于风化严重,大部分分界面难以看清,只有局部能看清。见图 36-7、图 36-8。

老龙头夯筑炮台　采用崩解石灰和黄砂土混合夯筑,夯土密实而坚硬。表面采用抹面处理,光滑平整。但由于风化严重,夯层痕迹不明显。见图 36-9。

图 36-7　宁海城东墙北段外观

图 36-8　宁海城东墙北段的夯层

图 36-9　老龙头夯筑炮台

图 36-10　老龙头遗址洞内的夯土长城遗迹

老龙头城墙遗址　明初夯筑，采用了夯土外包砖结构，用崩解石灰加亚粘土夯筑，有陶片、贝壳等夹杂。构造疏松，夯层难以判断，现裸露出城墙的中间部分。见图 36-10。

东罗城　各段的构筑工艺不一，北墙构筑紧密而规则，南墙采用土和大颗粒石灰夯筑，石灰颗粒大，分布不均匀，有些部位石灰比例很高，有些部位石灰比例低，夯层不均匀。

三、病害与保护措施

1. 发掘与修复

山海关老龙头附近的长城在清末被废弃，加上战乱和八国联军的破坏，新中国成立前已经成为一片废墟,许多遗迹被掩埋在地下。新中国成立后,曾经一度作为军营,后划归文化部门管理维护。山海关长城作为文物遗迹,受到了政府的关注,各种规模的维修不间断地进行,特别是在 20 世纪 80 年代进行了一次大的发掘与维修。

1985—1988 年对老龙头附近的长城宁海城部分进行了大规模的发掘和维修。在发掘前,宁海城被占用。考古发掘揭露了已经被掩埋的宁海城。宁海城西门的夯土瓮城原来全部被掩埋在地下,发掘中被揭露;宁海城东墙的夯土城墙原来暴露在地面的只有 1 m 多,后也被揭露。但是目前宁海城的许多早期遗址,还在现地面 3 m 以下,未能发掘。1992 年对老龙头长城的维修,恢复了入海石城南海关口等。

经过发掘、修复保护的山海关老龙头段长城,虽然展现了它往日的雄姿,但是揭露的夯土部分由于重新暴露在自然条件下,出现了破坏现象,如原来光滑的夯土城墙表面由于出现粉状脱落,变得疏松而粗糙,甚至出现块状剥落。

各种自然因素对遗址造成的破坏非常明显:阳光照射导致夯土墙表面温度升高,产生膨胀,而雨水的冲击又导致温度迅速降低和表面收缩,这样的循环作用,将导致表面内部的脱离,尤其是夏季高温天气对夯土墙的破坏最严重。雨水冲蚀表面,溶解黏接的颗粒状的石灰,使夯土结构失去胶结物质,导致风化、颗粒脱落,严重者甚至形成冲沟;地下水上升,使靠近地面的土湿度提高、强度下降,由于干湿交替等原因而剥落。

为了保护遗址、减缓破坏,有关部门在 1992 年对遗址采取了相应的保护措施,具体方法是用玻璃罩(铝合金框架支撑)对重要的夯土遗址部分进行遮挡(见图 36-26 至图 36-29)。但是经过几年的观察,虽然有一定的保护效果,但不明显,夯土遗迹靠近地面的部位仍在不断遭破坏。

2. 破坏状况

山海关各处夯土城墙的破坏情况非常复杂。根据破坏的原因,可分为自然破坏和人为破坏。

3. 自然因素的破坏

粉状剥落   夯土遗迹的表面呈颗粒状剥落,形成凹凸不平的粗糙表面(图 36－11)。

盐性结晶   在宁海城东墙北段,夯土城墙表面破裂脱落后,可见有白色的盐性结晶存在(图 36－12)。

图 36－11　老龙头遗址洞内残留夯土遗迹的粉状风化

图 36－12　宁海城东墙北段的盐性结晶

片状剥落   夯土表面在平行于表面的方向上出现开裂,然后以片状剥离(图 36－13)。

块状剥落   夯筑的灰土城墙以夯层为单位以块状剥离(图 36－14、图 36－15)。

蜂窝状风化   夯土城墙的局部呈粉状风化,并向深层发展,形成深坑(图 36－16)。

冲沟   由于排水系统的缺失或使用不当,使雨水的束流直接在城墙表面流淌造成破坏。

崩塌   由于卸荷作用、植物根系挤压和地基破坏等原因,导致墙体开裂和大块脱落。

图 36－13　宁海城东墙南侧夯土墙的片状剥落

图 36－14　宁海城东墙南侧夯土城墙的块状剥落

图 36－15　东罗城南侧城墙的块状剥落

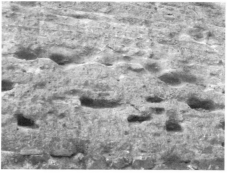

图 36－16　东罗城北段城墙南向的坑状风化

图 36－17　宁海城东墙南段城墙上的地衣

图 36－18　宁海城东墙上的槐树

图 36－19　东罗城北侧城墙的崩塌

图 36－20　东罗城城墙被居民破坏

图 36－21　宁海城西门改建过程中
夯土墙被破坏

图 36－22　遗址的人为破坏

图 36－23　修复中灰泥污染表面

图 36－24　宁海城城墙的修补

生物生长　由于水分充足,植物在遗址上面生长,造成外观改变和机械破坏。对夯土城墙破坏严重的生物因素有:高等植物、草类、地衣、苔藓等。生物不但在遗址揭露后产生破坏,在遗址埋藏过程中就产生了很严重的破坏,如在宁海城西门瓮城夯土墙上就可见到植物根系的残留。

4. 人为因素的破坏

使用　在城墙附近生活的一些居民,为了自己的生活方便,对遗址进行适合自己生活的改动,或利用遗址为自己的生活服务。如有些地方被居民开挖利用,有的居民将自己的热水器放置在遗址上部。

改建　古人由于新的建设的需要,将旧的夯土建筑局部拆除。如宁海城瓮城的夯土城墙,在后来修建新的西门城墙时就被局部拆除,这部分城墙也就遭到了破坏。

破坏　宁海城东城墙的局部,有大块夯土脱落的现象,这种现象是过去遗址被占用过程中的人为破坏。

污染　城墙施工时,多余的灰泥掉落到城墙的表面而未进行清除,造成污染。

不当修复　遗址的部分地段破损非常严重,出现了体量大的孔洞。为了恢复完整性,在过去的维修中进行了修补,修补中使用了石灰—水泥和黄土的混合物。修补有利于遗址的保护,修补的材料和效果应该符合保护原则。但是在遗址的修补中,修补部分与原有部分差别过于明显。

5. 破坏的特点

根据日常维护和实地调查,发现夯土城墙的破坏有如下特点:

破坏的局域性和复杂性　破坏的局域性表现为:某些地段破坏得非常严重,同一地段的局部破坏得更严重。同一区域中,由于构成材料和工艺的不同,破坏速度也有差异。机械破坏和崩塌开裂一般属于立体状破坏,而风化现象一般为表面状态。经过调查,多数表面的外部1—2 cm风化严重,而内部却非常坚硬;有些部位从外观上看非常坚硬,但是触动后发现内部已经风化成粉末;有些部位出现局部的严重风化,形成蜂窝或鸟巢状,而表面的粉末轻触即脱落。

破坏的发展性　风化、垮塌等现象随着时间的变化呈逐步发展的趋势,只要有微小的损坏出现,这种现象就会在各种恶劣的因素作用下扩展。

破坏的加速性　风化现象的发展呈现加速的趋势,在老龙头残留的夯土炮台、宁海城东墙和宁海城瓮城等夯土遗址上都出现了这种现象。

老龙头夯土炮台在 1988 年修复前结构完整、表面光滑,但是修复后,随着对外展示,不断产生破坏。1992 年虽然采用了玻璃密封,但是破坏继续发展,而且速度逐渐增快。

宁海城西门瓮城 1988 年进行了发掘,瓮城城墙内部为夯筑,外部为灰泥抹面。这段城墙发掘时,发现灰泥抹面完整,表面平整光滑。经过若干年的露天展示,表面的灰泥抹面已经失去了表面的光滑,并出现大片脱落现象,这种现象在几年内愈演愈烈。

为了保护遗址,采用玻璃罩对遗址进行了遮盖,但是效果不明显。现在夯土城墙的灰泥抹面已经所剩无几。

四、保护措施及效用评价

为了保护遗址,相关部门对遗址的破坏进行了监测,并采取了保护措施。

监测:对风化严重的夯土城墙进行不断的监测,记录病变现象,记录的措施包括照相和录像。为了监测风化深度,还在夯土城墙上钉钉子,定时监测风化深度。

除此之外,还对风化严重的老龙头炮台、宁海城西门瓮城进行了保护,主要的防护对象是雨水和雪。具体的措施是构筑玻璃防护罩,做法是以铝合金为框架来支撑平板玻璃。为了达到密封的效果,玻璃与铝合金框架中间用橡胶连接。为了通风透气,保护罩并未彻底封闭遗址,而是在下部和侧面开了口。

图 36-25　宁海城西门瓮城夯土墙上监测的钉子

图 36-26　老龙头炮台玻璃罩

图 36-27　老龙头炮台玻璃罩

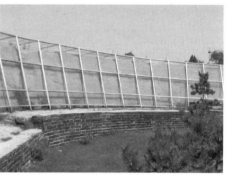

图 36-28　宁海城西门瓮城玻璃罩

图 36-29　宁海城西门玻璃罩

　　虽然采取了保护措施,但是遗址的风化仍在继续发展,添加保护罩后又出现了一些新的问题。一个问题是在潮湿的情况下玻璃罩内部湿度更大,在玻璃内侧结露,导致游客无法看清遗迹;另外露水积聚到一定程度后,会滴在夯土表面,使表面形成小坑。另一个问题是玻璃的橡胶密封时间长了后会老化,会发生漏水,在雨水大时,上部雨水积聚进入内部,除了造成点滴破坏外,被雨水润湿的表面还很难很快干燥。封闭遗址的玻璃罩内湿度增加,草类快速生长,植物根系会对夯土遗址产生破坏。另外,由于水分和灰尘交互作用,保护罩透明度下降,严重影响了遗址的展示。因此,保护罩的设计有不合理的地方,需要对其进行改造,或采取其他保护措施。

图 36-30　老龙头炮台玻璃罩漏雨　　　　图 36-31　宁海城瓮城玻璃罩中生长的植物

五、新保护棚架的设想

　　对于山海关夯土建筑的保护,根据该地区恶劣的自然条件,并处于沿海地区的特点,除对土体进行化学保护外,保护棚架是不可缺少的保护措施。

　　对于考古遗址和建筑遗址,保护棚架是一种常用而有效的保护办法,在国外普遍使用。如国外很多考古遗址,为了保护,采用了不同类型的保护棚架(图36-32)。

　　保护棚架遮挡了对文物遗迹有不利影响的光照,可缩小温度变化,遮挡了雨雪

1　　　　　　　　　　　　　　　　　2

3

图36-32　不同类型的保护棚架

水的冲刷、风沙的侵蚀,所以对文物具有良好的保护作用。根据保护的时间段和保护的目的不同,保护棚架有效果上的差别,但是只要设计合理,都有相当的保护作用。

在文物遗迹的保护中,有临时性的保护设施,也有永久性的保护设施,有简单的设施,也有非常复杂的设施。在保护设施设计中要考虑各种因素,否则容易造成负面影响。

在保护棚架中有负面影响的例子很多,如沧州铁狮子的保护棚架、成都杜甫草堂唐代遗址的临时保护棚架等,山海关几处夯土遗迹的保护棚架也有不足的地方。

沧州铁狮子由于处在自然环境中而锈蚀严重,有关部门为了保护构筑了一个保护棚,但是经过一段时间后发现锈蚀更加严重,于是将棚架拆除了。

成都杜甫草堂唐代遗址出土后,为了减小自然条件(日晒、雨淋)的破坏作用,构筑了临时的保护棚。这种棚架用角铁做支撑，上覆透明塑料瓦，形成非常简易的结构，虽然抵挡了日晒和雨淋，但是由于屋顶结构简易，出现漏雨现象，对遗址产生了破坏。同样，湖南里耶遗址的保护棚架，由于遗址面积大，棚架的支柱难以找到永久的支点，所以整个棚架结构混乱，对参观和调查都造成了不利的影响。这种情况在我国的文化遗迹的保护中是比较普遍的。在考古发掘中设置的棚架也有类似的情况，经常夏季白天温度非常高，如同蒸笼，而晚上则出现结露现象，对遗址造成破坏。

山海关夯土遗迹上的保护棚架也有类似的情况，可以发现的缺陷有：首先，局部封闭太严密，使空气难以流动，同时水分被局限在小空间内难以扩散，造成局部温度和湿度高于外部，在温度降低的过程中出现结露现象。其次，在设计中没有考虑哪些部位需要保护，施工完成后，仍然有一些部位受到破坏，如老龙头炮台西部棚架只考虑了内部夯土，西向的夯土仍在雨水侵蚀中。其他的问题就是棚架与文物景观的协调问题。

我国在文化遗迹保护中对保护棚架的设计还处于比较初级的阶段，一般由建筑师完成设计，或将其他建筑设计直接移植过来。相比之下，国外文化遗址保护中对于保护棚架的设计、使用等都比较有经验，有专业的设计队伍或机构，考虑问题周全，业内人士和公众对保护棚架持开放的态度，不像我国那样比较谨慎。

根据国外文物遗迹的保护经验，设计针对考古遗址和建筑遗址的保护棚架，要考虑许多因素：采光、调节温度湿度、防风雨侵蚀、参观游览、与环境的协调等。

山海关长城夯土城墙目前的保护棚架，缺陷有：保护范围不够；由于设计不合理，导致空气流通不畅，致使温湿度过高。

在对国内外保护棚架的研究基础上，对新的保护棚架的设计提出如下建议：

为了更有效地保护夯土遗迹，可考虑将现有的保护棚架扩大，使目前未被保护的部分得到保护，如老龙头炮台西壁的外侧跟脚部分。

扩大保护棚架还有利于参观游览。如将参观通道纳入保护棚中，可以使游客更接近遗迹，观察到更真实的遗迹的痕迹。

为了解决空气流通不畅导致的棚内温度过高、湿度过大等问题，应考虑促进空气流通的措施。措施之一是在保护棚上加装促进通风的设备,如风扇等。措施之二是使保护棚上部一端高,一端低,自然通风。另外还可以扩大保护棚的面积,以减小温度和湿度的增加幅度。

当然,扩大保护棚,会使保护棚更加显眼,保护棚的设计形式就更加重要。为了使其与环境协调而不张扬,可采用暗色调的铝合金框架,上面加装透明玻璃。

保护棚架的设计还要考虑沿海地区风大,可能有台风的问题,结构强度应当能抵抗台风的袭击。

如果保护棚架确实起到了保护作用,又考虑到了与环境的协调,这种棚架应该是能为公众接受的。

(原载于《中国文物保护技术协会第四次学术年会论文集》,科学出版社,2007 年)

𝟛𝟟

寿县城墙砖的病害与其特性关系的初步分析*

一、现状和病害

寿县古城墙位于安徽省六安市寿县寿春镇,是全国重点文物保护单位。现存城墙是在北宋熙宁至南宋嘉定年间(1068—1224)重建的基础上,经历代修葺的结果,也是国内保存较为完整的七大古城墙之一。它既是研究楚都城址范围的重要依据,也记录了战国以后寿春城城址的演变过程。而且,寿县城墙从战国到现代一直都发挥着城防及防洪的作用,具有很高的历史价值和科学价值。

据记载,城墙周长"十三里有奇",实测 7 147 m,高 8.33 m。墙体以土夯筑,其外侧砌砖壁[1]。由于大自然的风蚀和历年汛期的风浪冲击,古城墙的许多砖都产生了破坏。通过现场调查和检测后发现,古城墙砖破坏的类型主要包括砖体粉碎、表面剥落、表面盐分结晶等,且不同尺寸和外观的砖破坏程度不同。

为了更科学地了解寿县城墙砖的保存状态和特性,我们对城墙砖进行了科学的现场检验和分析,这为研究不同时代不同工艺的砖提供了研究基础,也为以后城墙的保护提供了科学依据。

二、样品和分析方法

现存的寿县古城墙是经北宋重建以后,历代修复而成。修复使用的城墙砖类型各异,现存状态各异。为了更好地了解城墙砖的保存状态和制作工艺等的关系,

---

* 作者:周双林、高海彦。

我们对城墙砖进行了现场检验和取样分析。现场分析主要是利用回弹仪对不同类型的城墙砖进行强度测量。而取样分析是取不同类型的砖进行科学分析,获得其微观结构等数据,并通过比对,得出结论。

1. 现场调查

（1）古砖样品

因为修复年代不同,寿县古城墙的每段城墙上的古砖外观尺寸均不一致。为了了解砖的种类,沿着城墙进行仔细的调查,发现可将寿县城墙现存城砖按尺寸大小和外观特征等分为六类,这六类砖的尺寸特征如表 37-1。

表 37-1　寿县城墙砖尺寸分类

类　型	长 /mm	宽 /mm	高 /mm
A	360	170	70—80
B	400	200	120
C	260	130	45
D	360—400	200—240	80—90
E	400—420	190—220	70—80
F	240	120	50

根据城砖上面的纪年和文献记录,这六类砖的年代可基本确定,砖的位置、纪年特征以及年代判定见表 37-2。

（2）现场分析

现场检测主要检测砖的强度。砖的强度表征着砖的工艺特征以及是否出现风化现象。对六种砖分别进行了强度测量。测量使用的仪器是为 ZC4 型测砖回弹仪,生产厂家:山东乐陵市回弹仪厂。

ZC4 型测砖回弹仪是用弹簧对重锤加力,当弹簧释放时,冲击杆以恒定的能量

表 37 - 2　古城墙砖年代分析

类型	分　布	纪年砖位置	纪 年 内 容	时　代
A	南门西向约 600 m 处；东门城门附近	出现砖 A 的地方有多处纪年	建康许都统造或建康许等类似文字	南宋
B	南城墙东段水泥层内；北城门处	无纪年；其上有包砌水泥，有残损		根据其尺寸及状态，推测为明以前
C	东南、西南城垣段；东北、西北涵洞处	西北涵洞；东北涵洞	光绪三十三年（西北）光绪十年四月（东北）	清光绪
D	在东、南、北三面城墙有大量出现；北门瓮城城门上亦有出现	北门瓮城城门上	民国二十八年重修	1939 年
E	南城墙西段；北门城门、东门城台处	东门承台处（特别是雉堞处）	中华人民共和国；一九八六年制	1986 年
F	北、东城墙段较多；所有新建雉堞处	北门瓮城城门处	公元一九九五年修建；寿县人民政府	1995 年

撞击测试表面，当重锤受冲击弹回时，滑块回弹至最高处，同时通过标尺测出重锤被反弹回来的距离。以回弹值（反弹距离与弹簧初始长度之比，无单位）作为与砖强度相关的指标，来推定砖的强度（单位是 MPa 或者 N/mm^2）。测量时，回弹仪应处于水平状态，其轴线应垂直于砖的表面，探头紧贴在砖的表面。为了减小测量时对砖的破坏，选择砖上无花纹的素面部分，且要求砖表面有一定强度。每块砖测试十个点，计算平均数值以保证测量的相对准确。

2. 取样分析

（1）样品

为了进一步了解寿县城墙城砖的病害，分别取了不同类型砖的样品和同一类型砖的不同位置的样品进行分析。

（2）分析方法

为了了解城墙砖的病害与其特性关系，采用了扫描电镜、压汞分析的方法。

① 扫描电镜

目的是观察样品的显微结构,特点是放大倍率高,可以达到几万倍,景深大,且不需要平整的样品,采用低真空或高真空条件,不需要对样品喷金或喷碳。配合能谱可以对样品局部进行元素分析,确定物质的组成元素进而推断成分,还可以通过背散射图像了解元素的分布情况。

分析仪器:荷兰 FEI 公司的 FEI Quanta 200 FEG 环境电子扫描显微镜。

② 压汞分析

材料内部的孔隙大小和孔径分布是材料的重要特征,这是材料制备工艺特征的反映,也影响着文物的耐风化能力,因此样品的孔隙率和孔径分布是需要了解的指标。

分析方法:采用压汞法进行测量。压汞法又称水银注入法,是研究多孔材料孔隙结构的经典方法[ii]。压汞法可以了解砖石材料内部的孔隙大小和孔径分布。使用的设备为 Quanta Chrome 公司的 AutoScan–33 压汞仪。

三、分析结果

1. 强度分析

由于砖风化后表面不平整或风化后强度太低,无法进行准确的回弹值测量,或出现测量数值太小的情况,相对误差较大,故这次只对完好的砖进行回弹值测量,并在不同的砖之间进行测量比较。

根据现场实际情况,在每个类型的砖中选择 1 个测区,每个测区选择 10 个测位,每个测位选择 1 个弹击点。按照砌体工程现场检测技术标准(GB/T 50315—2011)[iii]中烧结普通砖的回弹值测强数据处理公式,如(1)(2)所示,来计算各个类型砖的抗压强度,如表 37–3 所示。

$$f_{1ij} = 2 \times 10^{-2} R^2 - 0.45R + 1.25 \qquad (1)$$

$$f_{1i} = \frac{1}{10} \sum_{j=1}^{n1} f_{1ij} \qquad (2)$$

式中：f_{1ij} —第 i 测区第 j 个测位的抗压强度换算值（MPa）；

R —第 i 测区第 j 个测位的平均回弹值；

f_{1i} —测区的砖抗压强度平均值。

表 37－3　烧结砖的抗压强度

砖类型	样品编号	回　弹　值										抗压强度（MPa）
		1	2	3	4	5	6	7	8	9	10	
A	Q6	36	37	40	35	39	34	35	37	36	39	11.85
B	Q28	33	29	28	33	34	30	27	28	28	33	6.11
C	Q7	32	34	34	31	33	40	35	36	39	33	9.87
D	Q1	33	39	31.5	31	24	28.5	31	29	36	26	6.80
E	Q18	29	28	26	28	30	29	28	26	31	28	4.58
F	Q12	29	33	39	32	33	33	33	31	33	33	8.21

由于丁伟[iv]等人研究发现古城墙砖测强曲线和烧结普通砖测强曲线换算的抗压强度不同，在 $R<38$ 时，在相同回弹值下，古城墙砖抗压强度均高于烧结普通砖抗压强度，且随回弹值的增大呈接近趋势，$R>38$ 时则相反。他们依据国家现行标准和技术规程，通过试验和数据统计，分析得出检测古城墙砖抗压强度的回弹测强公式为：

$$f = 0.027\,8R^{1.692} \tag{3}$$

根据公式（3）计算得出，古城墙砖的抗压强度如表 37－4 所示。

砖的抗压强度分析结果表明，A 类型的南宋砖在自然环境中风化时间相对最长，但其抗压强度最大，为 12.40 MPa。C 类型的清光绪年间砖也保持很高的强度的抗压强度。F 类型的 1995 年砖距今最近，风化时间最短，其抗压强度也较高；E 类型的 1986 年砖，是近现代维修时烧造的砖，风化时间没有 D 类型 1939 年砖风化时间长，强度却是最弱的。

表 37 - 4　古城墙砖的抗压强度

砖类型	样品编号	回　弹　值										抗压强度（MPa）
		1	2	3	4	5	6	7	8	9	10	
A	Q6	36	37	40	35	39	34	35	37	36	39	12.40
B	Q28	33	29	28	33	34	30	27	28	28	33	8.93
C	Q7	32	34	34	31	33	40	35	36	39	33	11.23
D	Q1	33	39	31.5	31	24	28.5	31	29	36	26	9.23
E	Q18	29	28	26	28	30	29	28	26	31	28	7.95
F	Q12	29	33	39	32	33	33	33	31	33	33	10.26

2. 扫描电镜

扫描电镜分析的是古砖样品的内部，分析主要结果见表 37 - 5。

从电镜的分析结果我们可以发现，南宋时期的砖微观结构中颗粒与颗粒之间完全烧结为一整体，基本无孔隙，较为平整。清光绪年间的砖颗粒较大，大小不均，颗粒形态明显。1995 年砖颗粒感弱，整体性强，基本无孔洞，但存在裂隙，结构有一定取向且分层。1986 年砖颗粒大小不一，大颗粒居多，小颗粒填充，孔隙多，这说明不同类型的砖，其微观结构差异是很大的。而对比 1939 年砖的两个样品分析结果发现，Z1 的颗粒细小，孔隙多，颗粒特征明显，Z2 的内部致密，表面颗粒感强，这说明同种类型的砖在显微结构上也存在着明显的不同，这是由于它们所处位置不同，受到自然环境的侵蚀程度不同。同时，对比现场的病害特征可见，砖的显微结构不同，可以造成砖的风化病害种类不同：比如 1939 年砖的 Z1 样品颗粒细小，孔隙多，其风化现象较明显，1995 年砖的 Z9 样品结构存在裂隙，其出现崩裂的较多。

3. 压汞分析

通过压汞孔隙分析，可了解砖样品的总孔隙率、孔径分布情况等，这些数据可反映砖的强度，分析如下表 37 - 6 所示。

表 37-5 扫描电镜分析的结果

样品编码	电镜照片	形态描述
Z1-1939年砖		颗粒细小，孔隙多，颗粒特征明显
Z2-1939年砖		内部致密，表面颗粒感强
Z3-南宋		颗粒与颗粒之间完全烧结为一整体，基本无孔隙，较为平整
Z5-清光绪		颗粒较大，大小不均，颗粒形态明显

（续表）

样品编码	电 镜 照 片	形 态 描 述
Z7 - 1986 年砖		颗粒大小不一,大颗粒居多,小颗粒填充,孔隙多,颗粒感强
Z8 - 1995 年砖		颗粒感弱,整体性强,孔隙存在但不均匀
Z9 - 1995 年砖		颗粒与颗粒之间基本烧结为一整体,基本无孔洞,但存在裂隙,结构有一定取向,分层

　　为了更加直观地表现压汞分析的结果,分别用折线图和柱图来对比不同类型和同一类型砖的孔隙率,结果如图 37 - 1 所示。

　　分析结果发现南宋时期的砖孔隙率最低,清光绪年间的砖孔隙率次之,近现代维修砖孔隙率在 50% 以上。同一类型中,砖的孔隙率也不一致,差异很大,说明处于不同自然环境中的砖的强度不同。

表 37 - 6　压汞分析的结果

样品编号	总侵入体积 （mL/g）	孔径总面积 （sq-m/g）	平均孔径 4V/A （A）	堆积密度 （g/mL）	真密度 （g/mL）	孔隙率
Z1	0.314 6	28.138	447	1.618 2	3.296 6	50.91%
Z3	0.094 6	26.298	144	2.218 0	2.807 3	20.99%
Z5	0.239 1	21.348	448	1.676 1	2.797 2	40.08%
Z7	0.356 3	26.926	529	1.544 4	3.433 7	55.02%
Z8	0.365	66.607	219	1.784 8	5.123 9	65.17%

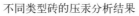

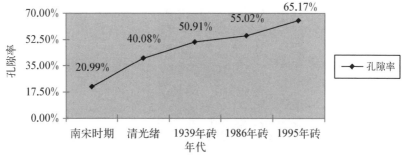

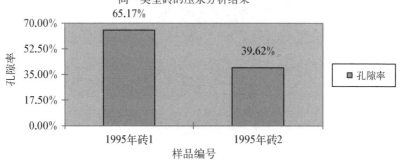

图 37 - 1　砖的压汞分析对比图

四、结论

综合评价寿县城墙砖的微观结构、孔隙率以及抗压强度，其特性见表 37 - 7。

表 37 - 7　寿县城墙砖的特性

砖的类型	微 观 结 构	孔隙率	抗压强度
A-南宋砖	结构致密、平整	最小	最高
B-明以前砖	—	—	—
C-清光绪砖	颗粒较大,形态明显	较小	高
D-1939 年砖	内部致密,表面颗粒细小	较大	较高
E-1986 年砖	颗粒大小不均,孔隙多	较大	最低
F-1995 年砖	颗粒之间烧结为整体,孔隙很少	较小	较高

　　从表 37 - 7 可以得出,A 类型的南宋砖的微观结构致密、平整,颗粒之间的孔隙率最小,其抗压强度也最高。B 类型的砖因为不能确定砖的确切年代,所以不和其他类型的砖进行比较。C 类型的清光绪年间砖颗粒较大,形态明显,孔隙率较小,抗压强度也很高。D 类型的 1939 年砖内部致密,表面颗粒细小,孔隙率较高,抗压强度较高。E 类型的 1986 年砖颗粒大小不均,孔隙多,孔隙率较大,抗压强度最低。F 类型的 1995 年砖因为处于自然界中的时间最短,其颗粒之间烧结为整体,孔隙率较小,抗压强度较高,但是对比不同位置的同类型砖,其微观颗粒感较弱,孔隙率最大。

　　综上所述,不同时期不同类型城砖的烧制工艺不同,造成了寿县城墙砖的微观形貌、孔隙结构存在明显的差异,因而其抗压强度也不尽相同,其中南宋时期的城墙砖抗压强度最高,清光绪年间的城墙砖抗压强度次之,说明南宋时期的城墙砖的制作工艺优良。同时,同一时期同一类型的城墙砖处于不同位置,其微观形貌和孔隙率不一致,从而呈现了不同的病害特征。

参考文献

[i] 李凤鑫.浅谈寿县古城墙[C] //城墙科学保护论坛暨中国古都学会城墙保护专业委员会首届学术研讨会.2007: 74.

［ⅱ］廉惠珍：建筑材料物相研究基础[M].北京：清华大学出版社,1996：118–130.

［ⅲ］GB /T 50315—2011 砌体工程现场检测技术标准[S].北京：中国建筑工业出版社,2011.

［ⅳ］丁伟,王占雷,刘波等.古城墙砖回弹检测技术研究[J].建筑结构,2014(2)：83–86.

（原载于《中国城墙》2019 年第 5 期）

38

洛阳龙门石窟双窑洞病变的化学分析

2004 年,中国一意大利文物修复培训班对龙门双窑洞石窟进行了保护修复。为了配合保护修复的进行,对石窟的病害进行了取样分析,为石窟的病害清理和修复提供了科学支持。

一、病变状况

1. 结壳

结壳是洞窟的主要病变,各种各样的结壳布满洞窟的表面。结壳的存在掩盖了雕塑和题记。这些结壳的形状复杂,有平滑的,也有波浪形状的。从颜色上看,主要是黑色、白色及黄色。黑色的结壳在两窟大面积存在,尤其是洞窟的上部。从形态看,有厚重的黑色结壳,也有平滑而薄的结壳。黑色的结壳推测与烟熏有关,白色的结壳与钙质沉积有关,而黄色的结壳为夹杂黄土的钙质沉积。

2. 剥落

洞窟外部如 521 窟外部靠近地面处的部分岩石有层状脱落现象。

3. 生物及沉积

在洞窟外壁上有昆虫的残骸,还有少量苔藓和地衣。

4. 人为遗留

在洞窟中有人工修补裂隙的痕迹,有未知物流动形成的条痕;在洞窟外部有人工修复的佛像，有过去建造窟门使用的铁构件在石壁上的残留。

二、取样

为了了解石窟的病变情况，对石窟表面进行了采样，共采样 38 个，包括岩石材料、各种病变、装饰材料以及前人修复的材料。取样情况见表 38 - 1。

取样采用手术刀。取样过程中要十分小心，避免对文物造成不必要的损伤。由于文物材质和退变产物成分复杂，取样要避免杂质的混入，为以后的分析提供便利。在取样过程中要注意取样的代表性，作好规划。取样中注意记录取样点的情况，样品要收集在样品袋或样品盒内，避免损失。

三、分析内容与仪器

分析的对象主要是病变产物。

分析的目的是搞清楚物质成分、显微结构，并获得其来源信息，为修复保护提供科学依据。

分析主要采用了仪器分析技术，包括红外光谱技术、X-射线衍射技术、扫描电镜技术等。

1. 成分分析

红外光谱分析：特点是对无机和有机材料都可以展开分析，尤其是混合物的分析。采用显微红外可对很少的样品进行分析，确保取样过程中最大限度地减小对文物的损伤。

分析使用的仪器：NicoletMagna - IR 750。

X 射线衍射：特点是对无机物质有较好的定性分析能力。在采用标样的情况下，还可以确定混合物中各种物相的百分比。

分析使用的仪器：日本理学的 DMX - II /2000 型 X -射线衍射仪。

表 38－1 龙门石窟取样情况

样品	照 片	备 注	样品	照 片	备 注
L1		岩石碎片	L7		黑色鳞片
L2		枝形硬壳	L8		结壳＋黄色薄膜
L3		枝形硬壳	L9		白色盐
L4		再结晶盐			
L5		基座处黑色岩石	L10		黄褐色液体流淌痕迹
L6		基座处黄色薄膜			

样品	照　片	备　注	样品	照　片	备　注
L11		环氧/灰泥层+黑色薄膜	L16		灰黑色结壳
L12		白色液体流淌痕迹	L17		红褐色结垢
L13		拱顶处枝形硬壳	L18		半透明黑色物质
L14		表面白色泡泡	L19		枝形硬壳
L15		白黄色结壳			

2. 显微结构分析

扫描电镜：可以观察样品的显微结构，放大倍率高。配合能谱可以对样品局部进行元素分析，确定成分。

分析使用的仪器：德国 OPTON 公司的 CSM950 型扫描电镜。

四、分析与讨论

1. 白色与黄色壳状沉积的分析

（1）样品

L4－白色颗粒状附着物质，经过 X－射线衍射分析确定含有的主要成分是碳酸钙，另外还有白云石、石膏、石英和斜长石等。

L9－白色壳状沉积，经过 X－射线衍射分析确定含有的主要成分是方解石与白云石，另外还有石膏，以及黏土矿物伊利石、钾长石、斜长石等。

L15－白色与黄色壳状沉积，流淌形成的波浪痕迹明显。取样点沉积层厚重，表面为白色，内部夹杂部分黄色物质。结壳性脆，敲击时片状剥落。经过 X－射线衍射分析确定主要成分是方解石，夹杂部分为石英。

（2）讨论

白色壳状物质主要成分是碳酸钙。这种结壳是由含碳酸盐水分在洞窟表面流动过程中，由于条件改变，可溶物质沉积形成的。石英出现在厚重的沉积壳中，应是水中硅酸溶胶沉积形成的。夹杂的黏土矿物来源可能是空气中的灰尘颗粒或流水中的悬浮物。

2. 黑色结壳的分析

（1）样品

根据对石窟历史的调查，黑色烟垢与过去石窟被废弃时人们在洞窟中活动用火有很大关系。分析的过程中非常注意有机物的寻找。

L7－佛像表面平滑的黑色沉积。Ｘ－射线衍射分析显示主要成分为方解石与白云石，另有少量的石膏和石英。通过扫描电镜对表面的分析，可见表面布满石膏晶体以及一些石英的微小颗粒。另外还有棒状与絮状物质，应是微生物的残迹。

L11－黑色平滑沉积。Ｘ－射线衍射分析显示主要成分为方解石和少量石英。经过对表面显微红外光谱分析，发现有硫酸钙的峰，另外还有草酸钙的峰。红外光谱分析结果说明沉积的最外层出现了碳酸盐向硫酸盐的转化，这种转化与环境的污染有关，而草酸钙的出现可能与微生物的活动有关。

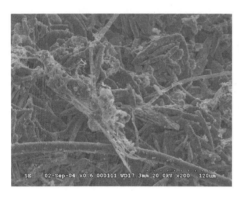 

图 38－1　L7 黑色沉积，×200　　　　图 38－2　L17 黄褐色沉积，×200

L17－521 窟佛像颈部附近的黄褐色沉积。Ｘ－射线衍射分析显示主要成分为方解石，少量的白云石、石英和石膏。通过扫描电镜对表面的分析，发现样品的表面布满石膏的簇状晶体。

L18－521 窟南壁靠近窟门的下部、岩石表面的半透明黑色物质。Ｘ－射线衍射分析显示主要成分为白云石、方解石、微量的石膏。扫描电镜观察可见表面主要是石膏晶体。另外在石膏晶体表面可看到无定形的物质覆盖，这些物质可能与人类活动使用的蜡或产生的油烟有关。

L28－521 窟窟门内侧顶部颗粒状的黑色沉积。

L31－521 窟顶部颗粒状的黑色沉积。

扫描电镜下观察可见黑色沉积物的表面为石膏等晶体覆盖，并在表面可见石膏的六方片状结晶。

图38-3　L18半透明黑色物质,×200

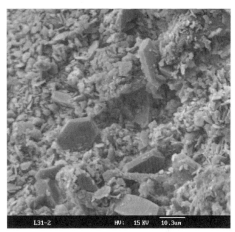

图38-4　L31颗粒状黑色沉积,×1 000

L32-521窟表面黑色薄膜状物质。扫描电镜下观察可见与L31相同的情况,表面布满硫酸钙的结晶。

通过X-射线衍射分析,样品表面的主要成分为碳酸钙及白云石。对以上黑色结壳处所取样品进行了显微红外光谱分析,发现结壳表面含有大量的石膏。通过扫描电镜对黑色结壳的表面层进行分析,在微观形态下可观察到各种形态的石膏、碳酸钙结晶,但是只在L18表面看到一些无定形物质,可能是有机物。

为了找到有机物,对样品断面也进行了电镜分析,包括厚重而粗糙的黑色结壳和平滑而薄的黑色结壳。

对L31断面进行电镜分析,在不镀膜的情况下将二次电子像和背散射像进行对比,可发现上表面颜色黑暗,能谱分析含有较高的C(原子比C-63.3%;O-26.4%;Ca-4.8%),应为有机物。

(2)讨论

黑色结壳应与烟熏用火有关,但是由于表面存在石膏晶体,通过以上分析手段检测无定型的有机物比较困难。在L3、L10、L11、L22、L29的红外光谱中均可见微弱的有机物的吸收峰,但是无法确认具体的种类。通过断面分析的手段,我们找到了有机物以及存在的位置,但是若要确定其成分,需要对样品进行分离并采用其他分析手段。

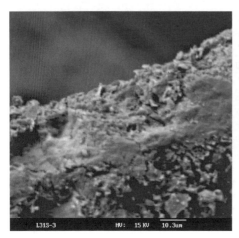

图 38-5　L31,二次电子相,×1 000

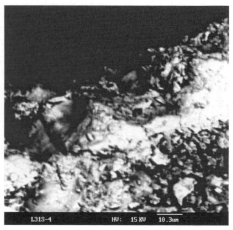

图 38-6　L31,背散射,×1 000

3. 局部流淌物分析

（1）样品

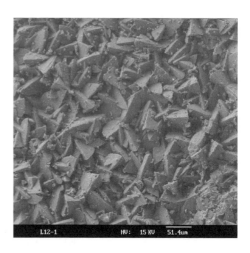

L10-褐色的流淌痕迹。经过显微红外光谱分析,主要成分为碳酸钙,另外还含有少量的有机物。有机物含量少,难以确定具体成分。

L12-521 窟南壁的白色流淌痕迹。通过显微红外光谱分析和 X-射线衍射分析,发现主要成分是碳酸钙,另有少量的硫酸钙。从扫描电镜图像上可见碳酸钙晶体。

图 38-7　L12,白色流淌物,×200

L26-521 窟的深褐色流淌物。经过红外光谱分析可见多个环氧树脂的吸收峰,判断为环氧树脂。

（2）讨论

通过分析,可确定三种流淌物的形成有不同的原因。

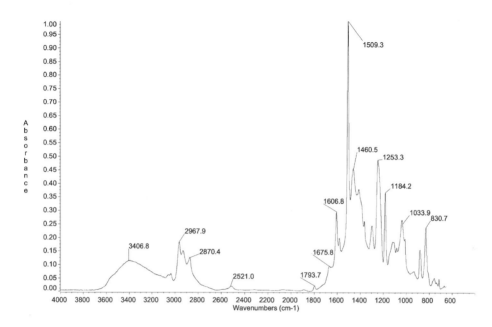

图 38 - 8　L26 的红外谱图

L10 的检出结果主要是无机的碳酸钙和硫酸钙,有少量的有机物存在。但由于流淌痕迹很薄,取样中夹杂了无机颗粒。成因可能有几种：人工修复中材料外溢;洞窟裂缝中泥浆的流淌。

L12 的主要成分是碳酸钙,流淌层薄而脆,应为碳酸盐水溶液在表面沉积而形成的。由于在最外层,是最新渗水形成的。

L26 的流淌物可确认为环氧树脂。这种材料在龙门石窟的灌浆防水过程中使用很多。

4. 松散附着物分析

（1）样品

松散的附着物主要是一些外观为黄色、比较厚重的附着层,初步判断与绘画层有关。

L20 - 521 洞窟南壁一佛像衣褶凹陷处附着有厚块状物质。X -射线衍射分析含有大量的滑石（26%）、方解石（50%）,其余为黏土矿物。

（2）结果讨论

滑石为古代绘制壁画时做地仗层的材料,在样品中,滑石和其他黏土矿物与石灰材料形成混合材料,可推断该处为人工装饰物的残留。

5. 修补材料分析

（1）样品

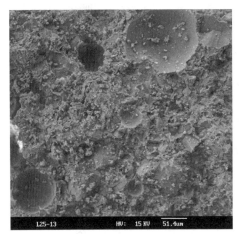
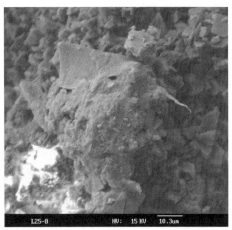

图 38-9 L25 内部的气孔,×200   图 38-10 L25 表面的无定型材料,×1 000

L25：521 窟北壁一块外观可见修补痕迹的修补材料,并且表面进行了作旧处理。X-射线衍射分析显示主要成分是碳酸钙(84%),另有滑石(3%)、石英、长石等物质。扫描电镜作显微结构观察,可见样品具有人工胶凝材料明显特征的气孔结构。

（2）结果与讨论

这种气孔结构只有在人工材料中才能形成。由此确认该部分是经过修补工作添加的材料。在这种材料的外部还可以看见无定型的材料,应该是有机材料。

6. 颜料和装饰材料分析

（1）样品分析

在洞窟修复清洗过程中,一些被掩盖的颜料被发现,并且发现几处残留的贴金。

为了了解颜料的成分,对部分颜料取样进行了分析。

L34:为岩石表面的绿色物质。在显微镜下观察可见岩石表面附着有尘土颗粒和绿色的晶体颗粒。提取绿色颗粒进行显微红外光谱分析,可见孔雀石的多个吸收峰,证明绿色颜料为孔雀石。

L35:521 窟顶莲花座上附着的棕色透明片状物质,在清洗过程中出现卷曲脱落。经过显微红外光谱分析发现有环氧树脂的多个吸收峰,确定为环氧树脂。这种物质可能是过去修复用材料的残留。

L36:经过显微红外光谱分析发现有碳酸铁的峰,确定为碳酸铁。

(2)结果讨论

彩绘颜料等装饰品由于多被掩盖在沉积层下,只在清洗过程才逐渐被发现。这些彩绘颜料保留很少,非常珍贵,对其取样也当非常小心。通过以上几个彩绘颜料的分析可了解彩绘的工艺与材料,但是由于样品量很少,颜料的有机成分没有分析出来,需要进行深入研究。

五、结论与讨论

对龙门石窟病变的分析为修复工作提供了基础数据,使修复保护方案的制订得以进行并科学化。

通过对各种病害的分析,提出表面各种附着材料保护措施的建议。

表面形成的流淌痕迹,有人工形成的,也有自然形成的;表面沉积物主要成分是碳酸钙,由于环境的作用还产生了硫酸盐化作用,另外还夹杂有有机物质。

由于这些物质在洞窟或石雕表面,掩盖了塑像、雕刻和题记,为了展示和研究的目的,需要对其进行清除。

沉积物下面掩盖的绘画层和地仗层具有人工活动的痕迹,在修复中应该加以保护。

前人修补的材料应该考虑本身是否失效,以及后面处理的措施。如果与将采取的措施冲突,可在细心操作的情况下去除。

　　龙门石窟的病害与裂隙水和环境污染关系密切，由于水作用形成了表面沉积；由于人为污染作用导致了洞窟的烟熏痕迹和碳酸岩的硫酸化作用。现在虽然对裂隙水和环境污染进行了治理，但是根治的目标还没有实现，少量渗水仍然存在，环境污染可能比过去更严重，所以石窟的保护措施实施前和实施后都必须要考虑病害的诱因治理。否则任何保护措施的效果都要受到影响而削弱。

（原载于《文物保护与修复的问题》，文物出版社，2009 年）

39

炳灵寺石窟 171 窟大佛发髻上蓝色颜料的分析与讨论*

一、炳灵寺 171 窟现状

炳灵寺石窟的 171 窟是一尊石雕泥塑的唐代大佛(见图 39 - 1)。高 27 m,为贞元十九年(803)所造弥勒佛倚坐像,以石刻造型并加泥增塑,其中上部为凿山而成,下部多为泥土修筑。龛前原有附山而建的 7 层木构大阁,如今已经不复存在。现泥层多已剥落,20 世纪曾对佛像的下半部进行了修复处理。

171 窟大佛历代破坏严重,其中上部由于有山体遮挡风雨且人难以到达而保存较好。为了详细了解病害情况,2008 年底对大佛进行自上而下的保护调查,发现了佛像螺髻上鲜艳的蓝色,并对其进行了较为深入的分析(见图 39 - 2)。

二、样品和分析方法

(1) 样品

取样位置:下图中蓝色即为样品的取样位置;取样方法:用手术刀小心刮掉蓝色粉末少许,放到样品管中以备分析检验。

图 39-1 炳灵寺 171 大佛全景图

图 39-2 大佛头顶螺髻局部

（2）样品分析方法

① 傅立叶变换红外光谱

红外光谱可确定无机样品和有机样品的大致成分。

仪器：德国 Bruker 公司的 VECTOR22 傅立叶变换红外光谱仪，配合红外显微镜。

② 扫描电镜

作用是观察样品的显微结构，特点是放大倍率高，可以达到几万倍，景深大，不需要平整的样品。配合能谱可以对样品局部进行元素分析，确定物质的组成元素，进而推断成分。

分析仪器：荷兰 FEI 公司的 FEI Quanta 200 FEG 环境电子扫描显微镜。

三、分析结果

（1）红外光谱分析：对样品进行分析，其红外谱图见图 39 - 3。

从图谱上可以看出，该蓝色颜料中有有机物，还有其他矿物质。通过比对，发现蓝铜矿的吸收峰有多处，如 3 425 cm^{-1}、1 485 cm^{-1}、1 460 cm^{-1}、1 419 cm^{-1}、

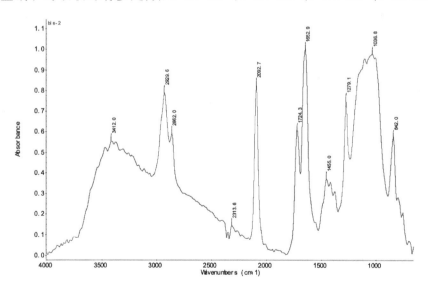

图 39 - 3　样品的红外谱图

960 cm^{-1}、835 cm^{-1}、768 cm^{-1}等。其他的峰如 2 929 cm^{-1}、2 862 cm^{-1}、2 313 cm^{-1}、1 652 cm^{-1}、1 279 cm^{-1}等可能是动物胶的峰。推断此蓝色样品是以蓝铜矿为主要呈色成分，以动物胶为粘结剂的。

（2）扫描电镜：在电子扫描电镜下观察细部形貌结构，见图39－4。

59×

200×

1 000×

5 000×

图 39－4　样品的扫描电镜图

从图 39－4 可以清晰看出样品的细微结构，蓝色颗粒处于样品表面，逐渐放大后可见颜料颗粒，颗粒大小均一。高倍率下可见样品颗粒边角尖锐，表面有贝壳状破碎痕迹，说明颜料经过机械处理，而且处理得很精细，颗粒大小在 5—70 μm 之间。

表 39 - 1　扫描电镜下颜料颗粒的能谱分析表

元　素	Wt %	At %
C	08.89	19.57
O	27.36	45.20
Mg	01.09	01.19
Al	02.46	02.41
Si	06.48	06.09
S	00.57	00.47
Cl	07.72	05.76
K	00.65	00.44
Ca	00.57	00.38
Fe	01.93	00.91
Cu	42.28	17.59

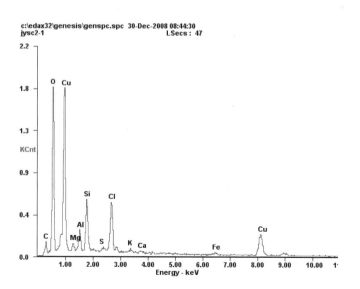

图 39 - 5　样品的能谱图

从能谱上可以看出，样品中存在较多的元素有：O、Cu、Si、Cl、Al、C 等；其他的元素，如 S、K、Ca、Mg 等，较少。铜的大量存在，再次说明铜的化合物为呈色物质。并且铜的化合物是蓝色的，较常用的为蓝铜矿，分子式为 $Cu_3(CO_3)_2(OH)_2$，其铜、碳、氧的重量比为 59∶7∶34，而样品中的比例为 54∶11∶35，基本接近，只有碳的比例较高，说明碳还存在其他的结合态。

四、结论与讨论

（1）通过以上两种自然科学方法的相互印证，大致可以确定该蓝色颜料呈色物质的主要成分为蓝铜矿，胶结材料可能为动物胶。

（2）由以上观察分析发现，蓝色颜料颗粒表面尖锐，大小均匀，由此可以大致推断，当时人们在使用该蓝色颜料之前是经过认真处理的。

（原载于《中国文物保护技术协会第六次学术年会论文集》，科学出版社，2010 年）

40
鹤壁五岩寺石窟化学保护材料选择试验

一、石窟概况和病害

1. 石窟概况

鹤壁五岩寺石窟位于鹤壁市老市区西北 8 km 处五岩山旅游区内,石窟开凿所依托的山岩为奥陶系中统泥质灰岩和泥质白云岩。石窟开凿于五岩山南麓的崖壁上,由于石窟地处偏僻山乡,又不见于方志典籍,故不为世人所知,在 20 世纪 80 年代文物普查中才被重新发现。石窟开凿最早年号为东魏孝静帝兴和四年(542),最晚的为东魏孝静帝兴和七年(549),开凿时间为八年。窟龛形制和造像风格统一,其中较大石窟洞窟平面呈马蹄形,穹隆顶。全窟依山势由东向西分五区开凿。石窟共有佛龛 41 个、造像 154 尊、护法狮子 24 对、发愿文题记 12 品。作为非帝王皇家营建的小型石窟群,鹤壁五岩寺石窟体现了南北朝晚期民间石窟艺术造像风格,颇具代表性。1986 年被河南省人民政府公布为省级重点文物保护单位。

2. 病害

五岩寺石窟经过 1 000 多年的自然风化,破坏较为严重,病害类型多样。石材的病变和其所处的环境密切相关,对相关环境因素的研究直接影响着对石材病变的正确判断和分析。而只有对石材的病害类型和产生病害的原因有了正确的认识和深入的分析,才能对症下药,制定科学合理的保护及修复方案。根据国际标准化石材病变类型定义,鹤壁五岩寺石窟存在的主要病害有如下几种:

黄色结壳:表面结合紧密的沉积物,呈黄色,见图 40 - 1。

图40-1　石刻表面的黄色结壳　　　　　　　　图40-2　石刻表面的黑色结壳

黑色结壳： 石窟石质表面的黑色结壳。其厚度不一，性质坚硬，易碎，很容易与其底层相区别，见图40-2。

开裂变形： 洞窟出现开裂分层，局部由于开裂导致石窟变形，见图40-3。

图40-3　石刻的开裂变形　　　　　　　　　　图40-4　石刻表面的风化溶蚀

风化溶蚀： 石质表面出现减薄的现象，有字迹雕刻的部位模糊不清，见图40-4。

石刻缺失： 石窟或造像部分脱落和残缺，见图40-5。

动物活动： 石窟中有鸟类和昆虫等生物活动的痕迹，局部可见鸟粪，见图40-6。

山体裂隙： 石窟依托的山体出现较大裂隙，水沿裂隙流动，表面石块出现松动，对石窟造成威胁，见图40-7。

图 40-5　石刻的缺失

图 40-6　石刻上的动物活动痕迹　　　　　　图 40-7　山体的裂隙发育

山体渗水：水沿缝隙向石窟渗透，形成结垢和破坏，见图 40-8。

植物存在：石窟附近和石窟上，有树木和草类等植物生长，见图 40-9。

图 40－8　石刻表面渗水　　　　　图 40－9　石刻附近的植物生长

二、防水材料筛选

1. 样品制备

（1）岩石样品

取石窟附近与石窟岩石性质相同的岩石，用切割机切割成 5 cm×5 cm×1.5 cm 的石块，并对石块的上下表面进行修整，使形成光滑的平面。用水冲洗，自然干燥备用。

（2）防水材料

根据国内外室外文物防水研究的经验，选择了一些效果良好的材料作为本试验的待选材料。选用的材料有：

MTEOS　甲基三乙氧基硅烷，单体材料，无色透明液体，能聚合成具有加固、防水作用的聚甲基三乙氧基硅烷。

F3　成分为聚甲基三乙氧基硅烷，外观为无色至淡黄色透明液体。北京化工二厂生产。

WD－10　武汉大学有机硅中心研制，长链烷基有机硅（十二烷基），无色液体。

F8261　成分为氟硅烷。

表 40 - 1　防水材料

代　号	品　　名	主 成 分	厂　家	溶剂	浓　度
MTEOS	甲基三乙氧基硅烷	甲基三乙氧基硅烷		乙醇	1：1(V/V)
WD - 10	WD - 10	长链烷基有机硅	武汉大学	乙醇	10%(V/V)
					5%(V/V)
F3	防水剂三号	聚甲基三乙氧基硅烷	北京化工二厂	乙醇	30%(W/V)
F8261	8261	氟硅烷		乙醇	1%(V/V)

2. 防水处理

将各种防水材料按照一定配比制备完成后,将岩石样品浸泡在防水材料中1 min,然后取出,使自然干燥。

3. 效果检验

(1) 颜色变化

对岩石样品颜色的改变,使用北京星光测色仪器公司产 DC - P3 型全自动色差仪进行测量:分别测量空白样和处理样相对于标准白板的总色差 dE。测量结果见表 40 - 2,并计算各样品相对于空白样的色差。色差值小于 4,视觉上难以区分,从结果上看,WD - 10 的 3 个样品和 F8261 的 3 个样品,以及 F3(5%)可满足要求。

(2) 接触角变化

用 DataPhysics - Oca20 型接触角测定仪测量接触角,每一块样品测 5 个点,取平均值。结果见表 40 - 3。

(3) 毛细吸水

准备水槽,内部放一块海绵,注水使水面略低于海绵。将经过防水处理的样品放在海绵上,记录试样吸水的情况。结果见表 40 - 4。

从样品的毛细吸水后重量变化看,空白样和处理样差别很小,这是因为所有样品由新鲜岩石形成,表面完整,吸水能力低,结果差异很小。

表 40-2   防水处理样品的色差变化

材　　料	色差/dE	与空白样色差	材　　料	色差/dE	与空白样色差
空白样	61.80	0	F3(5%)	58.08	3.72
MTEOS(1∶9)	50.25	11.55	F3(10%)	49.19	12.61
MTEOS(3∶7)	46.73	15.07	F3(20%)	44.13	17.63
MTEOS(5∶5)	37.79	24.01	F8261—1	63.42	-1.62
WD-10(2.5%)	61.77	0.03	F8261—2	59.72	2.08
WD-10(5%)	61.64	0.16	F8261—3	59.10	2.70
WD-10(10%)	59.42	2.38			

表 40-3   防水处理样品的接触角变化

样品名称	1		2		3	
	L	R	L	R	L	R
MTEOS(1∶9)	50.2	46.7	63.0	61.4	60.8	58.6
MTEOS(3∶7)	61.7	61.9	54.0	54.0	66.4	69.3
MTEOS(5∶5)	80.1	79.1	76.2	76.2	57.6	57.6
WD-10(2.5%)	77.1	78.4	66.4	70.7	75.6	77.7
WD-10(5%)	127.4	127.4	114.6	114.8	111.8	111.8
WD-10(10%)	103.1	101.3	95.2	95.2	91.5	91.5
F3(5%)	125.1	125.1	131.4	131.4	125.9	125.9
F3(10%)	133.3	133.1	132.6	132.6	128.8	128.8
F3(20%)	125.0	125.0	127.0	126.8	125.0	125.2
F8261-1	77.4	77.4	80.3	80.3	93.9	93.9
F8201-2	52.0	44.8	64.5	62.6	55.4	55.4
F8261-3	51.3	51.3	56.6	55.9	63.6	60.3

表 40-4　防水处理样品的吸水情况

材　料	时间/min			
	0	5	10	60
空白样	98.77	98.80	98.80	98.80
MTEOS(1:9)	96.18	96.19	96.20	96.20
MTEOS(3:7)	90.38	90.39	90.39	90.40
MTEOS(5:5)	81.43	81.44	81.44	81.45
WD-10(2.5%)	109.38	109.39	109.39	109.39
WD-10(5%)	86.41	86.42	86.42	86.42
WD-10(10%)	90.29	90.30	90.30	90.31
F3(5%)	104.64	104.65	104.65	104.65
F3(10%)	101.27	101.30	101.30	101.30
F3(20%)	90.17	90.18	90.18	90.18
F8261—1	84.64	84.65	84.65	84.65
F8261—2	91.07	91.09	91.09	91.09
F8261—3	96.80	96.81	96.81	96.81

（4）酸腐蚀

为了检验防水处理对岩石的保护作用,采用浓度为2%的盐酸溶液对各种样品进行了腐蚀试验,腐蚀时间为 30 min。样品在盐酸溶液中浸泡后取出冲洗干净,烘干称重,结果见表 40-5。

从结果可见,经过处理后,样品在酸腐蚀下失重小于空白样,说明有保护作用,而保护效果以 F3 的几种配比为最好。

表 40 - 5　防水样品酸腐蚀试验结果

样　　品	重量/g		重量变化/g
	浸泡前	浸泡后	
空白样	98.77	98.39	−0.38
MTEOS(1∶9)	96.18	95.88	−0.30
MTEOS(3∶7)	90.38	90.09	−0.29
MTEOS(5∶5)	81.43	81.20	−0.23
WD−10(2.5%)	109.38	109.05	−0.35
WD−10(5%)	86.41	86.14	−0.27
WD−10(10%)	90.29	90.02	−0.27
F3(5%)	104.64	104.49	−0.15
F3(10%)	101.27	101.10	−0.17
F3(20%)	90.17	90.02	−0.15
F8261—1	84.64	84.34	−0.30
F8261—2	91.07	90.78	−0.29
F8261—3	96.80	96.47	−0.33

三、加固材料筛选

1. 样品制备

（1）岩石样品

从现场调查看，石窟的风化属于浅层风化，风化层仅存在于表面。加固材料选择试验用的样品，应具有类似的特征。取石窟附近与石窟岩石性质相同的岩石，用切割机切割成 5 cm×5 cm×1.5 cm 的石块，并对石块的上下表面进行修整，使形成光滑的平面。将浓醋酸稀释 4 倍，形成溶液，然后将石块浸泡在溶液中腐蚀 12 h，然后小心清洗掉酸溶液,不使表面形成的粉末脱离。然后干燥备用。

(2)加固材料

根据国内外石质文物加固的经验,选择如下材料作为备选材料:

Paraloid B-72:丙烯酸树脂,甲基丙烯酸乙酯和甲基丙烯酸的共聚物,单体比例为 70:30,玻璃化转变温度为 40℃。

R300:德国 Remmers 公司生产,主要成分为正硅酸乙酯,无色液体,通常使用溶剂为乙醇。

251M:采用北京东方化工厂 251M 乳液制备的丙烯酸树脂非水分散体加固剂。

TD:采用天津大学化工学院制备的 3504 乳液制备的丙烯酸树脂非水分散体加固剂。

GH-3 纳米乳液:江苏国联化工公司生产。

表 40-6　选用加固材料的性能与配比

代　号	主成分	厂　家	溶剂	浓　度
B-72	丙烯酸树脂	Rom Hass	丁酮	2.5%(W/V)
				5%(W/V)
MTEOS	甲基三乙氧基硅烷	北京化工二厂	乙醇	1:9(V/V)
				3:7(V/V)
				5:5(V/V)
R300	正硅酸乙酯	Remmers	乙醇	1:9(V/V)
				3:7(V/V)
				5:5(V/V)
GH-3	纳米硅丙乳液	江苏国联化工	水	5%(W/V)
251M	丙烯酸树脂的非水分散体		丁酮	2%(V/V)
TD				2%(V/V)

2. 加固处理

将处理好的岩石块用以上配比的材料浸泡，1 min 后取出，然后放在相对密封的空间内干燥。

3. 效果检验

（1）颜色变化

将加固样品与空白样对比，通过目测发现没有变化的是：TD（2%），251M（2%）处理的样品，颜色变化可以接受的是：MTEOS 的 1∶9，R300 的 1∶9 和 3∶7，以及 GH‐3 乳液的样品。

（2）喷砂试验

表 40‐7　加固样品的喷砂试验结果

样　品	浓　　度	重量/g		重量变化/g
		喷砂前	喷砂后	
空白样		71.73	71.58	0.15
B‐72	2.5%（W/V）	76.98	76.97	0.01
	5%（W/V）	73.03	73.02	0.01
MTEOS	1∶9（V/V）	70.57	70.48	0.09
	3∶7（V/V）	79.02	78.95	0.07
	5∶5（V/V）	75.39	75.30	0.09
R300	1∶9（V/V）	87.29	87.24	0.05
	3∶7（V/V）	83.88	83.85	0.03
	5∶5（V/V）	72.80	72.78	0.02
GH‐3	5%（W/V）	98.42	98.35	0.07
251M	2%（V/V）	74.52	74.47	0.05
TD	2%（V/V）	74.18	74.07	0.11

　　为了检验加固的效果,将样品用喷砂机处理,使用喷砂机喷射塑料微粉,空气压力为 2 kg/cm², 喷砂压力为 2 kg/cm², 对样品处理 20 s, 然后称量重量变化。结果见表 40-7。

　　结果显示 B-72 和 R300 具有最好的防护效果,这是因为它们形成的固体具有很强的硬度。

　　(3) 冲刷试验

　　将喷砂处理后的样品用水流冲刷,干燥后测量重量损失。没有被加固的风化岩石粉末在水的冲力作用下会脱落,显示出各种加固材料的性能差异,结果见表 40-8。

表 40-8　加固样品的冲刷试验结果

样　品	浓　度	重量/g		重量变化/g
		冲刷前	冲刷后	
空白样		71.58	71.47	0.11
B-72	2.5%(W/V)	76.97	76.94	0.01
	5%(W/V)	73.02	73.01	0.01
MTEOS	1:9(V/V)	70.48	70.41	0.07
	3:7(V/V)	78.95	78.87	0.08
	5:5(V/V)	75.30	75.20	0.10
R300	1:9(V/V)	87.24	87.22	0.05
	3:7(V/V)	83.85	83.83	0.02
	5:5(V/V)	72.78	72.77	0.01
GH-3	5%(W/V)	98.35	98.31	0.04
251M	2%(V/V)	74.47	74.42	0.05
TD	2%(V/V)	74.07	74.01	0.06

　　结果显示 B-72 和 R300 具有最好的防护效果。

四、结论

1. 防水材料

试验包括色差、接触角、酸腐蚀试验。

色差试验中 WD – 10 的 3 个配比、F8261 的 3 种样品,颜色变化很小,其他的差别较大,不易接受。

接触角比较高的是 WD – 10(5%)、WD – 10(10%)、F3 的各种配比。

酸腐蚀试验的结果显示 F3 的 3 种材料保护效果较好,其他材料的损失是 F3 的两倍甚至更多。

综合以上试验认为,可以使用的防水材料最好的是 WD – 10(5%)。

2. 加固

加固试验包括颜色变化、喷砂试验和水冲刷试验。

颜色变化小的是:MTEOS 的 1∶9,R300 的 1∶9 和 3∶7,以及 GH – 3 乳液的样品。

喷砂试验损失少的是:B – 72 和 R300 处理的样品。

水冲刷试验中,效果较好的是 B – 72 和 R300 处理的样品。

根据试验结果,综合评价认为,可用来做加固材料的是 R300 的 1∶9 和 3∶7。考虑到这种材料处理的样品具有很高的硬度,韧性较差,在环境条件变化大的地区,可选择使用有韧性的 GH – 3 乳液。

（原载于《文物建筑》2015 年第 9 期）

41
吐峪沟石窟水库影响及石窟保护的对应措施

一、吐峪沟石窟水库及影响

1. 吐峪沟石窟的概况

吐峪沟石窟位于新疆维吾尔自治区吐鲁番地区鄯善县吐峪沟乡,东经89°33′,北纬42°51′。吐峪沟地处火焰山中,南邻洋海坎,北通苏贝希,是连通火焰山南北的重要通道之一。石窟始凿于公元4—5世纪,分布在沟内东西两侧的断崖上,约有洞窟近百座,为新疆东部开凿年代最早、规模最大的佛教石窟遗址群,是研究佛教石窟寺艺术由西域向内地传播的关键节点,学术意义重大。2006年被公布为全国重点文物保护单位,2007年被列入丝绸之路申报世界文化遗产预备名单。2010年经国家文物局、自治区文物局批准,中国社科院考古研究所、新疆龟兹研究院、吐鲁番学研究院联合对吐峪沟石窟进行了窟前考古发掘,取得了丰硕的考古成果,被评为2010年度全国十大考古新发现。因此对吐峪沟内的文物进行及时的保护显得尤为重要。

2. 水库的施工及影响

吐峪沟石窟处于吐峪沟中,沟内峡谷较深,沟壁陡峭,高达数十米。内部有水流,沟南部居民为了浇灌的目的,早期在石窟区的下部修建有水坝,坝体为普通砂石坝。

吐峪沟千佛洞自2004年4月26日正式向游客开放以来,多次发生山体滑坡、坍塌、木栈道损毁等安全问题,这些均与水库的水体侵蚀岩体以及水渠沿着山体边

图 41-1 东岸山体大体量开裂

缘铺设有关。

　　2007 年夏季吐峪沟峡谷中的防洪坝被洪水冲毁，所幸没有造成人员伤亡。经过文物部门认真排查，发现吐峪沟千佛洞存在落石、山体滑坡、洞窟坍塌、木栈道损毁等安全隐患 20 余处，且危险程度进一步加大，见图 41-1 至图 41-3。

　　鉴于山体崩塌的危险，2007 年文物部门决定暂时关闭吐峪沟千佛洞，集中人员和力量进行文物本体的保护、加固及环境整治，待条件成熟后再对外开放，以保证游客参观安全，防止安全事故发生。同时，也为了进一步做好该遗址点申报世界文化遗产的前期准备和保护工作。

图 41-2 西岸山体大体量垮塌

图 41-3   西部 1 号洞窟附近山体和栈道的垮塌

但是 2009 年 9 月鄯善县水利局对二塘沟流域开展水土保持综合治理工程,其中在吐峪沟项目区修建一座拦沙坝,为拦截上游泥沙的同时,满足下游农民农田灌溉引水的需要。水坝情况见图 41-4。

图 41-4   吐峪沟内的水坝(自北向南)

吐峪沟拦水坝选址位于国家重点文物保护单位吐峪沟石窟寺的保护范围内。工程实施前期的选址和施工方案均未征求文物部门的意见,依据《中华人民共和国文物保护法》有关规定，属违法建筑。地区文物部门曾多次与吐峪沟乡党委政府及地区水利部门沟通解决拦水坝事宜，但建设单位并未停止施工，工程于 2011 年 4 月完工。该水坝修建完工后，随着吐鲁番地区夏季汛期的临近，上游洪水不断蓄积，使得吐峪沟沟谷水面不断上升，目前已形成了水深约 15 m 至 20 m、水面宽约 60 m 的蓄水库。

自 2011 年初大坝蓄水至今，文物保护区内的部分崖体，尤其是西崖，受到河水的长期浸泡。吐峪沟石窟寺崖体累计每月发生坍塌 2—3 次，对吐峪沟石窟寺造成了非常严重的破坏。

拦沙坝建成以后，工程区内河流水位大幅上升，其中右岸已淹没原有的巡查小道和水渠。两岸崖体内毛细水位上升较大，岸坡处的泥岩在河水长期浸泡下软化膨胀，逐渐失去承载力。而上部的岩体由于毛细水上升后自重增加，岩体局部潜在的滑动面在水的润滑作用下抗剪强度降低，从而导致泥岩和砂岩互层的岩体发生倾倒崩塌和滑塌，每次塌方的体积均小于 50 m³。同时对于崖体，又形成了新的临空面，潜在的整体不稳定性逐渐加大。

另外一种塌岸的情况是河坝内水位由于季节变化时涨时落，造成岸坡处岩体内含水率快速变化，岩石体积的膨胀与收缩较大，加速了岩体的风化。

根据拦沙坝建成 2 年以来的观察和监测，工程区内右岸（西崖）较左岸发生塌方的次数较多，受水位上升影响较大。

吐峪沟石窟寺是全国重点文物保护单位，其保护范围内的建设工程必须依法征得文物部门批准，吐峪沟考古被评为"2010 年度全国十大考古发现"，其文物保护和考古发掘工作备受社会各界关注。因此，吐峪沟石窟寺保护范围内的各项工作，一定要以文物保护为主。

因此根据吐鲁番地委、文物局对文物保护的要求：必须使拦水坝水位逐步下降，以减小对崖体文物本体的破坏，同时束窄水坝上游河道水面宽度，降低水面蒸发量，减少水蒸气对石窟内文物的侵蚀。

为了了解水坝对石窟的影响，吐鲁番文物局委托北京大学考古文博学院进行目前水库对石窟影响的评估，以确定将来改造的水库的合理高程及石窟保护的相关问题。

二、石窟保护措施

在早期水库和目前水库导致石窟岩体出现问题的情况下,为了保护石窟,自2012年起开始了对石窟的保护工程,内容包括:对水库进行改造,修建石窟附近岩体的防水设施,对石窟岩体进行锚固支护处理,最后对石窟所在环境进行整治。

具体准备实施的措施包括以下内容(详细设计见相关工程设计):

(1)护堤修建:工程上游河道两岸新建护堤工程,兼做文物单位的巡查步道。长度:左右两岸共计1 300 m,护堤防护规模为100年一遇洪水(9.03 m³/s)。两岸新建护堤外侧各建一条绿化引水渠道,引水流量0.5 m³/s。

两岸护堤在天然河道岸边清基后,回填碾压砂卵砾石,将边坡修至1:1.5坡度,然后从设计堤底高程开始做边坡1:1.5、厚度15 cm的现浇砼斜墙式护岸至堤顶,防洪堤顶宽4.0 m,堤顶设50 cm×8 cm的封顶板,基础埋置深度为1.5 m,坡脚做一高40 cm、宽度40 cm的平台,砼标号为C20F200W6,坡脚回填砂卵砾石来护坡脚,堤顶两侧分别布置底宽0.5 m、边坡1:0.5、渠深0.5 m的灌溉引水渠,以保证两岸绿化用水,堤顶根据实际需求修建检修或景观道路,道路宽2.5 m。

护坡板采用景观措施,使其材质、颜色与环境相协调。

两岸护堤在桩号0+150处附近用景观吊桥相连。

(2)拦沙坝改造:对已建拦沙坝进行拆除重建,坝顶高程降低3 m,达到降低坝前水位、减少水汽上升、保护文物的目的,同时兼顾了下游灌区灌溉用水的要求。

新建坝顶高程降低为79 m,坝高22 m,坝顶宽度6.1 m,坝轴线长度78.4 m,采用胶凝砂砾石坝。

新建拦沙坝下游的消力池、泄槽两侧应按景观要求做绿化进行遮挡。

(3)岩体锚固:对吐峪沟石窟栈道入口处西崖局部崖体,加固面积1 650 m²。综合考虑设置相应的治理工程,具体工程措施如下:锚杆锚固、崖体护脚墙、支顶锚杆挡墙、裂隙注浆。

崖体加固支顶锚杆挡墙采取隐蔽措施,不破坏石窟崖体原始的外观效果。

（4）环境整治：在两侧护岸堤和水坝改造完成后，对沟内参观景区德尔参观走道等设施进行了环境整治，以符合世界遗产标准。

目前石窟锚固工程已经开工，水库改造和环境整治已经完成设计，进入修改完善阶段。

三、水库影响的监测与评估

1. 监测措施

为了了解水库对石窟的影响，采用技术手段进行了监测。使用的方法包括温湿度检测、含水率监测、酸碱度监测和含盐量分析等。

水库对山体稳定性的影响在岩土工程报告中已经叙述，不再赘述。

2. 洞窟及环境湿度的监测

（1）监测内容

选取东部较高位置的几个石窟、西部较高位置的几个石窟、西部水库下游的2号洞窟，以及水库附近和石窟上部的不同位置对空气湿度进行了监测。

（2）监测方法

空气湿度使用小型气象站进行测试，型号为 LM–8000。

（3）监测结果

对典型洞窟和石窟周边的数据监测结果如下：

① 沟东第27窟：27窟在4月24日、25日分别进行了测量，测量时湿度仪器放置于洞窟高度1.5 m的位置，待数据稳定后读取数值，见图41–5。结果显示洞窟的湿度均高于外部环境湿度，但均只高出5个百分点，没有明显提高，且内部湿度高于外部，这可能是内部土体有一定的水分挥发，且洞窟外部容易和大气沟通的结果。

② 沟东第30、32窟：两窟在4月24日进行了湿度测量，见图41–6。结果显

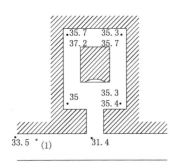 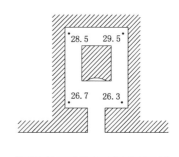

图 41-5　沟东 27 号窟的湿度监测

示洞窟的湿度均高于外部环境湿度,但均只高出 5 个百分点,没有明显提高,且内部湿度高于外部,与 27 窟的结果一致。

③ 沟西新发掘几个窟:包括 12 窟和 8 窟,二窟均破损,基本与大气连通,所以其湿度基本与外部大气接近。只有靠近洞窟后壁的地方由于后回廊完整而湿度略高。见图 41-7。

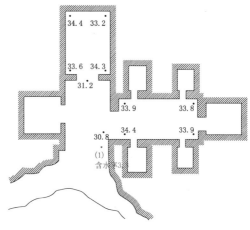

图 41-6　沟东 30、32 号窟的湿度监测

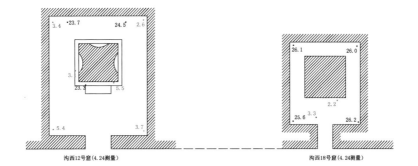

图 41-7　沟西新发掘石窟的湿度监测

④ 沟西第 2 窟：第 2 窟位于水库大坝下游，预计洞窟内部会比较潮湿。测试结果是外部比内部湿度大，洞窟下部比上部湿度大。这种情况与上部洞窟不同，对外部大气进行测试，大气湿度较高，水渠上部可达 35% 以上，应该是外部湿度传导进入洞窟导致接近外部的部位湿度较高。而地面湿度较高则与地面的水分挥发有关，见土体含水监测。水渠上部湿度较高是因为下部有水分挥发，上部有树木遮挡，空气不易流通导致的，湿度情况见图 41‑8，瞬间湿度可达 40% 以上，见图 41‑9。

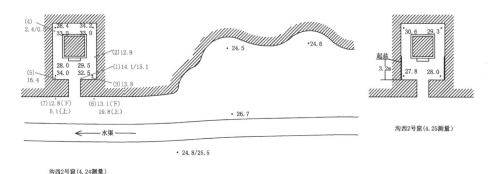

图 41‑8　沟西 2 号窟的湿度监测

图 41‑9　沟西 2 号窟外部的湿度监测

⑤ 沟内不同地点：对沟内外部的不同位置测试了空气湿度，沟谷内部不同位置的湿度均在 20%—30% 之间。为了对比，测试了水面附近的湿度，为 47.8%，但是水面以上的湿度与大气湿度接近，说明水分挥发导致的湿度提高会很快被稀释；而石窟群以上的公路上，湿度也与沟内大气接近，为 22.5%，略低于沟内湿度，说明水库的存在会导致局部湿度提高，但范围有限。需要注意的是在夏季高湿的情况下，水汽进入洞窟导致的冷凝现象。

（4）数据评估

具体的印象是：顶部石窟的湿度不大，石窟内部湿度高于外界环境，但是也未出现较高的湿度。底部石窟的湿度较顶部石窟高，高出几个百分点，未见高湿度。

石窟周围环境的湿度不大，如水库东侧便道上不同点位的湿度均在20%—30%之间，未见高湿度。水面附近湿度较大，可达48%，但是高于水面以上1 m湿度较低，与大气接近，可见水分挥发导致的高湿只影响水面附近。

吐峪沟沟内湿度略高于外部，说明水库对湿度增加有贡献，虽然测量的时候整体湿度不高，但不排除夏季高湿对石窟的影响，尤其是靠近水库且附近有树木的2号洞窟。

3. 洞窟及附近土体含水率的监测

（1）监测内容

包括东区石窟外部、西区石窟、西区底部2号窟，以及水库水面附近的土体含水率等。

（2）监测方法

土体含水率采用现场监测的方法，使用的仪器为MPH–160B型土壤含水率测定仪。

（3）监测结果

对典型洞窟和石窟周边的数据监测结果如下：

① 沟东第27、30、32窟：洞窟外部左边，洞窟下面的37、38窟，湿度均在3%左右，土体属于非常干燥的状态。30、32窟的门口，土体含水率与27窟的一致。

② 沟西新发掘几个窟：包括12窟和8窟，土体含水率基本在2%—6%之间，也非常干燥，见图41–10。

③ 沟西第2窟：湿度较大，外侧墙面有酥松破坏现象。对几个部位进行了土体含水率测试，包括窟内靠近地面的土体，以及外部岩壁靠近地面的部分，结果见图41–10。从数据看，石窟内靠近外部墙壁的土体含水率高，最高可达16.4%，而内部较低，最低0.8%。从石窟南北墙看，从东向西（也就是从外向内）土体的含水

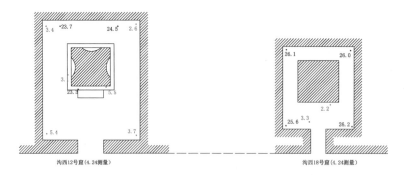

沟西12号窟(4.24测量)　　　　　　　　　　　沟西18号窟(4.24测量)

图41-10　沟西新发掘石窟的土体含水率监测

图41-11　沟西外部的盐分结晶

率下降,石窟前部 2 m 内地面土体湿度可达 12.9%,较高的含水率从墙体上即可看出。

石窟外部岩体靠近地面部分有盐分结晶,见图41-11。从测试看,越是下部的位置土体含水率越高,上部含水率降低,含水区域在水渠平面以下至平面以上 1.5 m 的范围内,见图41-12。

④ 沟西岩体靠近水库水面部分:对水库西侧靠近水面部分的岩体进行了水分含量测试。测试部位在水库中部,从此处可沿小道攀爬到西部石窟。这些部位风化均较其他部位严重,表面破碎脱落,且积聚盐分(见图41-13),使用针刺很容易刺入岩体 5—10 cm 的深度。从实测数据看,岩体的水分含量均在20%以上,见图41-14。

(4) 数据印象

对土体的含水率监测,测试点多在土体表面及表面层以下 10 cm,分析显示顶部洞窟的土体含水率很低,均不高于5%,多数在3%左右,说明土体含水率极低,土体基本干燥。下部石窟及岩体的含水率较高。

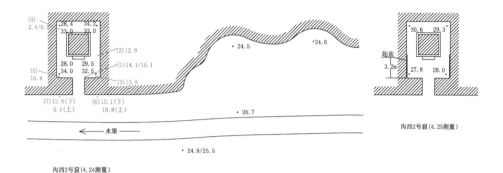

图 41-12 沟西 2 号窟的土体含水率监测

图 41-13 沟西靠近水库水面
部分岩体的破坏

图 41-14 沟西靠近水库水面部分
岩体土体含水率监测

2 号洞窟靠近水渠的部位(洞窟窟门两侧)含水率高,2 号洞窟外部的岩体含水率也高(与水渠接触的部位、高度距离水渠渠面 1 m 以内的区域)。

靠近水库水面的部分岩体破损严重,有开裂垮塌现象,且含水率在一定高度内很高,可达 20%以上。附近水库淤积淤泥的含水率达到 40%,说明水是从水库渗透过来的。水渠的存在,不仅导致靠近底部的洞窟局部含水率很高,且导致盐分结晶,还提高了石窟外部局部湿度,影响到石窟内部。

4. 石窟岩体岩石特性的分析检验

(1) 分析检验内容
石质的成分、不同岩石的破损情况,以及不同岩石的水崩解试验。

（2）分析检验结果

① 岩石的稳定性：不同岩石在自然环境中的崩解情况是，石窟附近岩体有泥岩（黄色、密实、强度不高）、青绿色岩石、褐红色岩石，以及沙粒特征明显的砂岩（强度中等）。

这些岩石在石窟环境中的特点是：无水的时候强度高，块体稳定，但是容易遇水破坏。以下是自然环境中这些岩石破损的情况，见图41-15。

图 41-15　自然环境中岩石的破损

将一些不同类型的岩石浸泡在水库的水中，岩石的崩解情况见表41-1。

② 岩石崩解实验：对四类岩石进行了水崩解试验。四类岩石分别是：颗粒细密的黄土类岩石，西壁石窟附近均是这种岩石；青绿色岩石和褐红色岩石是基础部分的岩石，包括东侧和西侧，东侧山体基本为青绿色和褐红色岩石交互形成；第四种是颗粒粗大的沙砾组成的岩石，在东岸谷口处常见。

将四类岩石分别浸泡在水中，发现黄土状岩石和黄色大颗粒组成的岩石迅速崩解；褐红色岩石逐渐破坏，在12 h后崩解成碎片；青绿色岩石结构稳定，短时间内未见变化。如图41-16。

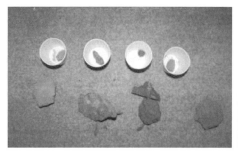

图 41 - 16　四种岩石浸泡的变化

表 41 - 1　不同类型岩石的浸泡试验

名　称	浸　泡　前	浸　泡　后	表　现
褐红色岩石			浸泡后逐渐破碎，12 h 后崩解成碎片
青绿色岩石			
黄色岩石（泥岩）			迅速崩解

（3）初步印象

通过分析可知吐峪沟石窟的组成岩石多不耐水浸泡，很容易崩解，即使青绿色岩石在短期内不崩解，但是通过现场观察仍可见崩解破碎。如此不稳定的岩体，在水浸泡和卸荷的作用下，很容易破碎坍塌，导致石窟的破坏。

四、结论和建议

（1）结论

水库的设置对石窟有负面影响，主要是：水库的水和浇灌用水渠泄露的水对接触的石窟岩体的破坏。

破坏的主要原因是岩石本身不耐水，导致岩体在水的作用下崩解垮塌。

农民灌溉的水渠紧邻石窟所在山体，水渠渗漏水对位置较低的石窟有负面影响，导致局部含水率降低，以及局部湿度增加，使附近石窟的湿度增加，有潜在危险。

水渠的水中含有盐分，这些盐分导致石窟岩体的破坏。盐分和水一起作用，进而导致岩体底部岩石的风化破坏，导致山体垮塌；同时对较低位置的石窟产生负面影响，破坏壁画所在的岩体，以至于影响壁画安全，如2号石窟。

（2）建议

① 由于岩体不耐水，在水的浸泡下容易垮塌，而石窟所在岩体边坡很陡，更容易垮塌，因此对石窟所属岩体的锚杆加固很有必要，且应该加紧进行；对于无法锚固的部分，可采取削坡的措施。

② 水库对石窟所在岩体和较低位置的石窟产生了负面影响，前者导致石窟整体坍塌，后者导致石窟壁画的破损。鉴于水库对蓄水区附近的岩体有软化作用，导致石窟所在岩体坍塌，因此对水库附近的岩体进行护岸处理是必须的。另外水库对较低位置的石窟有负面影响，导致毛细水破坏、盐分破坏和潜在的高湿度，因此建议降低水库的水位。水面高度应降低至最低石窟的3 m以下（砂岩对水的毛细吸收高度为2 m，为增加安全系数，以3 m为宜）。

③ 鉴于水库的安全对石窟影响很大，建议修建水库前对基础岩体进行地质调查，确保水库安全。水库应该有一定的安全系数，保证排洪能力，避免暴雨时水面上升淹没护岸，侵蚀岩体。

④ 由于水对岩体的破坏较大,因此水库上游蓄水区的护岸设施应该有完善的防渗措施,避免渗漏水对岩体的危害。

⑤ 石窟跟脚的水渠对石窟的危害较大,在保留水渠的情况下,必须对水渠进行防渗处理,并尽量远离石窟所在岩体。

⑥ 由于水对石窟的影响很大,包括水库的水和降雨,因此在解决了水库水的影响后,需要考虑降雨的影响。降雨流入水库会升高水位,导致对岩体的威胁,因此建议在顶部公路靠近石窟的一侧修建排水沟,排掉上部山体接受的雨水;同时对窟群区域的冲沟进行整治,以利于排泄雨水,避免过度冲刷石窟。

(原载于《丝绸之路》2016 年第 10 期)

42
从大足石刻千手观音表面一片金箔获得的信息[*]

前 言

　　大足石刻是大足县境内摩崖造像的总称,始建于初唐,盛于两宋,是中国晚期摩崖佛教石窟艺术的典型代表。大足石刻以其极高的历史、艺术、科学价值,于1999年被联合国教科文组织列入《世界遗产名录》。

　　千手观音造像位于大足石刻宝顶山石刻区大佛湾的南崖,编号第8号,是宝顶山大佛湾摩崖造像的重要组成部分。始建于初唐,盛于两宋,于1999年12月1日,被联合国教科文组织列入《世界遗产名录》。该造像龛高 7.7 m,宽 12.5 m,占崖立面面积 97 m^2;造像内容有 1 尊千手观音主像、4 尊男女立像、2 力士、2 饿鬼、千余只手和眼(手眼一体),以及流云、法器、宝塔等。其中法器、宝塔均被涂绘了古朴厚重的颜料。整龛造像流光溢彩,金碧辉煌,庄严神秘,气势恢宏,是我国唯一一尊在崖壁岩体上雕造出来的千手千眼观音造像,是我国石刻艺术的精品,具有极高的艺术感染力。

　　由于年代久远,千手观音破损严重,出现表面金箔脱落、岩石风化等现象。为了修复千手观音,需要对其进行科学分析,找到相关的工艺信息和风化信息。本文对一片金箔进行了科学分析,获得了一些相关的信息,这些信息为了解千手观音的贴金工艺、金箔层的风化情况提供了科学信息,对千手观音的修复材料和工艺选择有一定的帮助。

---

*　　作者:周双林、杨文言、陈卉丽。

一、样品和分析方法

1. 样品

样品来自主佛腿部。这个部位的表面除了金箔外还有红色的彩绘,从目测难以确认相互的叠压关系,因此反映的信息复杂,有代表性。对这个部位的样品进行分析,可以获得许多信息,因此选取该部位掉落的金箔进行了科学分析,取样部位见图42-1。

图42-1　千手观音金箔的取样处

2. 分析方法

扫描电镜分析可以了解铜镜的微观结构,结合能谱分析还可以了解成分方面的信息。

采用荷兰 FEI 公司的 Quanta 200 FEG 环境电子扫描显微镜。这种电镜的特点是不需要对样品镀膜就可以观察表面,可以获得更真实的表面信息。分析时采用低真空条件,样品不镀膜,直接进行分析。分析的条件为：电压：12.5 kV,距离：14 mm,真空度：80 Pa,光栅尺寸：14 μm。在观察样品微观形貌的同时,对关键部位如镜体表面和装饰部位等进行了能谱分析。

二、分析结果

从分析可得到如下结果,包括金箔形态和成分、贴金工艺等的信息。

1. 金箔的形态

将样品放大到 2 000× 的时候,可见金箔表面平整而有皱缩,并有裂缝。裂缝可能是在外力作用下形成的。在金箔上还有直径在 1—5 μm 的圆孔,这是在金箔加工时形成的,见图 42 - 2。

2. 金箔的成分

采用扫面电镜附带的能谱对样品表面平整而干净的部位进行分析,显示

图 42 - 2　金箔的微观形态：裂缝

的能谱结果如图 42 - 3。从图中可见样品表面含有的元素为：Au、Hg、S、C、O、Si、Ca、Mg、Fe 等,主要元素是金。汞和硫应是红色颜料的组成,碳和氧或来自有机物,也可能是碳酸钙,这个物质在大足的岩石中存在很多。由此可断定大足的金箔成分很纯。

3. 贴金的缺陷

从金箔表面可观察到一些金箔有空洞状的破裂,即金箔被撕裂形成孔洞,而下部有突出的颗粒状物质,推测为贴金时内部物质将金箔顶破形成。

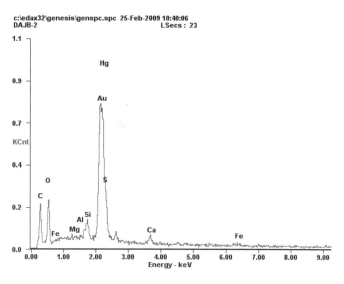

图 42 - 3　金箔的能谱图

4. 金箔的叠压

在大足千手观音表面可以找到金箔的边界,基本为直线型,而且可以看出金箔的大小。但是多数金箔连成一体,很难看出叠压关系,说明贴金水平很高。

将样品放大到 5 000×,可找到金箔之间互相叠压的信息。从图中可见金箔之间叠压的宽度约为 2—3 μm,非常小。见图 42 - 5。

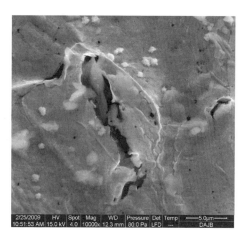

图 42 - 4　金箔的微观形态: 孔洞

5. 金箔和大漆的叠压关系

在低倍率的放大倍率下还可见金箔和红漆的叠压关系。在 50×的倍率下可见金箔是附着于较厚的漆皮上的,金箔由于年代久远而破碎严重,见图 42 - 6。

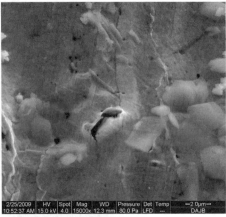

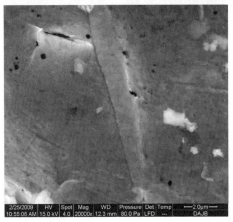

图42-5　金箔之间的叠压

6. 金箔表面的附着物

将金箔放大到5 000×时，金箔表面可见尖锐状的较大的颗粒和细小的边缘模糊的颗粒，见图42-7。对大小颗粒的能谱分析见能谱图，小颗粒图谱显示含有的元素为：Au、Hg、S、C、O、Si、Ca、Mg、Fe，后二者为微量。金为金箔的主要成分，是能谱击穿颗粒的表现，碳、氧、钙的存在显示颗粒中有碳酸钙，同时颗粒中也含有硫和汞，显示小颗粒中有硫化汞的存在。大颗粒的能谱中未见硫和汞，说明这些颗粒为碳酸钙和石英颗粒等，见图42-8。

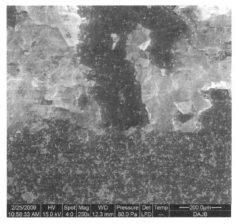

图 42-6　金箔和大漆的叠压关系

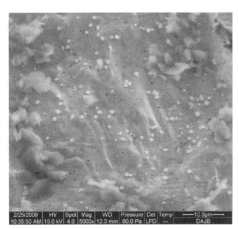
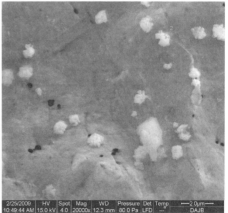

图 42-7　金箔表面大小形态不同的颗粒

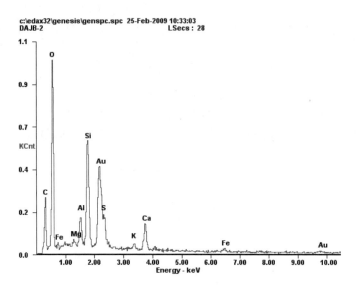

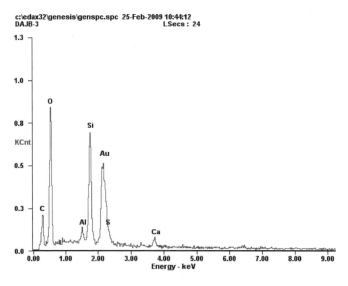

图 42 - 8　金箔表面颗粒的能谱图

三、结论和讨论

1. 结论

通过分析获得了大足千手观音表层金箔的相关信息：金箔的形态、金箔的成分、粘贴金箔时的工艺痕迹、金箔与金箔之间的叠压情况等。这些信息为了解千手观音表面贴金层的工艺特征、保存现状提供了许多有益的信息。

2. 讨论

由于只是对一片金箔进行了分析，因此难以说明整体的情况，比如不同时代金箔的成分和特征等，还需要进行深入的研究。

（原载于《电子显微镜学报》2013 年第 1 期）

43
千手观音修复的漆皮回贴材料选择

引 言

自 2008 年起,中国文化遗产研究院开始了大足千手观音的修复保护工程。表面金箔的脱落是千手观音的明显病害,因为千手观音历次修整时,常将新金箔直接粘贴于旧金箔之上,而未将旧金箔彻底铲净,这就导致千手观音表面金箔多处分层起翘脱落[1]。表层金箔连带下层原有的作为胶结材料的漆层与更底层的金箔粘贴就不牢固,容易整体脱落,脱落下来的金箔片表面为金箔,下层连带有漆皮,金箔片硬且脆。按照初期的保护设计,是要将这些脱落的金箔片进行回贴。为了初步筛选用于回贴的胶结材料,挑选有代表性的常用材料,我们进行了室内实验和现场实验。

一、材料和实验方法

1. 室内实验

(1) 实验材料

从千手观音上脱落的金箔片:上层为金箔,下层为漆皮。

大足新鲜砂岩块:从大足切割的 $10\times10\times10\ cm^3$ 的立方体砂岩块。

选用一些常见胶结材料进行实验:大漆、南京金箔厂生产的贴箔胶和贴箔乳胶、10%的聚乙烯醇缩丁醛／乙醇溶液(以下简称 PVB／乙醇)、20%的 Paraloid B72

---

[1] 参考自《大足石刻千手观音造像抢救性保护工程前期研究报告》。

丙烯酸树脂/丁酮溶液（以下简称B72/丁酮）、20%的Paraloid B72丙烯酸树脂/乙醇溶液（以下简称B72/乙醇）、环氧树脂。其中大漆是在潮湿条件下有较好黏接效果的传统天然材料，贴箔胶和贴箔乳胶是贴金箔专用的树脂类材料，PVB和B72都是文物保护中常用的溶剂型的合成胶粘剂，环氧树脂也是文物保护中常用的合成材料。

（2）实验方法

取7片从千手观音上脱落的金箔片，将大漆、贴箔胶、贴箔乳胶、PVB/乙醇、B72/丁酮、B72/乙醇、环氧树脂这7种材料分别涂抹到7片金箔片背面的漆皮上。

将抹完胶结材料的金箔片分别覆在大足新鲜砂岩块上，将其尽量铺平，用重物压在金箔片上，以便将金箔片压紧在砂岩块表面。

放置3 d，使胶结材料足够固化。贴箔胶、贴箔乳胶都是可以迅速粘贴的材料；PVB/乙醇、B72/丁酮、B72/乙醇都会随着溶剂的蒸发而具有较大黏度；环氧树脂需要若干小时固化；实验室内空气湿度较大，在75%~80%之间，在这样的空气湿度下，大漆是可以固化的。

3 d后，用手掰、刀撬等方法来检验金箔片的粘贴牢固程度。

2. 现场实验

（1）实验材料

从千手观音上脱落的金箔片：上层为金箔，下层为漆皮。

室内实验中使用的胶结材料：大漆、贴箔胶、贴箔乳胶、PVB/乙醇、B72/丁酮、B72/乙醇、环氧树脂。

辅助材料：不干胶带。

（2）实验方法

在大足石刻所在处，选择一块垂直石壁作为实验区。实验区的岩石有一定风化，但不太严重；游客稀少，较为隐蔽，不容易被人为破坏，可做长期观察。

去除岩石表面的泥土和风化粉末，划定实验区。

取7片从千手观音上脱落的金箔片，将大漆、贴箔胶、贴箔乳胶、PVB/乙醇、

B72／丁酮、B72／乙醇、环氧树脂这7种材料分别涂抹到7片金箔片背面的漆皮上。

将7片金箔片覆在划定的实验区的石壁上，将其紧压在岩石上，尽量服帖。由于胶结材料流动性较大，一时间固定不住的金箔片，使用不干胶带做临时固定。在每片金箔片上方标注所用胶结材料的种类。

放置24 h之后，取下不干胶带，检查金箔片的黏接稳定情况。

之后将金箔片留在原处，长期观察金箔片的状态，隔数年记录一次金箔片的情况。

二、实验结果

1. 室内实验

室内实验提供了将金箔片紧压在实验块表面的外压力，并有充足的让胶结材料固化的时间，实验室空气湿度在75%～80%之间。

在这样的实验室条件下，7种胶结材料均能使金箔片在砂岩实验块表面粘贴牢固。用手掰和刀撬均不易使金箔脱离实验块，这就证明这7种胶结材料的粘贴黏度完全足够。

在粘贴实验过程中发现大漆、PVB／乙醇、B72／丁酮、B72／乙醇等材料都能将金箔片的漆皮软化，使之服帖地贴在实验块上。而贴箔胶和贴箔乳胶则没有软化漆皮的能力，所以抹上之后漆皮仍保持原本的弧度和硬度，无法与实验块表面贴合，所以金箔片边缘是翘起的。

用大漆黏接溢出的部分会在实验块上留下暗色，用贴箔乳胶和B72粘贴会让金箔片表面带上额外光泽，影响外观。

2. 现场实验

现场实验过程中发现贴箔胶、贴箔乳胶和PVB／乙醇能够迅速将金箔片粘在石壁上，操作较为方便，只需按压住金箔片数分钟，胶结材料的黏度就足够将金箔片固定在石壁上而不至于掉落。而大漆、B72／乙醇、B72／丁酮和环氧树脂则在短时间内无法固定住金箔片,需要用不干胶带做临时固定。尤其是 B72／丁酮会使漆皮强烈褶皱卷曲,特别需要临时固定。受现场实验条件限制,不易从外部持续紧压金箔片,给粘贴造成了困难。

24 h 之后,胶结材料黏度已经足以固定金箔片,取下不干胶带检查粘贴效果。

表 43-1　不同胶结材料粘贴效果记录表

胶结材料	照　片	效果描述	备　注
大漆		金箔片的漆皮被软化后,在干燥过程中发生卷曲	大漆溢出,在岩石上呈现暗色
贴箔胶		不能软化漆皮,所以金箔片的边缘无法服帖,有起翘	
贴箔乳胶		不能软化漆皮,所以金箔片的边缘无法服帖,有起翘	表面略有多余光泽

胶结材料	照　片	效果描述	备　注
B72／乙醇		漆皮软化之后在干燥过程中未再有明显起翘	表面略有多余光泽
B72／丁酮		丁酮使漆皮强烈皱缩卷曲，由不干胶带作临时固定也无法压制住，干燥后漆皮边缘卷曲	抹上胶结材料后皱缩卷曲太严重，甚至可能损坏金箔，另外表面也有多余光泽
PVB／乙醇		漆皮软化后在干燥过程中未再有明显起翘	
环氧树脂		不能软化漆皮，所以金箔片的边缘无法服帖，有起翘	环氧树脂溢出，使周围石壁变白

在 2009 年 10 月、2011 年 4 月、2015 年 6 月三次后续观察中，观察到贴回的金箔片并无明显变化，依然较为牢固地粘贴在选定实验区的石壁上。

三、结论和讨论

1. 结论

综合室内实验和现场实验的结果，可知在提供较好外压力，有充足固化时间，空气湿度适宜的情形下，实验所用不同胶结材料都有足够黏度将金箔片牢固粘贴在砂岩表面。

但在实际的现场操作中又有不同，因为现场操作想从外部压紧金箔片比较困难，而使用大漆做胶结材料，在固化过程中会使漆皮有卷曲的倾向，同时大漆又固化较慢且在固化期间黏度不足，所以它会使漆皮卷曲，即使有不干胶带做临时固定也很难阻止。另一个会让漆皮卷曲的是 B72／丁酮，它和大漆的情况又有不同：B72／丁酮只要涂抹在漆皮上，就会引起漆皮强烈褶皱卷曲，这是因为丁酮能够溶胀漆皮，引起漆皮强烈形变，几乎可能毁坏金箔片。其他几种材料中，贴箔胶、贴箔乳胶和 PVB／乙醇都具有迅速将金箔片固定住的能力，在受限的现场操作条件中比较方便。B72／乙醇和环氧树脂黏接的金箔片虽然不会出现明显卷曲，但是在刚粘贴时黏度较低，必须用不干胶带临时固定。

贴箔胶、贴箔乳胶和环氧树脂均无软化漆皮的能力，所以当用它们直接粘贴金箔片时不能使之非常服帖，边缘会有起翘。

贴箔乳胶和 B72／乙醇、B72／丁酮都会使金箔片表面带上多余光泽，大漆溢出的部分会让背景石壁呈现暗色。在现场实验时，环氧树脂会让石壁呈白色，这是因为现场实验处的空气湿度比实验室内更大，环氧树脂在湿度很高的环境中可能变白。

2. 讨论

若仅从粘贴强度来说，多种材料都能达到将金箔片牢固粘贴在砂岩上的目的，但在实际使用时，却又有诸多限制。

金箔片的漆皮硬且脆，若想使其服帖地粘在砂岩表面，需要先软化漆皮，尤其金箔片来自千手观音，造像上有很多弧面，更需要金箔片能按照期望有一定形变。能软化漆皮的常用材料除了大漆，还有如醇类、酮类的溶剂，如果使用的材料如贴箔胶和贴箔乳胶，无软化漆皮的能力，就要在使用之前先用乙醇软化漆皮，再进行粘贴。同时选用的溶剂要特别注意，不能是丁酮这样能强烈溶胀漆皮的溶剂，这些溶剂甚至可能毁坏金箔片。

现场粘贴时，提供外部压力紧压住金箔片是重要环节，如果能够找到适宜方法，那就能选择更多更好的材料。比如大漆，本身是在高湿条件下非常适宜的天然材料，传统上就使用且非常环保，在能解决外压问题时会是很好的选择，但如果不能解决外压，使用大漆的金箔片就会在固化过程中卷曲。

贴箔乳胶和 B72 材料会在金箔片表面留下多余光泽，在能有其他选择时，应尽量避免这样的材料。而溢出部分会改变石壁颜色的材料则无影响，因为在为千手观音回贴金箔时，只要小心操作，不会露出太多背面的石壁。

在不同的粘贴条件下，各种胶结材料粘贴效果不同，所以使用任一材料之前一定要进行现场实验。甚至选定的实验区域和实际千手观音所在位置的环境也有一些差别，所以在进行了回贴之后应继续观察后续。这篇文章的目的仅是从粘贴操作的角度讨论了筛选材料的方法，但仍需在实际回贴后长期观察，留意长时间粘贴后是否有生霉、强度下降等现象，来进一步确定应该使用何种材料，调整粘贴方法。

（原载于《中国文物保护技术协会第九次学术年会论文集》，科学出版社，2018 年）

44

望都汉墓壁画病害科学分析与保护建议*

一、前言

1. 望都汉墓简介

望都汉墓位于河北省望都所药村东、京广铁路西,为东汉郭阳侯孙程墓葬。孙程,字稚卿,生年不详,涿郡新城人(今河北徐水县西南),东汉宦官,公元132年卒后葬此,见图44-1。

该墓长 46.7 m、宽 32.7 m,封土最高处 11 m,墓顶长满椿树、榆树、槐树,郁郁葱葱。墓室低于地表 2 m,坐北朝南,由墓道、墓门、前室、东西耳室、东西侧室、后室及北壁小龛等构成(见图44-2)。墓内出土的文物主要有:三层陶楼、石棋盘、涂朱陶盘、涂朱陶碗、陶灶、陶井、龙首陶勺及残损的陶鸡、陶鸭、陶楼、陶缸、陶猪圈残片等。

前室四壁及通中券门内西侧都绘有壁画,上为人物,下为鸟兽,中间有黄

图 44-1 望都汉墓内部

边。南壁墓门两侧,东侧画"寺门卒",面门而立,持杖守门,头着红巾,长上衣,膝上

* 作者:周双林、陈竹茵、马洪星。

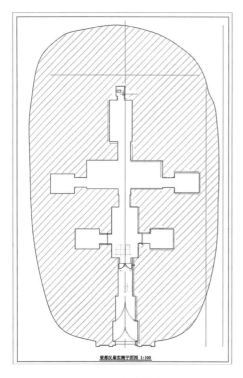

图 44-2 望都汉墓平面图

尚露极宽肥的裤腿。西侧画"门亭长"，面门而立，佩剑，拱手躬腰作迎送状。西壁自南至北，上部画六人。东壁自南至北，上部画十一人。北壁券门东侧画"主记吏"，坐于矮榻之上，榻前有三足圆砚，砚上立墨丸；另一侧有水盂。西侧画"主簿"，主簿下画"凤凰"，题"凤凰"二字。

北券门过道东西两壁，东壁为"白事吏作长跽白事状"，"待阁"作迎送白吏状。西壁为小吏"勉□谢吏"，谢者伏地跪拜，小吏持笏躬腰作回拜状。两壁上部画有垂钩状物。1.4 m 以上起券，上画精美的图案，由流动的云气和奔驰的鸟兽组成（见图 44-3）。

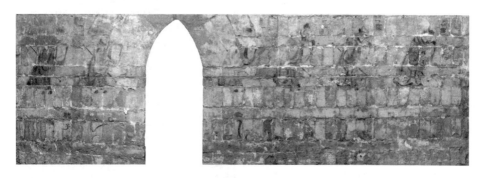

图 44-3 望都汉墓壁画局部

2. 壁画病害情况

望都汉墓埋藏在地下 2 000 多年，发掘后也经历了 50 多年的半封闭保藏。由于环境改变，壁画较发掘时遭到更为严重的病害。根据现场调查，壁画上的病害有：

盐分结晶：壁画表面有些地方有白色的针状结晶，结晶将壁画表面顶破，导致壁画脱落。主要发生在靠近墓道口。

壁画起翘：壁画的画面层很薄，只有一层很浅的石灰层，这些石灰层从砖墙上起翘，很容易脱落。

壁画剥落：一些壁画起翘以后，块状脱离砖表面，落在地面上。

壁画变色：壁画表面没有发掘时那么鲜艳，颜色发暗，一些地方被泥土和粉尘掩盖。

壁画出现上述问题，应该与墓葬的开启有关。墓葬打开后，紧邻墓口的地方就不断在外界空气的干湿交替中发生变化，总体趋势是砖墙含水率降低，内部盐分在外面结晶，进而导致壁画起翘脱落，同时导致粉尘和霉菌孢子进入墓室。

为了了解墓葬的相关环境和壁画的病害原因，我们进行了现场调查和取样分析。

二、样品和分析方法

1. 取样情况

首先对墓葬进行了整体调查，确定了病害情况，然后确定取样地点和取样数量，结果见表44-1。

2. 分析手段

扫描电镜分析可以观察样品的显微结构，其特点是放大倍率高，可以达到几万倍；景深大；不需要平整的样品。配合能谱，可以对样品局部进行元素分析，确定物质的组成元素，进而推断成分。

分析仪器：荷兰 FEI 公司的 FEI Quanta 200 FEG 环境电子扫描显微镜。

表 44 - 1　望都汉墓取样情况表

编号	位 置	照　　片	描　　述	分析目的
1	墓道		墓砖表面有针状结晶	盐分种类、形态
2	前室		土(含有少量白色物)	是否含有盐分
3	前室		壁画表面脱落的土(附带石灰壁画层)	壁画表面情况、背面情况、制作工艺
4	前室			石灰层的材料构成、制作工艺

（续表）

编号	位置	照　片	描　述	分析目的
5	前室		壁画和土上的黑点	黑点的形成原因
6	主室		墓内无壁画处白色的浮土层	形成原因，是否含盐

三、分析结果

1. 1 号样品：墓道砖墙上的盐

通过对样品的微观观察，在 100× 下可见样品呈针状聚集；500× 放大后可见针状晶体顶部较圆，不尖锐；1 000× 放大后可见针状结晶边缘都为圆形，除了针状结晶，还有扁圆形的颗粒；2 000× 放大后可见针状晶体顶部断裂的情况，说明结晶强度很低。

对针状聚集体进行能谱分析，从中可见主要元素为氧、硫、镁，以及少量的碳和铝，以硫、氧和镁为主，推测主要组成物质为硫酸镁。

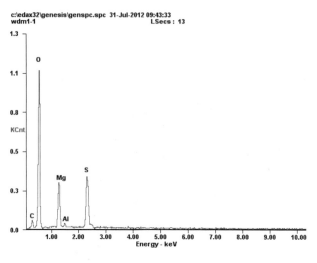

图 44-4　1 号样品的能谱图

2.2 号样品：位于前室砖墙表面的石灰层上，黄色带有白色的土

在低倍率下可见表面凹凸不平，但是致密无空洞；2 000×以上可见絮状物在凹陷的地方和颗粒间存在；5 000×以上可见菌丝呈棒状，还有球状的有机物，说明黄土上的白色为微生物的菌丝。

3.3 号样品：为壁画表面的样品，是脱落的白色石灰块，对正面和背面进行了分析

（1）正面部分

低倍率下可见表面平整，本体致密无空洞；2 000×时可见表面层颗粒大小不同，有很多边角椭圆的结晶体聚集在一起，大颗粒之间还有细小的针状颗粒存在。

对整个表面进行能谱分析，显示主要元素为氧、镁、硅、硫、钙、铝、碳，少量的氯、钾、铁等，推测含有有机物、硫酸钙、碳酸钙、黏土矿物等。

在 5 000×对大颗粒进行能谱分析，显示主要元素为氧、硫、钙，推测应该是硫酸钙结晶。小颗粒处的能谱图显示，除氧、硫、钙外，还有镁、铝、硅等，说明小颗粒应该是硫酸钙和泥土的混合物。

表 44 - 2　1 号样品扫描电镜图

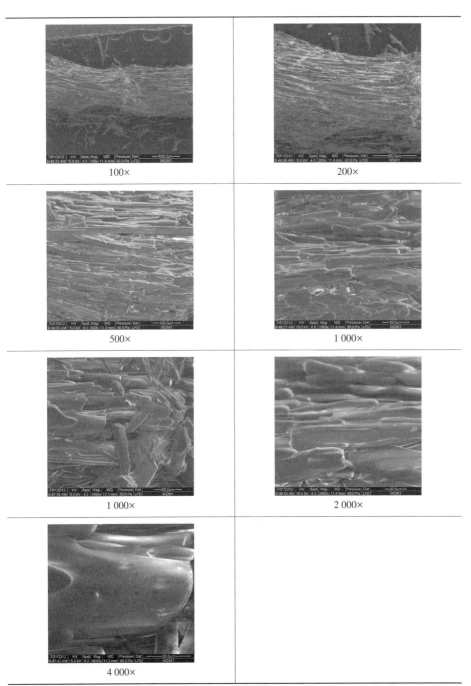

表 44-3　2 号样品扫描电镜图

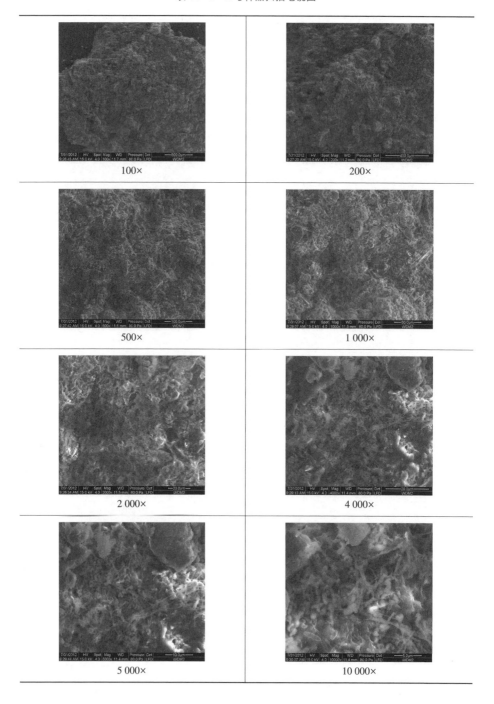

100×	200×
500×	1 000×
2 000×	4 000×
5 000×	10 000×

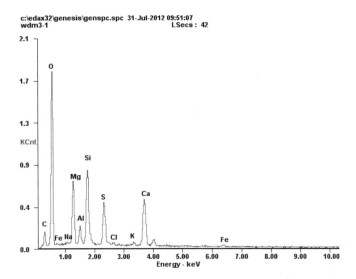

图 44-5　3 号样品整体的能谱图

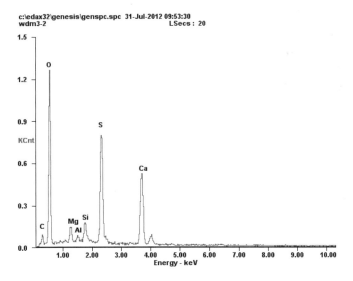

图 44-6　3 号样品大颗粒的能谱图

表 44 - 4　3 号样品扫描电镜图

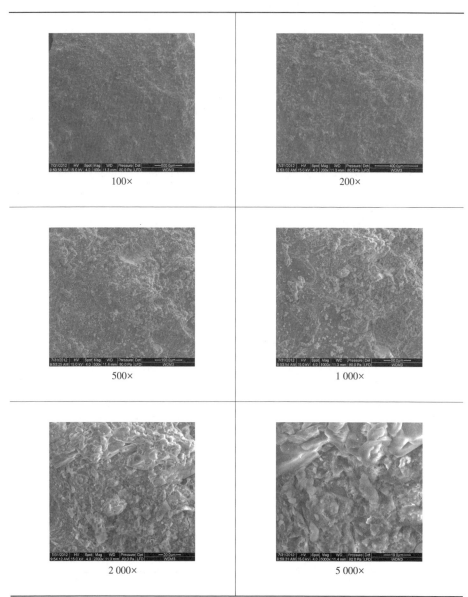

（2）背面部分

低倍率下为颗粒堆积形成的微观结构，较致密。放大到 2 000×后可见明显的颗粒存在，5 000×下可见颗粒间有细小的密集堆积的丝状物，10 000×时更清晰。

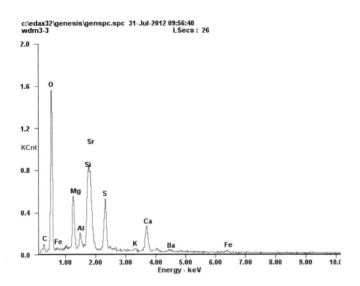

图 44-7　3 号样品小颗粒的能谱图

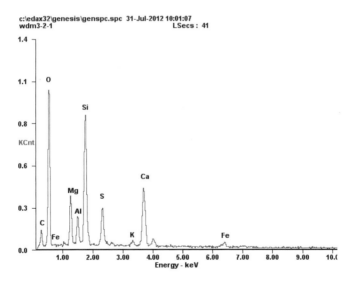

图 44-8　3 号样品背面整体的能谱图

　　对整个表面的能谱分析,显示含有氧、硅、碳、硫、钙、镁、铝等,推测含有碳酸钙和硫酸钙等,且硫酸钙含量高,说明石灰层硫酸盐化严重,硫酸盐体积大于碳酸盐,导致石灰层膨胀,脱离砖体表面。

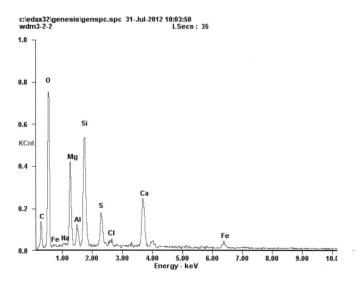

图 44 - 9　3 号样品背面球形颗粒的能谱图

5 000×时对球形颗粒进行能谱分析，显示含有碳酸钙、硫酸钙和泥土等。

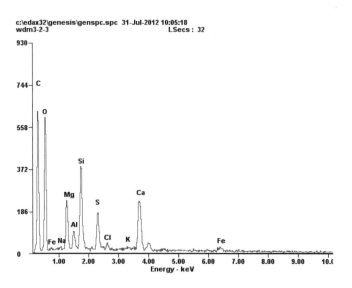

图 44 - 10　3 号样品背面细小颗粒的能谱图

　　对细小颗粒组成的花瓣状物质的能谱分析,显示有机物含量高,应该含有较多的有机物。这部分是壁画表面的脱落石膏层,内部含有有机物或者霉菌。

表44-5　3号样品背面扫描电镜图

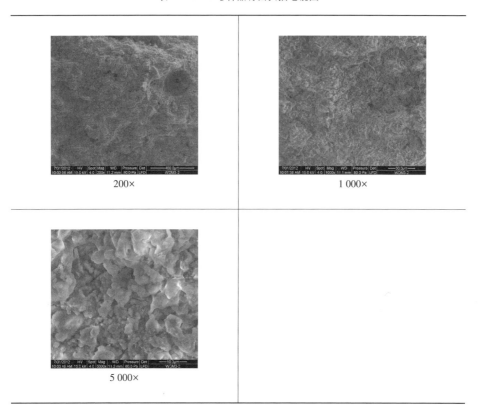

200×

1 000×

5 000×

4. 4号样品: 无壁画的素石灰层表面和背面

(1) 表面部分

　　低倍率下可见表面凹凸不平,整体致密,局部有气孔;5 000×时可见颗粒有大的,也有小的,有些小颗粒聚集在一起形成大颗粒。

　　低倍率下对样品的表面进行整体的能谱分析,从中可见,主要是硫酸钙、碳酸钙,还有一些黏土矿物。

　　5 000×时对图中较大颗粒进行能谱分析,显示主要是硫酸钙,也有黏土矿物。

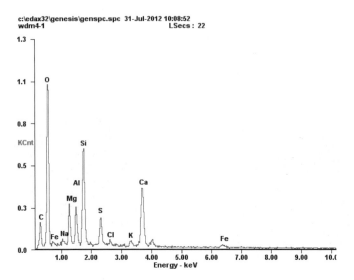

图 44－11　4 号样品整体的能谱图

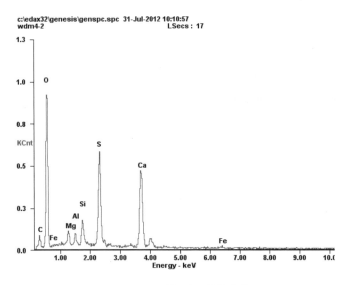

图 44－12　4 号样品大颗粒的能谱图

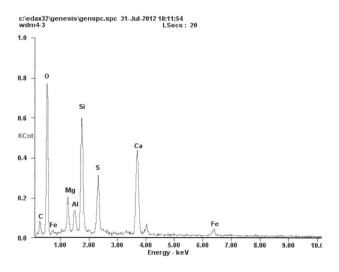

图 44-13　4 号样品小颗粒的能谱图

5 000×时对细小颗粒进行能谱分析,显示硫酸钙和二氧化硅的存在。

（2）背面部分

低倍率下可见表面凝胶状物质较多,结晶不明显,有孔洞。500×下可见细小孔洞,由于 4 号样品是石灰材料,空洞应该是水分蒸发的通道。

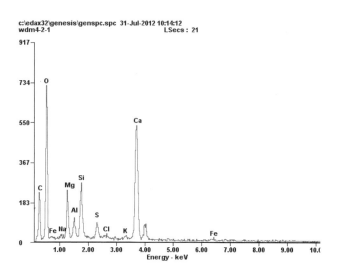

图 44-14　4 号样品背面整体的能谱图

表 44－6　4 号样品表面扫描电镜图

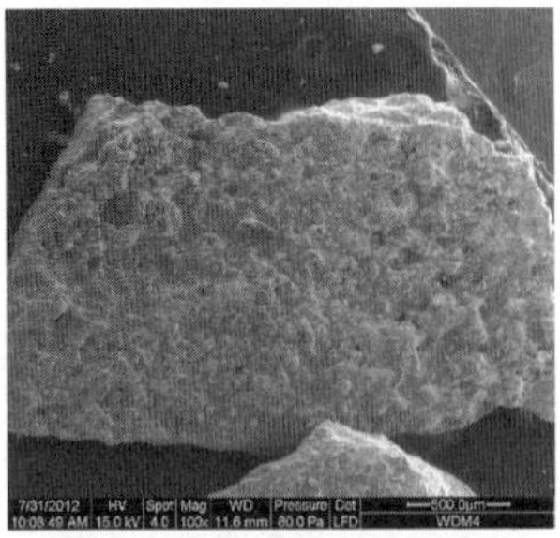 100×	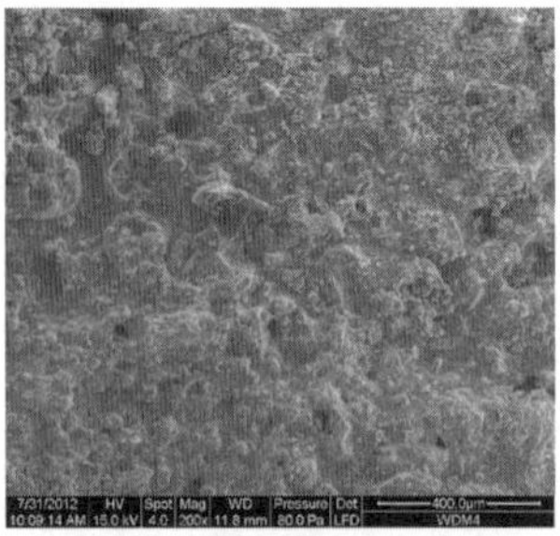 200×
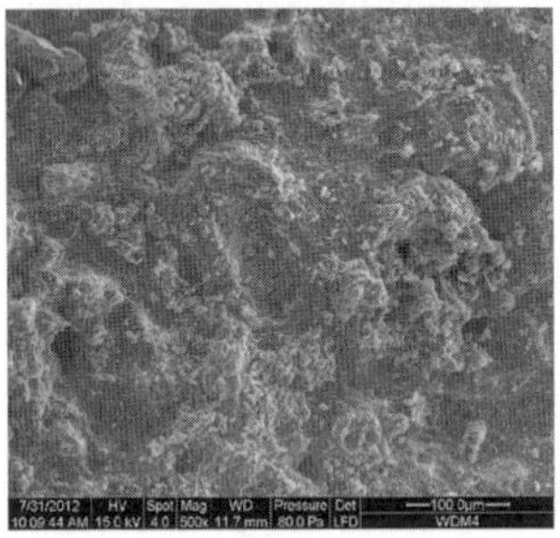 500×	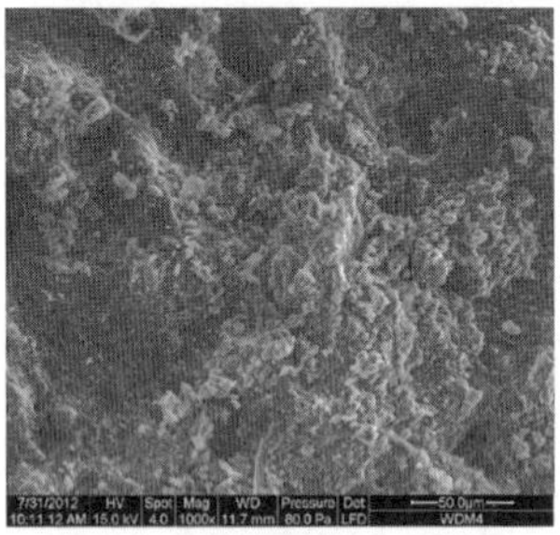 1 000×
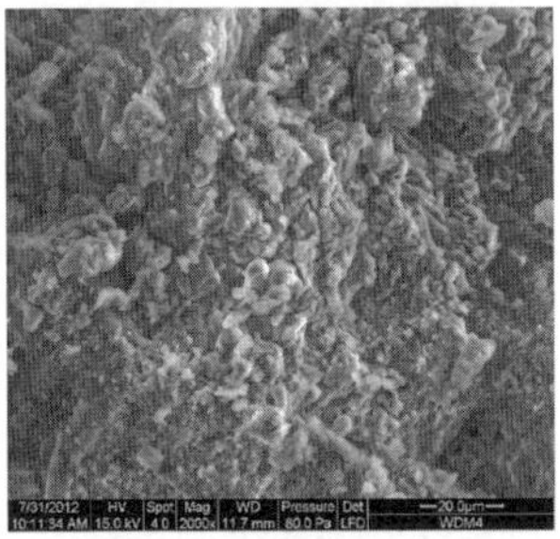 2 000×	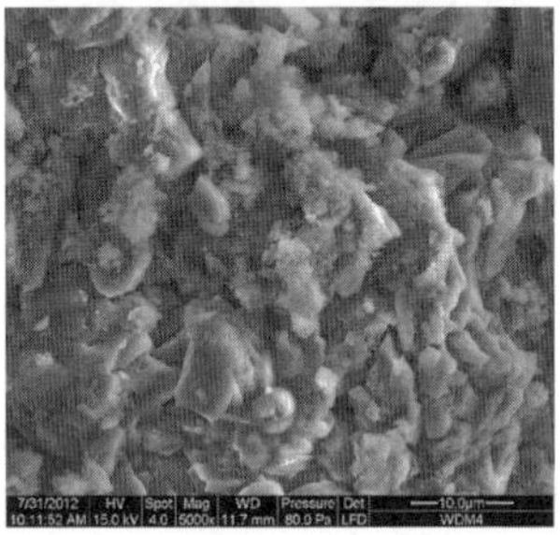 5 000×
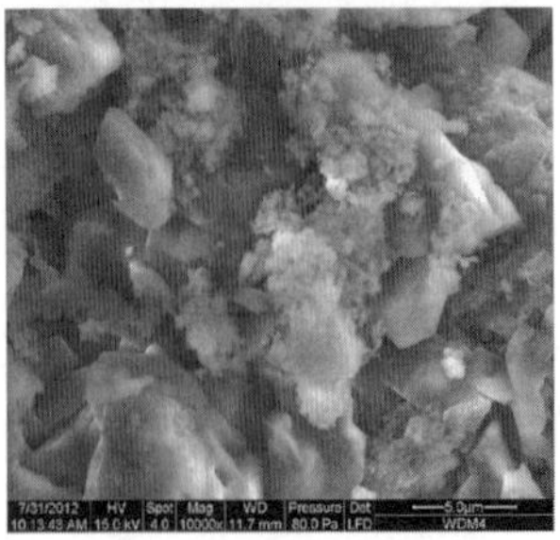 10 000×	

表 44 - 7　4 号样品背面电镜分析结果

100×　　　　200×

500×　　　　1 000×

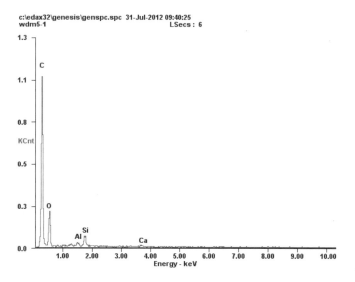

图 44 - 15　5 号样品整体的能谱图

表 44-8 5 号样品扫描电镜图

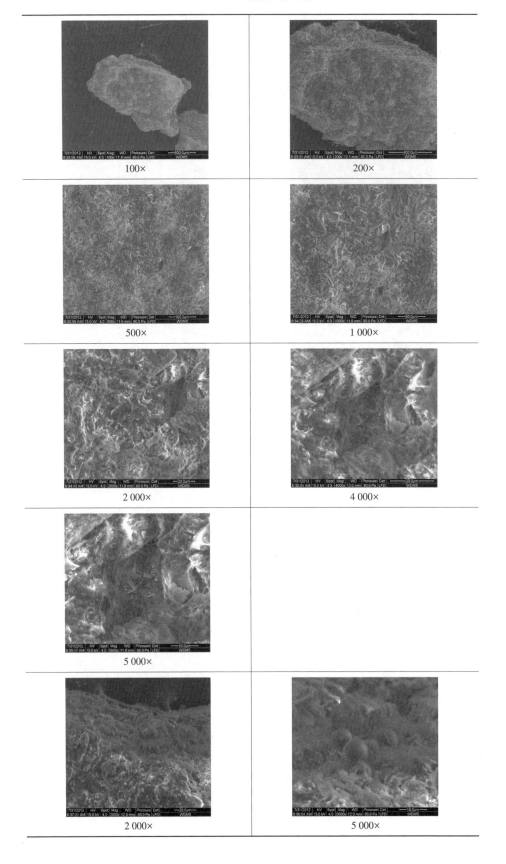

100×

200×

500×

1 000×

2 000×

4 000×

5 000×

2 000×

5 000×

对整个表面进行能谱分析,可见主要物质是碳酸钙、硅酸盐类,由于有硫的存在,故推测石灰出现了硫酸盐化;氯和钠的存在说明可能有少量的盐。

5. 5 号样品: 壁画石灰层和土表面上的黑点

低倍率下可见样品表面基本平整,但局部有突起;1 000×时可见表面有丝状物质,放大到4 000×以上可见明显的丝状物质,应该为霉菌。

在样品的边缘部位观察,显示了较高的碳、氧含量,说明表面有一层有机物。5 000×时可见球形的孢子存在。

6. 6 号样品: 主墓室墙壁上的土,带白色物

低倍率下可见凹凸不平的表面,且有收缩开裂。500×时可见颗粒表面有毛茸茸的丝状物质,2 000×时可见明显的丝状物质。5 000×时可见丝状物的端头是圆形的,且有球状物存在。能谱分析显示较高的碳含量,说明为有机物。

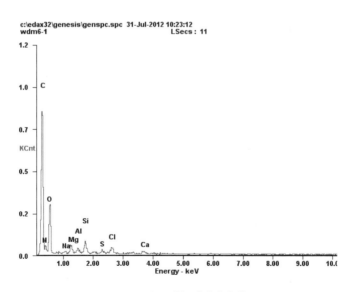

图 44-16　6 号样品整体的能谱图

表 44－9　6 号样品扫描电镜图

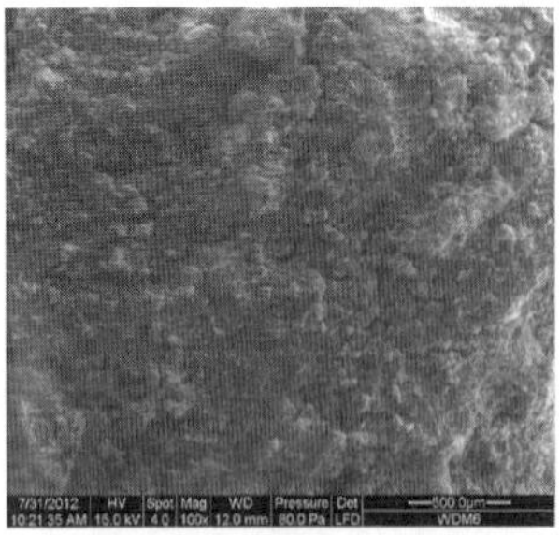 100×	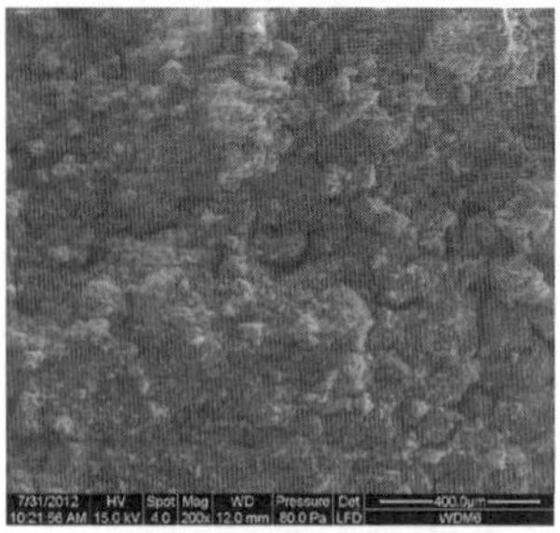 200×
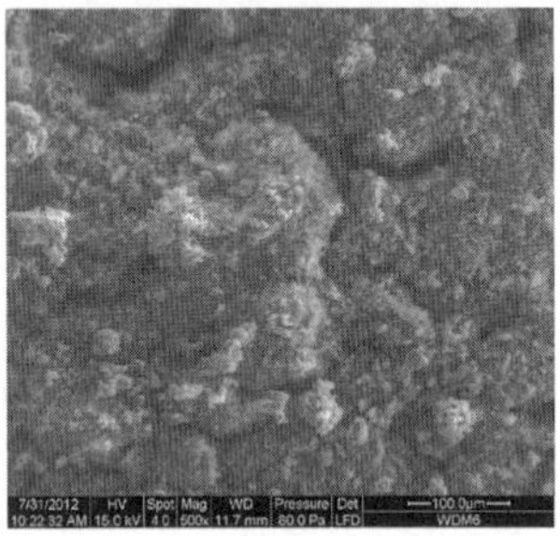 500×	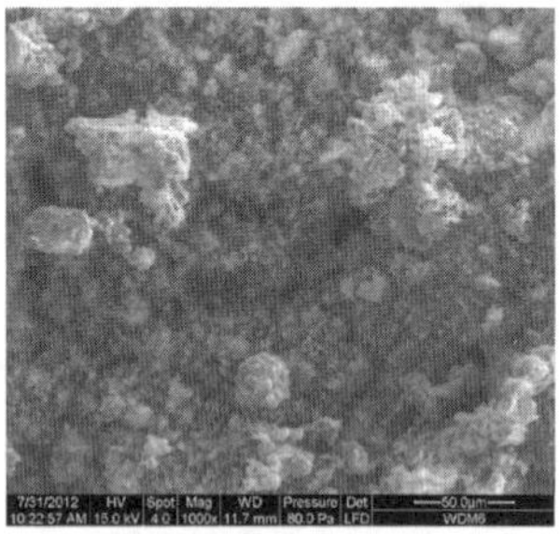 1 000×
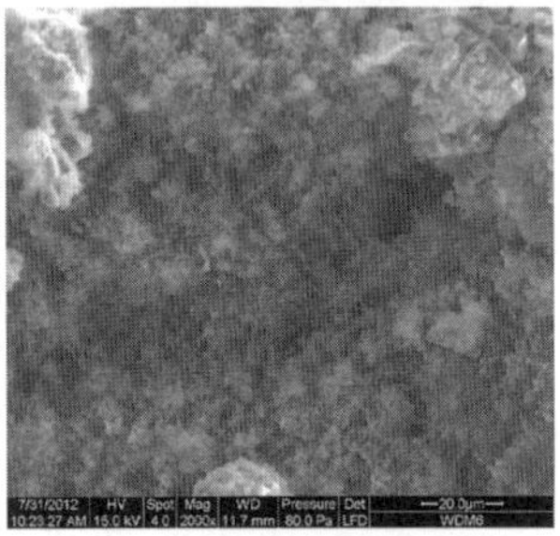 2 000×	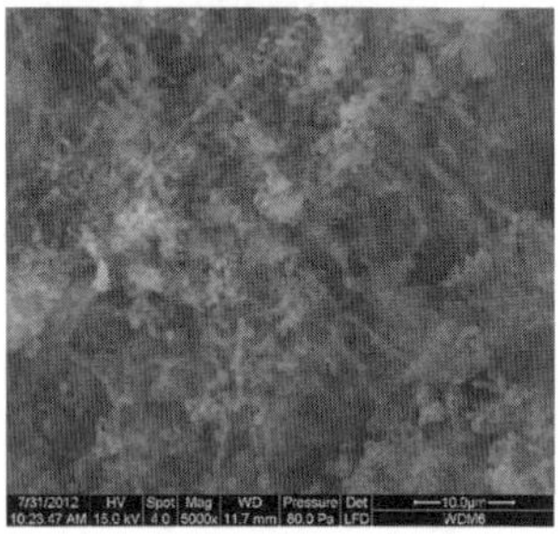 5 000×
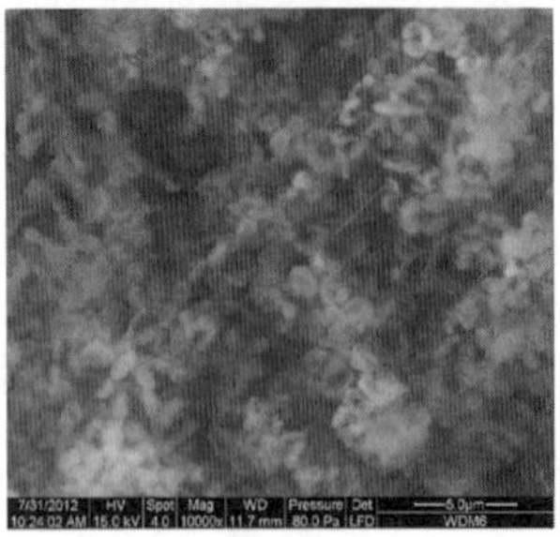 10 000×	

四、结论和讨论

（1）结论

从分析中可知,壁画下部的盐分主要是硫酸镁。硫酸镁在砖和石灰层之间结晶,会对绘画的石灰层进行挤压,导致石灰绘画层脱落。

无论有无壁画,墙表面的石灰层都含有石膏成分,说明石灰层已经出现硫酸盐化。硫酸盐化会导致膨胀,也许是石灰层脱落的一个原因。

壁画表面以及背面的石灰层上和墓室内部的泥土表面都有微生物的存在,说明墓葬内部在早期或者后来打开后,微生物的孢子进入其中并获得了生长,这些微生物的存在对壁画是有害的,尤其是在壁画石灰层下部的微生物,其生长可能导致壁画层脱落。

（2）讨论

从保护的角度看,由于壁画下面的砖内部含有很多盐分,盐分将导致破坏,因此在将来的保护中,脱盐是必须的,而且应该彻底脱盐。

墙壁表面含有霉菌,因此防霉杀菌的工作必须实施,以便给墓葬一个良好的环境。

在以上分析的基础上,还需要对硫酸盐的来源进行研究,它到底来自附近的泥土,还是来自砖墙本身?

（原载于《"全球视野下的中国古代壁画保护研究"国际学术研讨会论文集》,三秦出版社,2014 年）

45

合浦汉墓四方岭 1 号汉墓白色墓砖的科学分析

前 言

合浦汉代墓葬群为广西壮族自治区文物保护单位。该墓葬群位于北海市合浦县城东郊,南起环城乡禁山村,北至清江村,东西宽约 5 km,南北长约 13 km,面积约 68 km²。保护范围为合浦县廉州镇东南郊望牛岭、凤门岭、宝塔山和东北郊堂排一带,该区域大部分保存有高大的土堆。合浦汉墓自 20 世纪 70 年代以来,已发掘1 200 余座,出土文物上万件。墓室分土坑和砖室两种。墓室除放置棺具的主室外,有的还有耳室或侧室。

合浦汉墓多用普通陶砖砌筑,这些砖和普通的汉砖差别不大,有素面的,也有画像砖等。由于量大,使用年代长,应为本地烧造并使用。在对墓葬建筑进行实地调查的时候,发现有些砖是白色的,数量虽然不多但是比较特殊,在中原和其他地区没有发现过(见图 45-1);在对附近烧造古砖的烧窑遗址调查过程中也

图 45-1 合浦汉墓四方岭 1 号汉墓内的白色砖

发现了白色的残砖,说明有可能是在当地烧造的。为了了解这种砖的材质和制作情况,我们进行了相关研究。

一、样品和分析方法

为了了解合浦汉墓中白色砖的材料和特性,我们进行了现场调查和取样分析。

1. 样品

根据对 1 号汉墓的现场调查,发现汉墓中的白色砖很少,约有几十块,且呈无规则分布。为了使样品具有代表性,在不同位置共取得样品 4 个,其中 3 个是墓葬中的,1 个是附近砖窑遗址的。样品详细情况见表 45 - 1。

表 45 - 1　白色砖取样情况表

样品编号	取样位置	照　片	描　述
6	墓室外部夹杂的白色砖		白色块状
8	墓室内的白色砖		白色,破碎,坚硬
9	墓室外的白色砖		白色,破碎
10	窑址的白色残砖		白色块体,坚硬

2. 分析方法

为了了解白色墓砖的成分和结构特征，我们进行了如下分析：

X-射线衍射分析： 特点是对无机物质具有较好的定性分析能力，在采用标样的情况下还可以确定混合物中各种物相的半定量百分比。

选用 Dmax 12 kW 粉末衍射仪，试验条件为：

X-射线：CμKα（0.154 18 nm）；

管电压：40 kV；

管电流：100 mA；

石墨弯晶单色器；

扫描方式：θ/2θ 扫描；

扫描速度：8°（2θ）/分；

采数步宽：0.02°（2θ）；

环境温度：25.0（±1）℃；

湿度：20.0（±5）％。

依据 SY/T6210-1996《沉积岩中样品矿物总量和常见非样品矿物 X 射线定量分析方法》与 PDF2 粉末衍射数据库进行解谱。

扫描电镜： 可以观察样品的显微结构，放大倍率高，低真空下不需要对样品进行处理。配合能谱，可以对样品局部进行元素分析，进而确定成分。

使用仪器：荷兰 FEI 公司的 FEIQuanta 200 FEG 环境电子扫描显微镜。

二、分析结果

1. 衍射分析

分析结果见表 45-2 和图 45-2。

表 45 - 2　白色砖样品 X -射线衍射分析结果

原始编号	样 品 情 况	石 英	云 母	微斜长石
6#	墓室外部夹杂的白色砖	96%	4%	—
8#	墓室内的白色砖	95%	2%	3%
9#	墓室外的白色砖	92%	5%	3%
10#	窑址的白色砖残片	83%	10%	7%

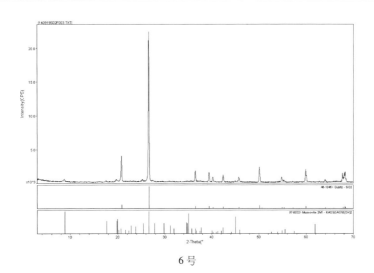

6 号

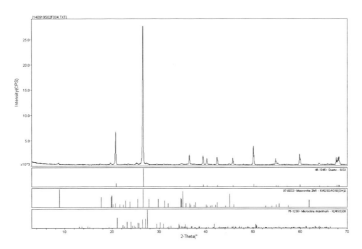

8 号

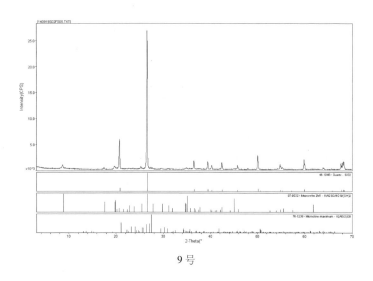

9 号

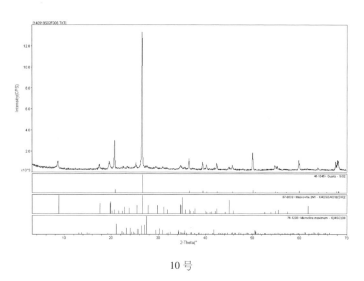

10 号

图 45－2　白色砖样品的能谱图

　　6、8、9 号等 3 个样品为墓室的白色砖，含有石英、云母和长石，是制作陶器的常用矿物。砖本身为白色，说明所采的矿物很纯。10 号样品为附近汉代烧砖窑所取的残砖碎块，成分与 6、8、9 号样品接近，说明该处窑炉很可能是墓砖的制作场所。

2. 扫描电镜分析

对样品进行扫描电镜分析了解砖的微观结构,分析结果见表45-3。

表 45-3　白色砖样品扫描电镜分析

样品编号	电镜照片		描述
6	 51×	 1 000×	砖的结构比较致密,低倍率下可见整体是由不同大小的颗粒集合而成的,高倍率下可见气孔,以及大小不一的颗粒
8	 100×	 2 000×	砖的结构比较致密,低倍率下可见气孔,是人工结构的特征,高倍率下可见颗粒形状和大小不一,边缘都不尖锐
9	 100×	 1 000×	砖的结构比较致密,低倍率下可见块状物夹杂,高倍率下可见颗粒大小不一,边缘都不尖锐

三、结论和讨论

1. 结论

从采集的几个白色墓砖样品看，合浦汉墓四方岭 1 号墓的几个样品的成分基本一致，都以石英为主，还有少量长石、高岭土等。

从扫描电镜获得的微观结构可见几个样品都比较致密，高倍率下可见由很多棱角模糊、大小不同的颗粒组成，有着陶的类似结构。

从墓砖和窑中残砖的组成看，成分非常接近，而且二者时代一致，说明汉墓的砖可能是从这些砖窑中烧制的。

2. 讨论

合浦汉墓四方岭 1 号墓的白色砖存量少，墓砖杂乱分布，说明可能是采集砖块原料时偶尔发现的石英矿，部分砖以白色的石英矿为原料，将石英矿粉直接取用，粉碎加水，陈化制坯烧制，形成了白色的砖，然后和其他的普通砖一起使用。

另外一种可能单独采取了白色的矿粉，制作白色的砖，原因是对白色有一定的喜好或者有单独的使用目的，但是这些砖被二次使用，使用的时候和普通砖并无区分，所以被无规则放置。

是否其余的合浦汉墓的砖还有白色的，需要进一步调查研究。

广西地区有天然的石英矿[i]，应该是制作这种白色砖的物质基础。在古代的合浦地区，古人无意或有意地使用白色矿粉制作器物，这也许与中国古代制作白陶[ii]一样，是后期制作白色瓷器的缘起（或起源），在深圳咸头岭也有以石英、白云母为主制作陶器的情况[iii]，也许与合浦的情况类似。

根据分析，我国古代的白陶多由高岭土或者高镁质材料制作。通过对合浦汉墓白色砖的分析发现，还有白色的粉石英类也可制作白色的陶类物质，说明古代的白色制作物未必都使用高岭土，因此对发现的白色陶类文物应该认真分析材质，避免出现误判。

参考文献

[ⅰ] 杜杰. 广西某低品位粉石英矿反浮选试验研究[J].中国非金属矿工业导刊,2011(11): 28－37.

[ⅱ] 张素俭,李伟东,王芬等.中国古代白陶[J].中国陶瓷,2011,40(4): 73－76.

[ⅲ] 徐璐.深圳咸头岭遗址出土白陶的科技研究[D].景德镇陶瓷学院硕士学位论文,2013.

（原载于《文物建筑》2017 年第 11 期）

46
山东临淄东周殉马坑遗址的隔水保护措施及效果评价

引 言

在潮湿环境下的土遗址,病害与水有很大的关系,例如发霉、生苔长草等。考古遗址中水的来源有很多,包括地下水、雨水、空气凝结水等。

潮湿环境下的土遗址一般处于恶劣的自然环境中,这就提高了保护这些土遗址的难度。所以我国北方的土遗址容易保护,而南方潮湿地区的土遗址一般很难保护。

潮湿条件下的土遗址保护是个综合性的工程,包括工程技术措施、化学措施、生物技术措施等。其中工程技术措施包括保护性建筑的构筑(阻挡阳光直射和雨水的冲刷)、地下水的隔断或控制(隔水防潮)、排水系统的设置等。地下水的控制措施是保护潮湿土遗址的重要手段,也是保护潮湿土遗址的关键措施,国内很多遗址在展示过程中受到水害影响,就是对水的控制考虑不足导致的。

山东临淄河崖头东周殉马坑遗址,在遗址修建保护房原地展示起初就饱受地下水的侵害,马骨遗迹生霉发潮。为保护马骨遗迹等不受侵害,首先采用化学隔水方法进行保护,但没有解决问题;后采用拱券法隔水措施进行保护,起到了很好的效果。本文试图对其 30 年的保护效果进行简单总结和评价。

一、遗址概况

山东淄博市临淄齐国故城大城东北部,今河崖头村西,于 1964 年发现了一座春秋晚期的墓葬。该墓葬 1972 年发掘,后考证是春秋晚期齐景公的陵墓。此地也是西周至春秋时期齐国君王墓地。

该墓葬附属的车马坑非常庞大,勘探得知殉马坑成曲尺"冂"形,东西各长70 m,北面为75 m,全长215 m,宽5 m。东面遗迹由于距离地面近,早年被毁。1964年发掘了北面54 m,发现殉马145匹;1972年又发掘清理了西面南端30 m,发现殉马83匹。据此排列密度推算,全部殉马当在600匹上下。其数量之多,规模之大,所见空前。经鉴定,殉马全系壮年马,是被处死后人工排列而成的。马分两行,井然有序,马头向外,昂首侧卧作奔走状,排列在前的五匹,颈系铜铃,是临战威姿。据考证,墓主可能是齐国第二十五代君主齐景公。

车马坑发掘后进行了陈列展示,修建了保护房,现陈列了106匹马骨。为了控制环境因素,在殉马坑的上部修建了铝合金框架的有机玻璃罩子,保护房内外的情况见图46-1和图46-2,保护房的平面图见图46-3。

图46-1　早期保护房

车马坑发掘后,遗迹中的马骨就开始出现损坏,春季时出现断裂;夏季雨水上升,马骨发霉并生苔藓,严重影响了马骨和车马坑的保护和展示。

为了保护,进行了保护处理。主要目的是隔绝地下水,采取的措施包括化学材料隔水和工程技术措施隔水[i]。

图 46-2　室内保护罩

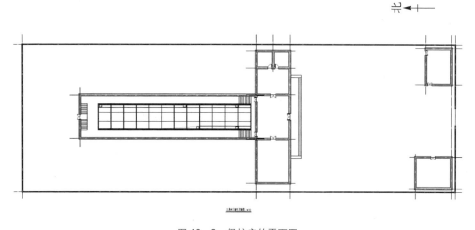

图 46-3　保护房的平面图

二、保护措施

1.化学隔水防护措施

由于遗址展示区有 106 匹马骨遗迹,面积大,又处于半地下,地下的潮气和夏季的渗水向展示区渗透,导致遗迹非常潮湿,影响了马骨。为了保护遗迹,最开始使用的保护方法是采用化学材料隔断潮气。操作的具体方法是将马骨之间的土去掉一定厚度,从马骨的下部向内注射化学防水材料,形成隔水层。然后在挖空的地方铺设塑料板再覆盖起来,进行隔水处理。具体使用材料不详,但是由于防水层无法彻底隔绝地下水,最后操作失败。

后来为了防止马骨的进一步破坏,又在马骨上涂刷了有机保护涂料,但是经过若干年,涂层变黑且卷起,失去了效用。

2. 拱券法隔水措施

由于化学隔水和表面保护无法解决水患问题,尝试采用工程技术措施进行隔水防护。根据采矿行业巷道开挖的原理,将遗迹局部架空,即在马骨下使用混凝土曲拱支撑的方法。

具体的操作是在展示坑的两边开挖沟槽,便于施工。沟槽要低于马骨的地面以下 1.5 m,以便横向从侧面向马坑遗迹的下部开挖。

南北向的施工沟槽完成后,从一边开始向马骨下面的土体掏挖孔洞,直到另一边。孔洞呈拱形。为了防止坍塌,将拱券设计成逢单开挖,双数拱券后挖。单数拱券开挖完成后,在地面上铺设油毛毡等防水材料,并用钢筋混凝土形成拱券结构,地面也进行硬化处理,然后再开挖双数部位的拱券,同样进行硬化处理,最后使马骨的下部土体彻底形成连续的拱券,并在两个长边构筑回廊,联通各拱,顶部覆盖水泥板,且留出检查的通道和出口。

全部施工完成后,马坑形成了一个与前后、左右和底部五面土壤相隔绝的"大盒子",下面由拱券支撑着。马骨就像放在一个大盒子中,水分不再通过土壤影响马骨。拱券施工后的实际状况见图46-4,拱券的平面图和剖面图见图46-5和图46-6。

图46-4　内部混凝土拱券

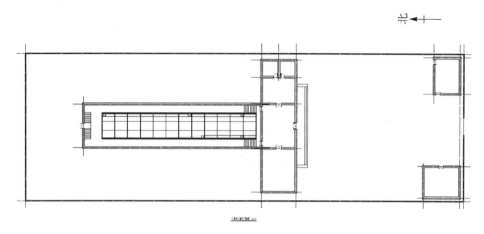

图46－5　遗址展示厅平面图和拱券位置

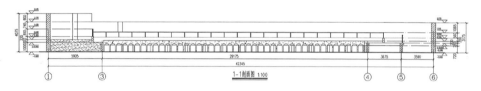

图46－6　遗址展示厅剖面图和拱券结构

拱券结构实施后，遗址的土体开始变得干燥，且常年处于干燥状态，马骨遗迹得到了很好的保护。

2008年对封闭拱券内部和外部的温湿度进行了测量，结果见表46－1。

表46－1　拱券结构内部和外部温湿度监测数据

位置	外部	拱券底部	东北角	西北角
温度/℃	24.0	22.2	22.3	21.5
湿度/%	63.6	64.2	64.5	66.5

通过数据发现，内外部的温湿度差别很小，内部湿度与外部接近。一般情况下，夏季湿度在65%左右对于土体保护还是可以接受的。

虽然总体保护效果良好，但是在殉马坑的南部目前观察到土体潮湿，封护的有机玻璃罩内部出现结露，说明这个部位比较潮湿，见图46-7。在对拱券进行调查时，也发现这个部位的拱券底部有积水，说明南部的拱券有问题。在拱券的顶部可见有盐霜类的物质。

根据博物馆人员的回忆，南部由于已经修建了高大的博物馆建筑，因此马坑南部无法进

图46-7　马坑遗迹的南部潮湿状态

行拱券施工，这个部位的土体仍与周围的土体联通，导致毛细水渗透进来，含水量升高，局部湿度增加，在温度变化下结露，南部4 m左右的土体一直处于潮湿状态。

对采集自马坑遗迹南部的盐类结晶进行了红外光谱分析，结果是无水芒硝、方解石和石膏，其中无水芒硝的溶解能力最强，估计是土体中含有的，被渗漏的水带到遗址中的，而方解石和石膏估计和建筑材料的溶解有关。

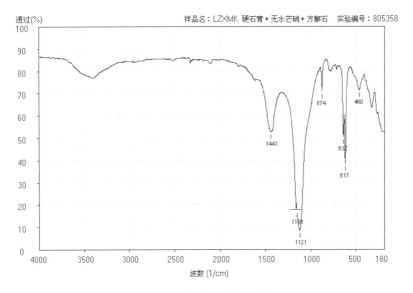

图46-8　南部盐结晶的红外谱图

三、结论和讨论

1. 结论

根据长期观察，对于临淄河崖头东周马坑遗迹的保护，在修建了地下隔断的拱券后，潮湿影响马骨保存的问题得到了解决，发潮、生青苔的问题也不再出现。该保护措施经过将近 30 年的时间检验，遗迹的保护情况仍然良好。

事实证明，拱券法是一个保护潮湿情况下土遗址和遗迹的好办法。该保护方法在成功以后，20 世纪 90 年代在临淄后李车马坑的保护中也得到了应用，也取得了良好效果。

2. 讨论

在中国东部和南部的考古土遗迹的保护中，控制地下水影响的措施是必须采取的措施。

河崖头遗址车马坑的保护总体达到了效果，但是南部的潮湿现象说明拱券法隔水一定要做得彻底，避免留有空隙。

另外从观察可见车马土体的表面有降尘和踩踏痕迹，这是由于虽然采取了封闭措施，但是空气中的灰尘仍然会降落到土体上。为了除尘，工作人员就要经常进入遗址，结果出现密封不严的问题。所以对于遗迹的密封和降尘问题，还需要采取更细致的保护措施。

参考文献

［ⅰ］张海龙.临淄拾贝[M].2001, 4(1)：135－136.

（原载于《文物保护与考古科学》2019 年第 3 期）

47

美国1970年代修复一幅中国古代壁画的实例*

中国古代壁画的修复最近有很多的工作,从20世纪60年代末开始,到目前已经基本形成体系,且成就很多,有了国家级的壁画保护中心,各地壁画修复的实验室也都做了很多工作,基本上考古发掘的壁画都能得到保护,有些早期揭取的壁画也在重新修复中。

在我国古代壁画修复技术发展中,吸收西方的修复理念和方法是重要的一环,比如我们借鉴了西方可辨识原则,使用蜂窝铝材替代早期的环氧树脂背衬等。

西方也曾得到很多中国古代壁画,那么在早期他们是如何修复的呢?

我们在美国赛克勒博物馆得到一本壁画修复的硕士论文,作者是 P. Gray Myers,论文题目是 The technical investigation and conservation treatment of a alleged Ming dynasty wall painting(图47-1)。作者毕业于俄亥俄奥柏林学院(Oberlin college, Oberlin, Ohio),时间是1978年。通过对论文的阅读和分析,我们可以了解那个时代西方修复中国壁画(图47-2)的方法,也可看到修复技术的发展痕迹。下面是对各个章节的内容进行详细的介绍。

论文在第一章和第二章首先对壁画的状况进行了介绍,然后讨论了壁画的风格和内容。壁画的主要内容是一个女菩萨在和一个龙形的怪兽打斗,有人认为此壁画的风格是道教的,也有人认为是和西游记有关,但多数人认为是和中国戏剧或文学有关,如白娘子的传说。收藏此壁画的博物馆鉴定此壁画为中国明代的壁画。

论文的第三、五章对壁画进行了科学的观察研究,包括支撑体、地仗层、粉层、画层和表面涂层等,并且与中国古代壁画进行了比较。在分析过程中,作者使用了

---

* 作者:周双林、李广华、王亚红。

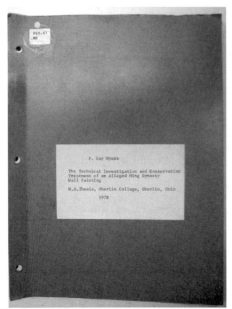
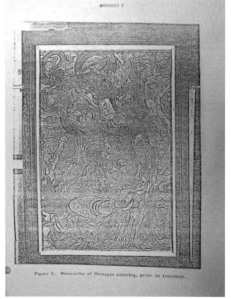

图 47-1　论文封面　　　　　　　　图 47-2　修复的"明代"壁画照片

多种仪器分析,例如 X-射线光片、切片观察、偏振显微镜、红外光、紫外荧光以及扫描电镜等。从分析结果可知,此壁画的地仗层为浅粉色,厚度仅有 4—5 mm,泥土和纤维各占一半,X-射线光片显示其中还有一些碎石和小树枝。把壁画切片放大观察,发现地仗层只有一层。与此同时,作者还分析了 18 幅中国古代壁画,发现壁画均为泥质地仗,并且大多数加入了纤维来增加泥质地仗的强度和减小泥质地仗干燥时的收缩,此外还在泥质地仗中发现了沙子和碎石,这些结果和此壁画是一致的。通过扫描电镜分析发现,土中含有铝、钙、铁、钾、镁、硅等,分析结果表明泥土是颗粒小于 1 μm 的细土,其中有硅酸盐、长石、碳酸盐和氧化铁,正是氧化铁使土呈现出浅粉色。另外,偏振显微镜下也发现一些和碳酸钙、氧化铁的光学性质相近的泥土颗粒。地仗中只发现了植物纤维,未发现动物纤维。木质素会在盐酸溶液中被间苯三酚染成紫色,纤维素会在碘化钾溶液中变蓝,通过这种方法可以鉴别地仗中是否有木质素和纤维素。实验结果表明地仗材料中没有木质素,只有纤维素,说明纤维来自没有木质素的植物,可能来自一些蔬菜,类似于造纸用的一些纤维。

分析发现地仗中没有水溶性的胶,黏接主要靠纤维添加物和湿土的固化。壁画的背衬有三层,从紧邻壁画的报纸层、织物层到最外面的胶合板,取下背衬发现平整的地仗层有印迹,经过各种推理和验证,作者认为此壁画很可能是近代的,而不是明代的。

　　地仗层上面是白粉层。白粉层可以为壁画提供更平整的绘画画面,减少地仗颜料的吸收,有更好的光学性质。作者研究的 19 幅中国壁画中,10 幅白粉层中有高岭土,7 幅有石灰。此壁画白粉层的成分是白颜料和水溶性胶。通过蛋白质染色实验证明,白粉层中的胶是明胶。偏振光显微镜证明白颜料是碳酸钙和某些半透明白色颗粒颜料的混合物。半透明白色颗粒对硝酸没有反应,可能为高岭石、硅酸盐或重晶石等。通过扫描电镜发现半透明白色颗粒中有铝、钙、钾、硫、硅、铁、碳,说明可能含有碳酸钙、高岭土、硅酸盐,也可能有氧化铁和硫酸钙等。

　　白粉层上面是画层,中国壁画的作画步骤一般分两步完成:第一步画底稿,第二步上颜色或添加装饰物。一般情况下,画师作完底稿,让其助手上颜色。传统画法有很多,例如先用弹线、圆规等分出布局,再画各个部分,或者用粉本画出草稿。作者对画层进行了放大观察、红外灯和紫外灯观察、X-射线光片以及切片分析,均没有发现草稿、弹线和粉本的痕迹。黑色的轮廓线是随性做出来的,并没有进行草稿的布局设计。作画步骤是先画出黑色轮廓线,然后上多层颜色,画人物的脸和手,最后画一些装饰,如刀上的镀金、菩萨的头饰和珠宝。从风格看,黑色轮廓线和人物的脸手是同一个画家所画的,颜色是另外一个画家所做的。

　　蛋白质染色实验则证明画层中的胶是动物胶或明胶。使用偏光显微镜对壁画的颜料层进行了分析和判别,并用扫描电镜进行了确认,发现颜料成分主要是高岭土、碳酸钙、朱砂、铅丹、氧化铁、雌黄、祖母绿、有机的棕红颜料和炭黑。其中高岭土、炭黑、朱砂、红赭土、黄赭土和铅丹是中国画家常用的颜料,像蓝色颜料青金石和大青,在壁画中都没有用到。祖母绿是 1814 年第一次在德国合成的颜料,然而在此壁画中却发现了祖母绿。各种证据都说明祖母绿是从西方传到东方的,东方壁画中常用的绿色颜料是孔雀石,所以推断此壁画是在 1814 年后绘制的。

　　文献中很少有关于中国古代壁画涂层的记载,作者研究的中国古代壁画中也只有一幅有涂层，并且被确认为动物胶。紫外荧光和立体显微镜的观察均未发现此壁画上有涂层，只发现在壁画的下部有一层棕黑色的沉积物。经过检查，发现这层沉积物并不是灰尘沉积所致，很可能是做旧时故意涂上去的。经过这些观察和研究，作者开始质疑此壁画是否是明代壁画。作者咨询了多位专家，大多数专家认为此壁画并不是明代壁画，而是近代有人伪造的。

大多数中国古代壁画存在很多病害，论文第四章对病害，包括颜料层的卷曲和脱落、表面污染、画层的重复、裂缝、地仗层的酥松以及背衬材料的问题等进行了讨论。地仗层对壁画起决定性作用，在大部分壁画中，地仗层都会出现脆弱、粉化的病害，主要原因是泥质地仗中没有胶粘剂，它的粘结和强度取决于土的固化。土的自身分解以及相对湿度的变化是地仗产生病害的两大原因。土有吸湿性，相对湿度发生变化时，土会不停地吸水失水，泥质地仗会不停膨胀收缩，导致起翘、裂缝和粉化等各种病害。大部分中国壁画，最大的问题是画层和粉层的粉化脱落，画层和粉层或粉层和地仗层分离，表面有划痕。环境是造成壁画病害的一大原因，例如水盐运动是造成壁画起甲、层与层之间分离的重要原因；光照使铅丹变为棕色。此外，一些胶粘剂的使用也会改变一些矿物的颜色。随着人们品位的改变，有时会在壁画上重新作上新的壁画，造成双层壁画。很多壁画会被一些沉积物和污渍污染，一般可通过溶液或者清洗剂去除。

和中国古代壁画一样，此壁画也有地仗层不稳定、画层粉层粉化脱落、裂缝以及表面污染的病害。地仗层的粘结力和强度很小，很脆弱，几乎不能承受任何机械力。此壁画没有明显的相对湿度、盐结晶以及空气污染物造成的病害特征。背面很平整，地仗层的病害应该不是揭取时造成的，所以地仗层的病害很可能是材料本身的老化退化造成的。另外，壁画下部表面裂缝很多。

论文第六章针对壁画的病害进行了修复保护处理。首先使用有机材料对画面进行了加固回贴，去除了背衬层。接着用树脂对壁画进行了加固。然后将壁画的表面采用亚麻布加固，并以亚麻布做过渡层，将壁画贴在木材—铝板形成的复合背衬上。最后进行了色彩补全。

画层加固用的胶粘剂要有好的粘结性和凝聚性，耐老化，不褪色，不能改变壁画的外观和光泽。作者用合成树脂、明胶、丙烯酸乳液等加固材料进行了试验。不同的病害区域要使用不同的回贴材料，有裂缝的画层、粉层、地仗层先用乙醇软化，再用明胶回贴，但是有的区域使用这种方法效果并不好。作者试验了很多种材料，包括合成树脂、丙烯酸乳液和明胶。作者选用了质量分数为 2.5% 和 5.0% 的不同溶剂的合成树脂溶液，其中 2.5% 的黏接性不够好，5.0% 的会使壁画颜色变深，并且不能很好地回贴，用到的溶剂也可能危害壁画，所以不能使用合成树脂。丙烯酸乳液可以很好地回贴，但是干燥后壁画表面会有光泽，影响外观，故也不能使用。2.5% 的水和乙醇 1∶1 的明胶溶液，由于水的存在，能够很好地软化起翘的裂缝，并且浓度较小，可以渗透到壁画内部而不是壁画表面，不会改变外观。并且此溶液也可以加固粉化的画层，画层上所有的开裂和粉化的区域都使用这种材料进行了处理。

对画面进行了加固回贴后，开始去除老的背衬。由于绘画层是通过纸胶带粘在木结构上的，胶无法融化，只能机械去除。最后一些胶和纤维留在了壁画表面，使用 5% 的聚醋酸乙烯酯甲苯溶液处理，使透明。

老的背衬去除后，接着作者又对地仗层进行了加固处理。渗透深度、材料分布均匀度和加固强度是评价加固材料的标准。黏度和分子质量影响渗透深度，分子质量越大，黏度越大，渗透越慢。溶剂若挥发快，则会在表面形成薄膜，影响渗透，所以选择挥发较慢的溶剂。选用 2.5%、5.0% 的 PVA 和 B72 溶液在壁画模型上进行试验，测试了渗透深度、粘结强度、颜色变化、光泽度等指标。然后在壁画边角处进行试验。试验发现，5% 的溶液比 2.5% 的粘结性好，除了 PVA 的乙醇溶液渗透得更深外，其他渗透深度基本一样；5% 的溶液使壁画变深，2.5% 的 PVA 仅使绿色壁画变深一点，2.5% 的 B72 不会改变壁画颜色。从试验结果来看，选用 2.5% 的 B72，溶剂为二甲苯与溶纤剂（挥发慢）1∶1 的溶液。作者先在壁画背面刷了两遍 2.5% 的 B72 溶液，放在充满甲苯蒸汽的容器里干燥。然后又刷了十遍，然而却发现壁画发生了变形。经过对二甲苯和溶纤剂的测试，溶纤剂是一种很强的吸湿性材料，几乎可以吸收 87% 的水。最后作者决定只使用二甲苯为溶剂，采用聚酯薄膜密封壁画减缓挥发的方法，结果证明这是一种很好的方法。经过处理，地仗层不再粉化，强度明显增加，粉层和画层也不再粉化开裂，外观没有发生变化。

然后，采用亚麻布做过渡层，将壁画贴在木材—铝板形成的复合背衬上。壁画和亚麻织物中间采用聚醋酸乙烯酯的热熔胶作粘结剂，热熔胶是一种很强的黏接材料，并且不具有流动性，不会渗透到其他材料中。铝蜂窝板和亚麻织物间用微晶石蜡做粘结剂，虽然微晶石蜡是一种会渗透到其他材料的粘结剂，但是聚醋酸乙烯酯的热熔胶充当了屏障的作用，阻止了其向壁画中渗透。石蜡可以通过加热的方式去除，聚醋酸乙烯酯可以用溶剂洗掉，均具有可逆性。

最后，选用 B67 和 B72 调色，对壁画进行色彩补全。

在此壁画修复过程中，作者不仅做了大量调研工作，而且使用了很多种仪器分析方法，整个过程很严密、很科学。在研究过程中，各种仪器分析结果也得到了互相验证，使结果更加准确。在判断壁画年代过程中，多次使用迭代法，很好地判断出壁画并不是明代壁画。在试验过程中，能够把握影响结果的关键因素进行分析，来选取更好更适合的保护材料。这些修复理念、使用的方法以及选用的材料，对我国目前壁画的保护工作将有借鉴和促进作用。

（原载于《"全球视野下的中国古代壁画保护研究"国际学术研讨会论文集》，三秦出版社，2014 年）

48
北京延庆地区晚期壁画的病害及保护*

一、延庆地区的晚期壁画

1. 延庆地区

延庆县地处北京市西北部，为北京市郊区县之一。东邻北京怀柔区，南接北京昌平区，西与河北省怀来县接壤，北与河北省赤城县相邻，县城距北京德胜门74 km。平均海拔500 m，气候独特，冬冷夏凉，素有北京"夏都"之称。

延庆县原来归属河北省张家口地区，后来由于行政区划调整成为了北京的管辖县。

延庆地区保留有很多文化遗产，如早期的古崖居石刻、汉代古城、永宁古城、长城等，都是延庆地区文化遗产的代表。除此之外，延庆地区还保留有丰富的晚期壁画。目前调查的结果是，有壁画的古代建筑有35座，分布在延庆的市区和集镇村庄。

2. 延庆地区壁画介绍

延庆地区目前保存有很多古代壁画，成为当地重要的文化遗产。

（1）壁画的时代

根据初步研究，壁画多为清代和民国的，也有比较早期的，如有些壁画推断可能是明代的，比如永宁镇的火神庙。

（2）赋存位置

延庆地区的古代壁画多分布于县城和各个村子，壁画多存在于村镇的火神庙、

---

* 作者：周双林、王铂涵、范学新。

龙王庙和关帝庙中。这些庙宇一般都不大，为当地村民祭拜等活动服务，也有一些据说与官府的各种祭祀活动有关。

（3）保存原因

鸦片战争以后，中国的传统文化逐渐衰落，西方的思想观念和生活方式开始在国内传播，紧跟其后的就是寺庙等的衰落、民间习俗的改变。然后各种战争，如抗日战争、解放战争等，不可避免地对一些古建筑造成了破坏；新中国成立后，又经历了破四旧和各种民居改造翻修，古代建筑和寺庙能够保留下来非常不容易。这些古建筑被保留下来的同时顺便保留了壁画，原因有很多种，包括以下几个方面。

房屋做民居：寺庙被废弃后，民众将寺庙用作自己的房屋，因为建筑有了新的用途，使用者有保护它的意图，就避免了破坏。

房屋做学校：一些寺庙被指定成了学校，也避免了被拆掉的命运。

房屋做仓库：有些寺庙成了村民的仓库，存放粮食、农具和物品，也因为有用而避免了破坏。

而相应寺庙建筑的壁画得以保存也有各种原因，不是得到人为的故意保护，多数时候是因为偶然原因，比如表面被涂覆，或者至少没有破坏它的动力。

（4）代表案例

① 永宁火神庙

永宁镇火神庙也叫和平街火神庙，见图48-1。该庙发现了一处罕见的明代火神庙壁画，描绘的是明代的战争场面，引起了文化部门的关注。火神庙位于永宁镇和平街，现存正殿三间和西配殿三间。火神庙东西山墙和后檐墙布满了壁画，东山墙上的神仙们正骑着火龙、持着火蛇、踏着风火轮，向下面喷烟放火，而壁画下半部分则是两支激战正酣的军队。

经调查得知，和平街火神庙是明永乐年间军队出征前祭祀军旗的地方，因此两山墙上出现明代战争的场面也就顺理成章了。

和平街火神庙东西山墙壁画描绘了恢宏壮观的明代战争场面，见图48-2。壁画分上下两部分，上半部分为神仙世界，下半部分为人间战争。壁画虽然没有指明具体描绘的是哪场战争，但至少是明王朝与北方游牧民族长年争战与防御这一历

图 48-1　火神庙建筑

图 48-2　火神庙壁画

史事实的缩影,也是延庆地区作为南北交融之地和军事防御要塞的真实写照。

在火神庙东西山墙壁画北侧,靠近城门的位置各有一组明代军乐队图案,使人们对明代军乐队的阵型有了较为直观的认识。在东山墙"争战图"中,一名士兵用"长尖"吹响了出征的号角。这些乐队组合,保留下了有关明代军乐的珍贵资料,对研究延庆地区民间舞蹈、音乐的形成和流传有着重要意义。

② 永宁三义庙

位于永宁古城南街路西,也叫和平街三义庙,坐西朝东,占地 500 m^2。始建于明,重建于清,2008 年修缮,见图 48-3。目前只保存下大殿三间,大殿墙壁上还有残存的三国故事壁画,见图 48-4。古建筑的梁架上也都是各种彩画,非常漂亮,可惜原来被租做作坊,被灰尘和烟熏污染严重。廊前山墙外有四块砖雕,八仙图案,笔锋精细,应为寺之旧物。三义庙是北京市文物保护单位。

图 48-3   三义庙建筑(维修前)

图 48-4   三义庙壁画

③ 张山营龙王庙

位于京城北部山区张山营镇西五里营村,约有 400 年历史,见图 48‑5。龙王庙内三面墙上有龙王行雨图、雨毕回宫图以及龙母、青龙、黑龙、关公、财神等神像,绘制精美,色泽艳丽,线条流畅,具有很高的文物保护价值。但由于风化及早年的人为损坏,画面造型不少都已残缺,见图 48‑6。

图 48‑5   龙王庙建筑

图 48‑6   龙王庙壁画

④ 北关龙王庙

位于北京市延庆县延庆镇北关村,是北京地区罕见的高台类建筑,始建年代不详,明成化九年(1473)在原址重建。该庙由山门、正殿、东西配殿、院墙组成(图48-7),庙内藏有精美的清代壁画。该庙为四合院式古建筑,建在约10米的高台之上,庙内目前有保存尚好的10多 m²清代精美壁画(图48-8)。

图48-7 龙王庙建筑

图48-8 龙王庙壁画

二、延庆地区壁画的病害

根据对该地区多座古建筑所保存壁画的调查,发现壁画的病害有如下种类:

表面灰尘:由于建筑比较开敞,且壁画不受关注,因此表面积聚的灰尘很多。

烟熏痕迹:一些用作民居的建筑中的壁画,被生火做饭的烟火长期影响,导致表面变黑。

流水痕迹:由于建筑的房顶出现了问题,导致漏雨,雨水携带房顶的泥土流过壁画,一是导致表面有泥水的痕迹,一是壁画表面有线条状、较周围清晰的画面,还有的是画面变得模糊,都是壁画表面被破坏的结果。

表面涂灰:居民喜欢装修房间,将壁画表面涂白。根据初步调查,涂白有两种模式,一种是使用石灰水涂刷,这种比较坚硬;另一种是使用当地山上的白垩粉加水加胶涂刷,这种比较疏松,占较大比例。

表面贴纸:也是一种装饰房屋的结果。涂贴报纸比较方便,是较涂刷石灰比较省事的装修方式。

表面涂墨:由于房屋作为学校,平滑的壁画表面比较适合做黑板,涂刷了黑色可以用来做黑板教学,但是比较粗糙。

表面刻划:由于壁画表面比较柔软,随意的刻画,或者为了记录某些数字等进行的刻画很多。

表面缺失:各种无意的破坏和有意的破坏导致的,形态各异。

壁画开裂:由于建筑的结构问题导致的,比如墙体沉降,墙体开裂等。

壁画脱离:壁画与墙体脱离,内部悬空、外观凸起的情况。

壁画酥碱:一般是底部,壁画表面连带地仗层出现了膨胀粉化脱落的现象。

错误修补:为了弥补壁画的孔洞和裂隙,使用水泥、石灰等进行的修补。

三、延庆壁画的保护

对于壁画的保护，在改革开放前就已经在进行，比如管理上的防治破坏、维修建筑等，但是对于壁画的本体保护很少进行。改革开放后由于经济的发展和对文化的重视，延庆地区的壁画保护逐渐被重视，各种保护措施逐渐实施。

1. 建筑的修复

对古建筑的保护修复，是保护壁画的基础工作。改革开放以来，尤其是借 2008 年北京奥运会的契机，北京市政府投入了很多力量对文物建筑等进行保护，延庆地区的民间寺庙建筑也受益，得到了保护。

2006—2012 年期间，在北京市政府资金的支持下，延庆地区的几十座古建筑得到了修复保护，多数都有壁画存留。

这期间修复的典型的古建筑如：永宁三义庙、永宁火神庙、张山营龙王庙等。

2. 建筑修复中的壁画保护

延庆地区的壁画多数没有进行修复，原因是古建维修队伍中缺乏对壁画进行保护的人员。

在永宁镇三义庙的维修中，由于需要纠正已经开裂歪闪的山墙，会触动壁画。早期已考虑到对壁画的揭取，但是最后由于人员因素而放弃，古建队采取了早期一直使用的方式，在壁画存在的情况下对墙体进行了维修。

具体的操作方法是：在拆除建筑的山墙之前，在内侧有壁画的一面做支架，并支撑木板贴近墙壁。在逐层拆除砖的同时，注意保护壁画不使破坏，当拆除到一定高度后，在壁画背面放夹板，用铁丝在壁画上钻孔，与木板相连，将壁画夹持在中间。下面逐渐拆除旧砖，逐段对壁画进行夹持。这样砖墙拆除，壁画被夹护在木板中间。

而当重新砌筑墙壁的时候，将底层内部夹板去掉，逐层砌筑砖墙，在墙与壁画之间重做灰泥层,将壁画与新的墙体连接。底层砌筑完成,再砌筑上部的墙体,方法与上面一致。直到整个墙体砌筑完毕,壁画被新的墙体支撑,这时候剪掉表面固定背板的铁丝,修复工作完成。

不好的地方是,壁画经历了墙体更换过程,但是壁画本身却没有得到修复。

3. 壁画的调查和研究

（1）壁画的状况调查

2007年起,延庆县相关单位申请了文化方面的课题,对延庆地区的古代壁画进行了调查,出版了相关的研究报告《妫川壁画》[i]。报告的主要内容是壁画的分布、壁画的内容、壁画所反映的历史和民风民俗等。

（2）壁画的科学分析

2008年起,延庆县相关单位申请了文化方面的课题。在有关高校的配合下,对延庆地区的古代壁画进行了绘制技术和保存状况的调查,也出版了相关的研究报告《延庆古村落壁画调查》[ii]。在调查中,对各种壁画的病害进行了初步的分类,对壁画的病害原因进行了初步分析,还通过扫描电镜,红外光谱等手段对壁画的制作工艺、使用材料进行了调查,如在颜料中找到了群青,而在壁画表面看到了淀粉颗粒的存在。

（3）待解决的问题

目前对壁画的保护尚未开始,从保护的角度看,壁画所在的建筑已经修复完毕,给了壁画比较好的存在环境,下面需要做的就是壁画本体的保护修复。

而从壁画本体保护的角度看,存在的问题有如下几个方面:

黑色涂覆的清洗:很多地方被用墨水和油漆进行了涂覆,面积很大,由于油墨比较稳定,清除困难。

白色涂覆的清洗:很多壁画使用白垩土加胶进行了涂覆,也有使用石灰水进行涂覆的。前者清理较为容易,但是后者坚硬且与壁画结合紧密,清除起来很难。

壁画的现状记录和工艺分析:信息记录是长期保留壁画原始信息的重要措

施,工艺分析对了解壁画制作和壁画保护都至关重要,但是相关工作很少。

由于以上问题,相关的科研工作还有很多需要进行。

四、结论和讨论

1. 结论

从目前的情况看,延庆地区的古代壁画从行政管理的角度已经得到了重视,为了保护壁画,承载壁画的古建筑基本都得到了维修,但是对壁画本身的保护,刚刚起步。保护壁画的难处在于对保护理念不甚了解,另外就是缺乏专业的壁画修复人员和技术。

2. 讨论

延庆县位于北京的西北部,早期属于河北张家口地区,由于行政区划调整成为了北京的一个县,延庆地区的民风民俗与张家口地区的非常接近,包括寺庙的建筑、壁画的风格,以及饮食习惯等。比如延庆附近的蔚县,也有很多晚期壁画,以及承载这些壁画的建筑。

从目前情况看,河北北部地区的晚期壁画保护,与延庆地区的壁画保护相比,所受的重视程度远远不如。有些地方的壁画,甚至有无人管理,被私自揭取的情况,如阳原开阳堡的孔庙壁画。因此对于河北北部、山西东北部地区晚期壁画的保护问题,应该引起重视。

对于壁画的保护修复,应该学习西方的修复方法[iii],采用科学的病害调查、科学分析方法进行修复,并遵守真实性原则、可逆性原则以及最小干预原则等。

参考文献

[i] 延庆县文化委员会编.《妫川壁画》[M].北京: 中国商业出版社,2010.

[ii] 延庆县文化委员会编.《延庆县古村落壁画调查与研究》[R].2009 年 12 月.

[iii] 范学新,霍高智,周双林等主编.《北京延庆古寺观壁画调查与研究》[R].2012 年 10 月.

[iv] The Conservation of Wall Paintings [C] // Proceedings of Symposium Organized by Courtauld Institute of Art and the Getty Institute of art, London, July 13－16, 1987.

（原载于《"艺术与技术——中国古代壁画保护、研究与制作"国际学术研讨会论文集》,陕西人民美术出版社,2019 年）

49
山西地区古代泥塑贴金装饰局部变色的分析研究*

一、古代泥塑的局部变黑

中国古代有很多泥塑和彩塑，主要存在于古代的寺庙和祠堂中。泥塑和彩塑一般要进行装饰，或者彩绘，或者贴金，华丽庄重。其中贴金是经常进行的装饰，或者整体贴金，或者局部贴金。

山西省保留有很多古代寺庙。在这些寺庙中保留有很多泥塑，如太原附近的晋祠、净因寺；太谷的净信寺；平遥附近的镇国寺、双林寺；五台山地区的各种寺庙如殊像寺等。

在对泥塑进行保护调查的过程中，发现在一些寺庙彩塑的贴金部位有局部变色现象：泥塑主要在佛像的面部、背光以及身体一些部位贴金，这些部位表面变为褐黄色和暗黑色。实例如太谷的净信寺、太原附近的多福寺，佛像和贴金变色情况见图49-1至图49-4。

贴金部位发暗变黑影响了佛像的外观，对保护和展示不利。为什么会出现这种情况？是表面落的灰尘？还是烧香形成的油烟？为了了解具体的原因，在几个寺庙对佛像相关部位进行了取样分析。

---

*　作者：周双林、刘俊、刘晚香。

图 49-1　太谷净信寺大殿佛像

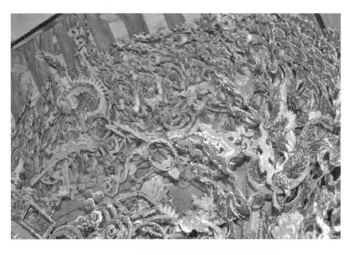

图 49-2　太谷净信寺大殿佛像贴金背光变黑

图 49-3　太原多福寺大殿佛像

图 49-4　太原多福寺泥塑局部沥粉贴金变黑

二、样品和分析方法

1. 样品

在几个有贴金或者沥粉贴金的佛像且有变色发暗情况的寺庙进行了取样工作。取样方法是挑选贴金变色严重、位置隐蔽或有破损的部位,使用手术刀将起翘或剥离的部位从本体上取下,每个样品只需要3×3 mm²面积即可。取样情况见表49-1。

2. 分析方法

初步观察可见样品金层表面有一层黄色或黄褐色的透明物质,即使是黑色的断面也致密光滑,类似有机涂膜类材料。

对于有机涂膜类材料,使用红外光谱分析效果最好。红外光谱对无机物和有机物的分析都很灵敏,红外光谱分析的数据库积累多,对于较纯的物质,分析数据可直接进行比对给出结果。

傅立叶变换红外光谱仪加一个显微镜就可进行显微红外光谱分析,其特点为:① 灵敏度高,检测限可低至 10 纳克,几纳克的样品就能获得很好的红外谱图。② 可以进行微区分析,其显微镜测量孔径可到 8 μm 或更小,在显微镜观察下,可方便地根据需要选择样品不同部分进行分析。对非匀相样品,可在显微镜下直接测量样品各个相的红外谱图。③ 样品制备简单,对不透光样品可直接测定反射光谱,分析过程中可保持样品原有形态和晶型,样品不被破坏。

红外光谱分析可判断出颜料的种类和成分,为分析病害原因和制作工艺提供依据。

使用的仪器为:Nicolet(尼高力)公司的 Magna-IR 750、傅立叶变换红外光谱仪(化学系中级仪器实验室)。

三、分析结果

各个样品的红外光谱分析数据见图49-5至图49-7。

表 49 - 1   泥塑表面变黑取样表

样品编号	取 样 照 片	样品描述	取样位置
PYZGS - 1		万佛殿 3 号塑像衣袖,粉层	平遥镇国寺
TGJXS - 5		地藏殿 12 号塑像背光,金色	太谷净信寺
TYJYS - 6		大雄宝殿主佛西边菩萨像上头饰,饰金饰	太原市净因寺
TYDFS - 3		正殿 11 号塑像前下裙龙纹,表面贴金	太原市多福寺

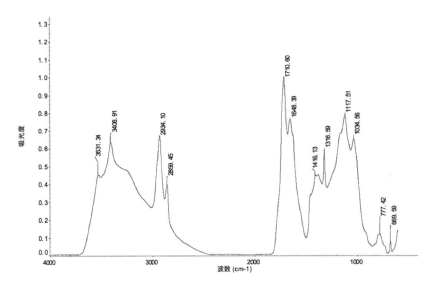

图 49－5　JYS 净因寺－5 样品的红外谱图

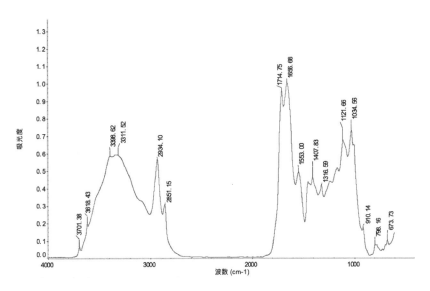

图 49－6　JYS 净因寺－6 样品的红外谱图

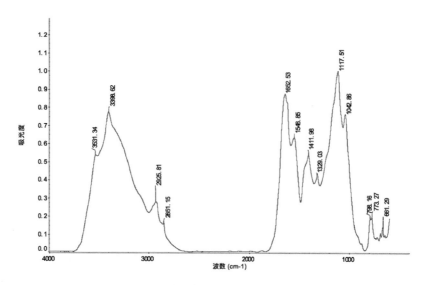

图 49-7　DFS 多福寺-3（有不同）样品的红外谱图

对红外谱图的数据进行比对，发现这几个样品与桐油的谱图非常接近，桐油的标准谱图见图 49-8。净因寺的两个样品的谱图与桐油的谱图也非常接近，可以判断是桐油。多福寺的谱峰也与桐油的谱峰基本接近，可能因为经过了老化，一些峰出现了消失的情况，如 1 747 cm^{-1}。

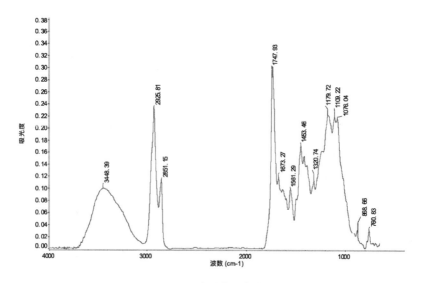

图 49-8　桐油的红外谱图

四、结论和讨论

1. 结论

通过分析,可以确认导致泥塑表面贴金变色的是桐油。桐油本身有轻微的黄色,老化后变褐或者变黑,多层涂饰也是导致颜色加深的原因。

2. 讨论

中国古代建筑中,桐油是经常使用的涂饰材料,在南方的古建筑中使用尤其多。古代泥塑石刻的表面贴金也有使用桐油的。

通过分析可以推断,人们在彩塑贴金的地方涂饰桐油,目的是希望贴金部位受到保护,不会继续遭破坏,这种操作也许是早期的民间行为,也许是后期的保护行为。作为民间行为形成习俗后,可能会多次进行,又没有方法清洗去除早期的桐油,就导致了多层涂饰颜色加深,以及老化的变褐或者变黑现象。

对于这种变褐变黑现象,有些情况是可以接受的,但是变色严重且涂饰龟裂脱离,严重影响视觉效果的,应该想办法进行清除,恢复文物的原始外观。

(原载于《文物世界》2017 年第 4 期)

50
贵阳高坡红军标语结构分析及现场保护

一、红军标语概况

高坡红军标语位于花溪东南 32 km 的高坡乡人民政府所在地,书写在居民家住房墙壁上。西墙上书"反对国民党的卖国政策",距地面 2.8 m,字径约 50 cm,从右至左横幅楷书,左下角落款"红勇(一)"。大门左侧墙壁(北墙)上面有宣传画,距地面 3 m,整个画面宽 2 m,高 1.5 m。画面上方有数行题字:"白军兄弟团结起来杀死狗贪官,与红军联合一同到北方去打日本帝国主义去!"

这些标语是红军长征途中留下的宝贵革命文物,在 70 年的沧桑岁月中经历了人们的破坏、涂改和修复。据当地居民介绍,这些标语在红军走后曾被住民用黄土

图 50-1 花溪文管所档案中保存的标语原状图片

覆盖,直到 20 世纪 50 年代黄土层自然脱落,重见天日。随后在"文革"期间,串联知青将北墙标语涂改为"白军兄弟团结起来枪口朝外与红军联合一同到北方去打日本帝国主义去!"而北墙标语上的图案由于漫灭不可识,后来在补色的时候被人为涂改。20 世纪 90 年代,当地文物部门鉴于文物年久失修且曾遭涂改,对红军标语进行了一次修复,主要内容包括将标语文字恢复到原来面貌,加砌护墙以及重新粉刷墙面。由于当时工作记录基本丢失,对当时的具体工作情况已经无法得知。

二、自然地理环境

花溪区位于北纬 26°11′至 26°30′,海拔 1 010—1 655 m,在云贵高原中部、贵阳市南部,东接龙里县,西连清镇市、平坝县,南靠惠水、长顺县,具有高原季风湿润气候的特点。总的来说,冬无严寒,夏无酷热,无霜期长,雨量充沛,多云寡照,湿度较大,属丰收型气候。花溪区年平均气温 14.9℃,年平均降水量 1 178.3 mm,年平均相对湿度 81%,年平均日照 1 274.2 小时,日照百分率 29%;全年最多风向为南风,北风次之,年平均风速 2.3 m/s。该地区处于农村,空气污染状况不严重。

三、墙体及标语现状

目前的墙体经过以前的修复,已经和最初的面貌有很大不同。

从与西墙同时代修建的东墙可以看出,原来的墙体以竹篾为骨架,外糊一层 1 cm 左右的黄土层,然后在黄土层外涂抹数层灰浆。从历史图片与现状的对比来看,由于历史变迁,目前西墙已经发生了改变。首先在墙体下部外侧被砌上一道高 1.8 m 左右的砖墙以保护原来墙体,同时在墙体以及新砌砖墙表面涂抹了新的一层灰浆,使墙体从原来的黄色变成了白色。此外为了提高墙体强度,还从墙背侧(即居住面一侧)另外加砌一层砖墙。由于标语所在的房屋处在交通线上,东南墙角曾受过机动车冲击,造成一定的裂隙。由于长久暴露在户外,表面有大量的尘埃且墙体出现了一定的裂缝。

20世纪90年代修复时的西墙　　　　　　　　今天所见的西墙

图 50-2　20 世纪 90 年代与今天西墙对比

　　北墙的作法是先木板作墙,然后在木墙上涂抹一层 10 cm 左右的黄土层,然后再在黄土层上涂数层灰浆,标语与宣传画涂刷在灰浆层上。后来,墙体下部外侧被砌上一道高 1.8 m 左右的砖墙以保护原来墙体,同时墙体以及新砌砖墙表面涂抹新的一层灰浆。由于临街,噪声及震动较大,降尘严重,导致墙面泛黄且起翘严重。另外,黄土层与木墙基体有剥离的趋势,墙壁表面有大量的尘埃。

20世纪90年代修复时的北墙　　　　　　　　今天所见的北墙

图 50-3　20 世纪 90 年代与今天北墙对比

　　目前西墙标语字迹依附的墙体有酥松脱落的迹象,用手轻轻擦拭字迹表面,手上附着字迹颜色,表明字迹容易脱落,需要加强字迹与基体的粘结力。另外东墙的屋檐不能起到遮住阳光、抵挡风雨的作用,阳光造成的老化以及雨水的冲刷对标语有着不利影响。北墙上墙面起翘严重,推测是当时修复时所用化学材料不当所致。这导致了表面字迹的局部剥离。此外,在墙角转角处,由于地处交通要道而道路狭窄,容易出现撞车事件,对文物造成不必要的机械冲击,也应当采取一定的措施避免潜在的威胁。

综上所述,目前高坡红军标语存在的问题如下:

(1)墙体各层之间存在剥离现象;

(2)墙面有大量的尘埃;

(3)雨水和阳光不利于标语长久保存;

(4)北墙表面有起翘现象;

(5)标语字迹与墙面的附着力不够;

(6)墙体表面有一定数目的裂缝;

(7)西墙和北墙转角处容易发生撞车事件。

四、墙体结构分析

在对标语进行保护以前,应该对文物基体有深入的了解。为了更好地了解墙体材料的微观结构和成分,取样并进行了红外光谱分析、X-射线衍射分析和电镜扫描分析。

1.取样

取样应注意样品具有代表性,量小且对标语外观没有影响。共取了3个不同的样品,分别是:

编号GP-1:西墙标语的墨迹;

编号GP-2:西墙表面的石灰层;

编号GP-3:北墙表面的起翘层。

2. 红外光谱分析

对西墙表面的石灰层(编号 GP‑2)和北墙表面的半透明薄层(编号 GP‑3)进行了红外光谱分析。结果如图 50‑4。

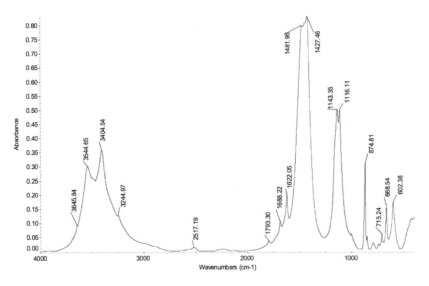

图 50‑4　GP‑2 西墙表面石灰层的红外谱图

从图中可以看出,在 1 427.46 cm^{-1} 处有一个强峰,是 CO_3^{2-} 的不对称伸缩振动峰,而 1 143.36 cm^{-1} 附近出现的中强峰是 CO_3^{2-} 的对称伸缩振动峰,715.24 cm^{-1} 处和 874.38 cm^{-1} 处出现的弱峰分别是 CO_3^{2-} 的面内和面外剪切振动的特征振动频率峰。此外,在 1 116.11 cm^{-1} 附近的中强峰是 SO_4^{2-} 的不对称伸缩振动峰。因此,通过红外谱图可以知道 SO_4^{2-} 和 CO_3^{2-} 的存在。而指纹区内没有有机物的特征频率峰,表明没有使用有机物的痕迹。

如果和图 50‑5 比较不难发现,两个图的频率峰非常相似,差别仅在于吸光度大小不同,表明在北墙上修复时施用的材料就是普通的灰浆等材料,没有用到化学材料。

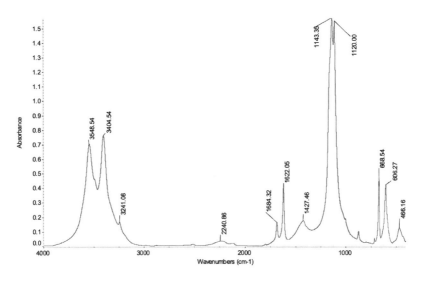

图 50-5　GP-3北墙表面起翘层的红外谱图

3. X-射线衍射分析

用 X-射线衍射对 GP-2、GP-3 两个样本进行元素分析,结果如图 50-6、图 50-7 所示。

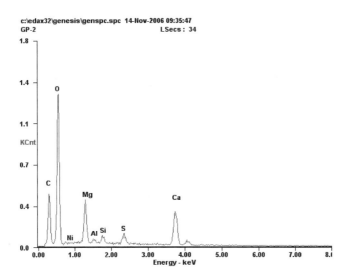

图 50-6　GP-2西墙石灰层的能谱图

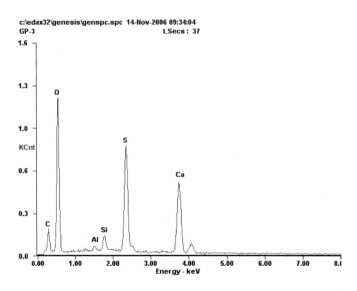

图 50-7　GP-3 北墙起翘层的能谱图

从图中可以看出两个样品的 C、O、S、Ca 等元素的含量相对较高，与红外谱图中显示出的 CO_3^{2-} 和 SO_4^{2-} 结合起来，不难得出结论：两个样品的主要成分均是 $CaSO_4$ 和 $CaCO_3$。能谱中还显示了一定量的 Al 和 Si 的存在，这两种元素是土壤中硅酸盐类的重要组成元素，是墙体中黄土层的反映。另外，在 GP-2 样本中，Mg 的含量较高，表明了白云石的存在，其化学式为：$CaCO_3$、$MgCO_3$。

4. 扫描电镜观察

对于采集的样本中的 GP-1、GP-2、GP-3 进行了扫描电镜分析。

（1）GP-1 红军标语墨迹标本的扫描电镜分析

对 GP-1 做了不同放大倍数的电镜扫描，如图 50-8 至图 50-11 所示。

从图中可以看出明显的植物纤维的痕迹，说明标语所用的炭黑是从燃烧松木或桐木的黑烟中取得的轻质粉状固体。从扫描电镜图上看，难以定论墨汁用胶的种类，但是从现场观察来看，墨迹极易脱落，表明很可能是树胶墨汁。这种墨汁耐水性较差。此外，从图中可以看出，炭黑颗粒较大。一般炭黑颗粒越细越好，越细则颜色越好，制成的墨汁光泽度好，稳定性高，亲和力强，不易沉淀。

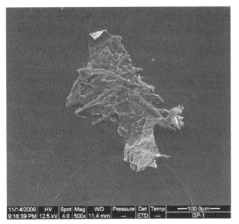

图 50-8　GP-1标语墨迹标本,12.5 kV,×500

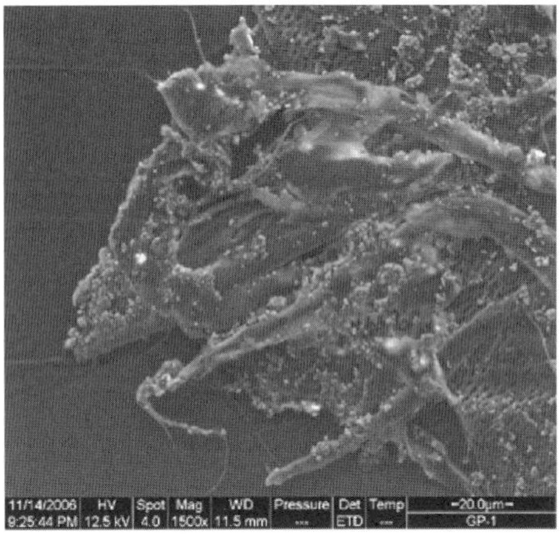

图 50-9　GP-1标语墨迹标本,12.5 kV,×1 500

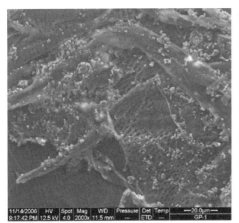

图 50-10　GP-1标语墨迹标本,
　　　　　12.5 kV,×2 000

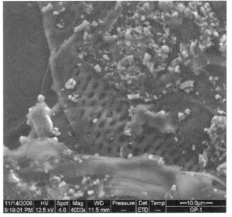

图 50-11　GP-1标语墨迹标本,
　　　　　12.5 kV,×4 000

（2）GP-2西墙石灰层样本的扫描电镜分析

对 GP-2做了不同放大倍数的电镜扫描,如图 50-12至图 50-13所示。

从图中可以看出石灰层致密,放大 5 000×后,所见菱面体晶体应当是方解石。而环绕周围的较小的晶体应当是石膏。因此墙壁背衬层主要成分是碳酸钙和硫酸钙晶体,通过结晶作用使背衬层内部拥有了较好的连接强度。但同时也必须指出,一旦内部连接力遭到破坏,有出现剥落或者起翘的可能性。

图 50 - 12   GP - 2 西墙石灰层样本，
        12.5 kV,×1 000

图 50 - 13   GP - 2 西墙石灰层样本，
        12.5 kV,×5 000

（3）GP - 3 北墙起翘层样本的扫描电镜分析

对 GP - 3 做了不同放大倍数的电镜扫描，如图 50 - 14 至图 50 - 15 所示。

图 50 - 14   GP - 4 北墙起翘层样本，
        HV12.5 kV,×170

图 50 - 15   GP - 3 北墙起翘层样本，
        HV12.5 kV,×1 500

可以看出北墙和西墙的材料基本没有区别，主要成分依然是方解石和石膏，仅仅
是白云石的含量有所增多。起翘应该是内部连接不均匀，在内部应力作用下出现裂
隙。由于内部连接力较大，裂缝后的局部石灰片不会崩落，而是起翘以平衡应力。

5. 分析总结

通过现场的实地考察,可以发现墙体的结构是在竹篾构架上先铺上黄土层,然后再铺上石灰层,红外光谱分析、X-射线衍射以及扫描电镜分析可以证实这样的判断。石灰层里面的主要成分是碳酸钙和硫酸钙,这是石灰层里面主要及常见的物质。对标语墨迹的分析表明墨汁的耐水性较差,分布不够均匀,在长期的风吹日晒中容易脱落。

五、现场保护

1. 保护概况

保护工作应该根据现场的文物保存现状,结合国内外的保护经验谨慎地展开。前面已经提到,目前的红军标语主要存在的问题有:

（1）墙体各层之间存在剥离现象;

（2）墙面有大量的尘埃;

（3）雨水和阳光不利于标语长久保存;

（4）北墙表面有起翘现象;

（5）标语字迹与墙面的附着力不够;

（6）墙体表面有一定数目的裂缝;

（7）西墙和北墙转角处容易发生撞车事件。

对于上述问题,一一采取对应措施:

问题(1)解决方案:灌浆或化学加固;

问题(2)解决方案:清扫;

问题(3)解决方案:建雨棚遮挡雨水和阳光;

问题(4)解决方案:将起翘片粘回墙面;

问题(5)解决方案:化学加固;

问题(6)解决方案：用化学材料处理过的土填缝；

问题(7)解决方案：加筑防护设施。

2. 化学保护措施

利用化学材料进行保护有其独特的优越性。合适的化学材料，可以从外观和颜色上使文物不发生任何改变，同时又便于操作，成本较低。对于目前的标语而言，由于各层间黏接力不够，导致出现了裂缝。而墨迹与墙面的黏接力不够，又导致了墨迹的脱落。同时无论石灰层还是黄土层，由于长期受到雨水及阳光中紫外线的作用，风化速度很快。在这样的情况下，化学处理可以提高墙体强度，提高层间的黏接强度，同时还可以增加墙面的拒水性能，是理想的处理措施。

（1）去除表面浮尘

鉴于墙体上的尘埃较大，应首先去除尘埃。用软毛刷以及扫帚对墙面进行处理，机械去除表面尘埃。处理时应小心不对文物造成影响。

（2）化学材料选择

去除浮尘后，通过在现场进行实验，确定合适的化学保护材料。

非水分散体材料　在土体加固中具有较好的效果，渗透能力强，加固后强度提高，孔隙率改变小，效果良好，所以决定采用这种材料对灰泥层进行保护。采用非水分散体材料与泥土混合，还可以做修补填充材料。经过检验，非水分散体材料对表面的石灰也有较好的加固效果。在本次实验中选用的非水分散体材料是31J，一种有机硅改性的内烯酸非水分散溶液。在现场，经过反复实验，最终确定1%的31J（以环己酮为溶剂）在保证提供足够的强度、粘结力以及一定的拒水性的同时，可以提供满意的渗透速度。因此选择该浓度的31J作为墙体的处理材料。而Paraloid B72具有相当高的黏接强度，可以用来作为墨迹与基体黏接的材料。浓度为2.5%，溶剂为环己酮。鉴于31J并非专门的拒水材料，特选用WD-10为墙体提供足够的拒水性。

综上所述，在本次工程中选用的化学材料有：

31J：一种有机硅改性的丙烯酸非水分散溶液，溶剂选用环己酮，浓度为 1%，用于提高墙体强度、黏接力和一定的拒水性。

B72：Paraloid 公司生产的专用于文保工作的丙烯酸材料，溶剂选用环己酮，浓度为 2.5%，用于为墨迹和基体之间提供足够的黏接性。

WD‑10：武汉大学有机硅文物和建筑保护新材料分公司生产的一种有机硅防水材料，溶剂选用乙醇，用于为墙体提供足够的拒水性。

（3）标语的化学处理

红军标语应该分为背衬和墨迹两部分，前者质地较为细密，是标语强度的主要提供者，后者质地疏松且容易脱落，在保护过程中应该将两者分别对待。

① 背衬的加固

首先利用喷壶在墙面均匀喷洒 31J，反复多次，以求化学材料在墙体中获得足够的渗透深度。在喷材料时应注意防止材料流挂，尤其不能使墨迹出现模糊或脱落现象。

东壁面积较大，可以分为标语以上和标语两部分，这是因为墨迹容易脱落，因此在处理过程中应该有所区别。标语上部由于屋檐的遮挡，总体保存状况略好于标语部分，因此在实际处理中按照 1.5 L/m² 进行处理。上部面积 11 m²，31J 用量为 17 L，用时 100 分钟。下部由于墨迹较为疏松，且屋檐防护不到，故每 m² 用量略高，为 2 L/m²，标语部分面积为 7 m²，31J 用量为 15 L，用时 90 分钟。

北墙面积较小，约 5 m²。北墙由于起翘严重，在加固过程中应当谨慎，避免起翘层被材料冲洗掉。

② 墨迹的加固

墨迹质地疏松，容易脱落，用手轻轻触摸就会粘上墨颗粒，因此需要进行特殊的加固处理。首先利用 2% 的 31J 进行加固，共 3 遍，使墨迹与背衬得到初步的连接。然后静置一天，待墨迹完全晾干，利用 2.5% 的 B72 对字迹进行再次处理。这是因为 B72 对墨迹的黏接力要大于 31J，但 B72 易返迁，所以在处理前应用 31J 进行预处理，防止 B72 在可能的返迁中造成墨迹底衬颗粒被带至表面。B72 的溶剂选用的是环己酮。

③ 粘回起翘片

对北墙的起翘片,在用31J进行加固且干燥后,在墙体及起翘层正反两面喷洒B72,然后用手小心将起翘层压回墙体表面,再用B72反复喷洒。

④ 防水处理

由于31J并非专门的防水材料,因此还需对墙体进行防水处理。防水材料选用WD‒10,用乙醇稀释至5%使用。待墙体干燥后,喷洒材料。

图50‒16　西墙处理面积,标语上方约11 m²,
标语处约7 m²

图50‒17　北墙处理面积,约5 m²

3. 后续保护措施

由于先前在西墙角落发生的撞车事件对墙角造成了明显的裂缝,无论是从美观角度还是从文物保护角度,都应当将裂缝补上,同时加装防护警示设施。墙体表面目前可见一定数目的裂缝,应该用化学材料处理过的土填缝,并在外观上做到和原有墙体没有区别。

对于文物保护而言,不单只是消除已有的病害,还应当预防潜在危险。目前的标语所处环境存在一定的隐患(风吹日晒雨打),因此应当考虑建立一个保护棚进行物理防护;同时,由于标语地处较为喧闹的交通要冲,可以适当考虑改道。此外,值得注意的是,相对于自然病害而言,人类造成的危害更加明显而直接,因此建议标语由专人看守。

4. 保护效果

从保护后的效果来看,是令人满意的,表现在:

(1)选用的加固及防水材料,对墙面的外观,无论是颜色还是质地,都没有造成任何变化,标语及宣传画仍非常清晰。

(2)在现场对一个剥落的石灰块用31J加固后,放在水中浸泡1 d后仍然保持完好,表明耐水性和内部连结强度都有所提高。

(3)一年后的今天,红军标语未发生病变。

综上所述,我们认为此次对高坡红军标语的现场保护是成功的。

51

洛阳山陕会馆修复工程化学分析报告

一、前言

山陕会馆始创于康熙五十年(1711),至今已有近 300 年的历史,系当时晋、秦众商捐资于洛阳南关校坊街西修建,历时十余载而成。

山陕会馆位于河南省洛阳市老城南关九都东路南侧(南临南关菜市街),东傍瀍河(300 m),南临洛河(120 m)。

建筑格局自南向北依次为琉璃照壁,东仪门(被堵)、西仪门、山门、东二层配房、舞楼(歇山与庑殿相连)及东、西穿房(硬山,位于舞楼两侧,将舞楼和廊房连为一个整体),广场、阅台、正殿(原祀关公像,现不存)、拜殿、配殿及东、西廊房(硬山)。现存大石狮 2 尊(现位于大殿南侧)、石碑 5 通(现集中存放于拜殿前)、石牌坊 1 座(已毁,只余遗址)。

由于年代久远,建筑受到严重损毁。为了保护山陕会馆,2004 年河南省文物局批准对其进行维修。

为了了解山陕会馆文物和病变情况,对文物进行了取样和化学分析。分析目的是了解文物本身和文物病变的情况,为修复方案的制定提供科学依据。

分析的主要对象是照壁,因为照壁的材质有石、砖、琉璃,代表性很强。另外对建筑装饰彩画的木材、灰泥层和颜料也进行了分析。

二、病变状况

1. 石构件

（1）灰尘沉积；（2）盐性结晶；（3）粉化；（4）层状剥落。

2. 砖构件

（1）盐性结晶；（2）粉化；（3）层状剥落；（4）颜色改变。

3. 琉璃构件

（1）机械损坏；（2）胎体材质的粉化；（3）釉层与底部胎体剥离；（4）釉层的粉化与色变。

4. 木材灰泥层和彩绘

（1）灰尘沉积；（2）地仗剥离；（3）画面破损；（4）烟熏。

三、取样

在照壁具有代表性病害的部位取样,所取样品包括岩石、砖、琉璃。对于彩绘部分也进行了取样分析。

取样采用手术刀,取样过程中要小心,避免对文物造成不必要的损伤。由于文物材质和退变产物成分复杂,取样要非常小心,避免杂质的混入,为以后的分析提供便利。在取样过程中要注意取样的代表性,作好规划。取样中注意记录取样点的情况,样品要收集在样品袋或样品盒内,避免损失。

1. 石构件

样品号分别为：S1、S2、S3、S4、S5、S6、S7、S8、S9、S10、S11、S12、S13、S14、S15、

S16、S17、S18、S19。

2. 砖构件

样品号分别为：S20、S22、S27、S28。

3. 琉璃构件

样品号分别为：S21、S23、S24、S25、S26、S29、S30、S31。

4. 木材彩画和地仗

样品号分别为：S32、S33、S34、S35、S36、S37、S38、S39、S40、S41、S42B、W2、W3、W4、W5。

四、分析内容与仪器

对样品的分析包括样品的成分和结构。

1. 成分分析

红外光谱分析：特点是对无机和有机材料都可以进行分析，尤其是混合物的分析，采用显微红外可对很少的样品进行分析，确保取样过程中最大限度地减小对文物的损伤。

分析使用的仪器：Nicolet Magna‑IR 750 型红外光谱仪。

X‑射线衍射：特点是对无机物质具有较好的定性分析能力，在采用标样的情况下，还可以确定混合物中各种物相的百分比。

分析使用的仪器：日本理学的 DMX‑Ⅱ/2000 型 X‑射线衍射仪。

2. 显微结构分析

扫描电镜：可以观察样品的显微结构，放大倍率高。配合能谱可以对样品局部进行元素分析,确定成分。

分析使用的仪器:德国 OPTON 公司的 CSM950 型环境电子扫描显微镜。

五、分析结果与讨论

1. 石构件

（1）材质

S12、S13 -照壁岩石上取得的片状剥落物,对样品的分析显示是白云石与方解石。

（2）块状剥落

S11 -石构件分层脱落的表面。对样品的 X -射线衍射分析显示主要成分是白云石和方解石、微量的石膏和石英。对剥落片层的内部和外部都进行了扫描电镜分析。内部在电镜下可见碳酸钙结晶,能谱分析显示多个点的 S 和 Ca 的原子比例接近,表明二者以硫酸钙的形式存在。图上可见硫酸钙结晶。外部表面的电镜分析可见物质比较复杂,能谱分析显示 Mg、Al、Si、S、Ca、Fe 等元素的存在;从形态上看,表面有黏土矿物的存在;Ca、S 的原子比接近,说明以硫酸钙的形态存在。内外面的分析说明岩石经历着硫酸盐化的过程,内部硫酸钙含量少,外部硫酸钙含量高。

图 51 - 1　S11 内部,×500　　　　图 51 - 2　S11 外部,×500

（3）枝状沉积

S2-岩石表面的黄色树脂状沉积物，厚重而表面不均匀。经过 X-射线衍射分析显示白云石、碳酸钙含量很高，另有许多石膏。对样品表面取样进行显微红外光谱分析，显示表面石膏含量非常高。

（4）黑色表面

S5、S6 和 S14、S15 均为构件表面的黑色结壳，样品位置接近。S5、S6 分别采自同一位置的外部和内部，S14、S15 分别采自另外一个位置的外部和内部。

S5 的 X-射线衍射分析显示白云石和碳酸钙的含量很高，另有少量的石膏。对样品表面黑色部分取样进行的显微红外光谱分析显示存在大量石膏。因为样品为块状，表面岩石内部的原始成分为白云石和石灰石，而石膏为风化的产物。

图 51-3   S14,表面的污染颗粒

S14 的分析也显示了和 S5 相同的结果：存在高含量的白云石和石灰石、低含量的石膏。在样品的扫描电镜分析中还找到了含硅、铝、钙、硫的圆球形颗粒，含有相当数量的铁（4.20%原子比）。这种颗粒是重度污染的产物。

对 S15 的分析显示有较高的方解石和白云石含量、少量的石膏，另有铁的存在。显微红外光谱分析验证了方解石的大量存在，并有少量有机物的存在。

对 S6 的扫描电镜分析显示岩石内部的结构为碳酸钙，颗粒上有孤立的硫酸钙的存在，显示碳酸钙处于风化的过程中。

两个表面黑色结壳成分分析表明，表面由碳酸钙向硫酸钙转变的风化过程非常严重，而内部处于变化的中间过程。

（5）黑色壳层

S16-为照壁石构件凹陷部位表面均匀光滑的沉积物，对样品进行的分析显示有二水石膏、方解石和羟基磷酸钙等无机物的存在，另外显示有有机物。

对样品黑色部位的显微红外光谱分析只显示了有机物的存在,判断为长链脂肪酸酯。

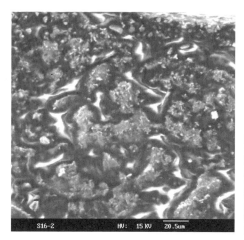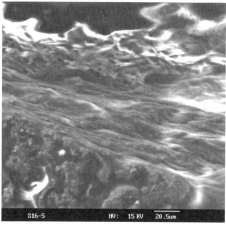

图 51 - 4　S16 表面,×500　　　　图 51 - 5　S16 断面,×500

对样品的扫描电镜观察可见表面由于电子束的作用出现收缩,表明是有机质,而断面可见无定型物质的层状排列。

（6）白色污染

样品 S4 为照壁右侧表面的白色片状沉积物,X -射线衍射分析结果显示主要成分为石膏、碳酸钙和少量石英。由于该层与石块结合疏松,判断为人为添加的污染物。

2. 砖构件

（1）材质

S20 -取自照壁上部一块干净的青砖表面,经过 X -射线衍射分析,显示成分为石英、斜长石、钾长石、伊利石、高岭石等。这些矿物都是陶质材料的组成部分。

S27 -取自另一块风化严重的砖,成分为石英、钾长石、斜长石,少量的白云石、方解石和石膏。这些成分中,石英、钾长石、斜长石、白云石等是陶砖本身的成分,由于下部石构件的风化严重,石膏应是风化产物迁移而来的。

（2）黄色层

S22－在照壁上部砖墙的表面有一层黄色薄膜状物质，来源不明。X－射线衍射分析显示成分为石英、钾长石、斜长石、白云石、石膏等。这些物质在黏土矿物中均存在，而且取样中与砖表面分离容易，判断为砖表面吸附的空气悬浮物。这些小颗粒黏土矿物由于砖表面的强吸附作用而附着在砖上。通过观察发现在雨水难以到达的地方分布，而雨水能淋溅到的地方没有。

3. 琉璃构件

（1）琉璃胎体

S26－风化的琉璃胎体，X－射线衍射分析显示主要成分为石英、钾长石、伊利石、白云石等。

S21－照壁琉璃上剥落的绿色釉片，内部与坯体结构相同。由照片可见坯体结构紧密，烧结良好。

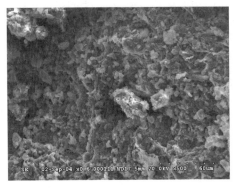 

图 51－6 S21 绿釉片内侧，×500   图 51－7 S24 黄釉片内侧，×500

S24－釉砖表面脱落的黄色釉片，内侧与坯体结构相同。对釉片内部的扫描电镜分析可见内部结构紧密，烧结良好。

（2）表面釉层

釉层样品共 4 个，分别为绿色、黄色、黑色、红色。

S21－绿色釉层，取自照壁琉璃壁心处，已经与胎体剥离。

S24 -黄色釉层,取自照壁琉璃壁心处,处于剥落状态。

对两个样品的扫描电镜分析可见表面均匀平整,并有一些烧制过程中未熔化的物质在表面残留。

对 S21 暗色部分的能谱分析显示元素有 Si - 33.47%、Pb - 9.99%、S - 20.93%、Mg - 5.56%、Fe - 3.46%、Cu - 2.22%。可见釉层为低温铅釉,呈色元素为 Fe 和 Cu。

对 S24 暗色部分的能谱分析显示元素有 Si - 44.96%、Pb - 14.76%、S - 12.75%、Mg - 6.95%、Fe - 2.36%。可见釉层为低温铅釉,呈色元素为 Fe。

图 51 - 8　S21 绿色釉面,×500　　　　　图 51 - 9　S24 黄色釉面,×500

S30 -照壁檐部琉璃表面,黑色。

S31 -照壁檐部琉璃表面,红色。

对这两个样品表面的电镜分析显示表面平整,红色釉层还可见破裂的痕迹,断裂脱落面非常尖锐,可见釉层烧结良好,类似玻璃。

(3)风化粉末

S23 -在照壁壁心绿色琉璃的表面有浅绿色的粉末状物质,这些物质有些已经掉落到凸起琉璃构件的表面。对粉末状物质取样,扫描电镜分析可见颗粒边缘清晰,棱角分明。表面可见玻璃状断口。对样品的能谱分析显示元素有 Si - 40.45%、Pb - 9.99%、S - 28.71%、K - 11.13%、Al - 3.69%、Cu - 3.21%。判断为低温铅釉,与 S21 接近,可以确认为是从釉层脱落的物质,从断口的玻璃状可以判断粉末的脱落是物理风化导致的。

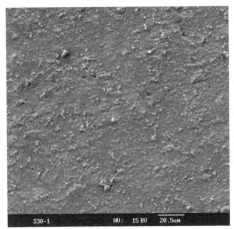

图 51-10   S30 黑色釉层表面,×500

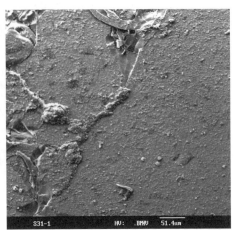

图 51-11   S31 红色釉层表面,×200

图 51-12   S23 风化颗粒,×200

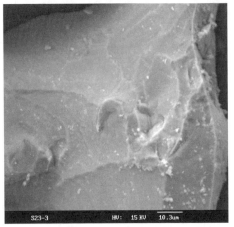

图 51-13   S23 颗粒表面,×1 000

（4）表面黄色附着颗粒

S29-在照壁上檐处的琉璃构件表面有一些黄色颗粒状物质附着,来源未知。为了确认其来源,取样进行了分析。取样用手术刀进行,由于颗粒与釉面结合紧密,取样困难。对样品的 X-射线衍射分析可见样品的主要成分为石英、石膏,并有无定型物质的存在。样品的显微红外光谱分析可见硅酸盐和硫酸盐的峰,验证了 X-射线衍射分析的结果。对样品的扫描电镜分析可见颗粒边角尖锐,断面为玻璃状断口,在断面上可见有颜色不同,深色部位的能谱分析显示有较高含量的Si,可能为石英颗粒未完全熔化的残骸。

（5）灰泥

S25-照壁的琉璃构件之间的连接使用了灰浆,有些已经脱落。为了修复,需要了解灰浆的成分。

对样品的X-射线衍射分析结果显示主要成分是碳酸钙,另有少量的石英

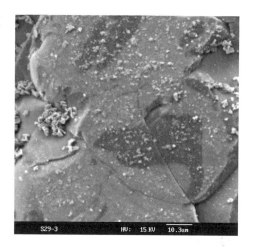

图51-14　S29颗粒断面,×1 000

和石膏。这种灰浆应是中国古代建筑中常用的石灰灰浆,石英是灰浆的添加材料。石膏的出现显示灰浆经历了风化过程,并与大气环境中的二氧化硫有关。

4. 木材彩绘和地仗层

（1）彩绘颜料

对彩画的颜料分析对保护具有重要的意义。为了减少对珍贵文物的破坏,取样时尽量减少样品量。对少量样品的分析主要采用了显微红外光谱分析和扫描电镜分析。显微红外光谱分析所用样品量很小,由于样品成分复杂,取样在显微镜下进行。

分析样品包括S33、S35、S37、S42b,以及W2、W3、W4、W5。

S33-表面带有深灰色的厚重地仗层。对表面深色取样,进行显微红外光谱分析。光谱图上显示了碳酸铅、碳酸铜等无机物的峰,还有蛋白质和油的特征峰。

S35-表面带有绿色颜料层的灰泥层。对绿色的颜料层进行取样,并作显微红外光谱分析,光谱图上显示了氯铜矿的多个特征峰。对样品进行扫描电镜观察,可见许多小颗粒的堆积,采用能谱对样品表面进行扫描,显示各元素的原子比为:Cu-73.78%、C-28.42%、O-19.50%、Cl-7.74%。确定绿色的呈色颜料是氯铜矿。

S37-取自黄色彩画层的样品。对样品表面颜料层的显微红外光谱分析显示

无机成分为硫酸钙、碱式碳酸铜、硅酸铁、草酸钙等，有机成分是油类。

S42b-带有木材的彩画层。这个样品的彩画层在显微镜下观察可见颜料丰富，地仗层上有一层蓝色颜料层，上有白色的线条，附近还有透明的黄色胶状物质。对蓝色样品的显微红外光谱分析可见碳酸铜、硫酸钙的峰，判断呈色物质为碳酸铜。白色颜料的显微红外光谱分析可见碳酸钙的各个吸收峰，并有二氧化硅的吸收峰，白色呈色颜料应为碳酸钙，石英为混合的杂质。透明胶状物质的显微红外光谱分析显示主要成分是天然树脂。

在舞楼梁架上有部分彩画被黑色物质掩盖。该部分有火烧的迹象。为了确认外层物质的来源，进行了取样分析，样品编号为S38。对样品的显微红外光谱分析显示了硫酸钙和蛋白质胶的吸收峰。对样品的扫描电镜分析显示样品为有机物质的块体，表面有收缩开裂的痕迹，在断面可见气泡，气泡的内表面也有类似的收缩开裂。这种收缩开裂形态与蛋白质胶的收缩相似，可印证红外光谱分析的结果。经过清洗处理，可见取样部位与周围的边界是一条直线，非常明显，可以判断该部分经过火烧后，为了保护彩画，又用蛋白质胶进行了涂饰。

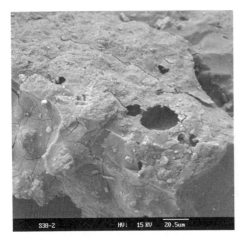
图51-15　S38-1,×500

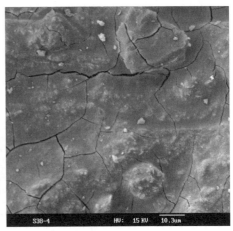
图51-16　S38-2,×1 000

W2-采自绿色的彩画表面。对样品的X-射线衍射分析仅检出石英，扫描电镜能谱分析显示有铜的存在，呈色物质应是铜的化合物。

W3-采自黄色的彩画表面。样品少,红外谱图可见高岭石、石英、方解石和赤铁矿等的吸收峰。可确定是赤铁矿与其他物质混合后形成的。

W4-采自蓝色的彩画表面。红外谱图显示有辰砂、绿泥石、伊利石、埃洛石的峰,呈色物质可能是有机物。

W5-彩画上面的黄色贴金层。对贴金层进行了扫描电镜分析,主要目的是确定金色的成分和结构,制样时导电层采用喷碳处理。在电镜下可见木材纤维上地仗层的各层结构和平滑的表面。对浅色表面的能谱分析结果显示为纯金。可确认表面的黄色为金,具体的工艺有待研究。

图51-17　W5表面贴金层,×200

（2）地仗层

在颜料分析的同时,对彩画的地仗层进行了分析。

S32-彩画地仗层的白色块体,对样品的X-射线衍射分析结果显示主要成分是碳酸钙,另外有少量的石英。

S33-彩画的地仗层,经过显微红外光谱分析显示有碳酸钙和碳酸铜的吸收峰,并有蛋白质的吸收峰,推断地仗层是用石灰处理形成的,蛋白质应该是施用颜料时渗透进地仗层的,或蛋白质类材料长期扩散而进入地仗层,碳酸铜是取样时混入的。

S34-黄色的灰泥层,显微红外光谱分析可见碳酸钙、石英以及蛋白质的吸收峰,与S33的结果接近,说明地仗层的处理是接近的。

S36-地仗层,显微红外光谱分析可见碳酸钙、石膏的吸收峰,另外还有微弱的油脂的吸收峰,该地仗也是用石灰处理形成的,油脂应该是彩画地仗层处理前做木材表面处理时使用的含油材料,或彩画绘制后保护用油脂渗透进入石灰地仗层的。石膏应是与环境发生作用形成的。

S37 -带有颜料的地仗层。下部的地仗层显微红外光谱分析结果可见碳酸钙、硫酸钙和黏土的吸收峰，另外还有蛋白质的吸收峰。

S40 -带有绿色的彩画样品。对地仗层的显微红外光谱分析显示有硫酸钙和蛋白质的吸收峰。这种地仗也应该是石灰地仗，但是经过了空气污染，形成了硫酸钙。

六、结论

病害分析的目的是搞清楚待修复文物和退变产物的成分及显微结构，了解退变的程度，为病害治理提供依据和建议。

通过对各种材质的文物及病变的分析，可作出一些结论，并提出相应的建议。

1. 石构件

分析表明，岩石的主要成分是石灰石与白云石，由于环境作用出现了不同程度的硫酸化作用，从内向外，硫酸钙含量逐渐增加。外部有尘土与硫酸钙混合形成的树脂状结壳。表面黑色层含铁硅铝酸盐圆形颗粒的存在，表明建筑曾经历重度污染。

另外在构件凹陷部位存在有机黑色薄膜，这层光滑的薄膜是由于生物活动形成的。

在外界作用下，构件表面形成了很多退变产物，这些产物含有硫酸钙的树脂状沉积物、黑色沉积物、白色沉积物以及黑色生物结壳等，都应该去除。由于石质表面已经出现了不同程度的硫酸化作用，在清洗过程中要进行预加固。

2. 砖构件

砖构件属于普通的青色砖。由于各种自然因素的作用(温度变化、湿度变化、水分的作用等)，局部遭破坏，尤其在照壁两侧距地面 2 m 左右的位置。表现为表面损失，某些表面已经与砖的内部脱离，而中间夹杂有砖的粉末。根据对砖墙的离子色谱分析,可见含有很多硫酸根和氯离子,建议对砖首先进行脱盐处理,然后进行加固。

表面的黄色层主要分布在雨水难以淋到的部位。通过分析发现含有很多黏土矿物,初步断定为空气中黏土矿物在砖表面的沉积物。对这些表面污染物可去除,也可保留,以显示其古老的韵味。

3. 琉璃构件

对琉璃构件的破坏以釉层为主,坯体只有少数位置出现风化现象。对琉璃的分析显示,琉璃的釉层为低温铅釉,呈色元素为铁或铜。釉的玻璃化程度很高,中间可见石英熔融的残骸。绿色釉层表面的绿色粉末为釉层脱落物,这些脱落物的形成与物理风化有很大关系。上檐红色琉璃上附着的黄色颗粒状物质与釉层结合紧密,从成分和结构上可见是烧制时形成的,属于烧制时的瑕疵。

在琉璃构件的保护中,建议对风化的坯体进行加固处理,可以清扫掉表面已经脱落的绿色釉末,同时加固仍附着在釉层表面的釉末。上檐黄色琉璃构件表面的附着物不应该在后续处理中去除。

4. 木材彩画

对彩画的分析检测到几种颜料。对地仗的分析显示地仗的主要成分是碳酸钙,可见彩画地仗采用了传统的地仗处理工艺。地仗层中普遍含有有机的蛋白质或油脂,这些物质的来源需要做深入研究。

由于彩画颜料和胶结物对自然环境破坏的抵抗能力差,所以对其应该进行加固保护处理。

七、讨论

采用现代分析技术对文物材质和病害进行分析,有利于了解文物的保存现状和退变的原因,也为文物的修复保护方案的制订提供了重要的科学依据。

由于文物本身经过了多年自然作用，病变复杂，而取样又要遵循文物保护的要求，所以有些样品的分析结果并不令人满意，如果能采用其他一些分析手段，应该有更好的效果。

（原载于《文物保护与修复的问题》，文物出版社，2009 年）

52
基于糟朽木材原址保存的循环水保护设计
——以义乌春秋战国古井遗址为例

一、古井及病害

义乌春秋战国水井遗址位于浙江省金华市义乌市原朝阳门南侧的金山岭小山坡下,距市政府大门东南方位约 20 步,在今绣湖广场东北侧,见图 52－1。

图 52－1 义乌古井保护前的状态

水井遗址是在 2000 年 5 月 2 日旧城改造工程取土过程中被发现的。根据水井中出土的一件春秋战国时期细方格纹红陶罐和木架井条木的碳化程度,考古学家推断此水井的年代不迟于春秋战国时期。

该水井遗址为义乌市境内迄今发现时代最早的水井,是义乌城市文明古老的见证,对研究古代都邑、乡井、里邑等九宫布局模式,具有很高的历史和科学价值。

2005 年,水井被公布为义乌市级文物保护单位。

目前水井残深 4.1 m,木质井架残存 9 层,高 1.42 m,井壁呈正方形。每层用 4 根条木搭成"井"字形,条木上有榫扣,互相咬合,为半榫连接结构。另外横木交叉的位置外部还有木材垂直竖立,可能是为了加强横木组成的井圈的稳定性。

1. 病害调查

义乌春秋战国古井自 2000 年发现和发掘后,经过了 15 年的原址临时保护,目前已经出现了一些保护的问题,原有的病害与新形成的病害已经对遗址本体造成了巨大的破坏。

经过现场调查,义乌春秋战国古井的病害主要在木材上,木材本身糟朽,容易折断,这是潮湿环境下木材的常见病害。另外古井的结构也不稳定。此外还有一些其他的破坏,各种病害的典型形态如下:

顶部破坏:水井遗迹的顶部被后期破坏,发掘时进行了清理,目前还有少量顶部的木材处于悬空放置中。

壁土垮塌:由于木材缺失,侧壁的泥土向内部垮塌,并压迫周围糟朽的木材。在井板之间也有泥土垮塌,这是由于井板之间有缝隙,泥土被水软化流动而脱离,使井板缝隙后面成为空洞。

木材折断:由于外部土体的压力导致糟朽的木材折断,脱离原来的位置。

表面污染:表现为木材表面有黄色的淤泥,造成表面颜色改变,掩盖了古井木材的外观。

木材糟朽:表现为木材表面颜色变深,一些部位的木材收缩开裂。

不当保护:古井的上部缺失部分使用现代红砖进行填补并形成了井圈,对阻止附近的泥土垮塌有防护作用,但是砖容易压坏木构件,也影响了遗址的外观。

2. 现状调查

仪器和材料:MPH－160B 型土壤含水率测定仪、布氏硬度计(LX－A 型橡胶硬度计)、pH 试纸。

表 52-1　义乌古井土体含水率测试数据表

位　　置	含水率/%
第 1 层木材上的土	43.3
第 6 层和第 7 层之间的土	47.4
最下层木材和岩石之间	49.4
遗址外部草坪地面	37.4

为了了解古井遗址的病害程度以及形成原因,对遗址的保存现状进行了现场调查和取样分析。现场调查的内容包括使用 MPH-160B 型土壤含水率测定仪来测量土体不同部位的含水率,使用布氏硬度计(LX-A 型橡胶硬度计)对古井不同位置木材的硬度进行检测,使用 pH 试纸对水井遗址内井水的 pH 值进行检测。取样分析则是将古井的木材样品送由南京林业大学木材所进行种属鉴定。

古井土体含水率测试结果(表 52-1)显示土体非常潮湿,含水率几乎达到了饱和,与之相连接的木材的含水率也很高。

使用 pH 试纸对井中水的酸度检测,pH 值在 7 到 8 之间,说明井中水的酸碱度接近中性,但测量结果也可能受到刚发生的降雨的影响。

表 52-2　义乌古井木材硬度测试数据表

位　　置	硬　　度	位　　置	硬　　度
第 1 层木材	38	第 7 层木材	54
第 2 层木材	18	第 8 层木材	26
第 3 层木材	39	第 9 层木材	22
第 4 层木材	40	第 10 层木材	32
第 5 层木材	32	东北角立木	86
第 6 层木材	50		

木材的硬度表征着木材的糟朽程度。如表 52-2 所示,从木材硬度的检测结

果看,木板表面强度很低,呈海绵状。但在现场检测中,使用小刀向木材内部刺探,只能刺入表面以下 5 mm 的深度,表明虽然木材表面的破坏比较严重,但是内部的保存相对较好,有利于古井的保护。

木材鉴定结果确定在古井上提取的木材样品的树种为槭木。

3. 病害分析

义乌属于南方地区,地下水位高。木材埋藏在地下时,较高的地下水位将氧气和二氧化碳隔绝,为木材提供了稳定的保存环境,使得木材不容易腐朽。而随着发掘,井内淤积的泥土被去除。通常情况下,井内积水水位不高而无法填充全部空间,导致木材暴露于空气中,一方面氧化作用条件具备,部分化学反应的破坏以及微生物的生长在不断进行;另一方面,外界湿度的变化引起木材湿胀干缩,最终导致木材糟朽。两方面的作用使得水井遗址中的木材破坏严重。

基于以上对遗址病害和影响因素的分析,古井遗迹的破坏是由于考古发掘将古井揭露,然后未进行合理的保存导致的。古井面临的破坏主要包括:干湿交替的空气对木材结构的破坏,水质差、污染多造成霉菌生长的破坏,侧面土压力对糟朽木材的破坏,以及其他恶劣保存条件的影响。

二、遗址的保护以及循环水保护设计

1. 一般保护措施

古井遗迹经过了近 20 年的临时保护,已经出现了很多问题。为了更好地保护和展示古井,根据文物的病害情况,设计的保护方案及采取的措施如下:

(1) 污染物的清理

古井遗迹已经原地保留将近 20 年,古井内外有大量的污染物,主要分为井外地表的垃圾、井内的垃圾以及井内的污水。

由于发掘初只进行了临时保护处理,古井顶部没有防护,古井内有很多垃圾,地表也有很多污染物,需要清理。井内的垃圾包括塑料袋、塑料凉鞋等,严重污染水体。另外从目前对井底的探测看,古井基岩部分只有 1 m 左右是积水,其余部分都被填充。清理后,发现这部分是土和垃圾的混合物。

井内的污水也影响了古井的保护。将污水抽出,然后使用净水对古井多次清洗,使其处于干净的环境中。

（2）临时砌的顶部砖的拆除

新砌的红砖井圈影响了遗址的真实性,还有对古井的井圈造成了压力,因此需要去除。去除应结合古井本体保护一起进行,避免过早去除暴露古井本体。另外去除的时候注意缓慢进行,避免砖掉入古井,或者砸坏木质结构。

（3）对古井本体的保护

由于古井在发掘后暴露于空气当中,糟朽木材发生干缩,甚至开裂、折断等,因此对于古井遗址的本体——木材,需要进行针对性的保护。一是对木材的结构进行加强,二是对古井顶部缺失部分进行修补。

由于古井木构件本身较薄且有老化现象,需要采取一些机械措施,如增加附属构件,来对糟朽的古井进行加固。

根据古井的情况,使用无色有机玻璃在古井的木质部分制作 4 个紧贴井圈的有机玻璃框（木质部分,从上到下,间隔 30 cm 铺设一层）,然后在中间使用有机玻璃杆进行支撑,有机玻璃和木材之间接触的地方衬垫无色透明硅胶。这种操作既有支撑作用,在水中,由于无色透明,又有隐藏能力,并不影响文物的外观和展示。

古井顶部部分已经遭到破坏,需要进行恢复。具体的稳定措施是:

① 缺失的清理:去掉现有的红砖井圈和附近的泥土,露出古井的顶部,即缺失严重的部分（井圈的西部残损严重）。对缺损部位进行清理,一些糟朽严重的部分截去。在对古井进行清理的过程中注意喷水保湿,避免木材失水开裂破坏。

② 制作缺失部分的木构件:根据考古资料和木材鉴定结果,选择合适的木材。此处选择与井木相同的槭木作为修补材料,加工成缺失部位的形状。

③ 缺失部分修补施工：参考古井原有的制作方法，将制作好的构件修补上去，恢复古井的全貌。如果古木材和新木材不易结合，可在外部增加构件，辅助连接和支撑。由于早期的地面情况未知，因此缺失的修补达到现有地面即可。

④ 泥土的回填稳定：在修补完成后，对多余的空余空间，使用与周围土体一样的土进行回填并夯实。恢复井圈后，有些老井板之间有泥土流失，需要进行填补。填补时仍使用与原有泥土色泽质感一致的泥土进行，必要时使用丙烯酸树脂乳胶，添加的比例为泥土的5%，调和均匀后作为填补材料，增加与原有土体的连接，避免出现浸水垮塌。

（4）修补后的重新清理

在对井体上部缺失部分进行修补后，对古井原有的木材表面进行清洗，去掉淤泥和其他附着杂质，去掉表面附着的微生物等，恢复木材的本来面貌。

清理使用毛刷，可使用喷水进行辅助，逐一对木材进行清理，直到表面没有灰尘为止。必要时进行杀菌灭菌处理，喷洒灭菌材料。

全部清理完成后，用无氯的水冲洗古井3次，并抽走水，然后在古井保持潮湿状况下，放入经过过滤的清水。

（5）修建保护建筑

修建保护房或保护棚，是国内外遗址保护经常采取的措施。为了保护春秋战国古井，根据古代石刻中的古井图案设计仿古的亭子，主要目的是避免雨水和灰尘进入，并起到围护的作用。

除了保护古井环境，亭子还要有展示功能，有一定的空间允许游客进入，照度合适，能达到良好的观感。另外还要有参观道路，与附近的设施相连通，并有休息设施。

（6）展示设施的安装

井栏的复原：古井经过修补复原后，需要复原井栏，目的是恢复古井的完整性。虽然这个古井的原始状态不知，但是从春秋战国古井的普遍状况看，古井都设置有井栏，避免井被破坏，防止人掉入井中等。井栏的复原采用木质。为了方便维护，井栏与井圈的木板之间要可以脱离，以便后期维修。

顶部玻璃盖板：古井修复完成后，需要放水进行保护，但是景点太小，无法做到专人看管。为了避免人为往井中扔杂物，也为了避免儿童掉入井中，需要在古井上设置能提供足够支撑力的耐压玻璃板。

展示灯光：根据展示的需要，灯光设置在玻璃盖板下，贴近玻璃盖板，打在古井原有的井圈木板上，使观众可以看到古井的原始状态。

2. 基于木材保护的水循环系统设计

（1）水循环系统设计的可行性

对潮湿环境木材的保护非常困难，一般采取的措施是将潮湿饱水的木材从原地脱离，然后缓慢脱水，使达到稳定状态。这通常需要十几年或更长时间，缺点是文物脱离了原有环境。另外一种方式是对潮湿含水的木材进行原地保护，但需要不断地喷洒 PEG 等材料进行保护，难度很大。

对于义乌古井这种遗迹，使用将古井拆解的方式，无法做到原地保留，只能挪到博物馆中，但会失去一定的文化信息。而在原地以不拆卸的方式保留，暴露在空气中加上潮湿的环境，将导致木材的各种破坏。原地保留也无法采用喷淋 PEG 的模式进行保护，因为木材中含水较多，PEG 材料无法渗透进去，即使木材表面吸收了 PEG，但是内部和井板内侧仍吸收不了。

从木材保护的角度考虑，如果木材周围没有氧气和二氧化碳，很多破坏将无法发生，也就保护了木材。使用泥土填充虽然有保护作用，但是无法达到展示效果，因此选择用水填充古井。但是使用不流动的水填充水井，将导致苔藓等的生长，故建议使用流动水，这样就需要水循环系统。设计思路是使用流动的水作为有害气体的隔离剂和木材的保湿剂。

古代的饱水木材在饱水的环境中可保存几千年，义乌春秋古井就是这种情况，出土的很多漆木器也是在水中进行临时或者永久性保存，因此义乌春秋古井使用原地饱水措施进行保护，理论上和操作上都是可行的。

（2）修建循环水设施的具体操作

使用自来水做水源：由于附近就有自来水供应，接入自来水是最方便的。

使用净水池对水进行净化　由于自来水中含有氯，因此需要对自来水进行净化。净化在净水池中进行，净化的方式是暴晒和与空气接触；另外使用活性炭等进行过滤等。净化的水进入储水池，用于泵入古井进行循环。

净化的水通过管道进入井底　净化池中的水通过压力泵压入古井。外部的管道可使用钢管，钢管在木构修补过程中就埋设在古井的外部；而内部的管道则使用玻璃管，直接通到井底，保证井下部的水也参与循环。为了保证水循环的量足够，管道的直径要在 3 cm 以上。

水通过井底向上流出　由于有固定的压力，下部释放的水将向上流动，而在水井顶部（新修复的古井木质部分顶部与井栏复原部分之间）设置溢水口，流出的水可循环进入净水池，这样保持水面稳定。

流出的水通过净化进入净水池　进入净化池的水净化后流入储水池，之后用于泵入古井。水的净化是将流出的水通过沙层、活性炭层等形成的净水层，以起到过滤作用。

循环水尽量以从井水中出来的水为主，不足时使用自来水补充。净水池中设置一个水位线，当水位线低于某个高度时，自来水自动进行补充；同时设置一个排水口，当高于某个高度时，净水池中的水排入附近的市政排水系统中，设计图见图 52－2。

三、结论和建议

目前的保护工程，经过专家评审后得到认可，并在此思路的基础上正在施工。

糟朽木材的保存一直是文物保护的一个难题，无论是脱水干燥还是饱水保存，或是喷洒 PEG，都需要文物保护工作者针对具体的问题来选择最优的方案。针对义乌古井原址原貌展示的需求，笔者在对遗址环境进行评估后，提出循环水原址饱水保存糟朽木材的新思路，并将其应用在义乌古井的保护工程中，但其长期效果仍需要时间来检验。

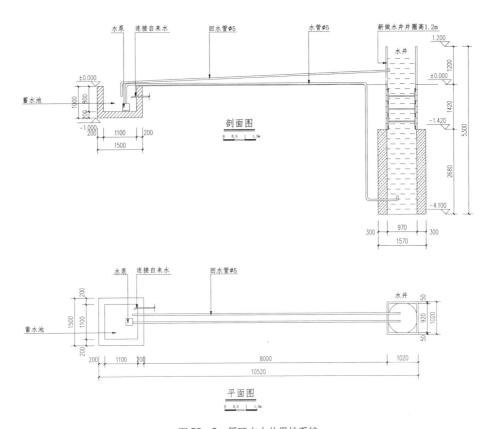

图 52-2　循环水古井保护系统

（原载于《传统技艺与现代科技——东亚文化遗产保护学会第六次国际学术研讨会论文集》,复旦大学出版社,2017 年）

53
中国南方地区几个土遗址的蚁狮破坏及
保护建议 *

土遗址是指以土作为主要建筑的人类历史上生产、生活等各种活动遗留下来的遗迹,是一种重要的文化资源[1]。但是由于土体本身强度低,再加上自然和人为因素的影响,其保存情况整体上比较差,存在许多病害,如表面风化、盐结晶破坏等材料病害,开裂、垮塌等结构病害,以及生霉、长草等生物病害。

在对考古遗址的保护中,我们发现了另外一种生物导致的病害,即蚁狮导致的病害。我们对病害现象进行了观察研究,找到了病害原因,并提出了相应的保护建议。

一、考古遗址的生物病害

考古遗址处于自然环境中,各种病害都存在,包括材料病害、结构病害和生物病害等。我国地域广大,各地自然条件差别很大,因此考古遗址的保存状况大不相同,例如西北地区的土遗址都是干燥状态,原形保存较好;而长江以南地区的土遗址多数坍塌损毁,被草木掩盖而难以寻找。

1. 考古遗址常见的生物病害

对于发掘后呈展示状态的考古遗址的生物病害来说,南方潮湿地区容易出现,华北地区也有,但是病害现象各不相同。国内考古遗址中的生物病害,可见如下几个典型的例子。

---

* 作者:周双林、张瑞芳。

（1）成都杜甫草堂唐代遗址

成都杜甫草堂是唐代大诗人杜甫于唐肃宗乾元二年（759）客寓成都，至唐代宗永泰元年（765）五月离开成都之后，为世人留下的重要遗址。1961 年被国务院列为全国第一批重点文物保护单位[ii]。2002 年，在修建工程中发现了唐代的遗迹，发掘面积总计 1 020 m²，包括唐代的房屋基址、亭台遗址以及水井、排水沟等重要遗迹，还出土了唐代碑刻和其他唐代历史文物。

为了保护遗址防止破坏，搭建了临时性的保护棚，但是并不能控制遗址的生物因素影响，遗迹出现了地下水上渗、局部渗水、土体风化以及霉菌生长等状况。在这些病害中，霉菌生长最为严重。草堂的霉菌主要是苔藓，由于地下水上渗以及雨水的作用，导致遗址长期处于潮湿的状态，这就为苔藓的生长创造了条件。苔藓主要生长在遗址的表面，是一个不容忽视的生物病害。苔藓植物能分泌一些酸性物质，溶解土壤中的矿物质，降低土壤黏聚力；苔藓生长繁殖能力很强，覆盖于土遗址表面，直接影响到土遗址文物的历史信息和观赏价值[iii]（见图 53 - 1）。遗址在后期修建了展示馆，但是保存状况仍不乐观。

图 53 - 1　杜甫草堂唐代遗址早期的表面苔藓

（2）通辽哈民忙哈遗址

哈民忙哈遗址（如图 53 - 2）位于内蒙古通辽市科左中旗舍伯吐镇东偏南约

20 km处,西南距通辽市区约50 km[iv]。遗址埋藏条件良好、出土遗物丰富。发掘过程中,清理出因失火坍塌的房址,还有保存相当完整的房屋木构架痕迹,以及大批非正常死亡人骨的罹难场所。凡此现象证明该遗址是遭遇突发事件废弃的。

哈民忙哈遗址处于科尔沁沙地腹地,遗址属于砂土,结构松散,很容易遭破坏。发掘后遗迹经过1—2年的室外自然条件影响,破损严重。主要病害有灰尘积聚、人骨变色掉落、部分遗址受潮以及生物病害。由于遗址周边是杨树林、玉米地和沙漠,生物活动频繁,遗迹的生物病害主要有蚂蚁以及天牛。天牛的存在破坏了遗址的表面形态,对土体表面产生了机械破坏,形成了很多的空洞(如图53-3)。

图53-2　哈民忙哈遗址俯瞰　　　　图53-3　哈民忙哈遗址中发现的天牛

除此之外,土遗址中的生物病害还有许多。高昌故城发现的生物病害主要有两种类型:第一类是生物巢穴病害,主要有鼠洞、鸟巢、蜂巢等,多见于建筑基础生土部分;第二类是生物粪便污染病害[v]。麟州故城城墙上常年生长有植物,尤其是酸枣树,根系进入城墙内部,影响了古城的景观,对城墙内部结构造成了破坏[vi]。

2. 考古遗址的特殊病害

在近几年对南方地区考古遗址病害调查中,在几个遗址上都发现了坑洞状破坏。这是一种特殊的病害。

（1）晋江磁灶窑遗址

磁灶窑（如图53-4）是我国东南沿海地区以烧造外销陶瓷为主的重要窑口，是具有浓厚的地方特色和时代风格的民窑。其烧制的产品品种繁多、器形多样。

根据调查，磁灶窑遗址的主要病害有：土体脆弱、表面风化、灰尘积聚、局部潮湿、生物生长、淤泥存在、白蚁危害等。在遗址上有一种特殊的病害，就是在土体表面有一种圆形浅坑。这种虫坑呈漏斗形，周边有松散的土堆。主要分布于遗址两侧未烧结土体上，零星分布于窑床烧结土的裂隙处及烧结土与窑壁结合处，在遗址中下部分布较为密集，但在最下部汇水区域附近分布极少。遗址的4条窑址和1个作坊遗址中均发现了这类虫害，其中窑址2、3破坏尤为严重（如图53-5）。

图53-4　磁灶窑遗址现状

图53-5　窑床与窑壁结合处虫洞高发

（2）深圳铁仔山遗址

铁仔山古墓群遗址位于深圳市宝安区西乡大道立桥头西边北侧一家饲料厂区旁。自1983年开始至2000年，深圳市考古工作者先后数次在铁仔山抢救发掘了汉代至明清时期各类墓近360座，发现了"熹平四年"（175）的纪年墓，出土了东汉人头纹砖，以及大批陶瓷器、铜器、玉器等重要文物[vii]。

铁仔山古墓群遗址虽然地势较高，但是位于南粤多风雨区域，长期受气候环境变化、温度高低差、潮湿干燥反常等影响，造成隔梁普遍出现干裂、削蚀、坍塌、下陷等问题。蚂蚁、猪屁虫、白蚁、蚯蚓等虫害造成土层松动，危害到隔梁土层的稳定，大部分隔梁正在或已失去了发掘时的原貌。在铁仔山遗址中也发现了和磁灶窑遗址同样的生物病害。该虫洞呈圆形漏斗状，周围有松散的土，主要分布在遗址中土壤较疏松的地方（如图53-6）。

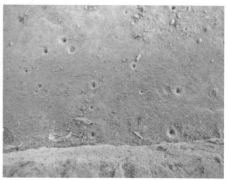

图53-6 铁仔山古墓群遗址概况和生物孔洞

（3）合浦草鞋村遗址

草鞋村遗址位于合浦县廉州镇廉南社区草鞋自然村、周江下游西门江东岸，分布面积约 15 000 m²。古城西北区域经考古发掘，发现了制陶工场遗址，遗址内有多口汉代水井，出土大量汉代瓦片，1993 年公布为合浦县文物保护单位[viii]。

目前城内遗址制陶手工作坊区原地保留和展示的有 2 处窑址和 4 处水井，其中窑炉遗迹破坏严重。窑炉本体受到风化剥蚀、植物根系破坏、微生物破坏，其中本体开裂最为严重，随时都有坍塌的危险；水井侧壁为砖体砌筑，局部可见风化、松动现象，植物根系已深入砖体空隙中，若不加以及时保护，水井随时都有坍塌的危险。在草鞋村遗址中也发现了一些特殊的孔洞，病害形态也呈圆形，且周边有松散的土堆，主要也出现在土壤比较疏松的位置（如图53-7）。

图 53－7　窑炉遗迹及生物破坏

二、蚁狮的种类确定

在遗址上进行病害调查时发现了一种小虫子的遗体,经过视频显微镜的观察,科学鉴定为蚁狮。

蚁狮别名地牯牛、沙猴、倒退虫、沙牛等,隶属脉翅目,蚁蛉科(图 53－8)。蚁狮成虫与幼虫皆为肉食性,主要食物为蚁类,占 49.7%,其次为鳞翅目幼虫(21.8%)、同翅目若虫(9.8%)、双翅目幼虫(8.3%)和半翅目若虫(6.7%)[ix]。幼虫生活于干燥的地表下,形似沙和尚的头,在沙质土中造成漏斗状陷阱。居沙地,筑漏斗形凹坑(2.5—5 cm 深,口部 2.5—7.5 cm 宽),用腹部为犁,用头部承受掘松的颗粒,并将其抛出坑外,然后将自己埋在坑底,仅露上腭在外,捕食滑入坑底的昆虫(如图 53－9)。蚁狮主要分布在新疆、甘肃、陕西、广西、广东、福建、河南、河北等省区。

根据调查辨认,确定在遗址上钻孔导致遗址局部破坏的虫子就是蚁狮。

蚁狮主要在土遗址未烧结的松软土体中活动,它会对土遗址产生很严重的病害,一方面破坏了土遗址的外观,另一方面导致土遗址表面疏松,加剧了遗址粉化的速度。

图 53-8 蚁狮

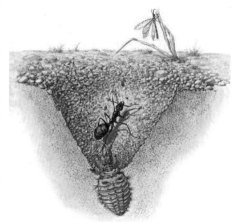
图 53-9 蚁狮巢穴及行为模式

三、治理保护措施

由于蚁狮对考古遗址有破坏作用，所以必须采取适当的措施对蚁狮进行处理。土遗址的保护主要是通过物理、化学、生物等科学方法，增强土遗址在不同环境下的生存能力[x]。因此对于蚁狮的治理可以采取物理、化学相结合的方法。

（1）由于蚁狮不营群居生活，单独个体依靠捕食过路的其他昆虫生活，长期藏于地表之下，不在地表活动，因此现场直接灭杀应以胃杀和触杀为主要形式。可将药物渗透到土壤下层直接杀灭。

（2）因为蚁狮主要活动区域在松软的土体中，通过增加土体强度，可以阻止蚁狮钻孔，从而达到防控效果。而对土体的加固，可以使用多种加固材料。丙烯酸树脂非水分散体加固剂，是北京大学考古系根据土遗址防风化要求开发的材料，在多处遗址试用，显示出较好的效果[xi]。

（3）依靠对环境的控制，去掉环境附近蚁狮活动的条件，这样蚁狮就不会在遗址生存活动了。

参考文献

［ i ］孙满利, 王旭东, 李最雄.西北地区土遗址病害[J].兰州大学学报(自然科学版), 2010, 46(6)：42 - 46.

［ ii ］周维扬, 丁浩.杜甫草堂史话[M].成都：四川文艺出版社, 2015.

［ iii ］赵岗, 李玉虎, 肖亚萍, 赵君妮.大唐西市土遗址苔藓物种鉴定及其病害成因分析[J]. 分析测试技术与仪器, 2017, 23(2)：87 - 92.

［ iv ］阿如娜.内蒙古左中旗哈民忙哈新石器时代遗址 2012 年的发掘[J].考古, 2015(10)： 25 - 45.

［ v ］夏克尔江牙生.高昌故城土遗址病害调查及因素分析[J].黑龙江史志, 2015：78 - 79.

［ vi ］吴少敏, 陈霁.土遗址的病害因素与保护措施研究——以麟州故城为例[J].遗产与保 护研究, 2017, 2(1)：112 - 117.

［ vii ］深圳市文物管理委员会办公室, 深圳市博物馆, 宝安区文化局.深圳铁仔山古墓群发 掘简报[C] //华南考古 2.北京：文物出版社, 2008：290 - 324.

［ viii ］广西文物保护与考古研究所, 厦门大学历史系考古专业, 广西师范大学文化与旅游 学院.广西合浦县草鞋村汉代遗址发掘简报[J].考古, 2016(8)：50 - 74.

［ ix ］刘翊鹏, 钟爱芳, 周汉辉.粤北蚁狮生态学的初步研究[J].应用生态学报, 1998, 9(5)： 496 - 498.

［ x ］Houben H, Balderrama A A, Simon S. Our Earthen Architectural Heritage: Materials Research and Conservation[J]. Mrs Bulletin, 2004, 29(5)：338 - 341.

［ xi ］周双林.谈谈考古遗址的展示保护[J].文物保护与考古科学, 2006, 18(1)：47 - 50.

（原载于《中国文物报》2019 年 4 月 26 日）

54
几种常温自交联丙烯酸树脂非水分散体的制备*

一、非水分散体材料简介

非水分散体材料英文称为 non-aqueous dispersion(NAD),译为非水分散体,也称为非水分散乳液[i]或非水分散涂料。自 20 世纪 60 年代初英国 ICI 公司开发这种材料[ii][iii]以来,非水分散体材料的研究已经历了 40 年的历程。该类材料在金属和建筑涂料、黏合剂、油墨等领域都有着广泛的用途。此前,涂料工业主要以溶剂型涂料为主,这类涂料因含有毒性溶剂而污染严重。开发非水分散涂料的目的在于寻找一种低污染、节约能源的涂料。虽然以后发展了以水为分散剂的乳液型涂料,并取得了更广泛的应用,但由于具有不同于前者的特点,非水分散体材料仍有不可取代的优点。

非水分散类材料是将聚合物以胶态粒子形态(粒径 0.01—30 μm)分散在非极性的有机稀释剂中,这些稀释剂对聚合物是不溶解的或难以溶解的。非水分散液中的胶态粒子是有机高聚物,这种材料研制初期主要是丙烯酸酯型,之后开发了聚酯、聚酰胺及聚氨酯型非水乳液[iv]。所采用的稀释剂多为非极性溶剂,主要是脂肪烃,也有采用醇、酯等的。

非水分散类材料的制备方法有两种,一种是合成法,另一种是转化法。

(1)合成法:采用化学合成的方法制备,在高分子合成上叫作分散聚合。这种方法由英国 ICI 公司于 20 世纪 60 年代首创,并在短期内得到迅速发展,基本的制备步骤包括稳定剂的制备和分散体的制备,其中稳定剂的制备是关键步骤,有关

---

* 作者:周双林、原思训、郭宝发。

的制备方法在一些专利文献[v]和论著[vi]中有所报道。

合成法制备非水分散体需要经过多个高分子合成步骤。

（2）转化法：是以有机高分子的水乳液为起始材料，经过某种材料的添加，改变胶体的表面性质，使其由水体系转移到有机溶剂体系中。这种方法于 20 世纪 70 年代初见于一些专利[vii][viii]，在文献[ix]中叙述了采用阳离子表面活性剂将高分子材料的水乳液转换成非水分散体的原理、方法及多个例子。

转化法可将多种以阴离子表面活性剂为乳化剂的水乳液类型转化为非水分散体，这些乳液包括氯丁二烯，1、2-丁二烯，异戊二烯，醋酸乙烯，氯乙烯，苯乙烯，丙烯腈，丙烯酸酯，甲基丙烯酸酯等的均聚物或共聚物乳液。

在转化过程中使用的阳离子表面活性剂有：双十二烷基二甲基氯化铵、月桂胺、肉豆蔻胺、三辛胺等。

转化法以现有乳液为原料，制备方法较合成法简单易行。所形成的非水分散体特点是固含量高、黏度低，被用作黏合剂、装饰性或保护性涂料。

二、研制目的

转化法制备非水乳液虽然方便易行，但由于在制备过程中加入了表面活性剂，使材料在某些性能上有所下降，这种方法在后来并没有被很好地利用，故非水分散体主要用合成法制备。

经过近 40 年的发展，转化法采用的原料——乳液已经有了很大的发展，比如研制出了各种低温自交联乳液、耐候性良好的有机硅改性丙烯酸树脂乳液等。在这种情况下，重新利用转化法制备非水分散类材料，有望获得一些性能独特的材料。例如乳液在低于成膜温度时难以施工，对拒水的底材因为水分有破坏作用也难以使用时，就可以使用非水分散体材料。

例如，在文物保护工作中，土遗址的防风化保护是一个重要课题，一些以土为主要组成的城墙、房屋、窑穴、窑炉、粮仓等遗迹，由于各种自然因素的作用，发掘后不久就会产生风化现象，主要表现为表面疏松脱落等。为了控制这种现象发生，以便保护土遗址,文物保护界经常采用化学材料对土遗址表面进行喷涂,以期提高其耐风化能力。在对土遗址进行防风化加固保护试验时,发现乳液与黄土混合固结后强度提高,固结体有较好的耐水性,虽然这有利于土遗址的保护,但当用乳液去喷涂或浸渗土遗址时,由于水的存在,土遗址表面会发生变形、脱落甚至崩塌,这是文物保护所不允许的,因此我们设想有一种与乳液有同样加固效果,同时又对土遗址没有破坏的材料,而非水分散体材料就符合这种要求。根据这种需要,我们采用乳液发展中的新材料,试制出几种性能优良的非水分散体材料。

三、制备方法

常温自交联丙烯酸树脂乳液的特点是由于该材料含有自交联基团,在常温下能够在不加交联剂的情况下交联成膜。这种膜具有很好的耐候性。将这种材料进行有机硅改性,形成的丙烯酸树脂乳液具有更好的耐候性,并具有斥水性和耐污染性。它们被广泛地应用于涂料、纺织等行业。

虽然有以上优点,因它们以水为分散剂,对一些遇水会产生毁坏的底材进行施工时会产生不当影响,有必要进行相应的转化,如将水乳液转变为非水分散体。

前文已谈到将高分子材料的水乳液转换成非水分散体的方法。本文参考专利文献[ix],试图将几种新型自交联丙烯酸树脂乳液及有机硅改性树脂乳液通过转换法制备成非水分散体。研制工作主要针对前者,对后者也进行了初步试验。

1. 原料

1)乳液

(1)丙烯酸树脂乳液:主要有 BA－154、BC－2021、BC－4431,北京东方化工厂生产。其性能指标如表54 1(据厂方产品说明);

(2)有机硅改性丙烯酸树脂乳液:型号为 CABR－1,中国建筑科学研究院建材研究所试制,乳白色液体,未提供性能指标;

表 54-1　丙烯酸树脂乳液性能

性能指标	BC-4431	BC-2021	BA-154
外观	乳白色液体	乳白蓝光乳液	乳白色液体
固含量	41±1%	50±1%	60±1%
pH 值	6.5—7.7	7—9	3.5—5
玻璃化温度*(T_g)	41℃	20℃	0℃
黏度(mPa.s)	350—1 500	<500	100—550
最低成膜温度(℃)	—	18℃	—
组成	苯乙烯和丙烯酸乙酯共聚,阴离子型	丙烯酸酯类单体共聚,阴离子型	丙烯酸酯和官能单体共聚
固化形式	加入外交联剂效果好	自交联	自交联

*—指乳液固结后所成固体的玻璃化转变温度

2）阳离子表面活性剂：三辛基甲基氯化铵、三十二烷基甲基氯化铵；

3）分散剂：环己烷、正己烷、丁酮、环己酮、乙酸丁酯、乙醇等。

2. 制备方法

（1）用去离子水将乳液稀释到固含量为 5%—10%；

（2）将阳离子表面活性剂溶于环己烷等溶剂,体积比为 1∶4—5；

（3）将含有阳离子表面活性剂的环己烷溶液在高速搅拌下缓慢加入稀释过的乳液中,加至乳液内产生分相为止,停止搅拌,静置。待混合物分层,上层为环己烷,下层为水,中间层为树脂颗粒的凝聚体。去水,回收环己烷,得到树脂颗粒的凝聚体。将这种凝聚体在高速搅拌下分散于丁酮或环己酮溶剂中,成为均匀分散体;分散体的固含量一般在 10%—15% 之间。

我们选择了多种以阴离子表面活性剂为乳化剂制备的丙烯酸树脂乳液,经过试验均可进行转化。这些乳液包括：东方化工厂的 BC-4431、BC-2021、BA-154、BA-163、BC-04、BC-01-A,环球化工的 Morkote™3000 等。经过多次类似试验证明,这种工艺可用于多数以阴离子为表面活性剂制造的丙烯酸树脂乳液。

本研究中我们采用 BC-4431、BC-2021、BA-154 三种乳液作为原料,原因在于它们的 T_g 不同,分别为 $41℃$、$20℃$、$0℃$,代表了目前试验中各种乳液的最高、最低及中等的 T_g。这样可以制作出性能不同的非水分散体,由于它们的玻璃化温度不同,可以使用于不同场合。

对中国建筑科学研究院建材研究所提供的有机硅改性丙烯酸树脂乳液,采用三辛基甲基氯化铵、三十二烷基甲基氯化铵,也可顺利实现乳液向非水乳液的转化,并可分散于丁酮等溶剂中。

3. 分散剂

以上制备的浓度为 10%—15% 的非水分散体是丙烯酸树脂和有机硅改性丙烯酸树脂微粒在酮类溶剂中的非均相分散物。这种分散体可以采用以下溶剂进行稀释:

(1)酮类:酮类溶剂可以对原液进行无限稀释,在试验中曾采用丁酮、环己酮、丙酮。

(2)酯类:酯类可以稀释原液,但效果不如酮类,一般可将酯与酮按一定比例混合使用,酮酯比应在 $1:1$ 以上。乙酸丁酯在试验中效果较好。

(3)醇类:单纯用醇类作稀释剂所制备的分散体呈白色,而且浓度不能太高,一般在 5% 以下,否则容易产生分相。可将醇类如乙醇与其他溶剂混合使用。

(4)石油溶剂:不能单独使用,只能和其他溶剂混合使用,作为稀释剂必须掌握配比,否则易造成分相。

四、分散体性能

本试验制备的非水分散体是一种丙烯酸类树脂微粒在丁酮、乙酸丁酯等有机溶剂中的胶态分散物。本文对分散体的一些性质进行了初步研究。这些性能包括:胶态分散体的粒径、胶态分散体的黏度等。

1. 粒径大小

对非均匀分散体系来说,分散物的粒径是一个重要指标,粒径大小影响着分散物的流变特性。

测量胶体及乳液分散物粒径的方法有光散射法、离心法、电子显微镜法、水动力色谱法等。我们采用光散射法以及电子显微镜法对所用的三种丙烯酸树脂乳液以及经过转化的三种有机分散体中分散物的粒径进行了测量。

（1）光散射法测量:仪器为北京大学化学系自制的激光光散射仪,检测波长为 514.5 nm,功率为 200 mW。测试温度为 25℃,角度为 90°。样品经过 12 000 转/分、30 分钟的离心分离,然后取样。

BC－4431 乳液、BC－2021 乳液、BA－154 乳液的介质黏度为 2.2 mPa.s,折光指数为 1.447 8（水）,三种乳液转化物有机分散体的介质黏度为 0.890 4 mPa.s,折光指数为 1.332 8。所得粒径如表 54－2。

表 54－2　光散射法粒径测定结果

样品	平均流体力学半径/nm	
	平均半径	分布宽度
BC－4431 乳液	53.81	0.034
BC－2021 乳液	57.68	0.041
BA－154 乳液	—	—
BC－4431 乳液转化物	111.11	0.374
BC－2021 乳液转化物	121.52	0.076
BA－154 乳液转化物	—	—

（2）透射电镜法测量:

仪器:JEM－200cx 型透射电镜。

测定时乳液采用 1% 的浓度。BC－4431 乳液转化物、BC－2021 乳液转化物、BA－154 乳液转化物三种分散体，由于酮类溶剂可以溶解铜网的支持膜，所以采用 1% 的乙醇分散体。为了稳定胶体颗粒的形状，阻止成膜，在－25℃的低温环境下使溶剂挥发。测量时为了增加反差，采用汞溴红作染色剂。测量结果如表 54－3。

表 54－3　透射电镜粒径测定结果

样　品　名　称	聚合物中心半径／nm
BC－4431 乳液	50
BC－2021 乳液	100
BA－154 乳液	150—400
BC－4431 乳液转化物	50
BC－2021 乳液转化物	75
BA－154 乳液转化物	反差小，未能检测

通过表 54－2 和表 54－3 可以看出：三种乳液与相应分散体的颗粒直径大小均在几十至几百纳米范围内，粒径较小。

三种乳液的丙烯酸树脂颗粒大小依次为 BC－4431<BC－2021<BA－154；丙烯酸树脂微粒在乳液中的粒径和固结后的粒径相同；乳液中的微粒由水相转入有机相后，粒径增加，而固化后粒径又恢复原状，说明聚合物分散微粒在有机溶剂中有溶胀现象。

2. 黏度曲线

黏度表征着胶体体系的流变特征，本文对三种非水分散体的黏度曲线进行了测定。

测量浓度范围为 0%—15%，溶剂为环己酮。

仪器为 Ubbelohde 粘度计，实验温度为 25±0.05℃，结果如表 54－4。黏度曲线如图 54－1。

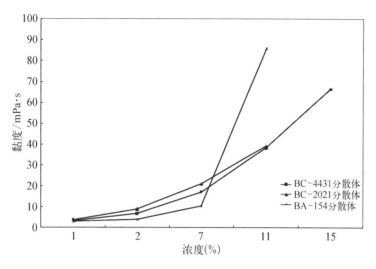

图 54-1　三种非水分散体材料的黏度曲线

表 54-4　三种非水分散体材料的黏度

样　　品	黏度/mPa.s				
	1%	3%	7%	11%	15%
BC-4431 分散体	3.35	6.52	17	38	66.2
BC-2021 分散体	3.82	5.96	8.75	21	39.1
BA-154 分散体	2.74	3.63	10.2	85.9	

3. 非水分散体的稳定性

有关非水体系的稳定性,还没有相应于水乳液的性能,如机械稳定性、冻融稳定性、高温稳定性等指标,所以难以描述。我们制备的非水分散体,在室温下存放一年,至今仍然可用,说明体系有较好的稳定性。

4. 应用效果

我们根据试验制备了 BC-4431、BC-2021、BA-154 三种非水分散体材料,并将这类材料用于文物保护中。

经过在实验室和土遗址实地的检验，发现用这类材料在低浓度下对土遗址进行喷涂或滴灌，分散体固结后，在重量增加很小的情况下，土遗址颜色变化不明显；孔隙率、透气性改变很小；土遗址的机械强度有所提高；具有优良的耐水崩解性；土的耐冻融能力、耐盐能力明显提高。而且由于制备过程中所用的阳离子表面活性剂三辛基甲基氯化铵、三十二烷基甲基氯化铵具有杀菌能力，赋予被加固土遗址优良的耐霉菌能力。这种保护材料符合文物保护材料的要求，也实现了试验研究的预想。因此认为本文制备的这种非水分散体材料是一种有应用前途的文物保护材料，有关内容将另文发表。

参考文献

[i] （日）奥田平, 稻垣宽.合成树脂乳液[M].北京: 化学工业出版社, 1989: 215‑218.

[ii] Barrett K E J. Dispersion Polymerization in Organic Media, New York: Interscience, 1975: 201‑240.

[iii] British Patent, 1319781(1973).

[iv] 日特公昭, 44‑30736.

[v] British Patent, 1305715(1973).

[vi] 曹同玉, 刘庆普, 胡金生编.聚合物乳液合成原理性能及应用[M].北京: 化学工业出版社, 1997: 402‑408.

[vii] （日）奥田平, 稻垣宽.合成树脂乳液[M].北京: 化学工业出版社, 1989: 251‑241.

[viii] U.S.Patent, 3733294(1973).

[ix] U.S.Patent, 3574161(1971); 3733294(1973).

（原载于《北京大学学报（自然科学版）》2001 年第 6 期）

55

非水分散体加固剂固结砂土能力的研究*

一、前言

在众多古代遗址中,有很多是由土构成的,或者是以土为主要成分构成的,例如房屋、墓葬、窖穴、城墙等。由于它们与周围的自然环境有着深刻的联系,因此需要原地保护。处于自然环境中的文化遗址,经常受到自然因素的作用而风化,如何保护这些文化遗址,是文物保护中一个亟待解决的问题。

对于土构遗址的风化,需要采用多种手段进行保护,例如控制环境、疏导隔离地下水、采用化学材料进行加固等。

土质文物的化学加固,采用的加固材料有无机材料、有机材料等。无机材料有氢氧化钙溶液、氢氧化钡溶液、水玻璃等,有机材料有聚氨酯、丙烯酸树脂,也有采用丙烯酸树脂乳液的。

在土质文物的化学加固剂中,非水分散体加固剂是一种新的加固材料,经过初步试验,对黄土有较好的加固效果。但是,这种材料对其他土质是否有较好的加固效果,关系到材料的应用范围。为了检验这种加固剂对不同土体的加固能力,选择砂土作为被加固材料,进行了加固试验。

二、土样制备和加固剂的选择

1. 标准土样的制备

在某文化遗址附近选择含砂量比较大的土 10 kg,经过分析,为砂质粉土。

---

* 作者:周双林、潘小伦。

将土样过筛,去掉大颗粒及杂物,剩余部分粉碎。为了使砂土便于成型,喷水调匀后密封,使水分分布均匀。一天后测定含水量为8.03%。

用北京工具厂生产的制抗压试模将土样压成ϕ50×100 mm的圆柱形土样。将土样压制为湿重为250 g、270 g、290 g、310 g、320 g的土柱。其中250 g与270 g土柱在压制过程中可看出过于疏松,320 g过于紧密,均不符合试验要求。以浮称法测定290 g土柱的平均孔隙率为45.66%,310 g土柱为42.99%。考虑土样孔隙率与机器的压制能力,在后面的实验中均采用310 g湿重压制土样,待土样干燥后进行加固试验。

2. 选择加固剂

试验主要是检验非水分散体材料的加固性能。在此次试验中选择了该系列材料中的两种,同时选择了国内外防风化中常用的一些材料,例如正硅酸乙酯、Remmers 300E,后者是国际上常用的石质保护材料。

(1) 正硅酸乙酯(TEOS):(C_2H_5O)$_4$Si,北京益利精细化学品有限公司生产;

(2) Remmers 300E:Remmers公司的石质加固保护材料;

(3) TD:以天津大学的3504乳液为原料制备的非水分散乳液;

(4) 21J:以北京东方化工厂生产的BC - 2021乳液为原料制备的非水分散乳液。

各材料的使用配比为:

TEOS(正硅酸乙酯):乙醇=1∶1(V/V)

300E:乙醇=3∶7(V/V)

TD:1.5%

21J:2%

3. 加固剂加固效果的检验

加固的对象为制备的干燥砂土样。采用滴管将加固剂从上部滴注,直至渗透土柱为止。然后将土样封闭保存,在 TEOS:C_2H_5OH、300E:C_2H_5OH 两种材料固化的过程中保持湿度高于 60%。一个月后进行加固效果检验。

(1)重量变化

称出土柱加固前后的重量变化。单次加固增重小,可尽量小地堵塞孔隙,并有利于材料的多次使用。

各种加固剂加固土样的重量增加如表 55-1 所示。

表 55-1　砂土样加固前后重量变化

加固剂	编号	干重/g	固化后重/g	重量增加/g	增重比例/%	平均增重比例/%
TEOS	5	284.0	288.6	4.6	1.62	1.54
	7	283.9	288.9	5.0	1.76	
	12	286.1	289.6	3.5	1.22	
	13	284.9	289.5	4.6	1.61	
300E	6	284.9	288.2	3.2	1.16	1.35
	7	284.1	288.4	4.3	1.51	
	8	284.7	288.1	3.4	1.19	
	11	284.5	288.2	3.7	1.30	
TD	6	283.0	283.9	0.9	0.32	0.33
	7	283.2	284.3	1.1	0.39	
	12	283.5	284.4	0.9	0.32	
	13	283.1	284.1	1.0	0.35	
	14	283.6	284.4	0.8	0.28	
21J	2	284.4	285.8	1.4	0.49	0.53
	3	283.4	284.8	1.4	0.49	
	5	282.5	284.1	1.6	0.57	
	6	283.0	284.5	1.5	0.53	
	7	284.0	285.6	1.6	0.56	

经 4 种材料加固后,TEOS 与 300E 的土样平均增重 1%,21J 与 TD 平均增重不到 1%。

（2）色差变化

加固剂处理要求尽量不改变文物的颜色。试验中 X、Y、Z 代表 CIE1964 表色系统中的 X10、Y10、Z10。

用北京光学仪器厂生产的 TC-1 测色色差仪测量土样加固前后的颜色变化,结果可得出 3 刺激值（X,Y,Z）,见表 55-2。

表 55-2　砂土样加固后的颜色变化

	X	Y	Z
空白样	15.79	17.37	11.08
21J	10.04	11.88	7.68
TD	12.41	9.63	5.59
300E	13.02	13.12	8.56
TEOS	12.84	12.83	7.78

由表 55-2 的 X、Y、Z 三刺激值的比较可见,色差变化从小到大的顺序为：300E、TEOS、21J、TD。

加固后虽然都有一定的颜色偏差,但从视觉上感觉都不明显。

（3）孔隙率变化

空白样的孔隙率为 42.99%,在 4 组加固过的样品中各挑选 3 个土样以浮称法测定孔隙率,结果如下：

21J：41.56%,TD：41.99%,300E：41.10%,TEOS：41.47%。

孔隙率变化值从大到小依次为：

300E：1.89%,TEOS：1.52%,21J：1.43%,TD：1.00%。

（4）抗压强度变化

使用南京土壤仪器厂生产的 DW-1 型电动应变式无侧限压缩仪。土样加固前后抗压强度的变化,见表 55 - 3。

表 55 - 3　砂土样加固前后的抗压强度(MPa)

编　号	空　白	TEOS	300E	TD	21J
1	0.241	0.234	0.364	0.576	0.501
2	0.271	0.206	0.350	0.495	0.492
3	0.243	0.237	0.335	0.560	0.490
平均	0.252	0.226	0.350	0.543	0.495

由抗压强度结果可见,TD 与 21J 的抗压强度均为空白样的一倍以上,300E 的抗压强度也比空白样有一定的提高,TEOS 的抗压强度反而比空白样有所降低。正硅酸乙酯(TEOS)加固后出现降低的原因可能是乙醇进入土体后对土体结构有所改变,也可能是由于土体具有碱性,不利于正硅酸乙酯的水解固化。

(5)耐水能力

把 4 组土样放入水槽中完全浸泡,观察记录试样在水中的变化,如脱落、开裂、崩解等情况及发生的时间。

300E:11 号样与 7 号样在 4 h 后顶部略有崩解,14 d 后仍保持该状态,4 号样和 9 号样在 2 h 内有大面积崩解。考虑实际操作中滴注环境情况劣于室内条件,故应以较差的两个情况作为普遍情况考虑。

TEOS:4 个试样的情况相近,入水后即出现脱落、开裂的现象。4 h 后顶部以下至 1/3 处大量崩塌。16 h 至 24 h 后几乎全部崩解,仅残下部 3 cm 左右的锥状土柱。

21J:14 d 内无变化。

TD:14 d 内无变化。

综上所述,21J 与 TD 的耐水能力很好,300E 一般,TEOS 较差。

(6)耐冻融能力

参照公路工程石料试验规程中的抗冻性试验(T0211 - 94)方法,检验加固剂加固后土样的耐冻能力，本试验采用整体潮湿的试验方法，在试验中只记录样品形状变化情况。

将处理过的土样放在盛水（水温在 20℃ 左右）的容器中，土样浸入水中 4 h 后取出。擦去多余水分，将饱水土样置于 −25℃ 的低温冰箱中冷冻 4 h 后取出，此为一个循环。然后再放回 20℃ 的水中 4 h，再次冷冻，循环进行。

耐水试验中 4 h 以内有变化的样品不进行冻融试验。在耐水实验中，300E 与 TEOS 均在 4 h 内发生变化，故冻融试验仅对 21J 与 TD 进行，两组各取了 3 个土样参加试验，共进行 10 次循环。结果见表 55 − 4。

表 55 − 4　砂土样冻融试验结果

循环次数	土样耐冻融情况	
	TD	21J
1	无变化	无变化
2	无变化	无变化
3	无变化	9 号样与 14 号样底部有少许脱落
4	无变化	14 号样底部有较大程度发酥
5	无变化	1、9、14 号样均有新裂纹出现
6	无变化	1、9、14 号样底部均有约 1 cm 厚的发酥层，14 号样稍有崩坏
7	无变化	比第 6 次循环无变化
8	无变化	3 个样酥粉层都有加厚，9 号样酥粉层部分崩坏
9	无变化	9 号样侧面有新开裂，1 号样与 14 号样均有新崩坏
10	无变化	三个样全段可以感觉到轻微发酥，都有新崩坏产生

21J 中最差的 14 号样仅耐住了 2 次循环的冻融，最好的 1 号样也在第 5 次循环开始发生变化。TD 组 3 个样都经受住了 10 次循环的冻融实验。

（7）耐盐析能力

将处理过的土样放入盛 5% 硫酸钠的水槽中完全浸泡，4 h 后取出烘干，此为一循环。观察记录试样在循环过程中的变化,如脱落、开裂、崩解等情况及发生的时间,检验土样经过加固后在盐水作用下的稳定性。

由于300E与TEOS耐水能力不好,不做耐盐析试验。在TD与21J中各取一土样参加实验。共进行5组循环。结果见表55-5。

表55-5　砂土样耐盐试验

循 环 次 数	土样耐盐情况	
	TD	21J
1	无变化	轻微掉土
2	无变化	底部微胀,微酥,有细微裂纹
3	轻微掉土	底部发胀程度有所增加
4	与第3次循环比无变化	底部胀开,有少量脱落
5	与第3次循环比无变化	脱落继续增加

三、结论

在对4种材料的性能进行检验后,可以对它们对砂土的固结能力做出如下结论:

(1) TEOS在各试验中性能差(除色差外),不适合加固砂土。

(2) 300E除色差试验外,其他各项试验都仅勉强达到要求(耐盐析除外),因此不适于加固砂土。

(3) 21J与TD加固的砂土,其孔隙率和色度变化小,具有较高的力学强度,耐冻融性和水稳定性好,可用于加固砂土。

参考文献

[i] 周双林,原思训,郭宝发等.丙烯酸非水分散体等几种土遗址防风化加固剂的效果比较[J].文物保护与考古科学,2003,15(2):40-47.

[ii] Zhou Shuanglin, Yuan sixun, Guo Baofa et al. Comprasion of Consolidation Effectiveness of Acrylics Non-aqueous Dispersion and Other Anti-weathering Consolidants for Earthen Architectures and Monuments[J]. Science of conservation and archaeology. 2003, vol. 15(2): 40－47.

（原载于《文物保护与考古科学》2004 年第 1 期）

56
非水分散体加固剂对大窑旧石器时代遗址红土的加固试验*

前　言

　　大窑遗址位于呼和浩特市东郊 33 km 处、大窑村南。1973 年发现,分布着由太古代花岗片麻岩和燧石构成的小山。其燧石质地坚韧,易击打成形,是制造石器最理想的原料。从旧石器时代早期起,古人类就陆续到这里开采石料,制作生产和生活用具。在遗址范围内,人工打制石器及石料遍地散布。1976、1983 年发掘,先后出土大量石器,主要有石核、石片、刮削器、尖状器、砍砸器、石锤、石球等,其中尤以刮削器、钻具、尖状器等为多。根据古地磁、放射性碳素断代、石器形制等考古学断代方法,大窑遗址年代为距今 70 万年至 1 万年前,分旧石器时代早期、中期、晚期三个阶段。依据石器类型,将晚期定名为"大窑文化"。这个时期的石制品种类多样,有石核、石片、多种砍砸器和刮削器,其中龟背形刮削器独具特色,是该文化的典型石器。

　　大窑遗址处于内蒙古地区,该地区的气候特点是干旱少雨,但是雨量集中,每年的 7、8 月份降雨量大,一次降雨可持续 1—2 天,因此雨水冲刷对遗址的破坏较大。冬季气温低,可达零下 20℃,而且冰期长,冻融破坏也非常严重。

　　由于遗址发掘后残留的剖面为垂直的侧面,本身容易出现坍塌,在各种自然因素尤其是雨水的作用下,遗址局部出现坍塌、剥落和表面风化现象,严重影响着遗址的安全。

---

* 　作者:周双林、汪英华、葛丽敏。

由于遗址面积大，宽 200 余 m，高 5 m，搭建保护性建筑费用高，并对遗址的环境有明显影响，所以采用化学保护材料对遗址进行加固是首选的方法。在大窑遗址的各种土层中，红土的风化最为严重，本试验选择红土进行试验。

一、红土的性质

大窑遗址的土呈层状分布，有红土和马兰黄土等多种层次。其中红土层的风化最严重，而且除粉状风化外，土还被破坏成颗粒状，直径在 1—2 cm，被称为"蒜瓣土"，颗粒之间互相联系很少，并不断脱落。

为了选择防风化加固材料，选择在红土上进行实验。在试验前对红土的特性进行了分析。

取待加固部分的红土进行 X-射线衍射分析。仪器：岛津 2000 型 X-射线衍射分析仪。分析结果如表 56-1。

表 56-1　大窑遗址红土的成分

物　相	含量/%	物　相	含量/%
石英	43	伊利石	16
长石	31	高岭石	5
绿泥石	5		

二、土的显微结构

采用扫描电镜对红土的微观结构进行了分析。分析使用的仪器：德国 OPTON 公司的 CSM950 型环境电子扫描显微镜。

通过电镜分析发现两种土的微观结构有不同的特征：红土的结构紧密，矿物成分复杂，并有大的孔洞存在。

图 56-1　大窑遗址红土的显微结构,×500

三、保护材料

本试验选择的加固材料是丙烯酸树脂非水分散体。这种加固剂是采用丙烯酸树脂乳液为原料,采用季铵盐表面活性剂进行转化形成的一种材料,它是丙烯酸树脂颗粒在有机溶剂中分散形成的分散体。这种材料在多处遗址进行的试验证明,该材料采用较低的浓度对土体加固就有较好的效果,渗透能力强,加固剂分布均匀,被加固的土体颜色变化小,抗压强度提高,耐水、耐冻融能力强,耐盐破坏的能力也得到提高。

根据大窑遗址的土体情况,采用了该系列材料中的 31J、21J、TD 三种材料进行加固试验。

材料:

4431 乳液:北京东方化工厂;

2021 乳液:北京东方化工厂;

TD 乳液:天津大学化工学院研制;

季铵盐表面活性剂:NT;

丁酮:天津化学试剂厂;

环己酮:天津化学试剂厂;

环己烷:天津化学试剂厂;

非水分散体材料以以上材料为原料在现场制备,在确定固体含量后稀释备用。

四、加固试验

大窑遗址各个时代的地层土质不同,风化状况与土质有很大的关系。其中中下部红色的土层风化非常迅速,土层剖面除出现粉状剥落外,还呈大颗粒状脱落,这种脱落的土粒直径在 2 cm 左右,称为"蒜瓣土",是遗址保护中需要重点解决的问题,所以选择这层土做保护试验对象。在遗址附近与该地层相同的部位选取试验块,每个样品的试验块面积均为 $50 \times 50 \ cm^2$,清理表层已严重风化的土层、对试验块做好标志后开始试验。

试验在 10 月进行,当天为晴天,温度在 20℃ 以上,风力 3 级。

材料配制好以后采用聚酯瓶喷洒。为了减小喷出的加固剂对土体的冲击,瓶口用细小的针头加工出多个细孔。材料喷洒时沿着试验块的上部平行喷洒,并逐渐从上部向下移动,直至材料用完为止。

将制备的高浓度的非水分散体加固剂用丁酮稀释,每个样品均配制材料 5 L,各样品的试验情况如下:

31J：固体含量 2%,喷洒时间 45 min。

21J：固体含量 2%,喷洒时间 30 min。

TDJ：固体含量 1%,喷洒时间 27 min。

TDJ：固体含量 2%,喷洒时间 80 min,这个部位土的密度较高,渗透困难,余 1 L 材料。

试验完成后用塑料布对试验块进行遮盖,减缓溶剂的挥发速度。由于气温高,经过 2 h,试验块表面已经硬化。

五、效果与讨论

待加固完成后,对加固的试验块进行检验。触摸不再掉土。取表面土块浸泡在水中,土块在水中保持稳定而不崩解,说明有良好的加固效果。

加固的试验块颜色与周围不同,这与温度高、有风有关,如果选择合适的时间如秋季或初春,可减少颜色变化。另外还可以采用高沸点溶剂来减慢溶剂的挥发速度,以减少颜色的变化。

经过一段时间后,试验块被加固部分的颜色差别减小,加固部分的土体稳定而不风化。

对于蒜瓣状风化土块之间的连接,处理前后差别不大,这是因为土块之间的距离很大,而采用的加固剂浓度低,不足以在缝隙间形成连接。这种风化现象是该遗址独特的形态。对于这种破坏,应考虑采用黏接或灌浆的方法进行解决,这就需要对相应的材料和工艺进行相应的探索研究。

(原载于《世界遗产亚洲国际学术讨论会论文集》,北京理工大学出版社,2007 年)

57

几种加固和防水材料控制土体盐结晶破坏的初步试验研究*

一、试验目的

我国的很多土遗址都受到盐分的破坏,包括干燥环境和潮湿环境的土遗址。当重要的考古遗迹已经开始面临盐的破坏时,如何保护这些遗迹,是需要研究的问题。

盐分对土遗址的破坏,主要是在水的作用下盐分循环地溶解和结晶,对土结构产生压力,导致土体结构变得松散。破坏的诱因是水和盐分结晶产生的压力,那么对土体进行加固以抵抗盐结晶的压力,用防水剂处理提高土体的拒水能力,可否控制盐分的破坏呢?

本试验采用加固剂和防水剂,对已经产生盐结晶破坏趋势的土体进行处理,检验这些材料能否控制盐分的破坏。

二、试验方法

研究的思路是:配制含盐的土,然后采用可用的加固材料和防水材料对含盐土进行处理,提高含盐土的强度,或者使其具有拒水性,然后在湿度循环下,诱导盐分溶解结晶,检验各种材料对盐分破坏的抵抗力。

1. 含盐土样的准备

将取自北京昌平的次生黄土粉碎,晾干后备用。

---

* 作者:周双林、杨琴、郭青林、王旭东。

配制如下盐的盐水,浓度为 1 M。这些盐是:氯化钠、硫酸钠、硝酸钾、氯化钙、氯化镁、三氯化铁。选择的原则是,1 价、2 价和 3 价的盐都要有,1 价的 3 个,2 价的 2 个,3 价的 1 个。

分别取 400 g 的干土,将盐溶液喷洒到土上,使土润湿,达到可塑成型的状态。将湿土密封在容器中 1 天,使水分扩散均匀。各种盐水的用量见表 57-1。

表 57-1 各种盐水的用量

盐	用量 /mL	盐	用量 /mL
氯化钠	207	氯化钙	193
硫酸钠	200	氯化镁	233
硝酸钾	197	三氯化铁	218

用抗压试模分别将样品压成 Φ 50×50 mm 的圆柱状土样,然后在自然状态下干燥备用。

2. 加固防水材料准备

配制如下加固剂和防水剂的溶液,并对土样进行加固和防水处理,每种材料处理一种含盐土的土样一个。

样品处理完成后,在自然环境中挥发溶剂并固化,时间为 15 d。各种材料的配比和用量见表 57-2。

表 57-2 各种保护材料的配比和用量

加固或防水材料	浓 度	溶 剂	平均用量 /mL
TEOS	3:7(V:V)	乙醇	80
MOTES	3:7(V:V)	乙酸丁酯	80
F8261	1%(W:W)	乙醇	80
31J	2%(W:W)	丁酮	80

15 d后,将样品排列在通风橱中,用加湿器进行加湿,每次加湿 5 h,加湿过程中密闭通风橱。加湿完成后仍密闭通风橱,水分自然扩散,湿度降低。每次加湿半小时后,空气湿度可达到 90%,并不断维持高湿度。当停止加湿后,湿度逐步降低。

试验进行 20 个循环后,记录形态变化;然后再进行 10 个循环,记录形态变化和重量变化。

使用的加湿器为亚都加湿器(YC-X100,性能指标水箱容积:2 L,额定电压:220 V,额定频率:50 Hz,功率:35 W,外形尺寸:156 mm×303 mm,净重:1 kg,标准加湿量:≥200 mL/h),最高湿度可达95%。

用毛发湿度计和自动记录的温度湿度监测仪监测湿度变化(DSR-TH 型),自动记录的温度和湿度变化曲线见图57-1中间的一段,可见湿度的变化比较明显且有规律。

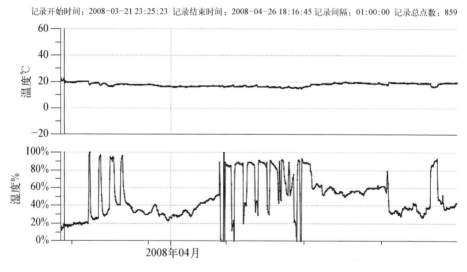

图 57-1 湿度循环变化曲线

三、试验结果

1. 试验 20 个循环后的情况

在试验中发现含氯化钠和硫酸钠的土样在湿度循环中有变化,这两种盐的变化情况见表57-3、表57-4和图57-2至图57-7。

表57-3　含氯化钠样品的加速老化结果

循　环	空　白	TEOS	MOTES	F8261	31J
1					
2		开始掉土		开始掉土	
3	开始掉土	发展		发展	
4	发展	掉土多		掉土多	
5	发展	掉土多		掉土多	
10	掉土多	掉土多	少量掉土	掉土多	
20	掉土多	掉土多	少量掉土	掉土多	
结论	破坏严重	破坏严重	轻度破坏	破坏严重	无破坏

表57-4　含硫酸钠样品的加速老化结果

循　环	空　白	TEOS	MOTES	F8261	31J
1		开始掉土		开始掉土	
2	开始掉土	发展		发展	
3	发展	发展	开始掉土	发展	
4	发展	掉土多	发展	掉土多	
5	发展	掉土多	发展	掉土多	
10	中等	掉土多	中等	掉土多	无破坏
20	掉土多	掉土多	中等	掉土多	
结论	破坏严重	破坏严重	中度破坏	破坏严重	无破坏

图 57-2　试验开始的情况

图 57-3　试验进行 10 次后情况

图 57-4　试验进行 20 次后情况

图 57-5　试验进行 20 次后情况

上：硫酸钠　下：氯化钠
自左至右：空白、MOTES、31J、MOTES、F8261

空白：左-氯化钠　右-硫酸钠

TEOS：左-氯化钠　右-硫酸钠

MOTES：左-氯化钠　右-硫酸钠

F8261：左-氯化钠　右-硫酸钠

31J：左-氯化钠　右-硫酸钠

图 57 - 6　试验进行 20 次后情况

含有硝酸钾、2 价盐和 3 价盐的样品几乎无变化,只含有氯化钙、氯化镁、三氯化铁三种盐,经过 MOTES 和 F8261 处理的土样出现掉土现象,但空白样无变化,原因不明。

2. 试验 30 个循环后的情况

30 个循环后,样品的破坏更严重,主要还是含硫酸钠和氯化钠的土样的破坏,其中破坏最严重的是空白样、TEOS 处理的样品和 F8261 处理的样品。

另外含氯化钙、氯化镁和三氯化铁的土样,被 TEOS 和 F8261 处理的样品,略微掉土。

试验结果见图 57 - 7 至图 57 - 9。

图 57 - 7　试验进行 30 次后情况

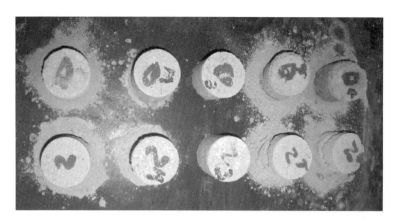

图 57－8　试验进行 30 次后情况

上：硫酸钠　下：氯化钠

自右至左：空白、MOTES、31J、MOTES、F8261

空白：左-氯化钠　右-硫酸钠

TEOS：左-氯化钠　右-硫酸钠

MOTES：左-氯化钠 右-硫酸钠

F8261：左-氯化钠 右-硫酸钠

31J：左-氯化钠 右-硫酸钠

图 57-9 试验进行 20 次后情况

四、结论与讨论

1. 结论

通过试验可确认，含有某些盐分的土在湿度大幅度高频率循环时，很容易发生盐的结晶与溶解。

试验中所选择的 1 价盐如氯化钠、硫酸钠在湿度循环变化中的破坏最为严重，而 2 价盐与 3 价盐基本没有变化。

在所选的加固和防水材料中，31J 非水分散体材料对盐的破坏有较好的抵抗能力，甲基三乙氧基硅烷有中等的保护作用，其他几种材料没有作用。

通过试验可以确定，通过一些加固材料或防水材料对含盐土进行保护处理，可以减缓或阻止盐分在湿度循化下产生的破坏，这为土遗址盐分破坏的控制，找到了可能的解决办法。

2. 讨论

（1）处理样品粉化问题

在试验中，正硅酸乙酯和 F8261 所处理的土样较空白样先粉化，可能是采用乙醇做溶剂造成的，这种情况在其他的试验中也有发现，推测可能是乙醇进入土体后，对土体颗粒有膨胀作用，同时它的表面张力小，在挥发时不会产生水挥发导致的将土体颗粒拉在一起的作用，导致土体颗粒变得松散，强度降低。盐分的破坏就容易起作用。

（2）防水剂的效果问题

MOTES 和 F8261 作为防水剂，一般有较好的效果，但是在循环中会出现粉化，可能是水以蒸汽或小水珠的形式进入土体，仍产生了盐的溶解和结晶。由于 MOTES 既有加固作用，又有防水作用，因此土体遭到的破坏较小。

（3）硝酸钾土样的问题

在试验中,含硝酸钾的土样不容易出现盐结晶的破坏现象,这是因为硝酸钾不容易潮解,因此湿度循环对它的影响不大。

（4）试验条件的问题

由于所选的加固剂和防水剂有限,所以在以后的研究中可以多采用一些加固剂,如聚氨酯材料、聚乙烯醇缩丁醛等材料,而含盐的样品可采用在遗址中有破坏作用的盐类。

3. 展望

通过试验,确定采用加固材料对含盐土体的盐分循环破坏有控制作用,但是从试验到使用还有一个过程,还需要进行更多的试验。

（原载于《中国文物保护技术协会第八次学术年会论文集》,科学出版社,2014 年）

58
辽宁牛河梁红山文化遗址土体加固保护材料的筛选*

前　言

　　牛河梁红山文化遗址位于辽宁省西部的凌源、建平两市县的交界处,处于黄土地带的半山地半丘陵地带。土层厚 0.3—1.5 m,其中沟壑纵横,水土流失严重。牛河梁因所在牤牛河源于山梁东侧而得名。

　　牛河梁红山文化遗址是 1981 年发现的。经过 10 多年的考古调查与发掘,在该地区先后发现了属于红山文化类型遗址地点 20 多处,因为有较高的历史、文化和艺术价值,被列为全国重点文物保护单位。其中 2 号地点是保存最完整、规模最大、最具有代表性的遗址区。

　　20 世纪 80 年代中期考古发掘后,由于长期的暴露,遗址区的墓圹、积石、石棺等遭到了严重的损害。另外破坏严重的是墓坑壁及考古发掘后留下的土梁壁。这些土壁在长年的风吹、日晒、雨淋及其他物理因素的影响下不断剥落、坍塌,破坏了出土时的状况,为日后的研究和展示造成了很大影响,采取适当的保护措施已迫在眉睫。按照规划论证的意见,要将 2 号地点露天展示,不做保护性的建筑,因此保护主要为采用适当的化学材料和工艺进行粘结、加固及防风化处理,使遗址得以长期保存。

一、室内试验

　　材料试验的目的是根据土的特性,选择更具针对性的土体加固材料和保护工艺。

---

*　作者:周双林、王雪颖、胡原、黄克忠。

1. 样品制备

（1）制备试验用土样

为了试验准确,制备前对原状土的物理化学性能进行测试,力求土样在自然干燥后的各项性能指标与遗址原状土接近。

牛河梁原状土的分析数据见表58-1。

表58-1　牛河梁原状土的基本性质

土质	颜色	容重	含水率	塑限	液限	塑性指数
粉质黏土	褐色	1.69 g/cm³	15.62%	20.53%	34.06%	13.52

试验用土样采自牛河梁遗址附近。土样制备情况如下：① 取土：取牛河梁遗址边附近的土 15 kg。将土碾碎过筛,剔除碎石,喷水使粉状土具有团聚能力,控制土的含水率,本次试验土的含水率控制在 11%；② 制备标准土样：控制每个土柱的湿重为 300±1 g,用抗压试样将含水率为 11% 的土压成 $\varphi 50 \times 100$ mm 的圆柱状土样；③ 土柱制备后自然风干,备用。

制的土样干燥后的容重计算为 1.36 g/cm³。土样的容重略小于原状土的容重。

（2）加固材料与浓度

为筛选出适合于牛河梁遗址的保护材料,在试验中根据国内外土遗址防风化加固保护的最新进展,挑选了 3 种最有可能使用的材料作为筛选对象：① TEOS—主剂为正硅酸乙酯,使用浓度 50%,即与酒精配比为 1：1,并加入少量浓盐酸；② 31J—丙烯酸树脂非水分散加固剂,使用浓度 2%；③ 251M—硅丙树脂非水分散体加固剂,使用浓度 1%。

（3）土样加固

将土样分为 5 组,其中 1 组作为空白样,其余 3 组每组 10 个,与 3 种保护材料对应,用加固剂进行加固。加固剂以滴注的方式使用。为了检测保护材料的渗透速度和用量,记录单位时间内的渗透高度和完全渗透土样所需溶液的体积。最后将完全渗透的土样半封闭于塑料袋中，使溶剂慢慢挥发，材料逐渐固化。

2. 加固效果检验

为了检验各种加固剂对土样的保护效果，室内试验中设计了 8 项指标的测试，基本可以通过测试结果确定各种保护材料加固效果的好坏，为现场试验及最终确定适合于牛河梁遗址的保护材料奠定基础。

（1）渗透速度

将土柱置于培养皿中，用加固剂连续从土柱的上表面滴注，定时记录渗透深度。记录前 50 min 的渗透时间和渗透深度，结果见表 58-2。试样的渗透速度很慢，彻底渗透到底部的时间约 2 h。

表 58-2　加固剂的渗透深度

时间 t/min	渗透深度 h/mm			
	31J-2%	31J-1.5%	251M	TEOS
	#28	#14	#9	#25
0	0	0	0	0
5	20	25	23	16
10	28	31	30	24
15	33	38	34	28
20	35	43	39	35
25	37	48.5	41	40
30	40.5	52	43	43.5
35	44	57	46	48
40	45	59	47	49
45	45	63	48	51
50	45	67		55

（2）重量变化

测量加固剂处理后土样的重量变化，计算出平均增重百分比，结果见表58－3。

表58－3　处理前后土柱的重量变化

样　品	TEOS			31J－2%			251M		
编号	#5	#6	#16	#27	#22	#13	#11	#2	#20
原重(g)	271.1	272.7	271.3	270.5	271.6	275.1	270.5	272.0	271.9
加固后重(g)	311.5	310.3	310.4	273.7	274.7	278.5	270.5	272.5	272.5
差值(g)	40.4	37.6	39.1	3.2	3.1	3.4	0.0	0.5	0.6
增重(%)	14.9	13.8	14.4	1.2	1.1	1.2	0.0	0.2	0.2
平均增重百分比(%)	14.37			1.17			0.13		

（3）颜色变化

加固剂处理要求尽量不改变文物的颜色。试验中用 TC－PⅡG 全自动测色色差计测量土样加固前后的颜色变化。各个样品的色差数据结果见表58－4(每个样品测6个点，然后平均)。

表58－4　土样加固后各项色差数据变化值

	色　差　数　据				
	x	y	z	YI	DYI
空白	10.2	8.86	2.38	122.43	123.04
31J－2%	10.15	8.03	3.24	118.22	118.83
251M－1%	10.26	7.99	3.13	122.14	122.75
TEOS	9.30	6.79	1.78	149.61	150.22

（4）抗压强度

对加固剂处理过的土样进行无侧限抗压试验,结果见表58－5。

表58-5 抗压强度

土 样	土样号码	土样高度/mm	位移/mm	抗压强度/MPa	
				单个	平均
空白	30	95	4.62	0.705	0.655
	31	95	4.32	0.659	
	34	95	3.94	0.601	
31J-2%	27	92	7.60	1.159	1.058
	13	95	6.47	0.987	
	22	95	6.74	1.028	
251M-1%	22	95	4.62	0.705	0.711
	20	95	3.20 *[i]		
	21	95	5.48	0.836	

*——土柱有缺陷,舍去

(5) 孔隙率

根据 ISO 5017：1998(E)测量孔隙率的方法,称量土样在空气中的重量 W_1,然后将土样放入装有煤油的真空干燥器里,使土样浸入煤油中,抽真空至-0.095 MPa。在煤油中称土样的重量 W_2。再将土样迅速取出,擦掉多余的煤油,称量土样饱和煤油的重量 W_3。土样的孔隙率计算公式如下：

$$n=(W_3-W_1)/(W_3-W_2)。$$

根据公式计算的土柱孔隙率变化情况见表58-6。

(6) 耐水试验

将加固剂处理过的土样放入盛有水的容器中,使水浸没样品,观察记录试样在水中的变化情况及发生的时间。

各种试样在水中都比较稳定,没有出现开裂和崩塌现象。3个样品在浸泡1个月后保持完整,证明样品耐水性均良好。

表 58-6　土样加固前后的孔隙率变化

		干重 （W_1）	油中重 （W_2）	饱油重 （W_3）	孔隙率 n /%	均值
空白	1	42.9	30.4	52.1	41.4	42
	2	46.5	32.4	57.2	43.1	
	3	61.6	42.9	75.3	42.3	
	4	79.2	55.8	96.5	42.5	
	5	108.5	76.0	130.6	40.5	
TEOS	1	96.40	64.70	114.10	35.83	36.7
	2	107.40	73.50	127.10	36.75	
	3	114.30	78.50	135.80	37.52	
31J-2%	1	136.90	94.50	164.90	39.77	39.28
	2	117.80	81.50	140.50	38.47	
	3	113.80	78.70	136.80	39.59	
251M	1	86.10	59.60	103.20	39.22	41.14
	2	89.80	66.40	109.40	45.58	
	3	57.40	39.60	68.60	38.62	

（7）冻融试验

冻融试验的目的是检验加固处理土样的耐冻能力。方法参照公路工程石料试验规程中的抗冻性试验（T0211-94）方法。由于试验中样品出现破损，无法测量抗压强度的变化，在试验中只记录了样品形状变化情况。

将处理过的土样放在盛水（$T=20℃$）容器中，土样浸入水中 4 h 后取出，擦去多余水分，将饱水土样置于-25℃的低温冰箱中冷冻 4 h 后取出，此为一个循环。然后再放回 20℃的水中 4 h，再次进行冷冻。多次循环并记录土样的变化，见表 58-7。

表 58-7　各种加固剂加固土样的耐冻融试验结果

样　品		251M	31J	TEOS
冻融循环	第一次	无变化	同左	出现裂纹
	第二次	无变化	同左	出现裂隙
	第三次	无变化	同左	沿裂隙处外部局部脱落,后从中间断开,约余上端 10 mm 和下端 15 mm
	第四次	无变化	同左	
	第五次	无变化	同左	
	第六次	无变化	同左	
	第七次	无变化	同左	
	第八次	无变化	同左	
	第九次	无变化	同左	
	第十次	无变化	同左	
样品完残情况		完整	完整	

（8）安定性试验

试验方法参照工程石料试验规程中的坚固性试验(TO212-94)方法。

试验方法：配制 5%的硫酸钠溶液。将土样在上述溶液中浸泡 4 h,然后取出,拭去多余溶液,置于 100℃的烘箱中烘 4 h,此为一个循环。然后再浸泡、烘干。多次循环并记录样品的形状变化,结果见表 58-8。

3. 室内试验结论

大量的室内试验结果显示,31J 和 251M 两种材料加固能力强。它们不会引起土样颜色的明显变化,在耐水、耐冻融、安定性等各方面的性能良好,而且使用方便,可以满足牛河梁遗址保护的需要。

表 58－8　各种加固剂加固土样的安定性试验结果

样　　品		251M	31J	TEOS
安定性循环	第一次 浸泡	无变化	无变化	微胀
	第一次 烘干后	无变化	无变化	通体大部盐析(斑状),底部多有纵横裂纹
	第二次 浸泡	无变化	无变化	上端 1/3 处出现开裂,有小块脱落
	第二次 烘干后	柱棱上有少量盐析出	无变化	通体盐析(斑状),开裂
	第三次 浸泡	上表面有小块胀起,底部小块脱落	无变化	膨胀,掉土
	第三次 烘干后	底部有 2 cm 开裂	出现小裂纹	通体盐析(斑状),开裂,掉小颗粒土
	第四次 浸泡	底部有小块脱落	无变化	胀裂,小块脱落
	第四次 烘干后	无变化	无变化	通体盐析(斑状),掉小颗粒土
	第五次 浸泡	上表面胀开,底部小块脱落	下部胀裂,底棱边处小块脱落	放入溶液后坍塌,余 1/4 柱
	第五次 烘干后	上部盐析,上表层起甲,底部胀裂	上部盐析,底部胀裂	
	第六次 浸泡	上表层起甲脱落,底部小块脱落	基本无变化	
	第六次 烘干后	底部部分坍塌,顶部有小裂痕	底部膨胀,小部分坍塌	
样品完残情况		局部残损	局部残损	

二、现场试验

为了确保所用土遗址保护材料的有效性,采用以上材料进行了现场保护试验。

1. 材料

根据牛河梁遗址病害种类和损坏状况，选择以下材料用于土体加固：

① 31J—北京大学研制的丙烯酸树脂非水分散体加固剂；② 251M—北京大学研制的硅丙树脂非水分散体加固剂。

2. 试验区及试验项目

因为试验结果可能要进行有损检测，试验必须选在既具代表性又无损整个遗址的区域进行。综合整个遗址的病害类型、试验项目和遗址面貌，选择以下区域作为试验区。

（1）土隔梁

土隔梁位于 2 号冢中心墓南，是考古发掘时留下的一段土体。这个隔梁主体为土，适合做土体渗透加固和土体裂隙灌浆试验。

（2）墓葬 M9

M9 是一座石板围砌的单人墓，周围石板的种类和病害都具有代表性，可以用于石材的黏接和裂隙灌浆试验；土体适用于土的渗透加固试验。

3. 土体渗透加固

（1）加固剂配制

31J—称取浓缩的加固剂（少许）置于表面皿，使之自然风干，称量风干后固体的质量，算出原液中的固体含量。根据原液的固体含量，配置固体含量为2%的31J溶液。

251M—溶剂与制备方法同上，浓度为0.8%。

（2）加固试验

31J、251M 用盖上钻孔的塑料瓶（密闭性良好）盛药液喷灌于试验区；药液渗透明显减慢或停止渗透时即可认为渗透完成。31J—试验浓度为2%，两个试验块的面积为$50×50\ cm^2$，一块在隔梁上部，一块在隔梁侧面，使用加固剂量均为 7 L，材料使用完成后即停止施工。另外对 M9 的地面进行了加固试验。

251M—试验浓度为 1.5%,面积为 50×50 cm²,在隔梁侧面,使用加固剂量均为 5 L,材料使用完成后即停止施工。

溶剂挥发的速度直接影响加固材料的固结效果。在实地试用时风速很高,约为 4 级风,影响了效果。为了减小挥发太快的不利影响,需对试验区域进行封盖。现场试验用塑料薄膜周围压上土、石块进行封盖。

4. 现场试验的效果

材料现场加固部分在 3 d 后打开就已经基本固化了,具有很好的固结能力。但是色泽有些变化,原因是试验时风速太大,溶剂挥发太快。为了解决这个问题,建议选择无风、偏低温的天气施工,也可使用沸点更高的分散剂。

半年后对试验块进行检验,颜色稍有变化,表面硬度都得到提高。采用在被加固的部分钻取土块,检验耐水能力的方法,发现各种加固剂渗透的深度分别为: 31J (上部)—12 cm;31J(侧面)—11 cm;251M—8 cm。

经过现场试验,可以认为非水分散体加固剂对牛河梁遗址的土体具有较好的加固效果,可以作为遗址防风化加固处理的保护材料。

三、结论

通过在实验室内对土样进行加固和对加固土样的性能检验,确定非水分散体加固材料对土样具有较好的加固保护效果,加固处理后的土样颜色变化小,耐水性能优良,耐冻、耐盐性能得到提高,材料黏度低,渗透速度快,固化后占用空隙少。

在室内检验的基础上,在考古遗址上对材料的应用性能进行了检验。通过外观、表面强度和渗透深度检验,证明材料在现场也具有较好的应用效果。同时探索了现场应用的工艺条件。

根据室内试验和现场试验的效果,认为非水分散体材料用于牛河梁遗址的土体加固工作,将提高考古遗址土体在自然环境中的稳定性,保证遗址外观长期不发生改变,并延长遗址的保存期限。

参考文献

［ⅰ］辽宁省文物考古研究所.辽宁牛河梁红山文化"女神庙"与积石冢群发掘简报[J].文物,1986(8)：1-24.

［ⅱ］周双林,原思训,郭宝发.几种常温自交联丙烯酸树脂非水分散体的制备[J].北京大学学报(自然科学版),2001,37(6)：869-874.

（原载于《岩土工程学报》2005年第5期）

59

内蒙古通辽哈民忙哈遗址本体保护工程及非水分散体新型保护材料的应用

前　言

土遗址是指人类活动遗留下的由土组成和以土为主的遗迹和遗物。这些遗迹和遗物包括房屋、夯土台基、城墙、窖穴、窑炉、粮仓、土构墓葬,糟朽文物在土上的印痕等。土遗址作为文物具有科学性、历史性、艺术性,又没有可再生性,一旦破坏就成为永久性损失,所以重要的遗迹应尽可能长期地保存它们的原状,以便进行研究、展出。

我国土遗址很多,许多土遗址的状况较差,亟待保护。

出于文化发展和提高民族文化素质的考虑,国内很多考古遗址在发掘后进行了原地展示,如秦始皇兵马俑坑、汉阳陵遗址等,也有很多露天土遗址在考古调查后也进行了原地的保护和展示,如新疆的交河古城和高昌古城等。

国内外对于土遗址的保护,可采取的技术措施包括改善环境、防止地下水的影响、防止生物的破坏以及本体的化学加固等手段。其中土体的化学加固是解决土体本身强度低、不耐水及容易崩散的问题而采取的有效措施。

即使在修建了遗址保护房的条件下,在潮湿或者是含盐的环境中,疏松的土遗址仍有可能遭受温度、湿度变化造成的破坏,以及盐分结晶导致的破坏等。结果是表层的砂土颗粒脱落,遗迹逐渐破坏,承载的考古信息逐渐丧失,因此土体的化学加固是必要的。

土体的化学加固方法是通过化学材料对土体进行渗透、沉积,形成新的连接材料,以提高土体的强度,这是国外土遗址保护经常使用的方法[i]。

对于土体的化学加固，国内外经常使用的材料[ii]有：有机硅材料、无机的硅酸钾材料（PS 材料）、非水分散体材料等。

其中有机硅材料在西亚和南美的一些土遗址的保护中得到了应用，但是由于价格贵、固化容易受环境影响，在国内没有得到很好应用。

硅酸钾材料（PS）在西部地区的土遗址加固中效果良好，可很好地增加土体的抗雨水冲蚀和风沙磨蚀能力。使用的案例有吐鲁番的交河古城、高昌古城，酒泉的破城子古城，宁夏的西夏王陵等遗址。

图 59-1　吐鲁番风化严重的交河古城　　　图 59-2　PS 材料加固的土体表面脱离和泛白

该材料的保护效果良好，但是缺点是在土体含盐量多的地方容易出现脱落和剥离现象，另外在土遗址含水的状态下难以渗透。由于含水遗址难以作保护处理，所以东部地区的考古遗址保护仍是文物保护界的难题。

自 1998 年起，北京大学考古文博学院开发了有机硅改性的丙烯酸树脂非水分散体材料。这种材料[iii]处理的土样在重量增加很少的情况下就有较好的加固效果。加固后颜色变化不大，孔隙率变化小，透气性降低小，土样的抗压强度提高。经过处理的土样在耐水能力上表现优异，1%以上浓度加固剂的土样可在水中长期浸泡，非常稳定。

非水分散体材料经过多个地点的试验证明效果较好[iv]，已经应用于青海民和喇家新石器时代遗址、殷墟 5 号宫殿遗址、湖南里耶遗址等的保护工程中，取得了良好的效果。

本次的哈民忙哈遗址本体加固工程,是该材料在东部地区的又一次大面积应用,保护工程经过了 4 年的时间,取得了良好的保护效果。

一、遗址概况

哈民忙哈遗址位于内蒙古通辽市科左中旗舍伯吐镇东南约 20 km,南距通辽市区 50 km,介于西辽河及其支流新开河之间,地处西辽河平原东部、科尔沁沙地的腹地。

2010 年起,内蒙古考古所在该遗址进行考古发掘,发掘出数十个夏家店遗址的房基。这些房基内多有过火的木构遗存,且有些房基遗址内有众多人骨遗存,具有重要的考古和历史价值。根据 ^{14}C 分析断代,该遗址距今 5 800—5 300 年。

2010 年至 2012 年,累计发掘近 6 000 m^2,共清理房址 54 座、灰坑 57 座、墓葬 12 座、环壕 2 处,出土陶、石、骨、蚌、玉器等 1 000 余件遗物。后期在 2013 年仍进行了发掘,获得了更多的文化信息。

图 59-3　哈民忙哈遗址地理位置图

图 59－4　哈民忙哈遗址 2012 年考古布方情况

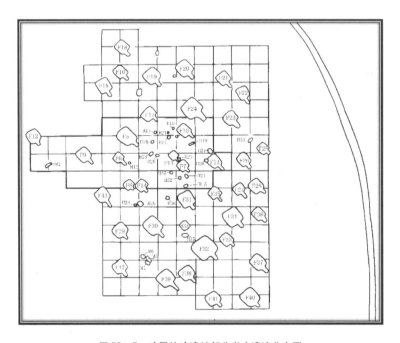

图 59－5　哈民忙哈遗址部分考古遗迹分布图

　　通过考古发掘获得了很多重要的文物,也为科尔沁草原地区的考古学研究提供了重要的实物资料。

图 59－6　哈民忙哈遗址 F32 遗迹

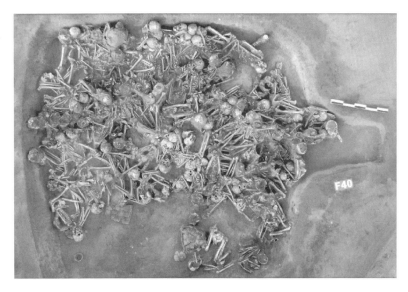

图 59－7　哈民忙哈遗址 F40 遗迹

图 59 - 8 哈民忙哈遗址出土的精美文物

二、遗址发掘中的保护

由于考古遗址非常重要，在考古发掘进行的过程中，就对重要的遗址进行了临时性保护，如发掘中使用棉毯和塑料布进行封盖，避免了雨水的冲刷和水分的迅速挥发。

为了避免遗址在冬季出现破坏，修建了临时的保护房。保护房为简单的红砖结构，上部是钢结构配合保温板，保护房的墙内部设置烟道，并在保护房内部设置火炉，冬季用煤炭点火升温，使空气温度高于 0℃。

在做了临时保护的同时，为了保护遗址，提高地方的文化品位，科尔沁左翼中旗政府决定修建遗址博物馆。博物馆的设计图如图 59 - 11。

图 59 - 9　哈民忙哈遗址的临时保护

图 59 - 10　为保护重要遗迹修建的保护房

图 59-11 为保护遗址设计的保护房和博物馆

虽然有了良好的外部环境，但是脆弱的土遗迹很容易遭破坏，因此遗址的本体保护是保护中的重点。因为土遗址具有强度低、容易遭破坏的特点，对于沙土形成的遗迹，破坏就更容易。在遗址发掘和临时保护的过程中，很多病害已经开始威胁遗址的安全。

因而为了保护遗址，首先需要对遗址本体进行保护。

图 59-12 处于临时保护状态（不佳）的土遗迹

图 59 - 13　处于临时保护状态(破碎严重)的人骨遗迹

三、遗址的方案编制和保护工程

对于土遗址的保护,国内外的成功方法和材料很少,有些材料在西北地区使用有效,比如硅酸钾材料,但是到了东部潮湿地区就容易泛白;而国外使用的正硅酸乙酯材料,毒性大,固化效果容易受环境影响。

通过前期介入和各种现场试验,遗址管理机构认可了北京大学考古文博学院研制的非水分散体加固材料[v]作为该遗址的加固保护材料,经过专家论证后,于2013 年 6 月开始保护施工。由于需要与遗址博物馆建设工程相协调,保护工程共分四期,至 2016 年 8 月完工。

根据考古发掘进程和博物馆建设的进度,遗址的化学保护分成了四期。

(1)第一期的保护工作:是在建设遗址博物馆前,对临时保护房内的 13 个房基遗迹进行简单清理和化学加固,修补缺损,对于 F40 的人骨进行清理,使显示出发掘时的状态,然后进行保护。

(2)第二期的保护工作:2013 年在遗址博物馆建设中发现了 6 个房基,这些房基也被纳入了遗址博物馆的展示内容。需要去掉发掘时的简单覆盖,清理并加固,其中最重要的是覆盖保护,因为在遗址博物馆建设中,遗迹要暴露在野外 2 年时间。

图 59－14　配制土遗址加固材料

图 59－15　对房基土遗址进行化学加固操作

图 59 - 16　对 F40 人骨进行清洗操作

图 59 - 17　黏接破碎的人骨

图 59-18　破碎脱离的人骨归位黏接

图 59-19　修补破碎的考古遗迹

图 59 - 20　在博物馆建设工地对遗迹进行清理

图 59 - 21　遗迹加固保护过程

图 59‐22　对加固过的遗迹进行临时的覆盖保护

　　第三期的保护工作：是遗址博物馆展示厅初步建设完成时，重新打开早期回填的两个遗址坑并进行保护，主要工作是清理回填的沙土痕迹，加固并简单覆盖；另外在拆除临时保护棚的过程中形成了 7 个关键柱，也对其进行了清理和加固处理。

图 59‐23　对重新发掘的房基遗址进行清理

　　第四期的保护工作：是遗址展示厅建设完成后，对遗址进入展览阶段前的统一清理。经过了多年的遗址博物馆建设，对遗址进行最后一次清理，达到可以展示的状态。主要工作是：打开简单覆盖的第一期的覆盖，打开已经覆盖了 2 年的第二期的覆盖（因为覆盖层数多，一些遗迹被压坏），对所有的 19 个房基遗迹、1 个墓葬坑进行清理，去除灰尘、扬絮等，使用毛刷和吸尘器去掉人骨上的浮尘，使用毛刷和湿布去除梁柱遗迹上的浮尘，先露出原始的黑灰色，对于水淹遗迹进行二次清理，酒精清洗水淹人骨的浮尘；然后对临时保护中受损的遗迹进行修补。对一些脱离的人骨再次进行了固定，方便后期的日常维护，并开挖空墓葬 1 个。

图 59 - 24　打开施工中覆盖的房基遗迹

图 59 - 25　由于长期覆盖被污染的 F40 人骨遗迹

图 59-26   为了保护，将临时回填的遗迹重新发掘打开

图 59-27   对重新打开的遗迹再次清洗

图 59 - 28　重新清理人骨遗迹

图 59 - 29　对施工中造成破坏的遗迹进行修补

图 59 - 30　在保护施工中,对遗址的特性进行检测

图 59 - 31　施工完成,对遗址进行检测

图 59 – 32　施工完成的 F32 遗迹

图 59 – 33　施工完成的 F40 遗迹

四、遗址的展示状态和保护建议

经过了 3 年时间的现场保护工作，使处于自然状态、随时会产生破坏的遗址，从露天发掘状态进入了永久展示的安全状态，虽然遗址受到了遗址博物馆 3 年建设过程中的各种影响，包括露天保存、施工中的不慎踩踏等，但遗址最终得到了保护，可长期成为一个文化景点，可供人们参观、欣赏，也成了通辽市和科尔沁左翼中旗的文化名片。

图 59 - 34   展示中的哈民忙哈房基遗迹

遗址的日常维护是遗址保护的重要方面，一直被各个国家的专家和机构认可。哈民忙哈遗址的史前文化遗迹，经过发掘，又经过若干年的遗址博物馆建设，终于进入了安全的状态。

虽然遗址进入了比较安全的状态，但是仍有一些因素在影响遗址的安全展示，比如灰尘，比如游客的抛扔物品等，且遗迹中的人骨等比较脆弱，清理起来非常地困难，因此日常维护非常重要。对于遗址的日常维护，具体的操作建议如下：

（1）除尘：遗址虽然处于保护房中，但是由于遗址和参观通道不隔离，且遗址

图 59 - 35　遗址展示厅外景

展厅密封性一般,灰尘总是会降落到遗址上,导致有经常维护的必要。

　　具体的维护措施是:吸尘器除尘。需要注意的是对人骨坑的除尘。由于人骨比较破碎,使用吸尘器除尘的时候,应该注意吸头不要触碰遗迹,保持一定距离,尤其是那些翘起的骨头,更要避免触碰。

　　对于木结构遗迹,也要注意不能踩踏遗迹。进入遗迹进行清扫时,不能站和走有突出遗迹的地方,要站在平面的地方。进入遗迹要穿软底鞋,前后移动都要先看好落脚的地方,然后再移动。

　　(2)清理游客影响:遗迹与游客没有隔离,游客会掉或扔东西进入遗址,比如钱币、饮料瓶等,对此要定期清理,同时提示游客文明参观。

　　(3)注意遗址的通风防尘:遗址所处的区域在科尔沁沙地的腹地,春季风沙大、灰尘多,这个时候要注意关闭门窗;而冬季温度低,也要注意关闭门窗。门窗建议设置纱窗和纱帘,隔断春、夏季出现的杨絮进入。

　　(4)注意环境监测:遗址虽然进入了环境条件比较好的展示厅,不会遭遇降雨降雪,也不会有风沙吹蚀,但是温度湿度还是在变化,粉尘也存在,所以对环境的监测还是非常重要的。监测包括温、湿度变化,粉尘监测等。

（5）注意建筑和环境的影响：建筑漏雨、玻璃破碎、夏季大暴雨等,都要提防。

参考文献

［ⅰ］文物保护中的适用技术[M].北京: 中国对外翻译出版公司,1985: 109.

［ⅱ］6th International Conference on the Conservation of Earthern Architecture, Las Cruces, New Mexico, U.S.A., October, 14 - 16: 248, 250, 255, 267.

［ⅲ］周双林,原思训,郭宝发.几种常温自交联丙烯酸树脂非水分散体的制备[J].北京大学学报(自然科学版),2001,37(6): 869 - 874.

［ⅳ］周双林,王雪颖等.辽宁牛河梁红山文化遗址土体加固保护材料的筛选[J].岩土工程学报,2005,5,Vol.27(5): 567 - 570.

［ⅴ］周双林,原思训等.丙烯酸树脂非水分散体在土遗址保护中的应用研究[J].文物保护与考古科学,2003(2): 40 - 47.

（原载于《中国文物报》2017 年 6 月 29 日）

60
吐鲁番地区几个土遗址化学加固的分析评价

前 言

我国西部的土遗址数量多、体量大,由于环境恶劣(风沙等),破坏严重。

从 20 世纪 80 年代末,国家就开始投入经费进行土遗址保护,吐鲁番地区的交河故城是保护的试点,在实验研究的基础上也进行了多次保护工程。而高昌故城也在近些年进行了全面的保护工程。高昌附近的台藏塔,修复方式也与高昌的修复模式类似。

对于吐鲁番地区土遗址和寺院遗址的保护,物理方法和化学方法是基本方法。物理方法是对被风蚀破坏的建筑基础部分进行修补,对墙体中部的裂隙进行填补,对开裂悬空的土体进行锚固处理,而化学方法是对表面风化严重的区域进行化学加固处理。

交河故城和高昌故城使用的方法,略有不同。

交河故城的保护,由敦煌研究院负责设计,多种保护措施基本使用的是硅酸钾(PS)材料,包括底部掏蚀的修补(用土坯砖填充大的空缺,表面使用 PS 加泥浆修饰)、垛泥墙缝隙的填补(PS 加泥土调膏进行填补),以及表面的喷涂。

高昌故城的保护,设计单位是陕西文物保护中心,使用的材料是硅丙乳液。除了这些保护措施外,土墙和建筑的顶部使用乳胶+泥土调糊进行覆盖,以及为了避免雨水影响进行的排水设施的修建。

二者对于不稳定土体的锚固,使用的措施接近。

目前保护工程已经进行了多期,需要对保护处理进行评价。

　　经过专家的现场调查,保护处理基本能达到保护遗迹的目的,但是也有一些问题需要在后期的保护中加以改进,比如交河故城的加固部分局部泛白,高昌的锚固有大块体脱离的现象等。

图 60-1　交河故城 PS 加固处粉状脱离

图 60-2　高昌内城南门 PS 加固处发白

图 60-3　高昌内城南门的开裂脱落

　　为了评价保护的效果,我们进行了现场取样和分析。本文是对化学保护部分的评价,主要目的是评价加固过程中的负面现象并分析原因。

一、取样分析

1. 取样情况

　　对于表面加固的评价,包括的内容很多,包括颜色、硬度、渗透深度、加固强度等。

　　从保存的效果看,两种材料的加固效果目前都比较好,但是 PS 材料的缺憾,即局部发白明显,是关注的重点。

　　本文采用离子色谱分析,希望能对加固的效果等进行评价。离子色谱分析的主要目的是了解泛白的原因,并提出相关建议。

表 60 - 1　取 样 情 况 表

编　号	取 样 位 置
未加固 1 号	高昌,未加地面的内部
未加固 2 号	高昌,未加固墙体的地面酥碱部分
未加固 3 号	
大佛寺中心塔柱-上	
大佛寺中心塔柱-中	
大佛寺中心塔柱-下	
大佛寺中心塔柱表面风化层	
大佛寺中心塔柱风化层内部	
大佛寺西墙东立面 1 号	加固过,发白
大佛寺西墙东立面 2 号	加固,发白
大佛寺墙体-上	PS 加固
大佛寺墙体-中	PS 加固
大佛寺墙体-下	PS 加固
28 号房址 1 号	PS 加固,表面局部发白
28 号房址 2 号	塔墙上的土,粉化
28 号房址 3 号	加固后表面层酥碱
14 号房址 1 号	
14 号房址 2 号	
21 号房址 1 号	
21 号房址 2 号	加固,发白
21 号房址 3 号	加固,表面有脱离
1 号民居	高昌,西南部
3 号遗址	
11 号风蚀体附近	高昌

（续表）

编　号	取　样　位　置
西塔边 1 号	表面土
西塔边 2 号	内部土,表面层塌落
内城南门东段 1 号	第一期工程,加固使用了 PS 材料 PS 加固的位置,发白
内城南门东段 2 号	PS 加固区域,去掉表层以后的土
内城南门东段 3 号	风化严重的土,PS 加固区域,酥碱,内部
台藏塔 1 号	靠近地面,酥碱的部分土体
台藏塔 2 号	靠近地面,酥碱的部分
台藏塔 3 号	塔基地面的砖,内部

2. 分析结果

离子色谱分析,检测了无机阴离子:氯离子、硝酸根离子、硫酸根离子;无机阳离子:钠离子、钾离子、钙离子、镁离子,结果见表 60-2。在分析的基础上,对数据进行处理并整理,结果见表 60-3。

表 60-2　离子色谱分析结果

无机阴离子:

名　称	Amount mg/kg Cl	Amount mg/kg NO_3	Amount mg/kg SO_4
未加固 1 号	7 475.70	6 355.42	3 567.13
未加固 2 号	3 851.75	2 780.80	2 977.58
未加固 3 号	2 455.12	1 380.77	2 677.81
大佛寺中心塔柱北立面-上	946.44	1 049.14	14 811.55
大佛寺中心塔柱北立面-中	936.49	1 117.83	9 617.60

（续表）

名　称	Amount mg/kg Cl	Amount mg/kg NO₃	Amount mg/kg SO₄
大佛寺中心塔柱北立面-下	860.28	1 271.54	13 256.83
西塔边 1 号	1 512.56	306.16	3 762.26
西塔边 2 号	1 516.93	209.41	4 155.10
大佛寺墙体-上	842.72	552.50	6 149.66
大佛寺墙体-中	90.20	133.69	9 704.57
大佛寺墙体-下	1 607.86	1 469.76	7 650.60
大佛寺西墙东立面 1 号	59 072.96	2 944.47	4 595.49
大佛寺西墙东立面 2 号	4 617.52	854.87	17 198.56
1 号民居	15 054.50	12 607.97	3 640.70
11 号风蚀体附近	8 108.60	8 112.24	513.45
3 号遗址	4 564.28	5 640.40	1 474.82
28 号房址 1 号	4 814.62	3 663.62	371.99
28 号房址 2 号	536.23	388.89	803.81
28 号房址 3 号	5 071.67	721.97	319.12
大佛寺中心塔柱风化层里层	2 476.92	1 672.52	2 418.29
大佛寺中心塔柱北立面表面风化层	332.15	366.57	5 976.76
21 号房址 1 号	4 117.30	3 645.98	824.96
21 号房址 2 号	3 660.09	4 304.52	474.73
21 号房址 3 号	6 631.65	9 023.48	509.83
14 号房址 1 号	8 293.59	9 791.55	159.28
14 号房址 2 号	74 083.05	8 921.44	3 007.60
内城南门东段（Ⅰ期）1 号	19 824.76	1 583.61	2 065.05
内城南门东段（Ⅰ期）2 号	10 419.89	853.35	2 105.88
内城南门东段（Ⅰ期）3 号	7 012.79	1 739.93	1 136.27

（续表）

名　称	Amount mg/kg Cl	Amount mg/kg NO₃	Amount mg/kg SO₄
台藏塔 1 号	4 803.61	4 864.11	826.47
台藏塔 2 号	7 526.94	14 096.11	735.17
台藏塔 3 号	83.98	55.51	1 344.78

无机阳离子:

名　称	样品量 mg/kg Na	样品量 mg/kg K	样品量 mg/kg Mg	样品量 mg/kg Ca
未加固 1 号	5 364.58	2 293.00	364.32	2 650.70
未加固 2 号	2 249.95	838.58	95.65	1 442.80
未加固 3 号	2 171.28	776.25	73.47	1 165.69
大佛寺中心塔柱北立面-上	1 193.46	987.28	100.04	8 527.90
大佛寺中心塔柱北立面-中	1 103.24	652.52	85.97	5 023.95
大佛寺中心塔柱北立面-下	1 201.56	1 065.81	152.43	6 623.73
西塔边 1 号	1 002.26	216.27	187.39	1 819.64
西塔边 2 号	928.11	143.47	217.43	2 016.91
大佛寺墙体-上	1 332.60	630.29	62.18	2 498.34
大佛寺墙体-中	290.62	2 288.60	53.83	3 938.68
大佛寺墙体-下	1 236.25	1 479.54	52.02	4 112.37
大佛寺西墙东立面 1 号	44 199.20	881.91	122.53	3 855.37
大佛寺西墙东立面 2 号	2 531.18	2 391.91	48.60	8 841.72
1 号民居	11 649.47	7 551.91	190.03	2 121.87
11 号风蚀体附近	4 512.39	3 497.54	200.65	2 701.78
3 号遗址	1 190.84	528.46	229.93	3 879.30
28 号房址 1 号	1 971.93	506.32	112.76	2 670.12

（续表）

名　　称	样品量 mg/kg Na	样品量 mg/kg K	样品量 mg/kg Mg	样品量 mg/kg Ca
28 号房址 2 号	457.79	208.71	28.16	355.01
28 号房址 3 号	2 917.89	248.01	16.59	1 144.74
大佛寺中心塔柱风化层里层	1 700.36	127.55	55.08	1 761.44
大佛寺中心塔柱北立面表面风化层	272.55	688.69	57.13	2 543.15
21 号房址 1 号	2 726.72	889.80	67.15	1 526.97
21 号房址 2 号	1 857.09	1 168.78	68.74	1 767.72
21 号房址 3 号	3 416.04	911.16	160.80	4 651.40
14 号房址 1 号	3 439.42	1 598.62	779.04	4 709.81
14 号房址 2 号	64 312.47	4 394.02	323.46	3 825.47
内城南门东段（Ⅰ期）1 号	15 181.71	2 291.21	260.53	1 438.19
内城南门东段（Ⅰ期）2 号	6 145.29	485.22	283.15	1 441.25
内城南门东段（Ⅰ期）3 号	2 222.73	182.78	310.45	1 822.66
台藏塔 1 号	2 280.45	166.07	607.10	2 144.99
台藏塔 2 号	6 610.94	461.26	679.73	2 902.26
台藏塔 3 号	998.26	90.26	34.21	212.41

表 60 - 3　样品初步分析结果

编　号	取 样 位 置	照　片
未加固 1 号	高昌北部,未加固地面的内部	

（续表）

编　号	取样位置	照　片
未加固2号	高昌,未加固墙体的地面酥碱部分	

注: 未加固土体的盐分含量很高,说明该地区的土体表面盐分富积。

大佛寺西墙东立面1号	加固过,发白	
大佛寺西墙东立面2号	加固过,发白	
大佛寺墙体-上	PS加固	

（续表）

编　号	取样位置	照　片
大佛寺墙体-中	PS 加固	
大佛寺墙体-下	PS 加固	
28 号房址 1 号	PS 加固，表面局部发白	
28 号房址 2 号	塔墙上的土，粉化	

（续表）

编　　号	取样位置	照　　片
28 号房址 3 号	加固后表面层酥碱	

注：1 号是表面发白的部分,钾等阳离子含量很高,阴离子含量也很高;2、3 号是靠近表面的内层土,
　　含盐量相对低,说明在加固的地方,钾离子得到了提高。

14 号房址 1 号		
14 号房址 2 号		

注：1 号为内部的土,2 号为外部发白的土。1 号钾、镁含量较低,阴离子氯、硫酸根含量低。

（续表）

编　号	取样位置	照　片
21 号房址 1 号	高昌	
21 号房址 2 号	高昌 加固，发白	
21 号房址 3 号	高昌	
1 号民居	高昌	

（续表）

编　号	取样位置	照　片
3 号遗址	门洞顶部,涂饰的泥,未加固	

注：该处为通向地下空间的走廊的顶部,涂覆装饰泥层,未加固,阳离子含量相对低。

11 号风蚀体附近	高昌加固	
西塔边 1 号	自然土堆积侧面的表面土	
西塔边 2 号	自然堆积土内部的土	

（续表）

编　号	取样位置	照　片
内城南门东段 1 号	PS 加固区域，发白	
内城南门东段 2 号	PS 加固区域，去掉表层以后的土	
内城南门东段 3 号	风化严重的土，PS 加固区域	
台藏塔 1 号	表面酥碱部分	

（续表）

编　号	取 样 位 置	照　片
台藏塔 2 号	靠近地面的表面酥碱部分	
台藏塔 3 号	塔基地面部分的砖，内部	

无机阴离子：

名　称	Amount mg / kg Cl	Amount mg / kg NO_3	Amount mg / kg SO_4
未加固 1 号	7 475.70	6 355.42	3 567.13
未加固 2 号	3 851.75	2 780.80	2 977.58
未加固 3 号	2 455.12	1 380.77	2 677.81
大佛寺中心塔柱北立面-上	946.44	1 049.14	14 811.55
大佛寺中心塔柱北立面-中	936.49	1 117.83	9 617.60
大佛寺中心塔柱北立面-下	860.28	1 271.54	13 256.83
西塔边 1 号	1 512.56	306.16	3 762.26
西塔边 2 号	1 516.93	209.41	4 155.10
大佛寺墙体-上	842.72	552.50	6 149.66

（续表）

名　　称	Amount mg/kg Cl	Amount mg/kg NO₃	Amount mg/kg SO₄
大佛寺墙体-中	90.20	133.69	9 704.57
大佛寺墙体-下	1 607.86	1 469.76	7 650.60
大佛寺西墙东立面1号	59 072.96	2 944.47	4 595.49
大佛寺西墙东立面2号	4 617.52	854.87	17 198.56
1号民居	15 054.50	12 607.97	3 640.70
11号风蚀体附近	8 108.60	8 112.24	513.45
3号遗址	4 564.28	5 640.40	1 474.82
28号房址1号	4 814.62	3 663.62	371.99
28号房址2号	536.23	388.89	803.81
28号房址3号	5 071.67	721.97	319.12
大佛寺中心塔柱风化层里层	2 476.92	1 672.52	2 418.29
大佛寺中心塔柱北立面表面风化层	332.15	366.57	5 976.76
21号房址1号	4 117.30	3 645.98	824.96
21号房址2号	3 660.09	4 304.52	474.73
21号房址3号	6 631.65	9 023.48	509.83
14号房址1号	8 293.59	9 791.55	159.28
14号房址2号	74 083.05	8 921.44	3 007.60
内城南门东段（Ⅰ期）1号	19 824.76	1 583.61	2 065.05
内城南门东段（Ⅰ期）2号	10 419.89	853.35	2 105.88
内城南门东段（Ⅰ期）3号	7 012.79	1 739.93	1 136.27
台藏塔1号	4 803.61	4 864.11	826.47
台藏塔2号	7 526.94	14 096.11	735.17
台藏塔3号	83.98	55.51	1 344.78

无机阳离子：

名　称	样品量 mg／kg Na	样品量 mg／kg K	样品量 mg／kg Mg	样品量 mg／kg Ca
未加固 1 号	5 364.58	2 293.00	364.32	2 650.70
未加固 2 号	2 249.95	838.58	95.65	1 442.80
未加固 3 号	2 171.28	776.25	73.47	1 165.69
大佛寺中心塔柱北立面-上	1 193.46	987.28	100.04	8 527.90
大佛寺中心塔柱北立面-中	1 103.24	652.52	85.97	5 023.95
大佛寺中心塔柱北立面-下	1 201.56	1 065.81	152.43	6 623.73
西塔边 1 号	1 002.26	216.27	187.39	1 819.64
西塔边 2 号	928.11	143.47	217.43	2 016.91
大佛寺墙体-上	1 332.60	630.29	62.18	2 498.34
大佛寺墙体-中	290.62	2 288.60	53.83	3 938.68
大佛寺墙体-下	1 236.25	1 479.54	52.02	4 112.37
大佛寺西墙东立面 1 号	44 199.20	881.91	122.53	3 855.37
大佛寺西墙东立面 2 号	2 531.18	2 391.91	48.60	8 841.72
1 号民居	11 649.47	7 551.91	190.03	2 121.87
11 号风蚀体附近	4 512.39	3 497.54	200.65	2 701.78
3 号遗址	1 190.84	528.46	229.93	3 879.30
28 号房址 1 号	1 971.93	506.32	112.76	2 670.12
28 号房址 2 号	457.79	208.71	28.16	355.01
28 号房址 3 号	2 917.89	248.01	16.59	1 144.74
大佛寺中心塔柱风化层里层	1 700.36	127.55	55.08	1 761.44
大佛寺中心塔柱北立面表面风化层	272.55	688.69	57.13	2 543.15
21 号房址 1 号	2 726.72	889.80	67.15	1 526.97
21 号房址 2 号	1 857.09	1 168.78	68.74	1 767.72
21 号房址 3 号	3 416.04	911.16	160.80	4 651.40

名　　称	样品量 mg/kg Na	样品量 mg/kg K	样品量 mg/kg Mg	样品量 mg/kg Ca
14 号房址 1 号	3 439.42	1 598.62	779.04	4 709.81
14 号房址 2 号	64 312.47	4 394.02	323.46	3 825.47
内城南门东段（Ⅰ期）1 号	15 181.71	2 291.21	260.53	1 438.19
内城南门东段（Ⅰ期）2 号	6 145.29	485.22	283.15	1 441.25
内城南门东段（Ⅰ期）3 号	2 222.73	182.78	310.45	1 822.66
台藏塔 1 号	2 280.45	166.07	607.10	2 144.99
台藏塔 2 号	6 610.94	461.26	679.73	2 902.26
台藏塔 3 号	998.26	90.26	34.21	212.41

二、结论和建议

1. 结论

（1）吐鲁番地区属于西部干旱地区，降雨量小、蒸发量大，地面盐分集中明显。对未加固的土体表面含盐量的分析，证明了这种情况。

对三个未加固地方的土样的分析，确认未加固的表面土（该地地面雨水不断积聚的区域）盐分含量也很高，说明该地区的土体表面盐分积聚现象明显，为土遗址保护增加了难度，高盐分会降低加固的效果。

（2）根据分析，同一位置土体表面的盐分含量高于内部，钠、钾离子的内外分布差异明显，钙、镁离子差异不明显，可能钠、钾离子的盐分容易随水分运动，而钙、镁离子的总体含量偏高，导致表面和内部无明显差别（以高昌故城的一期加固位置为例）。

（3）高昌故城内城南门东段的几个样品土体表面的自由可溶解的钾含量很高，而内层的钾含量较低，该地区进行过 PS 化学加固，推测钾离子来自加固材料

（PS 材料的主要成分为硅酸钾）。可溶的钾盐在水的作用下容易导致循环结晶,进一步破坏土体,这是保护材料的缺陷,需要注意并加以改进。

2. 建议

（1）对于西部土遗址的保护,需要注意表面含盐量的情况,高含盐量对加固具有负面影响;使用 PS 材料能增加可溶盐含量,而使用乳胶也会导致盐分在表面的集中。

（2）使用 PS 材料对土体进行加固处理,容易附带析出含钾的易溶无机盐,在水分作用和湿度循环作用下容易导致土体表面的破坏,因此建议对材料的配方进行改进。相比之下乳胶会好一些,但是从长期效果看,乳胶未必有 PS 材料的耐久性强。

（3）对于土体加固的评价,还需要进行深入的实验,比如观察微观结构、测量表面强度、进行喷淋实验等,而且实验结果需要进行长期的观察。

61

库木吐喇岩面化学加固保护试验

一、试验材料

1. PS 材料

为敦煌研究院开发的土体保护材料,在西北地区的土体加固和砾岩加固中都有较好的效果。材料模数 3.8,浓度 28.4%。

2. 氟硅乳液

是一种耐候性良好的聚合物乳液,固体含量约 62%。

3. BU 材料

(1) 原料

① 聚合物乳液:采用的聚合物乳液有东方化工厂的 BC - 4431 乳液和科信化工有限公司的 KX - 2002 硅丙乳液。

② 表面活性剂:季铵盐表面活性剂 NT - d。

(2) 制备

BU 材料是丙烯酸树脂非水分散体或有机硅改性丙烯酸树脂非水分散体,在现场制备。

方法:将聚合物乳液用水稀释 10 倍,表面活性剂用环己烷稀释。将表面活性剂溶液在搅拌下加入聚合物乳液中,到一定时间出现分离凝聚。将凝聚的聚合物颗粒脱水,用丁酮浸泡,一天后均匀分散,形成黏稠的加固剂原液。

（3）固体含量测定

使用最小刻度为 1 g 的电子秤粗略估计。

杯重：3 g；

杯+加固液：37 g；

杯+加固体：5 g；

5－3／37－3＝2／34＝5.9%

二、谷口区试验

1. 31J 加固风化砂岩初步试验

（1）地点：库木吐喇 26 窟西壁靠近外部的中部砂岩。由于风化作用,砂岩破坏严重,表面约 2 cm 以内轻微触动就脱落。

（2）试验块

试验块从外向内依次排列,中间留出间隔。

① 第一块

材料配比：31J—50 mL,分散剂(丁酮：环己酮＝1：1)—200 mL

采用 600 mL 的聚酯塑料瓶喷洒。面积为 20×20 cm^2。

② 第二块

材料配比：31J—50 mL,分散剂(丁酮：环己酮＝1：1)—250 mL

采用 600 mL 的聚酯塑料瓶喷洒。面积为 20×20 cm^2。

③ 第三块

材料配比：31J—50 mL,分散剂(丁酮：环己酮＝1：1)—300 mL

采用 600 mL 的聚酯塑料瓶喷洒。面积为 20×20 cm^2。

④ 第四块

另外还采用更高浓度的材料进行砂岩和砾岩的加固,材料配比：31J—50 mL,分散剂(丁酮：环己酮＝1：1)—150 mL。试验地点分别在前三个试验块的内侧

（砂岩）和试验块的对面（砾岩），面积分别为 20×20 cm²。

材料喷洒完毕后，用塑料薄膜覆盖，减缓溶剂挥发。

（3）试验完成后，用保鲜膜将试验块覆盖。

（4）效果

四个试验块经过 2—3 d 后，大部分溶剂已经挥发，砂岩得到固结。四个试验块的颜色与周围没有差别。其中第四块固结效果最好，触摸坚硬而未出现砂粒脱落现象。第一、第二块效果和第四块效果相同。只有第三块触摸有少量砂粒脱落。说明采用合适的浓度对风化的砂岩有较好的加固效果。

2. 硅丙乳液加固砂岩试验

（1）地点

库木吐喇 26 窟东壁靠近外部的中部砂岩和砾岩。其中前两块为砂岩，第三块砂岩中夹杂有少量的砾石。砂岩风化严重，表面砂粒轻触即脱落。

（2）试验块

在东壁中部，三个试验块从内向外依次排列。

① 第一块

材料配比：乳液—50 mL，用水稀释到 500 mL。

面积为 25×25 cm²。采用 600 mL 的聚酯塑料瓶喷洒。

② 第二块

材料配比：乳液—100 mL，用水稀释到 500 mL。

面积为 25×25 cm²。采用 600 mL 的聚酯塑料瓶喷洒。

③ 第三块

材料配比：乳液—150 mL，用水稀释到 500 mL。

面积为 25×25 cm²。采用 600 mL 的聚酯塑料瓶喷洒。

（3）效果

三个试验块经过 3 d 时间，已经完全固结，表面坚硬，触摸没有砂粒脱落。

试验块颜色稍有改变，但目测与周围难以区别。

3. 采用 PS 材料对砂砾岩的加固试验

试验地点在 26 号窟的西壁外部,砂岩中夹杂部分砾石。由于风化作用,表层砂粒轻触即脱落。

PS 材料用水稀释,材料配比:PS:水=1:3,共配制加固剂 2 L。

面积为 40×40 cm^2。

材料采用聚酯瓶喷洒,完成后让其自然干燥。

试验完成后,被加固部分颜色没有发生变化,表面坚硬。

4. 31J 加固壁画地仗

(1)试验时间:2004 年 7 月 25 日。

(2)试验地点:库木吐喇谷口区 26 窟,窟内有近代人做的土墙,上有灰泥层,与邻近窟内的壁画地仗层很接近。

(3)材料:采用 31J 加固剂,由于灰泥层密实,为了减少颜色变化现象,采用纯的环己酮溶剂做分散剂。

(4)试验点

① 1 号试验点:50 mL 的加固剂原液稀释到 300 mL。面积为 30×40 cm^2,喷洒时间为 30 min,用量为 900 mL,渗透深度约 2 cm。

② 2 号试验点:100 mL 的加固剂原液稀释到 300 mL。面积为 30×40 cm^2,喷洒时间为 30 min,用量为 800 mL,渗透深度约 1.5 cm。

③ 3 号试验点:100 mL 的加固剂原液稀释到 300 mL。面积为 30×40 cm^2,用量约 700 mL,渗透深度约 1 cm。

(5)效果

试验完成后,试验点颜色没有变化。用水喷淋,被加固部分和未加固部分都吸水,但是被加固部分吸水后颜色变化很小。切掉部分土块浸泡在水中,土块在水中稳定而不崩解。

三、窟群区试验

1. 31J 加固砂岩试验

（1）1 号试验点

① 时间：2004 年 7 月 25 日上午。

② 位置：在冲沟南侧的一处砂岩上，位于 3 块试验点的左边。砂岩风化严重。

图 61-1　31J 加固砂岩实验

③ 使用浓度：31J 原液与丁酮和环己酮（丁酮：环己酮＝1：1）的混合液配比为 1：2。

④ 使用：试验块面积为 40×40 cm²，共使用加固液 3 L，时间为 25 min。

⑤ 效果：试验块颜色稍暗，表面得到固结，强度高，触摸不出现脱落。周围有暗色斑块，是由于材料迁移造成的。

（2）2 号试验点

① 位置：在冲沟南侧的一处砂岩上，位于 1 号试验点左边约 50 cm 处。砂岩风化严重。

② 目的：对 1 号试验点的浓度进行比较，试验材料用量和面积都很小。

③ 使用浓度：31J 原液与丁酮和环己酮（丁酮：环己酮＝1：1）的混合液配比为 1：1。

④ 使用：试验块面积为 20×20 cm²，共使用加固液 200 mL。

⑤ 效果：试验块的颜色都稍有改变。固结较好。

（3）3 号试验点

① 位置：在冲沟南侧的一处砂岩上，位于 1 号试验点左边约 50 cm 处。砂岩风化严重。

②　目的：对 1 号试验点的浓度进行比较,试验材料用量和面积都很小。

③　使用浓度：31J 原液与丁酮和环己酮(丁酮:环己酮＝1:1)的混合液配比为 1:3。

④　使用：试验块面积为 20×20 cm²,共使用加固液 200 mL。

⑤　效果：试验块的颜色都稍有改变。固结效果好。

（4）北侧试验点

①　时间：2004 年 7 月 26 日上午。天热,有风。

②　位置：在冲沟北侧转角的一处砂岩上。砂岩风化严重,部分被黄色泥土覆盖。

③　目的：由于 1 号试验点采用混合溶剂,颜色有所变化。本试验采用单纯的环己酮做溶剂,试图达到加固后颜色不变的目的。

④　使用浓度：31J 原液与环己酮的混合液配比为 1:2。

⑤　使用：试验块面积为 40×40 cm²,共使用加固液 3 000 mL。渗透深度约 7 cm。

⑥　效果：由于采用了挥发速度很低的溶剂,试验块颜色变化很小,与周围区别不大。固结强度高,触摸砂粒不脱落。

2. 氟硅乳液加固砂岩试验

（1）1 号试验点

①　时间：2004 年 7 月 25 日上午。

②　位置：在冲沟南侧的一处砂岩上,位于 3 块试验点的中部。砂岩风化严重。

③　使用浓度：氟硅乳液 300 mL 用河水稀释到 3 L。

④　使用：试验块面积为 40×40 cm²,共使用加固液 3 L,时间为 45 min。

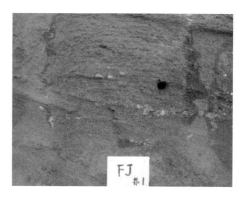

图 61－2　氟硅乳液加固试验

⑤ 效果：试验块的颜色都稍有改变，局部有白色的结晶，是由于盐分在表面结晶造成的。被加固部分固结好，触摸不出现脱落。

（2）2 号试验点

① 位置：在冲沟南侧的一处砂岩上，位于 1 号试验点左边约 200 cm 处、3 号试验点左侧。砂岩风化严重。

② 目的：对 1 号试验点的浓度进行比较，试验材料用量和面积都很小。

③ 使用浓度：氟硅树脂乳液 100 mL 稀释到 1 500 mL。

④ 使用：试验块面积为 30×40 cm²，共使用加固液 1 000 mL，渗透深度为 2.5 cm。

⑤ 效果：试验部分得到固结，颜色稍有改变。

（3）3 号试验点

① 位置：在冲沟南侧的一处砂岩上，位于 1 号试验点的左边约 200 cm 处、2 号试验点的右侧。砂岩风化严重。

② 目的：对 1 号试验点进行比较，试验材料用量和面积都很小。

③ 使用浓度：2 号试验点留下的 500 mL 氟硅树脂乳液稀释到 100 mL。

④ 使用：试验块面积为 30×40 cm²，共使用加固液 1 000 mL，渗透深度为 2.5 cm。

⑤ 效果：试验部分得到固结，颜色稍有改变。

3. PS 加固砂岩试验

（1）时间：2004 年 7 月 25 日上午。

（2）材料配比

采用 PS 原液和河水的配比为 1∶3，共配制加固材料 5 L。

（3）试验点

在窟前区的大冲沟南壁的一处砂岩上，砂岩风化严重。

试验块面积为 40×40 cm²。

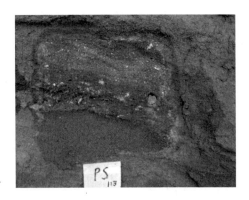

图 61 - 3　PS 加固砂岩试验

共喷洒材料 3 L,约 30 min 完成,完成后检验渗透深度约为 7 cm。

(4)效果:试验部分得到固结,强度很高。表面出现白色,尤其是夹杂的砂粒经过加固后都变成了白色。这是由于 PS 材料没有渗透岩体内部而在砂粒表面沉积造成的。

(原载于《2005 年云冈国际学术研讨会论文集》(保护卷),文物出版社,2005 年)

62

采用新材料复制金沙遗址博物馆考古剖面[*]

前 言

在考古遗址的展示中,经常遇到对一些部位进行修补或复制,如在发掘中因各种原因去掉的部分,为了展示的目的需要恢复,或者是如殷墟的墓葬等,长期展示受到破坏后需要恢复,都需要采用复制技术。

在四川成都金沙遗址的陈列展示中也遇到了这样的问题。金沙遗址祭祀坑的东部侧壁是一个高近 4 m 的陡壁,在修建博物馆时被拆除,换成了混凝土墙,

图 62-1 采用泥浆复制的剖面开裂情况

表面用水泥做装饰。由于水泥是现代材料,与遗址坑内的沉积土的颜色和质感差别很大,影响了展示效果,因此需要进行修饰,复制出具有土的质感的剖面。为此曾尝试使用泥浆复制,结果开裂严重,内部铁丝锈蚀显出锈色,效果很差(见图62-1)。因此使用一些材料进行了新的尝试,并最终解决了这个问题。

* 作者:周双林、白玉龙。

一、试验材料和方法

复制泥土质的剖面,只有使用泥土材料才能达到最佳的仿真效果,而使用什么材料将泥土黏接在水泥的底材上,是解决问题的关键。采用水调制泥浆是常用的方法,但会导致开裂,补救的办法是对裂缝进行多次修补。也有使用清漆混合泥土进行复制的,结果是颜色加深严重。

本工作使用了一种新的材料进行试验。这种材料是丙烯酸树脂非水分散体材料,加固土具有不变色的特点。为了试验材料的可用性,选择水、聚氨酯和乳液等作为对比材料。

试验中使用的水为自来水,乳液为 BC-4431 丙烯酸树脂乳液,使用时稀释 10倍;聚氨酯使用普通的聚氨酯清漆,稀释 10 倍;非水分散体材料使用 31J 材料,固体含量为 2%。

修复材料的作用是复制剖面,要求是不收缩开裂、与底材结合好、不改变颜色。为了判断所选材料是否符合要求,设计了收缩试验及与底材结合的试验,并制备了样品,在样品固化后进行了检验。

1. 收缩检验样品制备

将取自北京昌平的次生黄土粉碎、干燥,然后分别称取 200 g 干土,添加水、乳液、聚氨酯溶液和 31J 加固材料,调配均匀,倒入塑料盒中,然后使其自然干燥,检验收缩开裂情况。

2. 与底材结合制备样品

将取自北京昌平的次生黄土粉碎、干燥,然后分别称取 200 g 的干土,添加水、乳液、聚氨酯溶液和 31J 加固材料,调配均匀。为了避免收缩,尽量少使用液体材料。将平整的水泥地面清洗干净,准备一个圆形无底模具,贴近水泥地面,将调好的材料倒入模具中压实,使自然挥发溶剂材料固化。为检验效果,在每个样块中插入一小竹签。

二、效果检验

1. 土混合材料收缩检验

在液体材料挥发完毕后,检验土混合材料收缩开裂情况,发现水、乳液调出的混合材料干燥后出现大的开裂;使用聚氨酯材料调配的混合材料有小的裂纹,而采用31J材料调配的混合材料在干燥后不出现开裂,说明采用31J制作的混合材料具有较好的抗收缩能力(图62-2)。乳液和聚氨酯调配的材料还有较大的颜色变化。

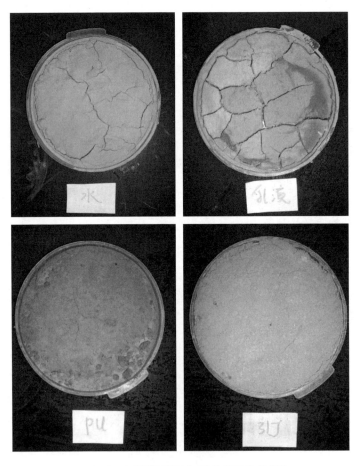

图62-2　几种材料调制的复制材料的收缩状况

2. 与底材结合检验

在液体材料挥发完毕并固化后,检验土混合复制材料与底材结合情况。

检验的方法是拉动预埋的竹签,观察干燥混合复制材料的反应。经过检验发现,水、乳液调配的混合材料在拉动竹签时被整体拉起,说明与水泥底材的结合很微弱;使用聚氨酯材料调配的混合材料在拉动竹签时被破坏,出现局部破裂,而采用 31J 材料调配的混合材料在拉动时竹签被拉断,而混合复制材料仍稳定而不脱离底材,说明它与水泥底材的结合最好。

另外采用工具将混合材料从底材上剥离时,发现聚氨酯材料的样块很容易剥离,而采用非水分散体调制的样块在剥离过程中被破坏,底材上仍附着很多样块残余(图 62 - 3、图 62 - 4)。

图 62 - 3　混合体与底材结合试验

3. 颜色变化

以上 2 个试验的混合体,在干燥后观察颜色变化,聚氨酯材料的颜色与空白样品有很大差别,明显发暗;31J 材料配制的材料在颜色上有轻微差别;而乳液配制的混合体没有颜色变化。

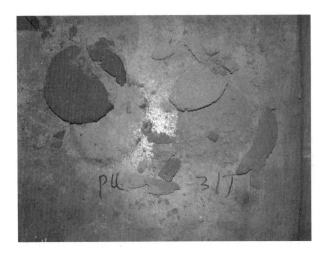

图 62 - 4　混合体与底材剥离状况

结论：采用31J材料与干土混合形成的复制材料具有不收缩、与水泥底材结合好、颜色变化小的特点，适合做复制材料。

三、实施

在以上试验的基础上，在金沙现场进行了施工。

1. 水泥底材处理

金沙的东壁原为水泥制作的墙体，表面粗糙。复制前将水泥底材的表面清理干净，然后挂钢丝网起支撑作用，使用的是不锈钢装饰网，采用钉枪固定。

2. 材料准备

（1）土的准备

复制的土剖面应该与附近的探方壁颜色材质接近，因此选用金沙遗址发掘坑清理出来的土。在初步试验中发现土含水时容易导致裂纹，因此使用的土用100℃—150℃的温度烘干。

（2）31J的准备

31J非水分散体材料在实验室制备,然后在现场进行稀释,稀释的固体含量为2%,然后使用。

（3）材料调配

将干土和31J材料混合,材料的配比原则是31J材料尽量少用,以调制的复制材料具有一定塑性、可贴到水泥墙上为准。

3. 小试

首先进行初步试验。复制材料使用普通的装修工具施工,和普通的粉墙操作一样。经过试验发现几个问题：31J用量大,容易收缩,土含水容易开裂(图62-5)；使用丁酮喷洒水泥底材提高结合力,甚至可以不用挂网。在发现这些问题并改进后,复制材料可以很容易施工到水泥墙面上,而且不开裂、结合好。

图62-5　材料初试时的开裂收缩状况

4. 施工

复制材料使用普通的装修工具施工；挂网部分用泥托托住材料,然后用工具将材料压到墙体上。由于材料有流动性，操作很容易，存在的问题是若钢网与墙的空隙较大，钢网容易弹起将材料顶掉，因此钢网必须牢固固定，距离墙体要近。后来发现不使用钢网，将材料铺施的厚度降低，仍有较好的效果，就不再使用钢网。因此在 150 m² 的施工面积中，一半挂网，一半不挂网。由于溶剂挥发快，因此材料施工完成后很快固化（见图 62 - 6）。

图 62 - 6   材料的施工状况

5. 效果检验

在施工完成后进行检验，检验的指标有：颜色、强度等指标。

（1）颜色测量

试验仪器：Coloreye Xth 手持式测色仪；设定值：光源 D65，标准 Cielab。

试验方法：调零后以金沙遗址的原生土作标样，测试原生土，再测量复制的土墙，对比数值。试验数据见表 62 - 1。

试验结论：复制的土墙和原生的遗址土颜色很接近。从外观看土墙明度与原生土相比略暗一些，色品上土墙比原生土略红（见图 62 - 7）。

图 62－7　施工完成后的情况

表 62 - 1   复制墙体与遗址的颜色对比

对 象		原生土高处	原生土低处	复制土墙
数据 1	L	172.1	170.4	169.316 7.3
	a	185.6	188.1	188.4
	b	−164	−165	−164
数据 2	L	174.5	168.4	167
	a	182.5	189.9	190.8
	b	−163	−166	−166
数据 3	L	165.7	168.3	166.3
	a	192.8	189.4	191.8
	b	−169	−164	−167
数据 4	L	175.2	169.9	169.5
	a	186.5	188.3	188.0
	b	−164	−164	−164
数据 5	L	172.3	167.9	168.0
	a	186.4	188.4	189.5
	b	−163	−163	−166
数据 6	L	170.1	169.4	166.8
	a	188.2	188.8	190.6
	b	−164	−165	−166
数据 7	L	169.7	169.5	167.4
	a	189.1	187.4	190.0
	b	−165	−162	−165
数据 8	L	169.0	166.6	167.5
	a	189.0	192.1	190.5
	b	−165	−169	−166

（续表）

对　象		原生土高处	原生土低处	复制土墙
数据9	L	162.9	172.7	165.2
	a	195.9	185.9	189.2
	b	−170	−165	−164
数据10	L	168.8	172.1	166.0
	a	189.0	186.5	191.0
	b	−165	−163	−165
平均值	L	170.03	169.52	167.3
	a	188.5	188.39	189.98
	b	−165.2	−164.6	−165.3

图 62 - 8　喷淋试验完成后的状况

（2）强度检验

采用喷淋试验检验强度。这是土体处理后检验强度的常用方法。

试验方法：用普通喷壶加水，压力调整到最大，喷射试验点。喷射距离：70 cm，喷射时间 100 s。然后观察土体前后变化，以及水流在土体表面状态，结果见图 62 - 8。

试验结论：被喷射的土体表面没有任何变化，没有冲刷痕迹，没有掉粉现象。水流在土体表面浸润性差，呈水珠状附着，流淌处无浸润现象，说明复制的土剖面强度很高，耐水性好。

（3）其他

在复制完成后不断观察，发现复制的剖面没有开裂现象，敲击检验没有发现空鼓现象。

四、结论与讨论

采用非水分散体材料 31J 可以很好地复制考古遗址的剖面，为在考古遗址中复制遗址剖面提供了一种新的方法。经过检验，复制的墙体颜色与遗址接近，感官效果好，有较好的强度。目前遗址已经经过了 2 年的展示，复制的墙体状况良好，没有出现问题。

在复制金沙遗址剖面、对土进行烘干的过程中，土颜色出现由青变红的现象，可能是由于土中含有铁元素，烘烤中温度过高导致元素价态变化导致的。在以后的复制中，一定要注意土的烘干操作，可采取降低温度的措施，也可在光线下晒干。

在复制中由于时间紧迫，没有对剖面地层的分层情况进行模拟复制，如果分别采用不同地层的土制作复制材料，完全可以达到逼真的效果。

（原载于《全国第十二届考古与文物保护化学学术研讨会论文集》，文物出版社，2012 年）

图表索引

后　记

　　进入文物保护界是一个偶然。大学毕业主要采取的是分配制,少数人自己找工作。我当时毕业时初步分配在外地,后来换成了河南省博物馆,因为那边有个指标而且离我家最近,公交只需五站地。我对这地方非常熟悉,小时候经常去参观,还在对门河南电影院看电影,都是走了来走了去的。

　　进入河南博物馆的十年是一段比较平静的时光,文物行业延续着既往的平淡。十年后期有了变动,因为建成了新的博物院。

　　那时我的日常工作就是年初申报些经费,买些化学试剂、手术刀、玻璃容器等,做些简单的保护工作,例如纺织品开春的杀虫防霉、日常的青铜器去锈缓蚀、陶瓷器的脱盐保护等。经常去库房是工作上的便利条件,也能发现很多问题,比如将收藏几十年的青铜器拿出去做 X 光,拍出了几十字的铭文,后来李伯谦先生就说这很重要。剩余的很多时间就用来看书。那时时间很多,每年看一种类型的书,比如今年看金属的书,明年看陶瓷的书,后年就看木材的书。那时还有一个比较大的乐趣是逛书店、买书,但是经常捉襟见肘,这边多花钱,那边就得收紧裤腰带过日子。这十年工作中也有一些难得的培训,比如 1991 年在泰安的培训,见到了陆寿麟、黄克忠、李最雄等我一直仰慕的专家真人;1994 年在陕西考古院的培训,见到了修复水平很高的德国专家;1996 年在陕西文保中心跟意大利专家学习青铜和陶瓷器的修复,也遇到了很多在以后成为很厉害专家的业内同行。

　　之后进入北京大学是不断提高的结果。从 1990 年代开始,国家文物局在复旦大学、南开大学、北京大学搞了在职研究生培训,我非常想去,但是因为各种原因都未能如愿。到了 1997 年北京大学开设文物保护专业,在物色培养相关人员,我终于抓住了这次机会,来到了北京大学。

　　三年的博士学习是很艰苦的。我辞掉了河南博物院的工作,也就没有了工资,

每月只有 320 块的补贴。家里是管不上了,有时候连自己都顾不上,记得第一个
"十一"国庆,身上没钱了,还找室友借了 3 次钱(总共不到 30 块),就用这 30 块钱
挨到了下次发补贴。这个时候家里已经很难了,我考试的时候岳母已经确诊了尿
毒症;孩子还小在上幼儿园,上学放学没人管。可以想象这三年的艰难。

这三年也是迅速提高的阶段。除了出现场、外出开会或者回河南的家,每一天
我都过着"机械"的生活,早上起来上课,中午回来午休,晚饭后直接去实验室,晚上
11 点多回寝室,跑操、睡觉,每一天都是如此。那一段时间,在赛克勒博物馆熬夜
的就那么几个人。每天的任务就是读书、做实验、为了实验找材料。有一次为了找
紫外线吸收剂,转车几次跑到北京和廊坊交界的一个村子的化工厂,还记得接待我
的那个技术员有一个特别奇怪的姓氏。这三年也读了一堆外文资料,比如去陕西
文保中心时复印的意大利专家带来的资料,去国家图书馆借阅并复印了外文书,还
有从各种渠道得到的国外文物保护会议的论文集。后来这些都成了美好的回忆。

博士论文选择的是土遗址保护方向,这也决定了后来几十年的科研领域,以至
于在之后的 20 年都很难跳出这一领域,因为做顺手了就停不下来。要知道我在河
南博物馆的时候主要是做室内文物保护的。

博士期间,院里的文物保护专业开始招收文物保护方向的本科生,我在撰写博
士论文之外,还帮着上课带学生。头几次的课主要是请北京的专家来讲的,我们几
个年轻的博士只讲其中一小部分。然后慢慢地就全部接手下来了。

我的课程是"文物保护材料"和"不可移动文物保护"。开前一门课是因为我
有化学的底子,讲后一门课是因为我做的博士论文题目是土遗址保护。

课程开设费劲,而学生还比较少,功效比低。

开设一门新课需要做课程内容设计,要查资料、找案例,才能把需要讲的内容
充实完善,还要设计好 PPT。每开设一门新课,一般先写出大纲,逐步填充内容,然
后再做 PPT。需要图片的时候,一种是扫描,一种是自己画,还有一种是自己去拍。
当时为了开课,找了很多的书来扫描,扫描完了再用 Photoshop 修图。案例方面的,
则去各个文保单位的网站上找发表的文章,一些文章带彩图,就比较省事。还有就
是自己去现场拍,很多时候是在搞项目时随时拍下的。带着相机到处拍照,是收集

资料最常用的方法，包括逛博物馆时、参观实验室时、看古建筑古遗址时，还有参加各种学术会议时。网站也是找资料的一个很好的渠道，起初还用 BBS 的时候，可以去国外的网站找资料，上面有很多资料；上盖蒂研究所、ICCOM 等网站也可以找到不少。那时候接触了很多英文资料，开始是纸质的，后来就用学校网站订购的英文期刊的资料。收集的资料很多，几乎没有整理完的可能。在这之后，我的"不可移动文物保护"课程的很多照片，用的都是我自己拍摄的照片了。自己拍的照片，角度是自己选择的，带有我自己的深刻认识。

在这 20 年中，虽然做了很多努力，但是学生的数量却很少。考古文博学院新增的 10 个本科名额是同时给文物保护和古代建筑专业的。为了方便，两个专业隔年轮流招生，今年是文物保护专业招生，明年就轮到古代建筑专业招生，这样每个专业可以招够 10 个学生。但是轮到文物保护专业时，要么招不满，要么中途有转院的。

校内的学生少，相反校外的学生却源源不断，他们主要来自国家文物局的在职培训。最开始是中意班的培训：中国—意大利政府合作进行在职人员培训。开培训班时，我正好备了 4 年课，而且我与中意合作培训也有渊源，我 1996—1997 年参加了在西安举行的首次中意合作文物修复人员培训，那时候是作为学员参加的。从 2004 年起，我帮助国家文物局做了很多次在职培训教学，在这过程中认识了很多在地方勤奋工作的同行，后来也建立了良好的合作关系。

对文物保护专业人才的需求倒推了学校培养相关专业学生的需求，因此一些学校就开始招收修复保护方面的学生。为了帮助这些学校培养人才，我也先后去一些学校讲一些课，比如去廊坊、顺义给北京城市学院开设保护材料课程，去安阳给安阳师范学院开设修复保护概论课程，还有在香港中文大学建筑学院开设建筑保护课程。

最近又有了一个比较好的培养方式，就是学校开设的外国专家讲座。这个讲座开设的目的是开阔学生的视野，了解国外的学科发展。从 2019 年开始，我出面组织了几次活动，讲座的专家包括日本著名文保专家泽田正昭先生、意大利著名文保专家米盖利先生。这样的讲座除了线下外，还可以开放线上，受众就比较多，好多国内做文物保护的专业人士，自己本身学识过人、经验丰富，在文物保护方面遇到了很多问题，对外国也就有了了解的需要。我觉得这种讲座要经常进行，文物保护应当是国际性的。

现在回头看自己在学校的 20 年，主要工作有这些：

培养了一些学生：十几位研究生，包括北京大学的研究生，还有替首都师范大学和北京联合大学带的研究生，还有指导过本科论文的十几位学生，他们基本都进入了文博行业，有些已经是副高职称。

做了一些项目：国保级的遗址保护项目通过了 12 个。涉及的项目就多了，大大小小有 100 多个，几乎涉及西藏和台湾以外的全国各地，还有国外的项目如新加坡的近代建筑保护。

写了一些文章：有研究思考，有工作体会，有保护总结，大大小小有 100 多篇，但是发表级别都不高。这个行业毕竟小众，遗址保护更加小众。

关心和帮助了一些学生：有学生新入文保行业，需要建议和资料；有学生考研或者出国需要指导；还有外专业的学生想了解文保技术的相关情况。总的来说，认识了不少年轻人，让我自己也觉得还毕竟年轻。

现在算来，从业已经 35 年，在文物保护领域也算做了些工作，至少还算比较努力。也应该感谢一路上帮助我进步的人们。感谢在河南博物馆工作时的领导和同事们，周贵祥书记、王世俊院长、付玉芳主任、王玮老师、杜安兄弟；感谢在河南的时候，经常帮助我的陈进良先生、张居中先生、曹桂岑先生；感谢我的导师原思训先生；感谢经常在课题上帮我进步的黄克忠先生；感谢在专业发展上帮助我成长的詹长法老师；也感谢各地的合作伙伴，大家从合作做项目开始，最后成了经常惦记的好朋友；感谢在分析检测上帮了我 20 多年的杨文言老师、郑爱华老师；感谢我的学生李艳红、云南大学柴璐同学和天水师范学院欧阳金凤同学帮忙逐字逐句校正稿件。感谢北京大学考古文博学院容纳了我，感谢各位领导和同事在教学科研上的各种关心和帮助。感谢课题组的学生们，希望他们多出成果，多写文章。

北京大学考古学丛书
（2022）

上海古籍出版社

北京大学考古学丛书

（2023）

❖ 史前考古与玉器、玉文化研究
赵朝洪 著
（即将出版）

❖ 周秦汉考古研究
赵化成 著

❖ 历史时期考古研究
杨哲峰 著

❖ 分合
北朝至唐代墓葬文化的演变
倪润安 著
（即将出版）

❖ 山西高平古寨花石柱庙建筑考古研究
徐怡涛
（即将出版）

❖ 山西高平府底玉皇庙建筑考古研究
彭明浩、张剑葳 编著
（即将出版）

❖ 何谓良材
山西南部早期建筑大木作选材与加工
彭明浩 著

上海古籍出版社

图书在版编目(CIP)数据

文物保护技术：理论、教学与实践／周双林著. ——
上海：上海古籍出版社，2023.11
　（北京大学考古学丛书）
　ISBN 978-7-5732-0539-1

　Ⅰ. ①文…　Ⅱ. ①周…　Ⅲ. ①文物保护　Ⅳ. ①G26

中国版本图书馆 CIP 数据核字(2022)第 216583 号

北京大学考古学丛书

文物保护技术

理论、教学与实践

周双林　著

上海古籍出版社出版发行

（上海市闵行区号景路 159 弄 1-5 号 A 座 5F　邮政编码 201101）

　　（1）网址：www.guji.com.cn
　　（2）E-mail：guji1@guji.com.cn
　　（3）易文网网址：www.ewen.co

苏州市越洋印刷有限公司印刷

开本 710×1000　1/16　印张 37.5　插页 3　字数 567,000
2023 年 11 月第 1 版　2023 年 11 月第 1 次印刷
ISBN 978-7-5732-0539-1

K·3301　定价：188.00 元

如有质量问题,请与承印公司联系